Über die Verfasserin

Martina Plümacher, geboren 1958, studierte Geschichte und
Philosophie in Düsseldorf. Nach der Promotion 1993 in Bremen war
sie wissenschaftliche Mitarbeiterin in einem Forschungsprojekt zur
Epistemologie, seit 1995 ist sie an der Universität Bremen
Wissenschaftliche Assistentin.

Veröffentlichungen: Identität in Krisen. Selbstverständigungen und
Selbstverständnisse der Philosophie in der Bundesrepublik Deutschland
nach 1945. Frankfurt a. M. / Berlin / Bern / New York / Paris / Wien 1995
(Diss. Universität Bremen, 1993). Plümacher, M. / Sandkühler, H. J. :
Im Streit über die ‹Wirklichkeit›. Distanzen und Nähen zwischen Ernst
Cassirer und Moritz Schlick. In: DIALEKTIK 1995, H. 1. Plümacher, M. /
Schürmann, V. (Hg.): Einheit des Geistes. Probleme ihrer Grundlegung
in der Philosophie Ernst Cassirers. Frankfurt a. M. / Berlin / Bern / New
York / Paris / Wien 1996 (darin: Die Einheit der Regel der Veränderung.
Zur Bedeutung der Wissenschaftsrezeption für Cassirers Theorie des
Wissens).

Martina Plümacher

Philosophie nach 1945 in der Bundesrepublik Deutschland

rowohlts enzyklopädie

rowohlts enzyklopädie
Herausgegeben von Burghard König

Originalausgabe
Veröffentlicht im Rowohlt Taschenbuch Verlag GmbH,
Reinbek bei Hamburg, Juni 1996
Copyright © 1996 by Rowohlt Taschenbuch Verlag GmbH,
Reinbek bei Hamburg
Umschlaggestaltung Jens Kreitmeyer
Satz Aldus und Optima (Linotronic 500)
Gesamtherstellung Clausen & Bosse, Leck
Printed in Germany
2490-ISBN 3 499 55571 9

Inhalt

III. Neuorientierung im institutionalisierten Wissenschaftsprozeß 205

Vorwort

Eine Geschichte der Philosophie kann auf verschiedene Weise geschrieben werden. Stets sorgen besondere Perspektiven und Erkenntnisinteressen für eine Auswahl aus der Vielfalt der möglichen Erzählungen. Das vorliegende Buch thematisiert Entwicklungen der akademischen Philosophie, d. h. der an wissenschaftlichen Hochschulen betriebenen Philosophie, in der Bundesrepublik Deutschland und konzentriert sich dabei auf einen besonderen Aspekt: auf die Selbstdarstellungen und Selbstverständnisdiskussionen der Philosophie. Was ist Philosophie, ihr Status, ihre Funktion?

In der jüngsten Vergangenheit ist diese Frage besonders virulent gewesen, denn es galt, das problematisch gewordene Verhältnis der Philosophie zu den Wissenschaften neu zu bestimmen. Anfang der 70er Jahre war weithin von einer Krise der Philosophie die Rede. Wer nach den Hintergründen und Ursachen dieser Identitätskrise und Veränderungen im Selbstverständnis der Philosophie fragt, wird auch auf einen Wandel der institutionellen Rahmenbedingungen des Philosophierens verwiesen. Die hier vorgelegte Geschichte der Philosophie verfolgt daher die Entwicklungen der Philosophie nicht allein im Hinblick auf die Dynamik innerdisziplinärer Problemstellungen, sondern nimmt auch Bezug auf institutionelle Kontexte. Zur Selbstbestimmung der Philosophie gehören stets Reflexionen auf die besonderen Aufgaben der Disziplin im Rahmen der jeweiligen Institutionen. So unterscheiden sich die Bestimmungen der Philosophie in den Schulen, der Erwachsenenbildung, der Philosophie-Praxen oder der wissenschaftlichen Hochschulen. Für die akademische Philosophie ist vor allem die Klärung ihrer Stellung im Rahmen der ‹Arbeitsteilung› der Disziplinen des ‹Kosmos der Wissenschaften› von hervorragender Bedeutung. Es gibt philosophische Konzeptionen der Disziplin Philosophie, die quer zu den besonderen Philosophieverständnissen der einzelnen Philosophen und der philosophischen Schulen liegen.

In der Wissenschaftsforschung wurde eine Unterscheidung zwischen ‹internen› Gründen der Entwicklung der wissenschaftlichen Disziplin und ‹externen›, im wesentlichen gesellschaftlichen Einflußfaktoren getroffen (Einwände werden seit Ende der 70er Jahre verstärkt erhoben, siehe Krohn 1979; Gethmann 1981; Mittelstraß 1982; 1985; Fisch/Daniel 1987). Für eine Geschichte des Selbstverständnisses der Philosophie ist diese Trennlinie im Grunde nicht sauber zu ziehen; die Verhältnisse sind verwickelter, denn die philosophische Selbstverständnisdiskussion steht in Traditionen der Selbstbestimmung in institutionell bedingten Kontexten, d. h. in Traditionen philosophischer Positionen zu der Rolle und den Aufgaben der Philosophie als einer Disziplin an wissenschaftlichen Hochschulen. Insofern ist der ‹Außenbezug› bereits ein impliziter Teil ‹interner› Argumentationsgründe. So hatte – relativ ungebrochen bis in die 60er Jahre – die Universitäts- und Bildungsidee des deutschen Idealismus und Neuhumanismus an der Wende zum 19. Jahrhundert einen nachhaltigen Einfluß auf die Selbstverständnisse der Philosophie. Die Konzeption der Humboldt-Universität war das Leitbild wissenschaftlicher Hochschulen. Ihr lag ein Bildungsbegriff zugrunde, der an der Einheit von Persönlichkeitsbildung, wissenschaftlicher Bildung und Berufsausbildung orientiert war und bei dessen Einlösung der Philosophie und der Philosophischen Fakultät eine Sonderrolle zukam. Trotz einer grundsätzlichen Infragestellung dieser Universitätskonzeption vor dem Hintergrund der zunehmenden wissenschaftlichen Spezialisierung und des wachsenden Gewichts der wissenschaftlichen Berufsqualifikation schon Anfang des 20. Jahrhunderts blieb sie für die akademische Welt richtungsweisend, da sie ein Gegengewicht gegen den mächtigen Trend zum Spezialistentum versprach. Erst eine erneute Kritik in den 50er und 60er Jahren, die im Zusammenhang mit der weiteren Vergesellschaftung der Wissenschaft erstarkte, führte zu neuen Leitideen oder zumindest veränderten Gewichtungen, auch im Selbstverständnis der Philosophie.

Anhand der philosophischen Selbstverständnisdebatten der letzten Jahrzehnte läßt sich zeigen, daß es auch in der Philosophie eine rein innerdisziplinäre Rationalität nicht gibt. Die philosophische Argumentation bewegt sich im Kontext philosophischer Traditionen und der sich in der Spannung der Philosophien herauskristallisierenden Problemstellungen, aber sie reagiert auch auf das philosophische Interesse der Öffentlichkeit und die Diskurse der Wissenschaften, der Gesellschaft und

Politik, soweit sie die Stellung der Disziplin Philosophie tangieren oder der philosophischen Forschung Impulse geben.

Das Buch ist in drei Hauptkapitel gegliedert. Das erste thematisiert Selbstverständnisdebatten der Philosophie in der unmittelbaren Nachkriegszeit und den 50er Jahren. Durch die Öffentlichkeit war die Philosophie herausgefordert, zu den drängenden Fragen nach Schuld und Verantwortung, Menschlichkeit, Geschichte, Recht u. a. eine Orientierung im Denken zu geben und einen Beitrag zur Erziehung der akademischen Jugend zu leisten. Zugleich warf aber die nationalsozialistische Vergangenheit die Frage auf, inwieweit und vor allem in welcher Form sich die Philosophie oder die Wissenschaft von der Thematik der Gegenwart beanspruchen lassen dürfe. Die Orientierung auf einen ‹Neuanfang› nach dem Krieg regte ein Engagement für die Überwindung von universitären und disziplinären Defiziten an, das vor allem in den 50er Jahren weiter an Kraft gewann. In der Philosophie entwickelte sich derzeit eine Kritik am Zustand der Disziplin, die ihre Vereinseitigung auf eine geisteswissenschaftliche und existentialistische Philosophie, die Preisgabe des Wissenschaftsanspruchs und eine zunehmende Spezialisierung und Historisierung der Philosophie anprangerte. In der Entfernung der Philosophie von den Wissenschaften, vor allem den Naturwissenschaften, sahen viele die Gefahr, die Disziplin könnte die öffentliche Wertschätzung verlieren, zumal sich gegen Ende der 40er Jahre bereits dynamische Entwicklungen von beträchtlicher gesellschaftlicher Bedeutung in den naturwissenschaftlich-technischen Wissenschaften ankündigten. Ein Exkurs verdeutlicht die Diskussionen um die neue Etappe der ‹wissenschaftlich-technischen Revolution› und die Modernisierung der Gesellschaft.

Das zweite Kapitel widmet sich der Infragestellung zentraler Momente des Selbstverständnisses der Philosophie in den 60er Jahren: einerseits der Kontroverse um den Bildungsauftrag der wissenschaftlichen Hochschulen und der Konzeption geisteswissenschaftlich-philosophischer Bildung, andererseits der Auseinandersetzung zwischen der geisteswissenschaftlich orientierten Philosophie sowie der angelsächsischen analytischen Philosophie und Wissenschaftstheorie, die in den 60er Jahren zunehmend rezipiert wurde und insbesondere in den Methodologiedebatten der empirischen Gesellschaftswissenschaften zum Tragen kam. Der Positivismusstreit wird als ein besonders prägnanter Ausdruck für die Unterschiedlichkeit zentraler Präsuppositionen der geisteswissenschaftlichen und der durch den Logischen Empirismus geprägten analytischen Philosophietradition dargestellt. Die Rezeption der analytischen Philosophie und Wissenschaftstheorie machte Kriterien der Wissenschaftlichkeit auch für die Philosophie geltend; insbesondere sollten Grundbedingungen der Intersubjektivität von Aussagen durch eine rationale, ihre Geltungsgrundlagen und theoretischen Voraussetzungen explizierende Argumentation und eine Klarheit der Begriffe gesichert werden. Sie wandte sich gegen unkontrollierte Spekulationen und Wahrheitspostulate einer metaphysischen Wesenserkenntnis und problematisierte die Erkenntnis und die Sprache. Aufklärung aller undurchsichtigen Zusammenhänge war eine wesentliche Intention dieser Philosophie, deren Grundhaltung Herbert Feigl knapp und treffend charakterisiert: «Aus meiner Sicht leben wir in einem neuen Zeitalter der Aufklärung, in dem wir immerzu zwei Hauptfragen stellen: ‹Was soll das eigentlich heißen?› und ‹Woher weiß man das?›» (zit. nach Hegselmann 1990, S. 691). Die Philosophie der Geisteswissenschaften hatte dagegen ihr Augenmerk auf die je spezifische Individualität der Perspektivität der ‹Welt›, der Sprache und des Verstehens gerichtet. Sie formulierte einen Wahrheitsbegriff, der mit ‹Bedeutsamkeit› zusammenfiel, und problematisierte die Möglichkeit der ‹Intersubjektivität›.

In der Auseinandersetzung mit wissenschaftstheoretischen Normen und empirischen Forschungskonzeptionen der Gesellschaftswissenschaften erfuhr die philosophische Metaphysik eine Läuterung. Die ‹Ordnungen des Seins› wurden als Ordnungen des Denkens in historischen Horizonten thematisiert und das empirischer Erfahrung prinzipiell Zugängliche in den Kompetenzbereich der empirischen Wissenschaften verwiesen. Viele Philosophen sahen darin einen Entzug ‹materialer› Gegenstände der Philosophie, und die Frage, was der Philosophie bleibe, wurde aufgeworfen. Sollte sie von der Position einer ‹Königin der Wissenschaften› in die Rolle einer ‹Dienstmagd› gesunken sein, die in Form der Wissenschaftstheorie und sogenannter Bindestrich-Philosophie oder der Sprachanalyse Zulieferdienste für Problemstellungen der Wissenschaften übernimmt? Der traditionelle Anspruch der Philosophie, eine Grundwissenschaft der universitären Wissenschaften zu sein, wurde durch die methodologische Selbständigkeit der Wissenschaften in Frage gestellt. In den 60er Jahren bestanden weitere Teile der traditionell eng mit der Philosophie verbundenen Geisteswissenschaften auf einer Trennung zwischen empirischer Forschung und Philosophie. Zur Veränderung der Situation der Philosophie trug auch ein Wandel in der öffentlichen Wertschätzung der Wissenschaften bei; ein Spezialistentum wurde nachgefragt, und der technisch versierte und experimentierende Wissenschaftler rückte zu einer Leitfigur des Akademikers auf und verdrängte die traditionelle Orientierung der akademischen Welt am literarisch produzierenden Geisteswissenschaftler und Philosophen. Obwohl diese Prozesse recht früh in der Philosophie reflektiert wurden, führten sie Anfang der 70er Jahre doch zu einer Krisendiskussion in der Philosophie.

Dieser Diskussion wendet sich das dritte Kapitel zu. Es verdeutlicht die Problematik der Identitätskrise der Philosophie und setzt sich kritisch mit den neuen Orientierungen auseinander. Gezeigt wird, daß Grundprobleme der Identität in den 70er Jahren durch Mißverständnisse in bezug auf die empirische Wissenschaftskonzeption entstanden, die die geisteswissenschaftliche Philosophietradition durchziehen. Die Bedeutung der Philosophie im Erkenntnisprozeß wird verkannt, wenn allein die Empirie als der ‹Zugang zur Wirklichkeit› betrachtet wird. Unter dieser Perspektive scheint die Philosophie von der Entwicklung ‹positiven› Wissens ausgeschlossen und in eine Position der Kritik bzw. der Interpretation der Wissenschaften und des von ihnen bereitgestellten Wissens gedrängt. Problematisiert werden Orientierungen der Philosophie, die sie als das ‹Andere› der Wissenschaften bestimmen und ihre Aufgabe von Mängeln der Wissenschaften abhängig machen.

Die Studie konzentriert sich auf die Selbstverständnisdebatten der Philosophie bis Ende der 70er Jahre. Von den Entwicklungen der 80er und 90er Jahre werden nur zwei Aspekte herausgehoben: Die sich zur Depotenzierung der Rationalität anschickende Zivilisationskritik verfolgte zwar auch eine Stärkung der Öffentlichkeitswirksamkeit der Philosophie, bedrohte damit aber zugleich den philosophischen Denktypus. Auf der anderen Seite entwickelte sich innerhalb der analytischen Philosophie eine Infragestellung philosophischer Fundierungsaufgaben durch die Reduktion der Erkenntnis einerseits auf neurophysiologische Prozesse, andererseits auf «Gepflogenheiten» der sozialen Praxis (Rorty 1987, S. 199). Nach Richard Rorty besteht die vornehmste Aufgabe der Philosophie darin, bildend zu wirken, indem sie stets neue Diskurse eröffnet. Die Philosophie verzichtet damit auf die Generierung und Be-

11

gründung von Wissen. Im Streit um diese Positionen gestaltete sich so erneut die Debatte um die Wissenschaftlichkeit der Philosophie.

Konstitutiv für Geschichtsschreibung sind zeitliche und thematische Strukturierungen, die Konstruktion von Phasen oder Etappen als relative Einheiten eines Geschehens oder eines Diskurszusammenhangs. Die hier vorgelegte Philosophiegeschichte stützt sich auf eine streng chronologische Betrachtung und Inbeziehungsetzung der Texte und vollzieht Phaseneinteilungen auf der Grundlage von thematischen Komplexen, aber auch Veränderungen der Akzentsetzungen. Methodologisch zu vergegenwärtigen ist das Problem der Komplexität historischer Wissenskonstellationen. Der Bremer Literaturtheoretiker und Philosoph Gerhard Pasternack spricht von «diskursiven Universa» als der Gesamtheit der expliziten und impliziten Bedeutungseinheiten des Wissens resp. der Sprache, die sowohl theoretischer als auch prätheoretischer, von weltbildhafter Art sind (1989, S. 32 ff). Ein Teil der Bedeutungsmomente philosophischer Texte sind philosophiegeschichtliche Traditionen, und die Studie greift daher in Exkursen mehrfach auf historische Diskurskontexte zurück. Auch der Exkurs zur Diskussion der sogenannten wissenschaftlich-technischen Revolution in den 60er Jahren skizziert den Problemhorizont jener Zeit. Eine Analyse diskursiver Universa einer Zeit wirft jedoch stets nur etwas Licht auf einige der Vielzahl von Bedeutungsaspekten. Ein Gegengewicht zu der Selektivität und Perspektivität der Konstruktion von Geschichte, die sich über die besondere Fragestellung des Rekonstrukteurs hinaus auch der dem geschichtlichen Gegenstand gegenüber veränderten Wissenskonstellation verdankt, sind Zitate. Das Zitat ist ein kaum zu ersetzendes Zeitdokument. Nicht zu selektiv und tendenziös eingesetzt, vermittelt es ein Stück des eigentümlichen Denkhorizonts einer Zeit, der kaum zureichend durch den Historiker zur Sprache gebracht werden kann. Denn jede Reformulierung eines historischen Textes, etwa in Form inhaltlicher Zusammenfassungen, geschieht im Kontext einer anderen Wissenskonstellation und ist daher im Grunde eine Übersetzung in eine andere Sprache.

Dieses Buch ist die gekürzte und teilweise überarbeitete Fassung meiner Dissertation von 1993, die 1995 unter dem Titel *Identität in Krisen. Selbstverständigungen und Selbstverständnisse der Philosophie in der Bundesrepublik Deutschland nach 1945* im Peter Lang Verlag erschienen ist. Für Anregung und Unterstützung zu danken habe ich Herrn Prof. Dr. Manfred Stöckler und ganz besonders Herrn Prof. Dr. Hans Jörg Sandkühler, der mir stets mit kritischem und so manchem praktischen Rat zur Seite stand. Auch Herrn Dr. Burghard König danke ich für hilfreiche Kritik und Engagement für diese Veröffentlichung.

I. Philosophie nach 1945

Der politische Einschnitt 1945 – das Ende des bis dato verheerendsten Kriegs der Menschheit, die Niederlage des Faschismus, Verurteilung und Reeducation des deutschen Volks –, bedeutete er auch einen Einschnitt in der deutschen Universitätsphilosophie? Universitäten und Hochschulen, von denen viele erheblich zerstört waren, wurden geschlossen; Hochschullehrer wurden entlassen und hatten sich den Entnazifizierungsverfahren zu stellen. Die Wiedereröffnung der Hochschulen 1946/47 erfolgte unter der Kontrolle der alliierten Besatzungsmächte. Doch weil von den emigrierten Hochschullehrern nur wenige zurückkehrten, verhalf der Mangel an qualifiziertem wissenschaftlichem Personal vielen nationalsozialistisch Belasteten wieder zu Amt und Würden.

Die Frage nach Kontinuität oder Bruch in der gesellschaftlichen und wissenschaftlichen Entwicklung nach 1945 läßt sich nicht mit einem eindeutigen Für oder Wider das eine bzw. andere entscheiden, denn gefragt ist damit nach der inneren Dynamik der Gesellschaft und der Individuen: «der Faschismus brachte mit millionenfachem Tod auch die Auslöschung von Bedingungen möglicher Zukunft; die Kontinuität von Institutionen des gesellschaftlichen Lebens und von individuellen Lebensgeschichten überlagert aber zugleich den erzwungenen Neubeginn» (Sandkühler/ Holz 1986, S. 9).

Jüngste Studien zum Philosophiebetrieb während des Nationalsozialismus unterstreichen eine weitgehende Kontinuität philosophischer Fragestellungen und Forschungstätigkeit seit den 20er Jahren. Von einer *Zerstörung der Vernunft,* von der Georg Lukács in seinem 1954 erschienenen Buch sprach, könne nicht die Rede sein. «Mit wenigen Ausnahmen hat sich die deutsche Philosophie in ihren noch heute berühmten Vertretern und in ihrem normalen Betrieb in den Nazismus und diesen in sich integriert und sich um ein staatstragendes Verhältnis bemüht» (Haug 1989a, S. 7). Diejenigen, die der nationalsozialistischen Ideologie nicht zustimmten, enthielten sich der Stellungnahme und zogen sich, wie etwa der Münchener Kreis um den katholischen Philosophen Fritz-Joachim von Rintelen, auf philosophiehistorische Studien zurück (Krings 1987); daneben gab es nicht wenige Philosophieprofessoren, die staatskonforme Haltungen philosophisch zu legitimieren suchten. Einiges spricht dafür, die Philosophie im Nationalsozialismus in einen die Erfahrung des Ersten Weltkriegs umspannenden Kontext einzurücken. Außerordentlich aufschlußreich verdeutlicht der italienische Philosoph Domenico Losurdo in seinem Buch *Die Gemeinschaft, der Tod, das Abendland. Heidegger und die Kriegsideologie* (deutsch 1995) den Nachhall der ‹Ideen von 1914›. Zentrale Denkmuster dieser deutschen Kriegsideologie, vor allem das Pathos der Gemeinschaft und des gemeinsamen Schicksals, wurden beibehalten und ermöglichten eine Integration in den Nazismus.

Die von Thomas Laugstien im Rahmen des in Berlin von Wolfgang Fritz Haug geleiteten Forschungsprojekts «Philosophie im deutschen Faschismus» vorgelegte Studie über personelle und inhaltliche Veränderungen der philosophischen Schulen und Gesellschaften sowie dem Wandel der philosophischen Zeitschriftenlandschaft nach 1933 kommt zu dem Schluß, daß sich der Nationalsozialismus nicht nur gegen ein vermeintliches jüdisches und marxistisches Denken, sondern auch gegen einen Kritizismus und Logizismus richtete. Von dem Lehr- und Publikationsverbot betroffen waren vor allem solche philosophischen Richtungen, die eine wissenschaftliche oder empirisch orientierte Philosophie favorisierten: neben dem Marxismus der Neukantianismus, Edmund Husserl und seine engere Schule der ‹deskriptiven Phänomenologie› und der Logische Empirismus des Wiener Kreises und der Berliner Gesellschaft für empirische Philosophie. «Der Wiener Kreis (im weiteren, bis Berlin und Prag reichenden Sinne) ist die neben dem Marxismus einzige Denkschule, die vom NS-Staat als solche – nicht nur wegen rassistischer oder ‹politischer› Stigmatisierung ihrer Vertreter – verfolgt wurde. ‹Positivistisch› war im herrschenden Sprachgebrauch semantisch äquivalent mit ‹jüdisch› und ‹marxistisch›» (Laugstien 1990, S. 181).

Für eine Kontinuität der philosophischen Lehre und Forschung nach 1945 spricht, daß eine Anknüpfung an das akademische Leben der Philosophie im Dritten Reich relativ ungebrochen erfolgen konnte, da dieses zu einem großen Teil in historischen und hermeneutisch-philologischen Forschungen bestand (Martens / Schnädelbach 1985, S. 13; vgl. Schnädelbach 1990, S. 403 ff; Krings 1987). Ein wirklich tiefgreifender Destabilisierungsprozeß und Wandel nicht nur der Philosophie, sondern auch anderer Geisteswissenschaften wird in den Entwicklungen der 60er Jahre gesehen (Prinz/Weingart 1990). So reflektiert auch der Münchner Philosoph Hermann Krings, ein Schüler und Assistent von Rintelens in der Zeit des Nationalsozialismus, seine Erfahrungen: «Der Einbruch in die philosophische Tradition in Deutschland ist nicht von den Nazis gekommen, sondern aus dem angelsächsischen Bereich», d. h. durch die Rezeption der analytischen Philosophie und Wissenschaftstheorie in den 60er Jahren (1987, S. 34).

Diese Studie bestätigt diese Positionen. Doch wird es um eine Feinzeichnung dieses Bildes gehen. Bislang ist im einzelnen noch wenig erforscht, worin gedankliche Kontinuitäten bestanden und inwiefern von Traditionsbrüchen nach 1945 gesprochen werden kann. Dabei ist auch dieses Buch nicht in der Lage, eine erschöpfende Antwort zu geben; denn die Aufarbeitung der Entwicklung der Forschungs- und Lehrinteressen während des Nationalsozialismus ist noch immer ein Desiderat der neueren deutschen Philosophiegeschichte. Es wird im folgenden versucht, die Probleme der Konstitution eines neuen Selbstbewußtseins aufzuspüren, und der Frage nachgegangen, inwieweit dem ‹Einbruch von außen› durch die angelsächsische Philosophie eine interne Problematik zugrunde lag.

Die philosophische Zunft war in den ersten Jahren nach Kriegsende um ihre Reorganisation bemüht. Diese umfaßte nicht nur die personelle Rekrutierung des Fachs, die hier nicht behandelt werden soll, sondern auch Prozesse der Bildung eines neuen Selbstverständnisses. Die deutschen Wissenschaften, so auch die Philosophie, standen unter dem Vorwurf, den Nationalsozialismus gestützt zu haben. Es mußten Haltungen und Positionen zur Vergangenheit formuliert und ihr gegenüber ein neues wissenschaftliches Selbstbild geschaffen werden. Zur Philosophie gehörte stets auch die Aufgabe der kulturellen Orientierung, die unter dem Zeichen des Neubeginns 1945 geklärt werden mußte. Mit der Verarbeitung oder vielmehr der Nichtverarbeitung des Nationalsozialismus, der Reorganisation der Zunft wurden Ausgangslagen für künftige Entwicklungen und Probleme der Disziplin geschaffen.

Akademische Fern-Nähe zum Tagesgeschehen

Im philosophischen Leben der Nachkriegszeit bis weit in die 50er Jahre hinein ist von einer Krise der Philosophie vordergründig nichts zu spüren. Die Philosophie war, neben der Theologie, besonders herausgefordert, die orientierenden Prinzipien zur Gestaltung des individuellen wie des gesellschaftlichen Lebens neu zu fundieren. Die Vergangenheit sollte aufgearbeitet werden, das hieß, eine Auseinandersetzung mit der verbreiteten anfänglichen Begeisterung für die nationalsozialistische ‹Erneuerung› und dem schließlichen Erwachen in den Schrecken des Kriegs, mit dem Schweigen zu Verletzungen der Menschenwürde und den Massenmorden zu führen, sich der Verantwortung zu stellen. Fragen waren aufgeworfen, die Grundverständnisse des gesellschaftlichen und individuellen Lebens betrafen: das Verhältnis von Individuum und Gesellschaft, die Rolle und Reichweite des Staats, die Beziehungen von Recht und Moral; die Universalität der Moral in Gestalt der Menschenrechte, Fragen nach individueller Verantwortung und Schuld, Vernunft und Wahrheit. «Das deutsche Volk durchlebt gegenwärtig die vielleicht schwerste Stunde seiner Geschichte, in einer Not, die im geistigen Bereich nicht weniger dringend nach Hilfe ruft wie auf materiellem Gebiet.» Worte wie diese im Geleit des 1946 wieder aufgelegten Periodikums der Jesuiten *Stimmen der Zeit* finden sich 1945/46 in vielen Publikationen. Paradigmatisch für die damalige Beurteilung der Situation sind die Worte Friedrich Langenfaß' in seinem Geleit der Wiederauflage des protestantischen Journals *Zeitwende*: Die Wiedererrichtung zerstörter Bauten werde Jahrzehnte dauern, aber «mindestens ein Jahrhundert (es sei mir diese menschliche Berechnung erlaubt!) mag es dauern, bis die Trümmerstätten im Leben der Kultur und des Geistes aufgeräumt sind und ein neuer Bau errichtet wird; und das nur, wenn Gottes Gnade eine echte Umkehr schenkt. Es gibt noch viel zu viele, die am allerliebsten jetzt blind bleiben möchten» (Langenfaß 1946, S. 3).

Die ersten deutschen Philosophiekongresse, an denen Philosophen aus allen vier Besatzungszonen teilnehmen konnten – 1947 in Garmisch-Partenkirchen und 1948 in Mainz –, spiegeln eine Gratwanderung der akademischen Philosophie zwischen der Annahme dieser kulturellen Herausforderung und einer akademischen Zurückhaltung (Matzat 1947; Hirschberger 1948; Schischkoff 1949; Diemer 1949). Auf die Erwartungen der politischen Öffentlichkeit, die die Vertreter der Landesregierungen in ihren Grußworten zum Ausdruck brachten, die Philosophie möge sich in die Debatten der Zeit wegweisend einschalten, reagierte die Mehrheit der Philosophen vorsichtig zurückweisend. Man bestand auf einer Übersetzung der Probleme der Praxis in Fragen der theoretischen Philosophie. Die Distanz vom ‹Tagesgeschehen› wurde zum wissenschaftlichen Ethos erhoben. So wies auch der Münchner Philosoph Aloys Wenzl, der aufgrund seines politischen Engagements in der Weimarer Republik 1936 Lehrverbot erhalten hatte, darauf hin, daß die ‹Nöte des Tages› die Geduld des Forschers nicht verwirren dürften. Nur aufgrund dieser Geduld sei es möglich, daß die abstrakte Ferne theoretischer Probleme in atemberaubende Nähe umschlagen könne (Matzat 1947, S. 383). Der Bonner Philosoph Theodor Litt, ein Vertreter der geisteswissenschaftlich orientierten Philosophie und Pädagogik, der nach Störungen seiner Lehrveranstaltungen durch nationalsozialistische Studenten und einem Verbot von Vortragsreisen im Ausland 1936 seine vorzeitige Emeritierung beantragt hatte, gab in den Abschlußworten zum Mainzer Kongreß der vorherrschenden Überzeugung und Orientierung Ausdruck, indem er betonte: Die Philosophie erlebe gegenwärtig eine große Stunde durch die Daseinsfragen der Menschen, sie habe eine «Sendung», aber sie möge sich hüten, «ein bloßer Widerhall der bewegten Zeit zu sein oder das von den herrschenden Gruppen Vorgebetete nachzubeten. Wir dürfen nur die Antwort geben, die uns unser philosophisches Gewissen auferlegt, nicht eine, die die Mächtigen von uns erwarten. Der Philosoph muß tatsächlich einen zeitüberlegenen Standpunkt einnehmen und in gewisser Weise mit dem Auge Gottes sehen» (Schischkoff 1949, S. 196).

Die Suche nach einem die eigene Zeitlichkeit transzendierenden Standpunkt spricht aus vielen philosophischen Äußerungen der ersten Nachkriegsjahre. Daß dabei aber nicht allein das philosophisch-wissenschaftliche Ethos, stets im Hinblick auf die Ewigkeit urteilen zu wollen (Putnam 1983), ausschlaggebend war, verdeutlichen selbstkritische Bemerkungen von Zeitgenossen. Georgi Schischkoff, seit 1946 Herausgeber der *Zeitschrift für philosophische Forschung*, erklärte rückblickend die Zurückhaltung vieler Ordinarien mit den noch schwebenden Entnazifizierungsverfahren (Schischkoff 1972, S. 295). Auch die Bemerkung des seit 1948 wieder in München lehrenden katholischen Kulturphilosophen

Alois Dempfs in einem an den Mainzer Kongreß anschließenden Gedankenaustausch eines engeren Philosophenkreises – es fehle der Mut zur politischen Stellungnahme, da sie das Ablegen eines Bekenntnisses verlange (Schischkoff 1949, S. 197) – weist auf psychologische Hemmschwellen gegenüber einer eingehenden Auseinandersetzung mit der Vergangenheit, die ein Eingehen auf Debatten der Öffentlichkeit verlangt hätte.

Auf der philosophischen Ebene gab es insbesondere zwei ineinandergreifende Motive für die Hinwendung auf Zeitübergreifendes:

1. Gesucht wurde nach einer *neuen Identität* in den ‹Wurzeln› der deutschen und europäischen Geschichte, nach einer Identität, die anders als im Nationalismus ein gegenüber der historischen Entwicklung beständiges und tragfähiges Fundament zu bilden vermag. Grundlage einer nationalen Identität, die sich kosmopolitisch einzuordnen weiß, sind universelle Ideen wie die der Menschenrechte; dies hatte der Neukantianer Ernst Cassirer in seiner Auseinandersetzung mit dem Nationalismus während des Ersten Weltkriegs und der Endphase der Weimarer Republik immer wieder betont (Plümacher 1996 a). Eine in diese Richtung weisende Orientierung findet sich in den Debatten der deutschen Philosophie der Nachkriegszeit: Man verwies auf das Menschenbild der griechischen Antike und auf das Christentum als den Grundlagen der abendländischen Kultur und den Strängen der Geistesgeschichte, aus denen universell gültige Maßstäbe wiedergewonnen werden könnten (vgl. Schischkoff 1949, S. 197 ff). Ein Beispiel für dieses Denken gibt Karl Jaspers, in Deutschland einer der populärsten Philosophen der Nachkriegszeit. In dem Geleit zur Erstausgabe der von ihm mitbegründeten Zeitschrift *Die Wandlung* schrieb er:

«Wir haben keineswegs alles verloren, wenn wir nicht, in Verzweiflung wütend, auch noch das vergeuden, was uns unverlierbar sein kann: den Grund der Geschichte, für uns zunächst in dem Jahrtausend deutscher Geschichte, dann der abendländischen Geschichte, schließlich aber der Menschheitsgeschichte im Ganzen. Aufgeschlossen für den Menschen als Menschen dürfen wir uns vertiefen in diesen Grund, in die nächsten und fernsten Erinnerungen. Wir werden überall nicht nur das schaurig Ausweglose finden, sondern auch das, was uns ermutigt. Wir werden Fühlung gewinnen mit dem, was Menschen in aller Welt im Äußersten erfahren haben. In der Weite dieser Menschlichkeit fand mancher Deutsche seinen Halt, wenn er im Vaterlande geächtet war» (Jaspers 1945, S. 5).

2. Die Hinwendung zur *Geschichte* mit dem Ziel, in ihr geschichtsübergreifende Werte und Wahrheiten zu ergründen, beruhte auf einer tiefgreifenden Erschütterung des Vertrauens in Geschichte. Rudolf Mense, Philosophiedozent an der Bonner Universität, verwies in seinem Beitrag für die *Zeitschrift für philosophische Forschung* 1946 auf das Trauma, selbst vom ‹Strom der Zeit› mitgerissen worden zu sein und sich des Verbrechens schuldig gemacht zu haben. «Der denkende Deutsche hat es nicht vergessen, er weiß, wie damals das aus untragbarer Not geborene Geistbild der Zeit als Zukunftsbild die Seelen in seinen Bann schlug», sich mit politischer Gewalt verband und schließlich der Geschichte unterlag: «Die ewige Sünde des Zeitgeistes, jetzt wurde sie zur Todsünde und zum Verbrechen» (1946, S. 174f). Der ‹zeitüberlegene› Standpunkt in der Philosophie war auch eine persönliche Lehre aus der Vergangenheit, die verallgemeinert wurde: «[.] jede auf dem Boden des Zeitgeistes wachsende Philosophie verliert den Boden der Philosophie und wird bodenlos» (ebd., S. 175).

Das Christentum ebenso wie die *philosophia perennis* schienen im historischen Wandel Wahrheiten von Bestand zu verbürgen und damit einen vor den Gefahren des Zeitgeistes gewappneten Standpunkt. Dabei wurde der Anspruch der Philosophie, ihre Zeit zu reflektieren, nicht aufgegeben. Die Orientierung lautete, Philosophie solle sich einfühlend, mit- und nachfühlend in die Zeit hinein begeben, aber sogleich in reflexiver Analyse das Wesen des Seins ergründen, das hieß: das begriffliche und kategoriale Grundgefüge aus der Konkretion herausschälen, die «formalen und materialen apriorischen Wesenheiten» in Geltung bringen und sich somit außerhalb der Zeit stellen.

Mit dem Verweis auf das ‹Philosophische› der Philosophie, das durch Abstraktion von subjektiven und historischen Gestaltmomenten der Philosophie gewonnen werden sollte, gelang es aber auch der philosophischen Zunft, einer Auseinandersetzung mit ihrer Integration in den Faschismus zu entgehen; denn eine den Nationalsozialismus stützende Philosophie ist von diesem Begriff ausgehend nicht zu denken.

Die Philosophie formulierte in den ersten Nachkriegsjahren ein Selbstverständnis, das getragen war von der Idee, durch die Erscheinungen der Welt hindurch deren letzte Prinzipien und ewige Wahrheiten erfassen zu können. Das Ideal der abendländischen Philosophie sah man in der Gestalt des in Gedanken versunkenen Sokrates verkörpert, wobei die Charakterisierungen Sokrates' ein Ausdruck des eigenen Selbstbildes waren: Er wurde beschrieben als der «Nichtwissende», der «heraufholt, was unser aller Wahrheit ist» (Gadamer 1948, S. 5), «der durch Stunden hindurch gänzlich Zeit und Raum um sich vergessen konnte, um die in flüchtigem Wandel begriffenen und räumlich auseinanderliegenden Erscheinungen bis zu ihrem unwandelbaren Seinskern zu durchdenken in der Ahnung darum, daß dem menschlichen Geiste Teilhabe an ‹der› Wahrheit gewährt ist, die aus dem dunklen Schoße der Seele in mühevoller Hebammenarbeit durch die trügerischen Wirrnisse bloßer Mode-Meinungen und unklarer Ansichten ans Tageslicht bewußter Einsicht gezogen werden kann» (Siegmund 1946, S. 3).

Die diesem Ideal entsprechenden großen Denker der abendländischen Philosophie sollten Vorbilder und Gesprächspartner im Ringen um Wahrheit sein. Es gelte, heißt es im «Geleit» der 1947 neu gegründeten Zeitschrift *Archiv für Philosophie*, «zu zeigen, was in den historisch gewordenen Lehren an Realität an den Tag getreten ist, was in ihnen an echter Problematik aufbrach und was an Wahrheit in den Antworten, die die Alten gaben, beschlossen ist» (von Kempski 1947, S. 7). Die Aufmerksamkeit galt der griechischen Philosophie – Platon und Aristoteles insbesondere – in der Überzeugung, daß sie die Grundstruktur abendländisch-europäischen Denkens gelegt habe, die bis in die Gegenwart hinein das Denken durchdringe und Gültigkeit besitze (Gadamer 1948a). Daher erging die Forderung, sie bewußt wiederzuentdecken und anzueignen.

Daneben erinnerte die katholische Philosophie – neben der Existenzphilosophie in den späten 40er Jahren eine der wirkungsmächtigsten Philosophien – an die durch den Glauben geprägte Ordnung der mittelalterlichen Welt. Gerade das «‹uranische› Zeitalter der Atombombe» bedürfe einer Bindung an Gott und die Gottesordnung, argumentierte beispielsweise der Paderborner Moraltheologe Gustav Ermecke in einem Beitrag zum Thema «Philosophische Besinnung heute». Die neuzeitliche Entwicklung einer ‹Freiheit von Gott› habe zur Katastrophe der jüngsten Vergangenheit geführt und berge grundsätzlich die Gefahr universaler Katastrophen: «Für die Freiheit von Gott und von einem gottverbundenen Menschenbild hat man das Vaterhaus, die Kirche und die von ihr geprägte Lebensordnung verlassen. Die Entwicklung führte schließlich zu einer nie dagewesenen Sklaverei des Menschen in den aus jenem neuzeitlichen Protest gegen die von der Kirche verkündete und verkörperte

Ordnung von Natur und Gnade geschaffenen Einrichtungen und Formen des modernen Lebens» (Ermecke 1947, S. 125). Katholische Philosophen, so etwa Alois Dempf und Romano Guardini aus München, machten das neuzeitliche Autonomiestreben, das Menschenbild des Humanismus, verantwortlich für Diktatur, Zügellosigkeit und Selbstzersetzung in Gegenwart und jüngster Vergangenheit. Der christliche Glauben und die Beachtung der religiösen und sittlichen Glaubensordnungen sollten dagegen ein Fundament des gesellschaftlichen Lebens bilden (von Pechmann 1990, S. 61; Schmucker-von Koch 1985).

Der ‹neuzeitliche Geist der Subjektivität› auf der Anklagebank

Aber die Wendung gegen das neuzeitliche Verständnis der Subjektivität, der Freiheit des Individuums, findet sich nicht allein in der katholischen Philosophie, sondern war zu einem durchaus verbreiteten Topos geworden. Unter den Schlagworten Nihilismus, Relativismus, Subjektivismus bzw. Individualismus und Liberalismus wurden die geistigen Ursachen des Faschismus wie auch Gefährdungen der gesellschaftlichen Neuordnung diskutiert. Friedrich Nietzsche galt als signifikantes Sinnbild dieser Haltungen und als geistiger Verführer der Deutschen. Aber häufig wurde er lediglich als der Höhepunkt einer geistigen Entwicklung seit der Neuzeit gesehen. Anklage erhob sich gegen das neuzeitliche Denken insgesamt. Ein charakteristisches Beispiel ist die Argumentation Josef Schmids, des Geographieprofessors und damaligen Rektors der Universität Mainz, die er im Rahmen seiner Festrede zur Wiedereröffnung der Universität 1946 vortrug:

«Die Vergottung der diesseitigen Mächte wurde gefördert durch einen platten Rationalismus, der mit dem Durchbruch der Technik und Naturwissenschaften einsetzte und zur Lebensauffassung des Liberalismus und des Individualismus wurde. Eine Entwicklung, die schließlich im 19. Jahrhundert die einzelnen Menschen abkapselte und das geordnete Zusammenleben störte, die im 20. Jahrhundert die Klassen, die Kasten und die Staaten isolierte, und jetzt sogar die Trennung ganzer Staatenblocks und Kontinente befürchten läßt. Das sind die Folgen einer geistigen und moralischen Demoralisation innerhalb einer ausgedehnten Kultur-

und Moralkrise. Die Voraussetzungen für eine solche Entwicklung waren unter den zivilisierten, besser gesagt technisierten Staaten besonders in Deutschland günstig» (Schmid 1946, S. 363).

Auch bekannte Phänomenologen wie Ludwig Landgrebe und Hans-Georg Gadamer führten die tiefere Ursache des Faschismus auf die neuzeitliche «Metaphysik der Subjektivität» zurück, die in einen «entschlossenen und selbstzufriedenen Relativismus der Weltanschauungen» gemündet sei. Gadamer betonte, daß insbesondere die liberale Bewegung, alles verstehen zu wollen, zu einem Moralverfall geführt habe, dem gegenüber der Nationalsozialismus mit dem «Aufruf zur Härte des Willens eine dämonische Suggestionskraft» ausüben konnte (Gadamer 1948, S. 6, 9). Landgrebe charakterisierte in seiner Einführung *Was bedeutet uns Philosophie?* 1948 die Wende des neuzeitlichen Denkens als Verabschiedung des philosophischen Wissens um die Bindung des Menschen an einen «ihm übermächtigen Zusammenhang des Ganzen», welche zur Ursache der «allgemeinen Bodenlosigkeit» des modernen Menschen wurde (1948, S. 45, 47).

«Es ist die dämonische Gewalt der Parole ‹Wissen ist Macht›, die den Menschen der Neuzeit fortreißt, so daß er nichts mehr über sich anerkennt, was nicht von ihm selbst gesetzter, kraft seines Denkens, seiner Vernunfteinsicht gestifteter Zusammenhang ist. [...] Im Namen sogenannter wissenschaftlicher Erkenntnis glaubte man sich befugt, ganze Völkerschaften zu verpflanzen, ja auszurotten, die einen für mehr, die anderen für minder existenzberechtigt zu erklären. [...] Es zeigt sich hier das *Verhängnis*, das schon in der ganzen neuzeitlichen Entwicklung von Grund aus angelegt war und erst in unseren Tagen in seiner ganzen Größe und für alle Augen sichtbar hervorbrach. Der Glaube an die Selbstherrlichkeit des Menschen hat nicht, wie das seine Urheber glaubten, dazu geführt, ihn zu *befreien*, sondern vielmehr ihn zu *versklaven*, indem er den Menschen zum unbeschränkten Herren über Leben und Tod seiner Mitmenschen setzte, indem er den Menschen als Glied in den wirtschaftlichen Produktionsprozeß einspannte, so daß von ihm nichts anderes mehr übrig blieb, oder ihn in seiner Totalität auf seine Funktion für die Volksgemeinschaft reduzierte. Das alles sind *Formen eines und desselben Glaubens an die Macht des Menschen*, von sich aus dem Dasein und dem Zusammenhang der Welt Sinn und Ziel zu setzen; und sie alle führen in letzter Folge zu derjenigen Selbstzerstörung, deren mitleidende Zeugen wir heute sind» (Landgrebe 1948, S. 46, 47 f).

Parallelen zur *Dialektik der Aufklärung*, der bekannten, von Max Horkheimer und Theodor W. Adorno im amerikanischen Exil verfaßten Auseinandersetzung der Frankfurter Schule mit dem Nationalsozialismus, bieten sich an: «Das Erwachen des Subjekts wird erkauft durch die Anerkennung der Macht als des Prinzips aller Beziehungen» (Horkheimer/ Adorno 1947, S. 19). Die *Dialektik der Aufklärung* verbindet mit den in der Philosophie und intellektuellen Öffentlichkeit der deutschen Nachkriegszeit verbreiteten Verurteilung des neuzeitlichen Denkens der Rückgriff auf Topoi der lebensphilosophischen Technik- und Rationalitätskritik, die in den 20er Jahren in der deutschen Philosophie eine große Resonanz erfuhren und sich bis in die jüngste Zeit hinein in verschiedensten Varianten behaupten. Insbesondere war Martin Heidegger, der bis in die 50er Jahre zu den einflußreichsten deutschen Philosophen gehörte, einer der führenden Vertreter einer gegen die freie Subjektivität gerichteten Argumentation. Dabei war jedoch nicht seine Technikkritik der wesentliche Aspekt, sondern die Thematisierung der geschichtlich-gesellschaftlichen Gebundenheit des Subjekts. Er hatte die Endlichkeit und Unausweichlichkeit der Bindung des Menschen an das «Sein», die historisch-gesellschaftlichen, transzendentalen Bedingungen seines Daseins, zur Grundaussage seiner Existentialontologie gemacht. Insofern trafen sich in der Ablehnung einer ‹übersteigerten› Subjektivität katholische Philosophen mit den von Heidegger inspirierten Denkern. Der Mainzer Existenzphilosoph Otto Friedrich Bollnow, der seine Philosophie aus der Spannung zwischen der Lebensphilosophie der Göttinger Dilthey-Schule und der durch Heidegger und Jaspers vertretenen Existenzphilosophie heraus entwickelte, bezeichnete es geradezu als Merkmal der deutschen Philosophie und Existenzphilosophie, daß sie die Grenzen der Subjektivität, die Eingebundenheit des Subjekts in Vorgegebenheiten und den Bezug auf Transzendenz hervorhebe – im Gegensatz etwa zum französischen durch Jean-Paul Sartre und André Malraux geprägten Existentialismus, der die Position der grundlegenden Freiheit des Subjekts vertrat (Bollnow 1947, S. 237 ff; kritisch dagegen Heinemann 1971, S. 175). Auch Max Müller, ein von Heidegger inspirierter katholischer Philosoph, stellte in seinem 1949 herausgebrachten Buch *Die Existenzphilosophie im geistigen Leben der Gegenwart* den Unterschied zwischen der Heideggerschen Ek-sistenz-Philosophie und dem Existentialismus Sartres, aber auch Jaspers' im Hinblick auf den Freiheitsbegriff heraus. Die Freiheit sei bei Heidegger «Freiheit zum Gehorsam für das Sein und zur Bindung an es, Freiheit für seine Huld und Gnade. Erst durch diese ‹Huld› und ‹Gnade› des Seins wird alles Schaffen, statt Betrieb und Gemächte zu sein, schöpferisch» (Müller 1986, S. 66).

Der Gedanke der Eingebundenheit des Individuums hat seine Vorgeschichte. Er war Teil der eine ganze Generation von Intellektuellen prägenden Erfahrung des Ersten Weltkriegs. Die Mehrheit der deutschen Intellektuellen feierten die durch die allgemeine Kriegseuphorie bedingte Zurückstellung innenpolitischer Auseinandersetzungen und die Gemeinschaft der Soldaten als eine ‹sittliche Erhebung des Volkes›. Man sah persönliche Interessen in die der Nation aufgehen. Der Terminus Gemeinschaft wurde, ungeachtet dessen, daß er auf den englischen Publizisten und Politiker Edmund Burke zurückgeht (Losurdo 1995, S. 233), zu einer Schlüsselkategorie zur Charakterisierung des ‹Deutschtums› und von dem vorgeblich ‹westlichen› Begriff Gesellschaft abgegrenzt. Renaissance und Aufklärung galten als ‹westliche› Bewegungen, die Scholastik des Mittelalters dagegen als Bezugspunkt der ‹deutschen Eigentümlichkeit›. Der Religionsphilosoph und Historiker Ernst Troeltsch unterstrich in einem 1916 veröffentlichten Essay den Unterschied der Freiheitsbegriffe: Während der ‹westliche› Begriff Freiheiten und Rechte der Individuen gegenüber dem Staat akzentuiere, stelle der ‹deutsche› die Pflichten des Individuums gegenüber der nationalen Gemeinschaft ins Zentrum, denn Freiheit bestehe mehr in Pflichten als in Rechten, oder, mit anderen Worten, Rechte seien ebenso Pflichten (Lipton 1978, S. 44; Ringer 1983, S. 171 ff; Losurdo 1995). Losurdos Studie verdeutlicht, wie diese Kriegsideologie auch nach 1918 von vielen durchgehalten und sogar radikalisiert wurde und sich dem Nationalsozialismus einfügte. Die nationalistische Abgrenzung ‹deutschen Denkens› ist nach 1945 im allgemeinen nicht mehr präsent. Ein Blick in den *Philosophischen Literaturanzeiger* und dessen Rezensionen lehrt, daß insbesondere die französische Philosophie, die Phänomenologie und Existenzphilosophie, eine große Aufmerksamkeit erfuhr und mit Ausnahme von Sartres ‹Radikalismus› positiv gewürdigt wurde. In den Wendungen gegen die neuzeitliche ‹Metaphysik der Subjektivität› und einen ‹übersteigerten› Humanismus wurde allerdings weiterhin die Idee der Autonomie des Individuums bekämpft.

Das als *Humanismusbrief* bekannt gewordene Schreiben Heideggers an Jean Beaufret aus dem Jahr 1946, das Heidegger 1949 in überarbeiteter Fassung als selbständige Schrift herausgab, verdeutlicht den sich vom neuzeitlichen Humanismus abgrenzenden Heideggerschen Begriff der Freiheit. Diese Schrift wurde zum Teil als eine Antwort auf den französischen Existentialismus, vor allem Sartres, angesehen. Heidegger argumentiert, der Begriff Humanismus habe seinen Sinn verloren, nicht nur weil es viele Human-«ismen» gebe – einen römischen, einen christlichen, einen der Renaissance usw. –, damit verschiedene Deutungen der Freiheit und der Natur und Würde des Menschen. Er habe ihn verloren, weil die anthropozentrische Position unhaltbar sei. Bei der Bestimmung des Wesens des Menschen komme es darauf an, «daß nicht der Mensch das Wesentliche ist, sondern das Sein als die Dimension des Ekstatischen der Ek-sistenz» (1947, S. 22). Das «Sein» nimmt in Heideggers Denken eine Subjektrolle ein: Über das Geschick entscheide nicht der Mensch, sondern das Sein. Für den Menschen bleibe allein die Frage, ob er das Schickliche findet, denn das Sein bleibe selbst verborgen. Das Wesen des Menschen bestehe darin, daß er ‹mehr und ursprünglicher› ist als der Mensch, der als das vernünftige Lebewesen vorgestellt wird. Es zeige sich «das Rätselhafte: der Mensch ist in der Geworfenheit. Das sagt: der Mensch ist als der ek-sistierende Gegenwurf des Seins insofern mehr denn das animal rationale, als er gerade weniger ist im Verhältnis zum Menschen, der sich aus der Subjektivität begreift. Der Mensch ist nicht der Herr des Seienden. Der Mensch ist der Hirt des Seins. In diesem ‹weniger› büßt der Mensch nichts ein, sondern er gewinnt, indem er in die Wahrheit des Seins gelangt. Er gewinnt die wesenhafte Armut des Hirten, dessen Würde darin beruht, vom Sein selbst in die Wahrnis seiner Wahrheit gerufen zu sein» (ebd., S. 28 f). Eine Analyse der Existenz und darauf gründende Selbstbestimmung kann auf diese Weise nicht mehr gedacht werden; Heideggers Absage an Subjektivität verband sich mit einer Absage an Rationalität. Dem Menschen bleibt nach Heidegger nur die Ergreifung seines Schicksals, für das er als Abhängiger des Seins keine Verantwortung trägt.

Daß Verantwortung zu einem Problem wird, wenn der Mensch als Abhängiger in die Seins- oder auch die Gottesordnung eingebunden gedacht wird, war der Einwand, der sich erhob und den beispielsweise Theodor Litt geltend machte:

«Trotz der ungeheuren Überlegenheit, mit der uns die Gewalten der Geschichte entgegentreten, ist unser Verhältnis zu ihnen nur dann wirklich in Ordnung, wenn es ein Wechselverhältnis ist. Ebenso wie die Geschichte mich beeinflußt, ist sie berufen, von mir gestaltet und bestimmt zu werden. Wir dürfen hier nicht kapitulieren; auch vor der Autorität und den Autoritäten nicht. Wenn die Gegenwirkung fehlt, wird die Autorität Zwangsherrschaft und hört auf, Autorität zu sein. Auch dort, wo das Ich sich den geistigen Gewalten gegenüber befindet, liegt ein Wechselverhältnis vor. Und wie ist es bei Gott? Sollten wir uns nicht die Auffassung zu eigen machen, wonach Gott darauf angewiesen ist, daß ihm der Mensch zu Hilfe kommt?» (Diskussionsbeitrag in Schischkoff 1949, S. 93 f).

Eine Gegenposition zur Abhängigkeit des Menschen formulierte 1949 Karl Jaspers in seiner Schrift *Über die Bedingungen und Möglichkeiten eines neuen Humanismus*. Er plädierte dafür, die Möglichkeit und Notwendigkeit der Entscheidungsfreiheit zur Mitmenschlichkeit, zur Achtung der Würde des anderen und zum Zukunftsentwurf zu sehen. «Der Mensch kann sich im Ernste nie dessen erwehren, daß etwas an ihm selber liegt, daß er mit seinen Entscheidungen über sich selbst entscheidet» (1949, S. 715). Jaspers betonte die innere Unabhängigkeit des einzelnen gegen die Verlorenheit an das Ganze, die Notwendigkeit seines Selbstbewußtseins als Gewähr gegen den Zwang gesellschaftlicher Autoritäten. Die innere Unabhängigkeit des Individuums sei Voraussetzung des Humanismus, ebenso wie ein allgemeiner Humanismus Bedingung sei für sie. «Die Aufgabe des Menschen, um seine Unabhängigkeit zu ringen, hört nicht auf. [. . .] Der weite geistige Raum des Humanismus hilft zwar im Kampfe um die Unabhängigkeit, aber bewirkt sie nicht. Der Humanismus seinerseits lebt nur auf dem Grunde menschlicher Unabhängigkeit» (ebd., S. 728). Das Schicksal, die jeweils konkret-geschichtliche gesellschaftliche Gebundenheit des Menschen sei als Aufgabe zu begreifen: Jaspers betonte insbesondere das Problem der den Menschen funktionalisierenden Technik. Schranken der Politik sollten die Menschenrechte bilden; der verbindende Geist der menschlichen Gemeinschaft, dessen Mangel allseitig beklagt wurde, könne nur mit der Zeit geschaffen werden durch ein freies Forum des öffentlichen Miteinanderdenkens, nicht jedoch durch äußere Autoritäten.

Karl Jaspers gehörte zu den wenigen Philosophen, die nach dem Krieg die Frage nach der Schuld thematisierten und das Eingeständnis von Verantwortung und Schuld forderten: «Daß wir leben, ist unsere Schuld», die Schuld, aus Angst um das eigene Leben nicht den Widerstand gewagt zu haben (1945a, S. 67). Sein 1948 erschienenes Buch *Die Schuldfrage* entfaltete mit seiner These der politischen Kollektivschuld eine große öffentliche Wirkung. Im gleichen Jahr verließ Jaspers Deutschland, um eine Professur in Basel zu übernehmen, blieb aber der philosophischen und politischen Auseinandersetzung in Deutschland verbunden.

Die Existenzphilosophie und insbesondere die, die wie die von Jaspers oder Sartre die Entscheidung des Subjekts geltend machte, war ungeachtet ihrer Popularität innerhalb der Zunft der akademischen Philosophie verschiedensten Vorwürfen ausgesetzt. Geläufig war vor allem der – mit unterschiedlichsten Begründungen vorgetragene – Vorwurf der Vereinseitigung. Dabei wurde häufig ihr Anliegen als berechtigt und wertvoll anerkannt, aber eingewendet, daß in ihr die Gefahr einer leerlaufenden Beschäftigung mit der Innerlichkeit und Flucht in die private Sphäre liege. Man sah in ihr den Ausdruck gesellschaftlicher und individueller Krisen, eine «Folgeerscheinung nationaler Katastrophen» und Form der Philosophie «im Zeitalter des europäischen Zusammenbruchs» (Heinemann 1950, S. 5). Ihre Diffamierung als «Pseudophilosophie», die «sehr gut das gestörte Gleichgewicht einer Generation, die der Klarheit begrifflichen Wissens die Launen und Zügellosigkeiten der Irrationalität vorzieht», scheint sich, abgedruckt in einem nicht namentlich gezeichneten Bericht der *Zeitschrift für philosophische Forschung* (1946, S. 605) zum Internationalen Philosophie-Kongreß in Rom 1946, im Rahmen des Konventionellen gehalten zu haben. Bollnow forderte auf dem deutschen Philosophiekongreß 1947, daß anstelle des «Pessimismus» – die Verurteilung des Menschen zur Selbstverantwortung bei Sartre, die Betonung von Angst und Verzweiflung in der deutschen Existenzphilosophie – gehobene Stimmungen eines «in sich ruhenden Daseins», Glück, schöpferisches Leben, fruchtbares Gelingen, die «Haltung einer schlichten Sachlichkeit und einer selbstvergessenen Hingabe des Menschen an seine Aufgabe» betont werden sollten (Bollnow 1947, S. 242, 1947a, S. 593; vgl. zur Kongreßdiskussion Matzat 1947, S. 393; Hirschberger 1948, S. 71). Er widmete sich in den folgenden Jahren der Überwindung des Existentialismus (Bollnow 1955). Auf dem darauffolgenden Kongreß 1948 plädierte insbesondere Theodor Litt dafür, den «philosophischen

Defaitismus» zu überwinden. Er kritisierte auch eine teilweise in der Existenzphilosophie anzutreffende Charakterisierung der Naturwissenschaft als Irrweg des Menschen (Litt 1949, S. 23; Schischkoff 1949, S. 26). Alwin Diemer hielt in seinem Bericht für das *Philosophische Jahrbuch* als Ergebnis des Kongresses fest:

«Im großen und ganzen ist der Relativismus als philosophische Grundhaltung im gegenwärtigen Denken als überwunden zu bezeichnen; damit gehen Hand in Hand eine Ueberwindung des Subjektivismus. Das zeigten deutlich die Auseinandersetzungen mit der Existenzphilosophie, deren Wert und Bedeutung für unser Philosophieren zwar anerkannt wurde, wobei man sich aber klar war, daß man über sie hinaus zu einer positiven Wendung kommen müsse» (Diemer 1949, S. 110).

Auch Fritz Heinemann nahm zur Existenzphilosophie Stellung. Er gehörte zu denen, die, von dem Erlaß des «Gesetzes zur Wiederherstellung des Berufsbeamtentums» 1933 betroffen, emigrierten und nicht nach Deutschland zurückkehrten. Nach Stationen in den Niederlanden und in Frankreich hatte er in Oxford eine Professur und eine neue Heimat gefunden; nach dem Krieg jedoch pflegte er Kontakte mit den deutschen Kollegen und blieb der Auseinandersetzung innerhalb der deutschen Philosophie mit dem gewissen Abstand eines Beobachters von außen verbunden. Philosophie als Existenzphilosophie ist für ihn vor allem deshalb gescheitert, weil sie keine Logik und keine Ethik zu begründen vermag und das Prinzip der Existenz sich einer philosophischen Systematisierung entzieht (Heinemann 1950, 1971). Heinemann widmete sich in den 50er Jahren einer enzyklopädischen Zusammenschau zentraler Fragen und Positionen in der Philosophiegeschichte sowie jüngerer Entwicklungen in den verschiedensten philosophischen Disziplinen (Heinemann 1959).

Tabuisierung der Vergangenheit

Das Verhältnis zur Vergangenheit war ein zwiespältiges. Der Nationalsozialismus war abzulehnen, aber einer konkreten Auseinandersetzung und Analyse ging die Mehrheit der Philosophen aus dem Weg. Die Diskussion über die geistigen Ursachen des Faschismus, die sie führten, entbehrte nicht nur jeder sozialhistorischen Spezifik; sie verwies in ihrer Wendung gegen die Subjektivität und den Liberalismus auf Probleme der Ablösung von der autoritären Gesellschaft. Analysen des Nationalsozialismus, die Emigranten wie Helmuth Plessner, Hannah Arendt, Ernst Cassirer oder Mitglieder der Frankfurter Schule vorlegten, fanden keine Beachtung. Die Thematisierung der ‹entfesselten Subjektivität› als Merkmal des Nationalsozialismus reflektierte einseitig das Selbstverständnis und die Bewegungsmöglichkeit der politischen Führungseliten. Ausgeblendet wurde, daß zum Funktionieren der nationalsozialistischen Gesellschaft auch ein widerspruchsloses Einfügen der Individuen in die vorgegebene Ordnung und fatalistische Beschwörungen eines gemeinsamen Schicksals gehörten. Kritiklos hielten viele Philosophen an dem Prinzip der Ein- und Unterordnung der Individuen gegenüber ‹transsubjektiven› Ordnungen fest.

Auch der Weltanschauungskampf gegen den Marxismus, ein ideologischer Grundpfeiler des Nationalsozialismus, blieb für das Gros westdeutscher Philosophen verbindlich. Er bildete einen Teil des gemeinsamen Selbstverständnisses der philosophischen Zunft. So änderte sich nach 1945 auch nichts an der deutschen akademischen Tradition, Marxisten die Aufnahme in die Institution zu verwehren. Selbst Mitglieder der Frankfurter Schule, die einen nicht parteipolitisch orientierten, kulturphilosophisch transformierten Marxismus vertraten, konnten, obwohl unterstützt von führenden amerikanischen Politikern, kaum größere Wirkung entfalten. Ihre Rezeption wurde erst Mitte der 60er Jahre durch die Studentenbewegung gefördert. Außerhalb des Kreises der Logiker blieb bis in die 60er Jahre hinein auch die analytische Philosophie, deren emigrierte deutsche Vertreter nicht wieder zurückkehrten, weitgehend ignoriert.

Der Vergangenheit näherte man sich häufig nur in Umschreibungen. Sie verweisen auf das Tabu einer rücksichtslosen Analyse. Anonyme Faktoren – der Zeitgeist, die Triebstruktur des Menschen, die entfesselte Subjektivität – wurden mit Subjektcharakter ausgestattet, erschienen als Usurpator und Diktatur, während die realen Subjekte sich zu ohnmächtig Erleidenden ‹wandelten›. Die Rede war nicht von deutschen Problemen, sondern von Menschheitsproblemen, von der Zerrüttetheit der Welt und des Menschen.

Aber es gab Ausnahmen. Karl Jaspers wurde bereits genannt. Hervorzuheben ist vor allem der Kant verpflichtete Marburger Rechtsphilosoph Julius Ebbinghaus, der ein Widerstandsrecht und eine Widerstandspflicht gegenüber einem Staat, der Menschenrechte verletzt, begründete. Es gibt eine Einzelverantwortung zur Verteidigung der Menschenrechte. Ein Vaterland, so betonte Ebbinghaus auch, könne es nur in einer die Menschenrechte achtenden Welt geben. *«Deutschland ist nicht da, wo die deutschen Wälder rauschen und die deutsche Rebe wächst, nicht da, wo die deutsche Zunge klingt, die deutsche Sitte herrscht und deutsche Beamte walten, sondern es ist da, wo die Menschen, die zwischen diesen Wäldern wohnen, diese Sprache sprechen und diesen Beamten unterworfen sind, nach den Gesetzen des Rechtes der Menschen in Freiheit miteinander leben»* (1946, S. 53 f, vgl. S. 44 f, 69 ff). Theodor Litt thematisierte in seiner Auseinandersetzung mit der Schuldfrage den Begriff der geschichtlichen Notwendigkeit, Oswald Spenglers Fatalismus, der die Bedeutung des einzelnen in der Geschichte negiert. Ausgehend von einer solchen Geschichtsphilosophie könne niemand verantwortlich gemacht werden. In ihr sah er eine wesentliche Grundlage für das Funktionieren des nationalsozialistischen Staats: Die Propagandisten des ‹Dritten Reichs› nutzten sie zur Beglaubigung ihrer Taten durch den ‹Genius der Geschichte›, während weite Kreise des Volks geschichtsgläubig Verzicht auf ein eigenes Urteil leisteten. Nicht minder wichtig wie die Neubildung der politischen Zustände sei daher die Überwindung der Ideen, die das Bewußtsein der inneren Freiheit des Menschen und seiner Verantwortung trübten (Litt 1947, S. 16 ff). Von einem «Versagen der Philosophie» vor dem Nationalsozialismus sprach ebenfalls der katholische Philosoph Johannes Hessen. Er war einer derer, die auf persönliche Karrieremotive als einen Grund hinwiesen und die Wiedereinstellung der nazistisch Belasteten anprangerten. Hessen, dem 1940 die Venia legendi entzogen worden war, kämpfte bis 1954 um Wiedergutmachung und Einweisung in eine Planstelle (Hessen 1946, S. 26, 1947, 1953; Lotter 1990, S. 19).

Zur *Frage der deutschen Schuld* äußerte sich 1946 auch der Kulturphilosoph und Pädagoge Eduard Spranger, der es verstanden hatte, sich im nationalsozialistischen Alltag einzurichten, gleichwohl den «Standpunkt des persönlichen Gewissens» zu thematisieren und für eine Grenze des Staats am ethisch religiösen Gewissen zu plädieren und noch

1944 für den Opfertod zu motivieren (Laugstien 1989). 1946 betont er: «Als Christen, daran ist kein Zweifel, müssen wir bekennen: wir tragen alle Schuld an dem, was seit 1933 in Deutschland geschehen ist». Jedoch forderte er, die Auseinandersetzung dürfe nicht die öffentliche Debatte bestimmen, sondern sei im Gottesdienst oder in der «einsamsten Stille jedes Einzelnen» zu bewältigen. «Alles sog. öffentliche ‹Wühlen› in der Schuld ist zu vermeiden» (Spranger 1970, S. 263 f, 267).

Eine kritische Auseinandersetzung mit der Rolle der Wissenschaften im Nationalsozialismus fand nicht statt. Man sprach von einem Mißbrauch der Wissenschaft und unterschied strikt zwischen völkischer Ideologie und Wissenschaft. Damit wurde ein Begriff von Wissenschaft zugrunde gelegt, der Ideologie ausschloß, so daß eine nationalsozialistische Wissenschaft undenkbar wurde. Ein Beispiel gibt die Argumentation Julius Ebbinghaus'. Er bestimmte Wissenschaft als «nicht nur ihrem Wesen nach international, sondern [...] der Menschheit als solcher zugeordnet, denn sie ist es allein, durch die die Gattung Mensch auf dem Wege zu ihrem irdischen Ziele vorwärts kommen kann, nämlich zu dem Zustande des für jedermann gesicherten Rechtes oder des Friedens auf Erden.» Von Anbeginn sei Feindschaft gesetzt zwischen der Wissenschaft und jeder Art der Tyrannis. Niemals werde ein innerer Friede zwischen den Arbeitern der Wissenschaft und den Kämpfern einer Weltanschauung zustande kommen. «Denn die Wissenschaft lebt in Klarheit und nicht in Verwirrungen, in Zucht und nicht in Fanatismus, in Selbstverantwortung und nicht in blindem Gehorsam, in Wahrheit und nicht in Lüge, sie kennt keinen Kriegseinsatz, sondern ist ihrem eigenen Wesen nach ein immerwährender Einsatz für den Frieden» (Ebbinghaus 1946a, S. 179 f). Diese Argumentation läßt die Reflexion darüber nicht mehr zu, daß Wissenschaftler als Wissenschaftler und Philosophen als Philosophen sich in den Dienst des Nationalsozialismus stellen konnten. So wurde die Vergangenheit ausgelöscht.

Der ‹zeitenthobene› Standpunkt mit seinen Verweisen auf das ‹Wesen› der Sache oder die ‹Wahrheiten› der Geschichte erwies sich als problematisch, sobald geschichtlich Besonderes in den Blick genommen wurde. Denn das ‹Wesen› des Seins, die ‹Wahrheiten› der Geschichte konnten nichts anderes sein als Interpretationen, zu deren Grundlagen stets Stellungnahmen zu Debatten in der Gegenwart und Antizipationen von Zukunft gehören. Welches Menschenbild sollten Philosophen als Bildungsideal formulieren angesichts der Vielfalt historischer Menschenbilder? Wie sollten Antike und Christentum gegenwärtig erinnert werden in einer Situation, in der Millionen nicht mehr Christen sein wollten? Sollte das Menschenbild ein abendländisches sein oder ein universales? Kann angesichts der Erfahrung der Geschichtlichkeit der Wahrheit überhaupt noch etwas als allgemeingültig ausgewiesen werden? Auf diese Fragen, aufgeworfen auf einer sich dem Mainzer Philosophiekongreß anschließenden Tagung zum Thema «Das Verhältnis der Philosophie zu den Ereignissen unserer Zeit», gab es keine Antworten (vgl. Schischkoff 1949, S. 197 ff).

Der ‹überzeitliche› Standpunkt selbst war nicht reflektiert. Dies hätte etwa bedeutet, das Verhältnis der Geschichtlichkeit des Denkens zur Universalität von Normen und theoretischen Bezugssystemen zu klären und den Begriff der Universalität angesichts der Unabgeschlossenheit der Entwicklung des Denkens zu bestimmen. Ein Beispiel für dieses Desiderat gibt die Auseinandersetzung Gadamers mit der Historizität von Wahrheit und Vernunft. Gadamer erinnerte an die Einsicht der Lebens- und Existenzphilosophie, daß die Vernunft eine vom menschlichen Leib und Triebwesen abhängige sei und Wahrheit und Vernunft nicht mehr ungeschichtlich betrachtet werden können. Aber im Hinblick auf die mit diesem Gedanken verbundene Gefahr einer Diskreditierung der Vernunft forderte er dazu auf, daran festzuhalten, daß die Vernunft Einsicht gewährt in wesenhafte Wahrheit. «Auch wenn es richtig ist, daß diese Vernunft nicht selbstmächtig ist, daß sie sich selber nicht zeitigen kann, sondern gezeitigt wird von dem gesellschaftlich-geschichtlichen Schicksal, seinen Realitäten wie von den Überlieferungen unseres Denkens und Wertens, auch dann bleibt wahr, daß die Vernunft als gezeitigte und abhängige am Ende dennoch Einsicht in die wahren Bestände der Wirklichkeit sein will» (Gadamer 1948, S. 11 f). Durch das Fehlen einer Begründung wird das Argument zu einem Aufruf zum Glauben an die Macht der Vernunft in der Geschichte. Hoffnung versprach sich Gadamer von der Erziehungsarbeit der Generationen, «gegen unseren Vorteil» denken zu lernen, sich abzulösen vom Bedrängnis der Triebe, der Bedürfnisse und Interessen und «zu beugen dem Gesetz der Dinge». Die Herrschaft des Nationalsozialismus sei ein Rückfall in vormenschliche Stufen der Entwicklung gewesen. «Die eigentliche Lehre, die daraus für uns erwächst, ist offenbar, daß wir die Vernunft, diese Fähigkeit des Anerkennens des Seienden gegen unser Interesse, wieder lernen müssen» (ebd., S. 12, 13).

Damit löst Gadamer nicht den Widerspruch zwischen der Feststellung der Historizität und Subjektivität der Vernunft und ihrer ‹Wesensbestimmung›, Einsicht in überzeitliche Wahrheit zu gewähren, oder – wie angesichts der Geschichtlichkeit des Denkens mit Putnam zu formulieren wäre – die Aufgabenstellung der Vernunft, im Hinblick auf die Ewigkeit zu urteilen. Der Vorschlag, die Vernunft als ‹das Andere› der Bedürfnisse und Interessen zu denken, umgeht vielmehr die Auseinandersetzung mit dem Zusammenhang von Vernunft und Interesse. Die Kantische Frage, inwieweit Interessen rational sein, d. h. in Hinblick auf eine ausgewogene und gerechte Ordnung des ‹Reichs der Zwecke› des individuellen und sozialen Lebens orientiert sein können, ist verstellt.

Die deutsche Philosophie der Nachkriegszeit war sich der Historizität und Subjektivität der Wahrheit bewußt, schließlich war dieser Gedanke gerade in der deutschen Geistesgeschichte eindringlich erörtert worden. Zu nennen sind vor allem die Schriften des Begründers der wissenschaftlichen *Historik* Johann Gustav Droysen sowie Wilhelm Diltheys philosophische Grundlegung der Geisteswissenschaften als Formen der Selbstbesinnung im Medium hermeneutischer Geschichtsreflexion, die das Selbstverständnis der Geisteswissenschaften und der Philosophie in diesem Jahrhundert nachhaltig prägten. Aber in der Nachkriegszeit Ende der 40er Jahre fiel die Annahme einer Position, die Wahrheit relativierte und Geschichtlichkeit akzentuierte, schwer. Sie hätte verlangt, Skepsis und Zweifel zuzulassen und unter der Voraussetzung der Geschichtlichkeit des Denkens die Frage nach dem Begriff der Objektivität zu stellen.

Die Umgehung von Subjektivität und Historizität war philosophisch nicht befriedigend, hatte aber praktische Vorteile: Eine Sicherheit in der Orientierung konnte suggeriert und so die Autorität der Philosophie vor der sie bedrängenden Frage nach ihrer Rolle im Nationalsozialismus bewahrt werden.

Der weise Gelehrte

Das Selbstbild der akademischen Philosophie ordnet sich in diesen Kontext ein. Der Philosoph wurde dargestellt als der weise Gelehrte, der, um Wahrheit und letzte Seinserkenntnis bemüht, sich über das materielle Treiben der Welt erhebt und die Rolle eines besonnenen Richters, Wegweisers und Erziehers einzunehmen vermag. Philosophiedefinitionen der 40er und noch der 50er Jahre heben das Vordringen der Philosophie zum ‹Entscheidenden›, ‹Wesenhaften› oder ‹Umfassenden› hervor, das Eindringen in ‹tiefere› bzw. ‹höhere› Dimensionen der Wirklichkeit. Vorbild waren die großen Denker der abendländischen Philosophie, die der katholische Theologe und Philosoph Georg Siegmund metaphorisch als «die Gipfel» bezeichnete, «die über die Dunstschwaden und den Lärm des Tales hinaus in helleres Licht ragen» (1946, S. 3).

Als Prinzipienerkenntnis grenzte sich die Philosophie mit ihrer Aufgabenstellung gegenüber anderen Wissenschaften ab. Sie begriff sich als ‹Königin der Wissenschaften›, denn Prinzipienerkenntnis bleibe nicht an der empirisch gegebenen Außenseite der Welt haften, sondern trachte zu erkennen, was die Welt im Innersten zusammenhält (Hessen 1948, S. 13). Die Philosophie bemühe sich um die Schau des Weltganzen, betonte Nicolai Hartmann (1949, S. 7), dessen Neubegründung der Ontologie heute nahezu vergessen ist, der aber in der Nachkriegszeit zu den einflußreichen deutschen Philosophen zählte. Er sah die Philosophie über den Wissenschaften stehend, obwohl er sie wesentlich als Reflexion der unlösbaren, aber dennoch von der Vernunft nicht abweisbaren metaphysischen Probleme – der Aporien – charakterisierte. Unter philosophischer Systematik verstand er das Problemdenken, das mit einer Aufarbeitung der in der Philosophiegeschichte gestellten Probleme und einer Analyse der vorgetragenen Argumente zu beginnen habe. Seine Neue Ontologie widmete sich der Bestimmung ontologischer Seinsregionen mittels der Kategorienanalyse.

Aber selbst, wo die Philosophie nicht als eine Wissenschaft betrachtet wurde, wie etwa in der Existenzphilosophie, galt sie in einem gewissen Sinne doch als eine gegenüber den Wissenschaften höherwertige Disziplin. Karl Jaspers zufolge ist Philosophie einerseits «weniger» als die Wissenschaften, weil in ihren Aussagen nicht wie jene allgemeingültig, sondern existentiell und subjektbezogen. Damit aber stelle sie andererseits zugleich ein «Mehr» gegenüber den Wissenschaften dar, «nämlich als Quelle einer Wahrheit, die für das wissenschaftlich zwingende Wissen unzugänglich ist. Dieser Philosophie entsprechen Bestimmungen wie: Philosophieren sei sterben lernen, – sei Aufschwung zur Gottheit, – sei Erkenntnis des Seins als Sein. Solche Bestimmungen bedeuten: das Denken der Philosophie ist zugleich ein inneres Handeln; es appelliert an Freiheit; es beschwört die Transzendenz. Dasselbe läßt sich anders formulieren: die Philosophie ist Selbstvergewisserung im eigentlichen Sein, – ist das Denken eines unendlich zu erhellenden, dem Menschen mitgegebenen Glaubens, – ist der Weg der inneren Selbstbehauptung des Menschen durch Denken.» Philosophieren ziele darauf hin, einen Sinn des Lebens zu gewinnen «über alle Zwecke in der Welt hinaus», eine Unabhängigkeit «von allem, was in der Welt vorkommt», durch «die Tiefe der Gebundenheit an die Transzendenz» (Jaspers 1976b, S. 193, 1976a, S. 169f).

Die Existenzphilosophie betrachtete die Philosophie als eine Existenzerhellung, d. h. als Reflexion bzw. Erkennen der subjektiv bedeutsamen Existenzwirklichkeit. Sie bestand auf der grundlegenden Differenz der Wahrheitsbegriffe in Wissenschaften und Philosophie. Über die Heideggersche Existentialontologie hatte diese Position an Breite über die Existenzphilosophie hinaus gewonnen. Heidegger bestimmte Philosophieren als die Aneignung und Verwandlung des Überlieferten im Hinblick auf das, was als wesentlich berühre. Er spricht von «Destruktion» – nicht im Sinne von Zerstören, sondern Abbauen, Abtragen, Auf-die-Seite-Stellen der historischen Aussagen über die Geschichte der Philosophie. «Destruktion heißt: unser Ohr öffnen, freimachen für das, was sich uns in der Überlieferung als Sein des Seienden zuspricht. Indem wir auf diesen Zuspruch hören, gelangen wir in die Entsprechung.» Zwar halte sich der Mensch stets in der Entsprechung zum Sein auf, doch «nur zuzeiten wird sie zu einem von uns eigens übernommenen und sich entfaltenden Verhalten. Erst wenn dies geschieht, entsprechen wir erst eigentlich dem, was die Philosophie angeht, die zum Sein des Seienden unterwegs ist» (1956, S. 34, 35).

Gadamer, ein Schüler Heideggers, lehnte ebenfalls die Bezeichnung Wissenschaft für Philosophie ab und charakterisierte sie als «Raumgeberin» der Wissenschaften, der Kultur, der Weltanschauungen. Grundlagen des Denkens – der Raum der Erfahrung – seien in der griechischen antiken Philosophie gelegt worden. Dieser Anfang und die Ursprünglichkeit dieses Denkens wirkten im Fortgang der Kultur weiter, auch wenn die Wissenschaften zunehmend der Erinnerung an diesen Anfang entgegenständen. Diesem Einfluß der Wissenschaften gegenüber sei die Philosophie das Bemühen, das Ursprüngliche wieder ursprünglich zu denken. Gadamer formulierte als ihre Aufgabe, auf dem Hintergrund des «Philosophischen in der Philosophiegeschichte», der Wiedererkennung des Gleichen in seinen geschichtlichen Gestalten, das Weltbild des Zeitalters zu stützen oder zu kritisieren (1948a, S. 18f, 28).

Philosophie wurde im allgemeinen als eine Disziplin begriffen, die in allen Grundfragen der Wissenschaften, vor allem denen aber der geistigen Kultur die richtigen Wege zu weisen habe. Die Aufgabe, Weltanschauung zu spenden, galt nicht selbstverständlich als ein Widerspruch zur Wissenschaftlichkeit der Philosophie. Hessen beispielsweise betonte als «höchste Aufgabe» der Philosophie die Sinndeutung der Welt und die Explikation der der Ratio verschlossenen Wertsphären, und er verwahrte sich gegen den Vorwurf, mit dieser Aufgabenbestimmung die Wissenschaftlichkeit der Philosophie preiszugeben: Das philosophische System solle eine «logische Kristallisation überlogischer Persönlichkeitswerte» sein (Hessen 1947, S. 33ff, 36).

Allerdings unterschlug die behauptete Erkenntnis der ‹rechten Ordnung› die subjektive Standortwahl sowie die Historizität des Denkens und – das wurde Mitte der 50er Jahre Gegenstand der Debatten um die Wissenschaftlichkeit der Philosophie – die Pluralität der philosophischen Lehrmeinungen. Die Philosophie der ‹objektiven Ordnungen› kennt keine Alternativen. Ein Philosophieren, das sich als Auslegung einer gegebenen Ordnung, etwa des ‹Gebots des Seins›, versteht, setzt die eigene Interpretation absolut und bestimmt das subjektive Verhältnis des Interpreten zur Geschichte als ein objektives. Normative Ordnungen werden nicht in ihrem Charakter reflektiert, von Menschen geschaffene Regulative des gesellschaftlichen oder individuellen Lebens zu sein, die verbesserungswürdig wären. Die Ontologisierung des – gegenwärtigen – Wissens und Weltbildes, die in den philosophischen Orientierungen, ‹Wesen› und ‹Rang› des Seins zu erfassen, sich dokumentiert, fiel hinter den kritischen Standpunkt Kants zurück und führte unter anderem in den 60er Jahren zu einer Diskreditierung der Philosophie.

Charakteristisch für ein Verständnis der Philosophie als einer wissenschaftlichen Grundlagenforschung in engster Kooperation mit anderen Wissenschaften ist Max Benses Bestimmung der Philosophie und ihrer Aufgaben, für die er mit *Philosophie als Forschung* 1947 warb. Bense lehrte nach dem Krieg zunächst an der Universität Jena, ab 1949 an der Technischen Hochschule in Stuttgart Philosophie, Wissenschaftstheorie und mathematische Logik; bekannt wurde er in den 60er Jahren als Semiotiker. Philosophie kennzeichnete er als ein «System bestimmter Wissenschaften, die weder zu den Naturwissenschaften noch zu den Geisteswissenschaften zählen, aber für diese eine propädeutische Bedeutung haben», nämlich Wissenschaftstheorie, Grundlagenforschung, mathematische Logik, Erkenntnistheorie, Ontologie, Ethik und Ästhetik (1947, S. 38). Er plädierte für eine «moderne Philosophie», die unter Einbeziehung der Logik die Erforschung der Axiomsysteme der Wissenschaften betreibt; sie sollte, anders als die Kategorialanalyse Nicolai Hartmanns, nicht bei der Feststellung getrennter ontologischer Seinsregionen stehenbleiben, sondern auf einen systematischen Zusammenhang zielen. Bense orientierte auf eine «angewandte Philosophie», die sich in den Dienst der Wissenschaften stellt. Deshalb forderte er, daß jeder Philosoph über eine breite erfahrungswissenschaftliche Qualifikation verfüge, zumindest jedoch über eine Bildung in einem naturwissenschaftlichen und sozialwissenschaftlichen Fach sowie der Mathematik. Mit seiner Schrift wandte er sich zugleich gegen die vor allem in der Existenzphilosophie zu beobachtende Tendenz einer Verwischung der sinnvollen Grenze zwischen Literatur und Philosophie und plädierte dafür, die Anstrengung einer zunehmend feineren begrifflichen Unterscheidung in der Philosophie auf sich zu nehmen (ebd., S. 7 ff, 61 f, 79 ff).

Die Idee der Universitas literarum

Mit der Reorganisation der Hochschulen und wissenschaftlichen Disziplinen nach 1945 verbanden sich Hoffnungen auf einen Abbau bestehender Defizite. Mit Nachdruck wurde etwa die Notwendigkeit betont, die Verständnisprobleme zu überwinden, die sich aus der Trennung von Naturwissenschaften und Philosophie ergeben hatten. Man betonte als Hindernis nicht nur die Unkenntnis und Vorurteile der Naturwissenschaftler gegenüber der Philosophie, sondern auch, daß Philosophen die erforderlichen naturwissenschaftlichen Kenntnisse sowie das Verständnis für die spezifischen Schwierigkeiten, mit denen die naturwissenschaftliche Theoriebildung ringe, fehlen. Zur Förderung der Naturphilosophie wurde 1950 von Eduard May, Wilfried Stache und Hermann Wein die Zeitschrift *Philosophia naturalis* gegründet.

Der Nationalsozialismus hatte insbesondere Entwicklungen in der Wissenschaftstheorie und der philosophischen Reflexion der modernen naturwissenschaftlichen Erkenntnisse abgebrochen. Bedeutende Philosophinnen und Philosophen, die mit den Naturwissenschaften eng verbunden gewesen waren und an wissenschaftstheoretischen und epistemologischen Fragestellungen arbeiteten, emigrierten. Ernst Cassirer, der die Naturwissenschaften vom neukantischen Standpunkt eines epistemischen Internalismus her betrachtete, und Hans Reichenbach, der Promoter der Berliner Gesellschaft für wissenschaftliche Philosophie, sowie Richard von Mises, ebenfalls ein Mitglied dieser Gesellschaft und ein international anerkannter Pionier auf dem Gebiet angewandter Mathematik, verließen Deutschland 1933; die Zeitschrift *Erkenntnis* des Wiener Kreises und der Berliner Gesellschaft konnte in Deutschland bis 1937/38 erscheinen (vgl. Hegselmann/Siegwart 1991). Die Schülerinnen des Kantianers Leonard Nelson, Minna Specht und Grete Hermann, letztere in Fachkreisen bekannt durch ihre philosophische Interpretation der Quantenmechanik, flüchteten 1937 nach England; die von ihnen, gemeinsam mit dem Biochemiker Otto Meyerhof herausgegebene Zeitschrift *Abhandlungen der Fries'schen Schule. Neue Folge* wurde in diesem Jahr eingestellt. Auch Meyerhof, ein Nobelpreisträger, verlor 1933 seine Professur in Heidelberg (vgl. Laugstien 1990). Nationalsozialistische Bestrebungen einer sogenannten Deutschen Naturwissenschaft und Mathematik, die sich gegen ‹artfremde›, ‹jüdische› Wissenschaft wandte, überlagerten die wissenschaftliche Grundlagendiskussion mit Grundsatzfragen nationalsozialistischer Ideologie. Eine Beschäftigung mit dem ‹Juden› Albert Einstein beispielsweise konnte Denunziationen nach sich ziehen. Zwar fand diese Ideologie bei der Mehrzahl der Naturwissenschaftler keinen Anklang, aber sie trug zu Verunsicherungen bei (Bechstedt 1980; Lindner 1980; Richter 1980; Schappacher 1987; Rosenow 1987).

Auch die Logik gewann, wie die ersten Philosophiekongresse nach dem Zweiten Weltkrieg zeigen, mehr Aufmerksamkeit. Der Nationalsozialismus hatte nur zwei Lehrstühle übriggelassen: den von Heinrich Scholz in Münster und den von Arnold Schmidt in Marburg. Es galt daher, eine breitere Infrastruktur neu aufzubauen. In München engagierte sich der Bankier Wilhelm Britzelmayr um eine Kooperation der deutschen Logistiker und nahm Kontakte zu Logistik-Instituten der USA auf. Er begründete an der Universität, deren Professor er 1949 wurde, die Münchener Logikschule (von Kutschera 1990; Pechmann 1990, S. 49 f).

Um die Kluft zwischen natur- und geisteswissenschaftlichen Disziplinen zu überwinden sowie der wissenschaftlichen Spezialisierung entgegenzuwirken, wurde vielerorts ein Studium generale in Form von Ringvorlesungen, wöchentlichen Dies oder eines obligatorischen Propädeutikums eingerichtet. Es sollte fächerübergreifende wissenschaftliche wie kulturelle Fragen aufgreifen und die Idee der Universitas als eines systematischen Zusammenhangs der Wissenschaften und der geistigen Gemeinschaft der Gelehrten wieder mit Leben füllen. Eine auf der Grundlage von örtlichen Erhebungen erstellte Analyse zum Studium generale an den Hochschulen der Bundesrepublik Deutschland betont drei Ziele:

«Man merkt einmal eine ‹philosophische› Tendenz, welche das Reich der Wissenschaften als Ganzes verstehen und sichtbar machen und den unverantwortlichen Partikularismus der Fächer auf die Verantwortung gegenüber der ganzen Wahrheit lenken möchte, zum anderen eine ‹politisch-gesellschaftliche› Tendenz, welche auf die Allgemeinheit der Erziehung des akademischen Bürgers drängt und über die Wissenschaft hinaus die Verantwortung gegenüber den öffentlichen Dingen ausgebildet und in Gemeinschaften verwirklicht wissen will. Endlich hört man des öfteren den mit der philosophischen Richtung nur zu leicht zu verwechselnden und nicht unbedenklichen Ruf: ‹Wir müssen unseren Studenten eine Weltanschauung geben!›» (Killy 1952, S. 10).

In diesen Bestrebungen des Studium generale wurde der Philosophie eine zentrale Rolle zugedacht hinsichtlich der wissenschaftlichen und politisch-demokratischen Erziehung der Studierenden wie auch der Förderung des Zusammenhangs der Wissenschaften. So sprach der Prorektor der Universität Freiburg, der Pathologe Franz Büchner, von der Aufgabe des «Heimgangs der Wissenschaften zur Philosophie und Theologie», sollte die Universität noch einmal «Geburts- und Pflegestätte geistiger Ordnungen» werden wollen. Er rief Philosophie und Fundamentaltheologie zur gegenseitigen Wechselwirkung auf in Absicht einer Durchdringung und Erhöhung der Einzelwissenschaften durch die Philosophie (*Universitas* 1946, S. 369). Philosophie sollte interdisziplinäre Fragen der Weltanschauung thematisieren, also disziplinübergreifende Interpretationen der Welt wie normative Aspekte der Wissenschaften liefern.

Auch die Fachphilosophen forderten mit dem Rekurs auf die nationalsozialistische Vergangenheit eine philosophische Schulung aller Studierenden. Sie sollte aller materiellen Weltsicht gegenüber die Werte des Geistes sichtbar machen. «Kein Deutscher darf in Zukunft die Universität verlassen, ohne seine Fachbildung durch ein *Studium der Philosophie* vertieft und verankert zu haben. [...] Denn Philosophie ist *Universalwissenschaft*, Erforschung und Ergründung der Wirklichkeit in ihrer Totalität. So bewahrt sie den Geist vor jener engen und einseitigen Wirklichkeitsschau, die das Verhängnis aller materialistischen Weltanschauung ist» (Hessen 1946, S. 111). Auch F.-J. von Rintelen, seit 1947 Professor in Mainz, forderte in seiner Eröffnung des Philosophiekongresses von 1948 eine «Geistphilosophie» als Basis universitärer Erziehung: «Wir erziehen in unseren Schulen und Universitäten heute leicht nur zum Handgreiflichen des modernen Lebens, zum Handwerkertum des Geistes, das im einzelnen schließlich nur noch einen Hebel umzuwenden vermag, zur Ignoranz des Spezialistentums. Wir führen nicht mehr zu den tieferen, geistigen Zusammenhängen hin. Der Mangel daran freilich schafft ein für alle Extreme anfälliges Menschentum, weil es nicht mehr aus einem einheitlichen Grund heraus zu urteilen vermag» (1949, S. 14 f).

Das *Studium generale*, die Heidelberger Zeitschrift unter Ägide von Karl Jaspers, betonte allerdings im Geleit ihrer ersten Ausgabe 1947, daß Philosophie nicht mehr allein imstande sei, den ‹Kosmos der Wissenschaften› zu entfalten; die Teilnahme an der Gesamtheit des Wissens sei auch Aufgabe der einzelnen Wissenschaften. «Nachdem die totale Spezialisierung des Wissens unser Schicksal geworden ist, ist das Zusammenschließende der Wissenschaften heute aus ihrer eigenen fachlichen Problematik heraus deutlich zu machen. Nur dies kann es heißen, daß in den Wissenschaften selber die Philosophie steckt.» Das Studium generale wurde hier als das philosophische Gespräch der Wissenschaften betrachtet, das der Fachphilosophie allerdings Führungs- und Vertiefungsaufgaben abverlangte. Zugrunde lag schon die Idee einer Kooperation von Philosophie und sogenannten Einzelwissenschaften; der Führungsanspruch der Philosophie innerhalb der wissenschaftlichen Welt war zurückgenommen. Die philosophische Führung sollte sich in der Diskussion erweisen.

Zu denen, die der Philosophie Bescheidenheit nahelegten, gehörte auch Nicolai Hartmann. Er wies darauf hin, daß im Unterschied zu früheren Zeiten, als Philosophen sich als Systembaumeister verstanden, «das philosophische Erfordernis unserer Tage dahin [geht], alle Vorentscheidung und alles Konstruieren zu unterlassen und sich bei dem zu bescheiden, was in den positiven Wissenschaften dem Forscher geläufig ist: daß er nur ein Glied in der Kette derer ist, welche die Erkenntnis vorwärtsbringen, und daß es schon viel ist, wenn er sie nur einen Schritt weiterbringt, daß aber der Ertrag dessen, was er erarbeitet, erst späteren Zeiten zufallen kann.» Hartmann sprach von einem «neuen Arbeitsethos», das von Philosophen gefordert sei (1955, S. 93). Aber noch korrespondierten solche Überlegungen mit der Definition der Philosophie als Königin der Wissenschaften. Die Probleme des Anspruchs der Herstellung eines philosophischen Zusammenhangs der Wissenschaften sollten erst in den 50er Jahren thematisiert werden. Das Studium generale erfüllte nicht die in es gesteckten Erwartungen und wurde im Laufe dieses Jahrzehnts wieder aufgegeben. Es vollzog sich allmählich eine Umwertung des Verhältnisses von Wissenschaften und Philosophie, die vor allem darin zum Ausdruck kam, daß einer philosophischen Allgemeinbildung eine fachwissenschaftliche Spezialisierung entgegengehalten und vorgezogen wurde.

Zusammenfassend läßt sich sagen, daß die Philosophie aufgrund vieler persönlicher Verstrickungen in den Nationalsozialismus und der Tabuisierung einer kritischen Auseinandersetzung mit dieser Vergangenheit im Grunde nicht frei war, die öffentliche Herausforderung zu erfüllen und einen Beitrag zur geistigen Bewältigung der Vergangenheit zu leisten. Der ‹überzeitliche Standpunkt›, das Selbstbild des Philosophen als weltenthobenem Weisen, waren Ausflüchte in eine Welt der Ideale, in der ein Phänomen wie der Nationalsozialismus keinen Platz hatte. Im Versuch, Aspekte der Subjektivität und der Historizität des Denkens zu umgehen, fiel die Philosophie der Nachkriegszeit hinter den Diskussionsstand der Disziplin zurück. Ein Problem dieser Zeit scheint gewesen zu sein, daß es angesichts der Erfahrung des Nationalsozialismus nicht mehr schicklich war, sich, wie noch zu Beginn des Jahrhunderts, auf die Evidenz des unmittelbaren Lebens, des ‹Lebensstroms›, zu berufen. Mit der Leugnung der Subjektivität aber wurde ein vorkritisches Verständnis von Ontologie restauriert, das die Philosophie in Konflikt bringen sollte mit den empirischen Wissenschaften.

Ein Unbehagen und eine Kritik an der Leistungsfähigkeit der Philosophie machten sich seit Anfang der 50er Jahre breit. Die innerphilosophische Auseinandersetzung um Positionen, die in den ersten Nachkriegsjahren zurückgestellt worden war, nahm wieder zu. Keiner Literatur fehle es vergleichsweise an konkreten Bezügen der Theorie wie der philosophischen, beklagten die kritischen Stimmen. Die Mehrdeutigkeit der Sprache lasse verschiedenste Auslegungen zu und entziehe sich einer klaren Stellungnahme; dem von außen Betrachtenden stelle sich die Philosophie dar als eine Fülle interessanter, aber allzu persönlich bedingter Systeme, die dem Konkreten, Anschaulichen, Lebendigen oft weit ablägen. Es fehle der Philosophie an Allgemeinverbindlichkeit (Linke 1955, S. 215; Schneider 1955, S. 432; M. Thiel 1952; Heinemann 1955). Vor allem die junge Generation klagte ein «volles Wirklichkeitsbewußtsein» und die Übernahme von Verantwortung ein, die die ältere Generation vermissen lasse. «[...] nach Eintritt der Katastrophe ist das Ausweichen und die Flucht und die tränenreiche Klage die andere Wendung der ehemals großspurigen Unbedingtheit. Flucht aus der Verantwortung der Wirklichkeit, Ausweichen ins Beziehungslose, das sich bedeutend gibt und trügerisch mit dem Schleier des Absoluten umspielt wird» (M. Thiel 1952, S. 575). Jürgen Habermas, damals noch Student, sorgte für Aufsehen mit einem Artikel in der *Frankfurter Allgemeinen Zeitung*, der auf den Skandal hinwies, daß Heidegger in der Veröffentlichung seiner 1935 gehaltenen Vorlesung *Einführung in die Metaphysik* den Satz von der «inneren Wahrheit und Größe» der nationalsozialistischen Bewegung unkommentiert ließ (Heidegger 1953, S. 152).

Der ‹überzeitliche Standpunkt› war eine zeitbedingte Position, die bald wieder aufgegeben wurde. Es brach sich in den 50er Jahren verstärkt das Verlangen nach einer die Gegenwart orientierenden Weltanschauung Bahn. Problematisiert wurde die Privatheit der Weltanschauungen und der philosophischen Systeme, man drang auf ein höheres Niveau allgemeiner Verbindlichkeit – auf Allgemeingültigkeit, welche wohl mit der

Suche nach ‹ewigen› Werten und Ordnungsstrukturen als Ideal gesetzt worden war, aber im Auszug aus der Geschichte und zudem in Abstand zu den Wissenschaften nicht realisiert werden konnte.

Unzufriedenheit mit der Philosophie

Eine innerphilosophische Diskussion um Sprache, Methode, Status und Funktion der Philosophie entwickelte sich nicht erst im Kontext der Rezeption analytischer angelsächsischer Philosophie und des Positivismusstreits der 60er Jahre. Sie setzte bereits ein Jahrzehnt zuvor ein im Zusammenhang mit Bestrebungen, die weltanschauliche Wirkung der Philosophie zu stärken, und veranlaßt von Befürchtungen, die Philosophie könne ihren universalwissenschaftlichen Anspruch nicht mehr glaubwürdig vertreten. Gefährdet sah man ihn durch Tendenzen der Spezialisierung und der Historisierung der Philosophie, ferner durch ein Selbstverständnis der Philosophie als Literatur, das bei Existenzphilosophen und darüber hinaus in den von Heidegger und Dilthey inspirierten Kreisen häufig anzutreffen war.

Wissenschaftlichkeit und Stiftung weltanschaulicher Orientierung wurden nicht als einander ausschließende Zielsetzungen betrachtet. Viele Verfechter einer Philosophie als Universalwissenschaft forderten eine Weltanschauung, die den Anforderungen des modernen, durch die Wissenschaften geprägten Lebens gerecht wird und in ihren Urteilen am Prinzip der Allgemeingültigkeit orientiert ist. «Wo gar keine angebbare Methode mehr vorliegt, da ist eigentlich keine Philosophie. Wo gar keine Beziehung auf das letzte Sein oder den letzten Sinn waltet, da ist ebenfalls keine Philosophie» (Spranger 1955, S. 409 f). Mit diesen normativen Thesen beendete Eduard Spranger als Ehrenpräsident den Philosophiekongreß 1954. Philosophie sollte, wie er näher ausführte, wissenschaftlich sein, d. h. auf allgemeingültige Urteile zielen, und darüber hinaus aktuelle gesellschaftliche Probleme aufgreifend eine Weltanschauung gestalten. Er plädierte dafür, nicht an einer «Katastrophenphilosophie», sondern an einer «Wiederaufbauphilosophie» zu arbeiten, an einem «Neubau über den Trümmern», und unterbreitete die Idee einer «groß angelegten» Philosophie, die den «Sockel für ein neues Zeitalter» bildet, indem sie alle Faktoren des menschlichen Lebens in einem totalisierenden Blick zusammendenkt. Ein geschlossenes System sei nicht mehr möglich, räumte er ein, doch müßten «alle schweren Spannungen wenigstens diagnostisch gestellt werden» (ebd., S. 413, 415 f).

Die Abkehr vom Duktus der ‹Zeitenthobenheit› der Philosophie legitimierte Spranger mit der Erinnerung an die von Droysen und Dilthey geltend gemachte grundsätzliche Historizität allen Denkens: «Da aber unser historisches Bewußtsein uns lehrt, daß sich in das rein den Sachproblemen gewidmete Bemühen doch immer Zeitfaktoren hineindrängen [...] so wird es erlaubt sein, die Leistungen des Denkens auch einmal von *der* Seite ins Auge zu fassen, daß sie Ausdruck einer besonders tief empfundenen Gegenwartsproblematik sind» (ebd., S. 411).

Auf diesem Philosophiekongreß zugegen war auch Fritz Heinemann aus Oxford. Er bezog sich auf den Ost-West-Konflikt und warb für eine die westliche Lebensweise fundierende Philosophie. Der Philosoph könne «der konkreten Entscheidung zwischen Ost und West nicht ausweichen. Seine Entscheidungen schließen Bestimmungen naher und ferner Ziele ein, und es genügt nicht, wenn er lediglich von der herzustellenden Einheit des Erdballes spricht oder ein neues Weltalter ankündigt» (Heinemann 1955, S. 393). Gerade dem Westen fehle, im Gegensatz zum ideologisch geeinten Osten, die geistige Einheit; die Philosophie müsse die Herausforderung zu «geistiger Führerschaft» annehmen, denn die Kirchen, die den Anspruch eines ihnen von Gott übertragenen Amtes geistiger Führerschaft erheben, seien gespalten und litten unter der Existenz Millionen Ungläubiger. Die Wissenschaft wiederum eigne sich aufgrund ihrer Spezialisiertheit und der Orientierung auf praktischen Nutzen nicht zur geistigen Führung. Jedoch dürfe sich, so warnte Heinemann, der Philosoph nicht als ‹Seher› oder Vordenker mißverstehen, sondern solle zum Selbstdenken erziehen, indem er sachliches, problemlösendes und logisches Denken stärkt.

Die Vorträge Fritz Heinemanns und Eduard Sprangers verdeutlichen die zuweilen enge Verknüpfung kulturpolitischer und disziplinärer Aspekte der Philosophiekritik. Beide wandten sich, von dem Ziel der kulturprägenden, weltanschaulichen Wirkung der Philosophie ausgehend, gegen die Tendenz einer Preisgabe des Ideals der Allgemeingültigkeit des Urteils in der Philosophie. Spranger monierte die «Mode» unter Denkern, stets auszusprechen, wie ihnen zumute sei. Während evangelische Theologen die Entmythologisierung der Religion diskutierten, werde in philosophischen und psychologischen Kreisen der Mythos kultiviert. Er warnte davor, den Weg der klaren Sprache und Gedankenführung zu verlassen: «Hüten wir uns, daß wir nicht allzusehr in die Nähe der Geheimwissenschaften kommen! Diese wuchern jetzt auffallend empor, sogar auf dem sonst so sauber kultivierten Boden der Physik!» Die Grundlage des Philosophierens sei der gemeinsame Logos. Gegen die Existenzphilosophie gewandt betonte er, radikal verstanden sei das Prinzip des ‹Existentiellen› eine Absage an die Philosophie und, bei religiöser Grundeinstellung, ein «Saltomortale in den Glauben». «In milderer Bedeutung liegt ‹das Existentielle›, als die den Menschen in seinem *Kern* bedrängende Problematik, jeder echten Philosophie zugrunde. Nur daß man früher noch wagte, auf Rechnung des Menschen überhaupt zu philosophieren» (Spranger 1955, S. 410, 412 f).

Heinemann richtete seine Kritik – wie im übrigen damals viele seiner deutschen Kollegen – gegen Heidegger und seine Schule wie auch gegen die im angelsächsischen Sprachraum verbreitete analytische Philosophie, die als paradigmatisches Beispiel eines Aufgehens der Philosophie in spezialisierter Forschung betrachtet wurde. «Es ist ein Charakteristikum unserer Zeit, daß viele Philosophen gegen die Philosophie sprechen, sei es gegen die Metaphysik, gegen die Philosophie als ein eigenständiges Wissensgebiet, gegen die Möglichkeit von philosophischen Sätzen, die sich nicht auf wissenschaftliche Aussagen reduzieren ließen, oder gegen die Logik, gegen die Werte und gegen die Ethik. Dabei betrachten sie dieses Gerede als ein höchst originelles und verdienstvolles Unterfangen, das an die Stelle des Philosophierens treten solle. Teils werden sie in diesen Angriffen zu poetisierenden Romantikern, teils zu bloßen Technikern der Sprache und der Logik, denen das Philosophieren zu einem Spiel mit bestimmten Spielregeln wird. Sie glauben an nichts mehr und halten diesen ihren Unglauben für einen entscheidenden Fortschritt» (Heinemann 1955, S. 391). Heideggers Fundamentalontologie und die analytische Philosophie wendeten sich gegen das Denken: Heidegger bestreite das Selbstdenken, den Wissenschafts- und Erkenntnischarakter des Denkens, die Möglichkeit zur Problemlösung. Die neopositivistische Philosophie leugne die Metaphysik.

Eine wachsende Unzufriedenheit vieler Philosophen mit der Situation ihrer Diziplin ist vor allem seit Mitte der 50er Jahre festzustellen. Es finden sich Klagen über die Vieldeutigkeit und mangelnde Präzision philosophischer Begriffsbildung, das Spiel mit der Unbestimmtheit der Sprache, fehlende Anschaulichkeit und Konkretion der Darstellungen, Unverbindlichkeit der Aussagen, die Aufgabe des Anspruchs auf Allgemeingültigkeit. Die literarische Philosophie überrede eher, als daß sie überzeuge; wo sie zu überzeugen suche, geschehe dies mehr durch Suggestion als durch Beweis. Vernunft werde als eine der existentiellen Möglichkeiten neben anderen behandelt, das Vernünftig-Verbindliche dem Unerkennbaren gleichgestellt. Beklagt wurden die Zurückweisung der Logik und die Geringschätzung der Naturwissenschaften durch philosophische Strömungen im Gefolge von Kierkegaard, Nietzsche, Dilthey und vor allem Heidegger sowie die mangelnde Kooperation mit den Fachwissenschaften (von Brandenstein 1958; Brock 1951; Heinemann 1955; Heyde 1960; Jacoby 1955; von Kempski 1958; Linke 1955, 1961; Reidemeister 1954; Schneider 1955; Scholz 1958; M. Thiel 1952, 1954).

In der Abgrenzung der Philosophie von den Wissenschaften und dem wissenschaftlichen Wissen sah man die Gefahr eines Wirklichkeitsverlustes der Philosophie durch «fehlenden Seinskontakt» und ihre Privatisierung. «Die Frage nach objektiver Wahrheit wird für die Philosophie ausgeschaltet und diese – mehr oder weniger gewollt – dem Dichten des menschlichen Herzens nahegerückt. Die so relativierte Philosophie konnte einen Kontakt zur Fachwissenschaft natürlicherweise nicht mehr finden. Ein Kontakt war nur noch möglich zum Fachwissenschaftler als Mensch, den sie trösten, erheben konnte, dessen Gemüt sie, ähnlich der Kunst, auf ihre besondere Weise erfüllte. Ein Verhältnis von Fachwissenschaftler und Philosophie blieb also nach wie vor möglich, gleichsam ein existentielles Verhältnis. Aber ein Verhältnis von Philosophie und Fachwissenschaft war entfallen» (Schneider 1955, S. 432; vgl. M. Thiel 1952, S. 571 ff). Der Bonner Privatdozent Friedrich Schneider erinnerte daran, daß sich der Anspruch der Philosophie auf die Gesamtheit der Dinge richte und Existenzphilosophie, Wissenschaftstheorie sowie die Erörterung von Sinn- und Wertfragen des Lebens und der Welt jeweils nur Teile der Philosophie seien. Das Aufgehen der Philosophie in Existenzerhellung bzw. Sinnexplikation stelle eine Vereinseitigung der Philosophie dar.

Johannes Erich Heyde, Philosophieprofessor an der Technischen Universität Berlin, verwies auf das Paradoxon, daß unter Berufung auf die Vielfalt verschiedener und sich zum Teil widersprechender philosophischer Lehrmeinungen die Philosophie als ein Ausdruck der Subjektivität, der Kundgabe rein individueller Betrachtung der Welt, vergleichbar mit dem Ausdruck eines Künstlers, dargestellt und so zu einem persönlichen Bekenntnis degradiert werde, man aber dennoch mit dem Anspruch auf Wahrheit philosophiere, und im Wahrheitsanspruch liegt die Anerkennung der Philosophie als Wissenschaft. Heyde betonte, die Philosophie müsse dem Wesen nach «wegen des ihr unabdingbaren *Erkenntniswillens* als Wissenschaft aufgefaßt werden, wobei es hier im weiteren ohne Belang ist, wodurch sie nun im besonderen sich von Naturwissenschaft und Fachwissenschaft überhaupt unterscheidet» (Heyde 1960, S. 444).

Kritik des Modells Wissenschaft

Verschiedene Äußerungen deuten darauf hin, daß Positionen, die den Wissenschaftscharakter der Philosophie bestritten, in den 50er Jahren zunahmen. Hans Blumenberg, damals noch Kieler Privatdozent und durch die Phänomenologie Husserls und Heideggers sowie die christlich-scholastische Ontologie inspiriert, betont in einem Artikel mit dem Titel *Philosophischer Ursprung und philosophische Kritik des Begriffs der wissenschaftlichen Methode*, daß die Frage, ob Philosophie eine Wissenschaft sei oder sein könne, «gegenwärtig wieder dringlich geworden» sei:

«Aber in einem anderen Sinne als vor einem halben Jahrhundert, als z. B. Edmund Husserls programmatischer Aufsatz ‹Philosophie als strenge Wissenschaft› erschien. Damals war die Frage aus der Sorge heraus aktuell geworden, die Philosophie könnte dem Anspruch auf Wissenschaftlichkeit nicht gewachsen sein und würde daher im Siegeszug des wissenschaftlichen Geistes das Nachsehen haben. Heute scheint diese Frage viel eher dem Bedenken zu entspringen, die Philosophie habe mit dem Anspruch auf Wissenschaftlichkeit etwas ihr Ungemäßes übernommen und sich ohne Not mit der nun spürbar gewordenen Problematik des wissenschaftlichen Denkens belastet» (Blumenberg 1952, S. 133).

Blumenbergs Argumentation gegen den Wissenschaftsanspruch der Philosophie zielte auf die Destruktion des Denkmodells Wissenschaft. Sie richtete sich gegen die Idee der Vernunft als einen allen Menschen verfügbaren Erkenntnisgrund, den Gedanken der Kollektivität des Erkenntnisprozesses und der Normen der Wissenschaftlichkeit. Blumenberg betont, daß die Idee einer durchgängigen Gleichheit der Menschen in der Vernunft die Individualität der Subjekte verkenne. Aus der Definition der Erkenntnis als eines Prozesses und einer Aufgabe der Menschheit folge, daß Erkenntnis stets etwas die Fähigkeit des einzelnen Menschen Übersteigendes sei; sie degradiere die Individuen zu Funktionären der Wissenschaft; denn sie fordere die Einordnung des einzelnen und seinen Dienst am unendlichen Prozeß des Erkenntnisfortschritts. Ein Abstraktum, die Menschheit, werde an die Stelle der Individuen gesetzt. Dies sei die Grundlage des Objektivismus; die Subjektivität fiele ihm anheim. Denn statt «Erfüllung und Genuß» fordere der Wissenschaftsbetrieb Dienst, «Strenge gegen sich selbst und Verzicht»:

«Verzicht des Menschen auf *sein Heil* als seine eigenste Erfüllung. Die Selbstentäußerung des realen individuellen Subjektes wird zur Bedingung der Selbsterfüllung des hypothetischen Generalsubjekts. Nicht mehr die Welt ist der *Durchgang*, den der Mensch zu seinem jenseitigen Ziel passieren muß, sondern dieser Mensch selbst wird zum Durchgang, den ein universaler Prozeß zu seinem Ziel jenseits des Menschen nimmt. Die ‹Strenge› der Methode bedeutet, daß die Existenz als solche ‹methodisch› wird, indem sie als Glied des wissenschaftlichen Prozesses das Moment der individuellen Beteiligung und Einschaltung reduzierbar macht, sich ‹von sich selbst reinigt›. Das Ergebnis dieser methodischen *Objektivierung des Subjekts* ist im Ertrag der wissenschaftlichen Erkenntnis die Qualität der ‹Exaktheit›. Sie findet ihren genauesten Ausdruck in der quantitativen *Formel* als der verfügbarsten Gestalt der ‹Wahrheit›, die widerstandslos weitergegeben und übernommen, nachvollzogen und gehandhabt, beliebig in den weiteren Erkenntnisprozeß eingesetzt werden kann» (ebd., S. 140 f).

Blumenbergs Methodenbegriff umfaßt in einem allgemeinsten Sinn die intersubjektive Begründungsverpflichtung von Behauptungen, das vom cartesianischen Zweifel bestimmte «Nachgehen» von Argumenten. Seine Argumentation zielte in denunziatorischer Absicht auf die Norm der Intersubjektivität.

«Die ‹Vernunft› als Träger des Erkenntnisprozesses ist zwar ‹Subjekt›, aber sie ist nicht ‹subjektiv›. Dieses Prädikat kommt vielmehr fernerhin den individuell-geschichtlichen Überlagerungen der Vernunft zu, die diese in ihrer ‹reinen› Funktion beirren, wenn deren methodische Reduktion nicht vollends gelingt. Die Methode entreißt also die Vernunft dem Bann des Subjektiven und macht sie ‹objektiv›. [...] So wird ‹Objektivität› vom Begriff der Gegebenheit zum Begriff des Anspruches und der *Norm* des Erkenntnisprozesses: sie macht die *‹Strenge›* der neuen Methode aus, der sich die methodisch geeinigte und gereinigte Subjektivität zu unterwerfen hat, die nun nicht mehr der ‹private› und intime Innenraum des Individuums, sondern im Gegenteil das der *Öffentlichkeit* ausgesetzte Forum der szientifischen Ergebnisbildung ist. Individualität und Geschichtlichkeit werden so zu gleichgültigen und reduzierbaren Momenten» (ebd., S. 136f).

Die individuelle Eigentümlichkeit der Erkenntnis wird der Intersubjektivität entgegengesetzt. Daß aber ein Begriff wie Geschichtlichkeit selbst auf die Kollektivität des Erkenntnisprozesses referiert, wird von Blumenberg nicht reflektiert. Eine Argumentation wie die Blumenbergs stellt die Forderung der Aufklärung und des deutschen Idealismus, die Individuen sollten zum Allgemeinen, d. h. zu der historisch möglichen Erkenntnis gelangen und diese Erkenntnis mehren, grundsätzlich in Frage. Geschichtlichkeit wurde nicht unter dem Aspekt der Entwicklung eines kollektiven Wissens betrachtet, das den Individuen Möglichkeiten des Denkens und der Aktion eröffnet, sondern als die spezifische Begrenztheit der Individuen. Die Endlichkeit des Subjekts wird in den Blick gerückt:

«Die Grenze der Tragfähigkeit des hypothetischen Objektbegriffs der ‹Methode› hat eine noch unabsehbare existentielle Bedeutung darin, daß die Reichweite der *methodischen* Objektivierung zugleich die Reichweite der *technischen* Verfügbarkeit ist. Ein technisch nicht verfügbarer Seinsbereich aber bedeutet nichts anderes als die Einbruchstelle des ‹Geschickhaften› im weitesten Sinne, der die Phänomene des Schicksals und der Geschichte, der transzendenten Wirkungen und Bindungen umfaßt» (ebd., S. 140).

Behauptet wird, daß in der Wissenschaft sich eine «blinde Automatik» der Mittel und Werkzeuge vor die Ziele schiebe. Es fehle ein Kriterium für die «*Wesentlichkeit* ihrer Gegenstände» (ebd., S. 141). Wenn sich die Philosophie von der Unterordnung unter die Methode der Wissenschaften befreien will, habe sie die Grenzen der Objektivierbarkeit geltend zu machen.

Das Aufzeigen von Erkenntnisgrenzen und der grundsätzlichen historisch bedingten Begrenztheit der Individuen räumt der Philosophie aber gerade eine lediglich reaktive Position gegenüber den Wissenschaften ein. Dies kann fruchtbar sein, insofern falsche Schlußfolgerungen verhindert oder konkrete Ansatzpunkte zur Überwindung von Denkhindernissen aufgezeigt werden können. In der Form einer bloßen Beteuerung von Grenzen schaltet sich die Philosophie aber aus dem allgemeinen Erkenntnisprozeß aus und wird kontraproduktiv.

Der folgende Exkurs zur Philosophie der Geisteswissenschaften soll historische Kontexte dieser Argumentation Blumenbergs verdeutlichen. Die philosophische Reflexion der Historizität des Denkens hatte im 19. Jahrhundert, in einer Situation der Konkurrenz zwischen Natur- und Geisteswissenschaften, zu dem Gedanken zweier grundsätzlich verschiedener Wissenschaftskulturen geführt, zu einer Differenz zwischen naturwissenschaftlichem und geisteswissenschaftlichem Erkennen. Die Philosophie der Geisteswissenschaften, die sich, von Wilhelm Dilthey begründet, seit den 20er Jahren entfaltete, wandte sich gegen das ‹Methodendenken› und unterschied zwischen einer ‹naturwissenschaftlichen›, ‹gegenständlichen› Wahrheit und einer ‹existentiellen› oder auch sogenannten substantiellen Wahrheit (vgl. Bollnow 1962).

Die Philosophie der Geisteswissenschaften

Die Zurückweisung der leitenden Ideen der Aufklärung – der Orientierung an der Vernunft und des Glaubens an eine vernünftige Entwicklung, einen Fortschritt in der Menschheitsgeschichte – begann im frühen 19. Jahrhundert durch die romantische Bewegung und verband sich mit dem damals erwachenden historischen Bewußtsein. Die Historische Rechtsschule um Gustav Hugo, Friedrich Karl von Savigny und Leopold von Ranke, die nicht nur die Geschichtswissenschaften, sondern auch die Philosophie der Geisteswissenschaften nachhaltig prägen sollte, wies Hegels historische Fortschrittslehre als philosophische Spekulation, als Subordination des geschichtlichen Materials unter die Idee, zurück und drang auf Anschauung und Verstehen der historisch einmaligen Individualität. Leopold von Ranke prägte den Grundsatz: «Jede Epoche ist unmittelbar zu Gott». Fortschritt sah Ranke allein in bezug auf die Erkenntnis und die Beherrschung der Natur gegeben, hielt ihn aber für unbrauchbar als Maßstab der Beurteilung der geistigen Gehalte einer historischen Epoche, die sich in Moral, Religion, Philosophie und Staat spiegeln.

Die Historische Rechtsschule stand unter dem Eindruck eines insbesondere im Bereich der Naturwissenschaften vertretenen empiristischen Methodenideals, das erst in den 1850er Jahren in der Geschichtswissenschaft durch Johann Gustav Droysen, der noch bei Hegel studiert hatte, und in den 1860er Jahren auch in den Naturwissenschaften kritisch reflektiert wurde. In letzteren führte die empiristische Selbstkritik zu einer symboltheoretischen Auffassung von Wissenschaft, die Anfang des 20. Jahrhunderts in Philosophien wie der *Philosophie der symbolischen Formen* von Ernst Cassirer, der Wissenschaftstheorie des Logischen Empirismus des Wiener Kreises und der Epistemologie Gaston Bachelards eine umfassende philosophische Reflexion fand. Droysen legte das Fundament für eine Philosophie der Geisteswissenschaften, indem er die hermeneutische Tradition der Philologie für die Geschichtswissenschaft fruchtbar machte. An ihn knüpfte Wilhelm Dilthey mit seinem Projekt einer philosophischen Grundlegung der Kultur reflektierenden Wissenschaften, der Geisteswissenschaften, an (vgl. Schnädelbach 1983; Bodammer 1987; Schreiter 1988; Pasternack 1985a, 1988a; Sandkühler 1991b, 1992, 1994, 1995; Haller 1993 u. a.).

Droysen wie auch Dilthey gingen von einer Sonderstellung der geschichtlichen bzw. der geisteswissenschaftlichen Erkenntnis gegenüber der naturwissenschaftlichen aus und machten eine grundlegende methodologische und epistemologische Differenz zwischen beiden Wissenschaftsgruppen geltend. Droysen charakterisierte die naturwissenschaftliche Erkenntnis durch das «Erklären», das Bestimmen von Ursachen und Gesetzen, und charakterisierte die Geschichtswissenschaft hingegen durch das «Verstehen». Verstehen war ursprünglich ein Begriff der Hermeneutik und auf Textauslegung bezogen. Droysen erweiterte ihn und die hermeneutische Methode auf die Explikation auch von Handlungen und Artefakten und machte ihn dadurch handhabbar für eine Theorie der Geisteswissenschaften. Mit dieser Unterscheidung zwischen dem Erklären und dem Verstehen versuchte er, den intentionalen Charakter der historischen Erkenntnis deutlich zu machen: Er wies darauf hin, daß schon aufgrund der Lückenhaftigkeit des Materials oder aber seiner Überfülle es nicht die Aufgabe der Geschichtswissenschaft sein könne, eine vollständige Rekonstruktion einer einstigen Gegenwart in ihrer Gesamtheit der Ursachen und Wirkungen zu leisten. Diese bestehe vielmehr in der Erfassung der «sittlichen Mächte» und der Reflexion ihrer Wirkungsgeschichte; sie diene dem praktischen Ziel, das Selbstbewußtsein der Gegenwart zu reflektieren und zu bilden. Theodor Bodammer hebt in seiner Darstellung der Theorie Droysens hervor: «Die empirischen Arbeitsverfahren werden dem Erkenntnisziel der Geschichtswissenschaft ein- und untergeordnet. Die Geschichtsforschung will ‹aufklären› und ‹bilden›; sie will praktische, auch politische Handlungsorientierung ermöglichen und durch Reflexion der geschichtlichen Voraussetzungen des Denkens, Fühlens, Wollens und Handelns zur menschlichen Selbsterkenntnis führen» (1987, S. 39).

Für das Selbstverständnis der Geisteswissenschaften wurde diese von Droysen formulierte Verantwortung für die kulturelle Entwicklung prägend. Sie drückt sich in dem Anspruch aus, weltanschaulich bildend zu wirken; von ihm ausgehend wurde die grundlegende Differenz gegenüber den Naturwissenschaften geltend gemacht. Die Philosophie Ernst Cassirers, die jede menschliche Erkenntnis als eine Konstitution begrifflicher Ordnung und Selbsterkenntnis bestimmte und Natur- und Geisteswissenschaften als Formen der Bildung von Welten des Wissens einander prinzipiell gleichstellte, konnte sich zunächst nicht gegen diese Idee der Differenz behaupten. Als Jude wurde ihm 1933 in Deutschland die Wirkungsmöglichkeit entzogen. Da er bereits 1945 starb, konnte er die Nachkriegsphilosophie in Deutschland selbst nicht mehr beeinflussen. Dort hatte sich das Diktum seines philosophischen Gegenspielers Heidegger durchgesetzt, wonach der Neukantianismus als ‹Bewußtseinsphilosophie› ein philosophisch unfruchtbarer Ansatz sei (vgl. Krois 1992, 1985).

Durch Droysen und Dilthey wurde für die Geisteswissenschaften das sogenannte historische Bewußtsein konstitutiv, dessen Kernsatz Droysen in seiner *Historik* formuliert hatte: Vorauszusetzen sei, daß nicht nur der Forschungsgegenstand, sondern «auch der Inhalt unseres Ich ein vermittelter, gewordener, ein historisches Resultat ist» (Droysen 1960a, S. 332). Danach tritt das Erkenntnissubjekt seinem Objekt nicht als neutraler Beobachter gegenüber, sondern ist selbst in den geschichtlichen Überlieferungszusammenhang eingebunden und in seinen Fragestellungen, Interessen und Maßstäben geschichtlich-gesellschaftlich bedingt, ‹endlich›. Anstelle der Vernunft das «Leben» zur Grundlage von Erkenntnis und Handeln zu erheben, war eine Schlußfolgerung, die die Lebensphilosophie gegen Ende des 19. Jahrhunderts zog und prononciert gegen den Rationalismus der Aufklärung zur Geltung brachte. Leben wurde zum Begriff des vorrationalen, arationalen und antirationalen Beweggrundes menschlicher Existenz, dessen Nicht-Hintergehbarkeit betont wurde.

Wilhelm Diltheys philosophische Grundlegung der Geisteswissenschaften war bereits lebensphilosophisch fundiert. Gegen Kant und die ‹Erkenntnistheorie der Naturwissenschaften› machte er zwei Differenzpunkte geltend: Im Bewußtsein der Historizität habe die Vernunft sich selbst mit hermeneutischen Mitteln zu begreifen und zu explizieren. Zum anderen warf er Locke, Hume und Kant vor, das Erkenntnissubjekt lediglich von der Seite seiner Denktätigkeit aus zu betrachten; er, Dilthey, wollte von dem ganzen Menschen ausgehen, d. h., auch dessen Wollen, Fühlen und Vorstellen der Erklärung und der Erkenntnis zugrunde legen. Als für die Geisteswissenschaften zentral erklärte er den Zusammenhang von Erleben, Ausdruck und Verstehen, also eine Einheit von Lebenszusammenhang, menschlichen Ausdrucksformen sowie Verstehen der Äußerungen. Verstehen meinte die Erfassung der Beweggründe, Maßstäbe und Werte, sogenannte Sinngehalte, der unterschiedlichsten menschlichen Ausdrucksformen in Kunst, Literatur, Religion, Philosophie und Wissenschaft, im Rechts- und Staatswesen etc. Ausgehend von der Hermeneutik Schleiermachers wurde Verstehen konzipiert als eine im Grunde fortwährende Bewegung des strukturierenden und beurteilenden Vergleichs, der sich von der Betrachtung des einzelnen zum Ganzen der Ausdrucksformen vollzieht, um von dort wieder zurück zu einem vertieften Verständnis der einzelnen Teile zu gelangen; der ein ursprüngliches Vorverständnis des Gegenstandes als Ganzen einer Überprüfung anhand der Einzelaspekte und ihrem Verhältnis zum Ganzen unterzieht, um ausgehend von einer über den Gegenstand aufgeklärteren Ebene wiederum das Vorverständnis kritisch zu beurteilen und zu revidieren usf. Letzteres insbesondere unterstrich Hans-Georg Gadamer in seinem Buch *Wahrheit und Methode*, das 1960 erschien und schon bald zu einem Grundlagenwerk der modernen Methodendiskussion in den Geisteswissenschaften wurde. Angelegt war dieser Aspekt aber bereits in Droysens Bestimmung der Geschichtsforschung als Aufklärung über das Selbstbewußtsein der Gegenwart und Selbstbesinnung des menschlichen Geistes; auch Dilthey galt die Besinnung über das eigene Leben als Grundlage für das Interesse an der Auseinandersetzung mit der Geschichte (vgl. Dilthey 1970, S. 190, 1970a, S. 247; Schnädelbach 1983, S. 73; Bodammer 1987, S. 45).

Charakterisiert als ein Akt bzw. Verhältnis zwischen Menschen, verweist der Begriff Verstehen auf psychologische Prozesse. Durch «Kongenialität», eine Verwandtschaft des Geistes, sollte es dem Erkenntnissubjekt möglich sein, den Ausdruck eines anderen Menschen zu vergegenwärtigen. Formulierungen wie «Sich-Hineinversetzen», «Nachempfinden», «Einfühlung» in das «Innere» waren als Umschreibungen des Verstehens gebräuchlich; es wurde identifiziert mit unmittelbarer Intuition, Empfängnis, aber auch mit einem schöpferischen Akt. Die Begriffsbestimmungen schwanken zwischen der Referenz einerseits auf Rekonstruktionen etwa der Geschichte und konstruktiver Sinnschöpfung und andererseits psychologischer Einfühlung in menschliche Schöpfungsakte. Im Verstehen sei die «ganze geistig-sinnliche Natur des Menschen völlig mittätig», betonte Droysen, «zugleich gebend und nehmend, zugleich zeugend und empfangend. Das Verstehen ist der menschlichste Akt des menschlichen Wesens, und alles wahrhaft menschliche Tun ruht im Verständnis, sucht Verständnis, findet Verständnis. Das Verstehen ist das innigste Band zwischen den Menschen und die Basis alles sittlichen Seins» (1960, S. 26). Alle menschlichen Formgebungen seien, weil Ausdruck des menschlichen Geistes, grundsätzlich dem menschlichen Geist verständlich. Droysen erklärte damit die Möglichkeit des Rückschlusses von der etwa in Form eines Textes oder eines Kunstwerks vorliegenden Äußerung auf die inneren Vorgänge ihrer Erschaffung. «Wahrgenommen erregt die Äußerung, sich in das Innere des Wahrnehmenden projizierend, den gleichen inneren Vorgang. Den Schrei der Angst vernehmend, empfinden wir die Angst des Schreienden usw.» (Droysen 1960a, S. 328, §9).

Dilthey knüpfte zunächst daran an, rückte aber von der Betonung der psychologischen Prozesse des Verstehens Anfang des 20. Jahrhunderts ab, indem er im Anschluß an Hegels ‹objektiven Geist› Werke und Werte der Geschichte als «Objektivationen des Lebens» bezeichnete. Gadamer nahm schließlich Abstand von dem Erleben als der Grundlage der Erkenntnis und machte statt dessen Vorwissen, Interesse und Fragestellung des Erkenntnissubjekts für das Verständnis eines Textes geltend. «Aber auch Verstehen ist nicht bloße Nachkonstruktion eines Sinngebildes, bewußte Auslegung einer unbewußten Produktion. [...] Der Primat der Frage vor der Aussage bedeutet für die Hermeneutik, daß man jede Frage, die man versteht, selber fragt» (1957, S. 236f). Doch seine Deutung des Textverstehens als eines Gesprächs des Ichs mit einem Du rückte das Verstehen gleichzeitig wieder auf die Ebene des Zwischenmenschlichen und des in der Spannung des Zwischenmenschlichen Unerklärlichen, Unbestimmten, der rationalen Analyse nicht Zugänglichen.

Objektivität der Geisteswissenschaften

Ein Grundproblem der geisteswissenschaftlichen Theorie bildete der Begriff der Objektivität, da die Sinnexplikation als ein subjektiv geprägter Akt interpretiert wurde, der aktuell gesellschaftlich Bedeutsames, gleichsam Handlungsorientierung sicherstellen sollte. Otto Friedrich Bollnow etwa verdeutlichte dies 1960 in einem Vortrag zum Thema *Die Objektivität der Geisteswissenschaften und die Frage nach dem Wesen der Wahrheit.* Er unterschied – im Anschluß an den Dilthey-Schüler Georg Misch – zwischen Objektivität und Allgemeingültigkeit. Allgemeingültigkeit im Sinne einer intersubjektiven Überprüfbarkeit der Aussagen könne es im Bereich der Geisteswissenschaften nicht geben, weil sie nicht über Experimente und quantitative Messungen verfügen. Vor allem aber, so betonte er, unterscheiden sich die Geisteswissenschaften darin von den Naturwissenschaften, «daß an ihrem Verstehen nicht nur der formale Intellekt beteiligt ist, sondern daß die Tiefe der Seele mit allen ihren Kräften mit dabei eingeht» (Bollnow 1962, S. 7). Für sie sei das Nebeneinander der unterschiedlichsten Interpretationen eines Gegenstandes, die «nicht auf einen gemeinsamen Nenner» zu bringen seien und oft sogar einander widersprächen, kennzeichnend. Diese Interpretationen ständen dennoch nicht in einem einfachen Verhältnis von wahr oder falsch zueinander, sondern ergänzten sich, indem jede etwas Richtiges trifft. Weil unablösbar der Subjektivität des einzelnen Forschers verhaftet, könnten diese Interpretationen keine Allgemeingültigkeit beanspruchen. Im Grunde dürften daher die Geisteswissenschaften auf den Namen einer Wissenschaft keinen Anspruch erheben. Wenn jedoch nicht, wie allgemein üblich, Objektivität mit Allgemeingültigkeit identifiziert, sondern Objektivität als Ausschaltung von subjektiver Voreingenommenheit, als Vorurteilslosigkeit und Sachlichkeit begriffen wird, habe dieser Begriff auch für die geisteswissenschaftliche Erkenntnis Relevanz, argumentierte Bollnow. Denn man könne trotz der grundsätzlichen Pluralität der Interpretationen eine ‹schlechte Subjektivität› – «das ist die subjektive Willkür und die Befangenheit in mancherlei zufälligen Bedingtheiten und Voreingenommenheiten», die sich der Berührung mit dem Gegenstand entgegenstellt – von einer positiven Form der Subjektivität unterscheiden, welche sich als «Einfluß der erkennenden Seele» bemerkbar mache (ebd., S. 7 f). Die individuelle Subjektivität des Wissenschaftlers, seine Lebenserfahrung, seine individuellen Begabungen und die ihm eigene Form der seelischen Ansprechbarkeit seien für die Sinn- und Werterfahrung, den Gegenstand der Geisteswissenschaften, eine notwendige Bedingung. Die geisteswissenschaftliche Erkenntnis trage daher notwendig einen individuellen Charakter, zugleich jedoch erschließe sie den Gegenstand in einer «größeren Tiefe»; sie formuliere eine «substantielle Wahrheit», die den Menschen existentiell betrifft. «Wir werden daher eine Wahrheit anerkennen müssen, die nicht mehr allgemeingültig zugänglich ist und die dennoch nicht aufhört, Wahrheit zu sein. Das wäre eine Wahrheit, die in dieser bestimmten Form nur einem beschränkten Menschenkreis zugänglich ist, und es lag nahe, wie ich es seinerzeit in jugendlicher Überspitzung versucht habe, in scheinbarer notwendiger Konsequenz des Misch'schen Ansatzes die Möglichkeit einer Wahrheit zu behaupten, die nur für einen einzigen Menschen gültig ist und die dennoch nicht aufhört, im objektiven Sinn Wahrheit zu sein» (ebd., S. 9).

Bollnow formulierte vier Garantien der Objektivität im Bereich der Geisteswissenschaften: «handwerkliche Regeln» der Textauslegung, die die Hermeneutik bereitstellt; bestimmte Charaktereigenschaften der Forscherpersönlichkeit wie «strenge Selbstzucht», «Gewissen» und «Mut» zur Freilegung der Wahrheit; mindestens ein anderer Mensch, der die Ergebnisse des Forschenden bestätigt und ihm die Gewißheit gibt, auf dem richtigen Weg zu sein; die Offenheit für das Gespräch, in welchem sich die Wahrheit bewähren müsse.

Gadamer erhob in *Wahrheit und Methode* das Gespräch zum eigentlichen Subjekt der Erkenntnis:

«Wir sagen zwar, daß wir ein Gespräch ‹führen›, aber je eigentlicher ein Gespräch ist, desto weniger liegt die Führung desselben in dem Willen des einen oder anderen Partners. So ist das eigentliche Gespräch niemals das, das wir führen wollten. Vielmehr ist es im allgemeinen richtiger zu sagen, daß wir in ein Gespräch geraten, wenn nicht gar, daß wir uns in ein Gespräch verwickeln. Wie da ein Wort das andere gibt, wie das Gespräch seine Wendungen nimmt, seinen Fortgang und seinen Ausgang findet, das mag sehr wohl eine Art Führung haben, aber in dieser Führung sind die Partner des Gesprächs weit weniger die Führenden als die Geführten. Was bei einem Gespräch ‹herauskommt›, weiß keiner vorher» (Gadamer 1975, S. 361).

Das Gespräch dachte Gadamer als die grundlegende Form des Erkenntnisprozesses. Eine Textauslegung, ein Argumentationsaufbau hat Gadamer zufolge idealerweise die Form eines Gesprächs, einer Auseinandersetzung mit der Sprache und den Argumenten eines anderen. Wie für Bollnow bedeutet auch für ihn das Gespräch eine Objektivierung. In der Anerkennung des anderen, des «Du», und des «Zur-Sprache-Kommens der Sache» in der Auseinandersetzung bilde sich Wahrheit.

Gadamer wollte das Verstehen nicht als subjektives Verhalten zu einem gegebenen Gegenstand verstanden wissen und machte deshalb das Prinzip der Wirkungsgeschichte geltend, dem das Subjekt selbst angehöre, und verwies auf die Auseinandersetzung mit Geschichte, die in der Art der Erfahrung eines «Du» sei, das sein eigenes Recht geltend mache, etwas Wahres sage und zur Anerkennung nötige. Er argumentierte mit der Gültigkeit von Argumenten, indem er das Gespräch als eine Verständigung über eine Sache, ein «Zur-Sprache-Kommen der Sache selbst» interpretiert. Dieser Vorgang, in dem sich ‹Wahrheit› einstellen soll, wird von Gadamer jedoch nicht näher, etwa hinsichtlich Wahrheitskriterien bzw. rationaler Akzeptanzkriterien, reflektiert. Zugleich relativierte er diese Objektivierung wieder mit dem Verweis auf die subjektiv-individuelle Wahl des Objekts und die je individuell und historisch geprägte Sinnexplikation. Er unterstrich die prinzipielle Unausschöpflichkeit des historischen Materials durch neue Aktualisierungsmöglichkeiten – jeder Historiker und Philologe müsse mit der grundsätzlichen Unabschließbarkeit des Sinnhorizonts einer Überlieferung rechnen, in dem er sich verstehend bewegt (ebd., S. 355).

Die ‹Führung durch das Gespräch› ist die Subjektivierung eines Pro-

zesses anstelle der Subjektivität der Prozesse bewirkenden Menschen –
analog etwa zu Heideggers Subjektivierung des ‹Seins›. Aber ein Gespräch kann nicht führen, sondern wird von Menschen geführt. Daß für
die Bewegung des Gesprächs Argumente mit Allgemeingültigkeitsanspruch entscheidend sind, haben Argumentationstheorien, die seit Ende
der 60er Jahre der Konstruktiven Wissenschaftstheorie der Erlanger und
Konstanzer Schule (Paul Lorenzen, Friedrich Kambartel, Wilhelm Kamlah, Konrad Lorenz, Jürgen Mittelstraß, Oswald Schwemmer, Christian
Thiel u. a.) sowie von Karl-Otto Apel und Jürgen Habermas erarbeitet
wurden, geltend gemacht. Wo Argumente nicht mehr geteilt werden
können, endet das Gespräch. Mit der Hervorhebung unbewußter Ab-
läufe bezieht Gadamer eine gegenteilige Position – eine Position des Irrationalismus, die gegen den diskursiven Verstand das ‹Leben›, die dunklen
Triebe, das das Bewußtsein tragende und schon immer Umgreifende als
das Primäre setzt (vgl. Schnädelbach 1983, S. 172 ff). Auch Bollnows Behauptung der Nicht-Kontrollierbarkeit von Wahrheit ist lediglich eine
Folgerung aus ihrer Fundierung im ‹Leben› und der individuellen ‹Seele›,
die nicht intersubjektiv, rational nachvollziehbar ist.

Ein anderer Weg der Begründung der Objektivität der Geisteswissenschaften ging von Erich Rothacker, dem Bonner Kulturphilosophen
und Theoretiker der Geisteswissenschaften, aus. Auf die Dogmatik als
eine Form auslegender Rechtfertigung eines umfassenden Sinnzusam-
menhangs zurückgreifend, machte er einen holistischen Begriff der Objektivität geltend, für den Kohärenz und innere Stimmigkeit der Rekonstruktion und Interpretation eines epochalen Weltbildes oder eines Stils
Kriterien sind (Rothacker 1954). Durch die Verpflichtung auf die imma-
nente Logik des Gegenstandes können weltanschauliche Tendenzen der
Interpretation in Grenzen gehalten werden. Rothacker vergleicht die
Bindung der Interpretation an «gegebene Sinngehalte» mit der Bewährung der naturwissenschaftlichen Theorie an Tatsachen. Von der Objektivität zu unterscheiden sei die Allgemeingültigkeit einer Theorie: Sie
hänge von der allgemeinen Anerkennung der Fragerichtung der Forschung und ihrer Perspektive auf den Gegenstand ab und kann von kur-
zer Dauer sein. Jede neue Sichtweise auf den Gegenstand verdeutliche die
Standortgebundenheit des Erkennens, das dogmatische Moment aller
Wissenschaft, Kunst und Weltanschauung (ebd., S. 285 ff, 296). Anders
als Cassirer, an dessen Perspektivismus Rothacker anknüpft, bindet er

den Begriff Objektivität an den epistemologisch problematischen Begriff der denkunabhängigen Wirklichkeit. Es könnte zwar sein – wie Cassirer betont –, «daß die ‹Blickweisen› das Thema konstituierten, so daß die Dogmatiken verschiedene Themen hätten. Relativ ist das tatsächlich so. Aber der intentionale Bezug auf das *eine* Geheimnis des ‹Seins› im ‹Seienden› ist derselbe. Dasselbe Geheimnis lenkt den Blick auf sich, wird allerdings verschieden *erdeutet,* d. h. als Ganzes verschieden ‹aufgefaßt›, noch ehe die eigentliche nähere Ausdeutung beginnt.» Allerdings gesteht Rothacker ein, daß «trotz der Selbigkeit des ‹letzten› ‹Objekts› und der Selbigkeit desselben Wollens zur Hingabe, zur Kontaktgewinnung die ‹Verschiedenheit› der Resultate *bleibt*»; aber ohne die «nüchterne Feststellung», daß die verschiedenen Perspektiven «*zwischen* Wirklichkeit und Wissensinhalt» stehen, wäre die Geschichte der Wissenschaften unbegreiflich. «Sie würde sich in eine Geschichte sich summierender absoluter Entdeckungen mit mächtigen Zwischenräumen des radikalen Irrtums verwandeln» (ebd., S. 280 f).

Auf der Grundlage der Theorie Rothackers sprach dessen Schüler Karl-Otto Apel den Geisteswissenschaften Wissenschaftscharakter zu. Die Geisteswissenschaften leisteten eine rein theoretische Forschung, die «1. an den jedermann prinzipiell zugänglichen Tatsachen und 2. an der für jedes Denken verbindlichen Logik» orientiert ist. Auf sie sei der neuzeitliche Begriff der Wissenschaft anwendbar. Allerdings stellte er zur Diskussion, inwieweit eine solche Wissenschaftsdefinition noch der «eigentlichen Funktion der Geisteswissenschaften im Dasein des Menschen» gerecht werde. Wenn unter dem Druck des Wissenschaftsbegriffs die Geisteswissenschaften nicht mehr die Aufgabe sinnhafter Weltorientierung erfüllen können, habe die Philosophie sie zu übernehmen. Dann verlasse sie das «Regulativ allgemeingültiger Wissenschaft». Apel plädierte jedoch dafür, daß die weltanschauungstiftende Philosophie auf der geisteswissenschaftlichen Forschung, die die diversen weltanschaulichen Perspektiven expliziere und miteinander vergleiche, aufbaut (Apel 1962, S. 28, 47, 54). Dies war als Bedingung gedacht für einen weltanschaulichen Standpunkt auf hohem geistigen Niveau.

Wahrheit und Bedeutsamkeit

Die Legitimation der besonderen Erkenntnis der Geisteswissenschaften erfolgte zudem durch eine Relativierung des Begriffs Wahrheit gegenüber dem Begriff Bedeutsamkeit und der Formulierung eines spezifisch geisteswissenschaftlichen Begriffs von Wahrheit. Unter Berufung auf den Bildungsauftrag, die Funktion der Geisteswissenschaften bzw. der Philosophie, zur Selbstbesinnung der Menschen beizutragen, wurde argumentiert, die Wahrheit der geisteswissenschaftlichen Erkenntnis sei wenngleich keine intersubjektiv akzeptierbare, so doch eine bedeutsamere als die der naturwissenschaftlichen Erkenntnis: Gadamer räumte in seinem Artikel *Was ist Wahrheit?* ein, daß die Verifizierbarkeit aller Ergebnisse in den Grenzen des Möglichen als Ideal gelten solle, doch müsse eingestanden werden, daß dieses Ideal selten erreicht wird und vor allem häufig nicht bedeutsam ist, «daß diejenigen Forscher, die dieses Ideal am präzisesten zu erreichen streben, uns meistens nicht die wahrhaft wichtigen Dinge zu sagen haben. [...] Wir müssen uns eingestehen, daß gerade die größten und fruchtbarsten Leistungen in den Geisteswissenschaften dem Ideal der Verifizierbarkeit weit voraus sind» (Gadamer 1957, S. 232).

So konnte eine ‹existentielle Wahrheit› neben eine verifizierbare, auf die Bestimmung formaler Strukturen und Quantitäten sich richtenden Erkenntnis gestellt (Bollnow 1962; Haering 1947) oder aber die existentielle Wahrheit der Geisteswissenschaften als universelle behauptet werden (Gadamer). Gadamer betonte, daß Wahrheit nicht an Verifizierbarkeit zu messen ist, sondern sich überhaupt nur dort einstellt, wo «Anrede» stattfindet, d. h., wo sie einen Fragenden als Frage oder Antwort anspricht: «Denn der Situationshorizont, der die Wahrheit einer Aussage ausmacht, enthält den mit, dem mit der Aussage etwas gesagt wird» (Gadamer 1957, S. 235). Er unterstrich das aktive, subjektiv-individuelle Moment von Wahrheit, ihre Endlichkeit und grundsätzliche Begrenztheit. Im Rahmen eines derartig gefaßten Begriffs einer existentiellen Wahrheit kann es keinen Erkenntnisfortschritt geben. Gadamer schreibt:

«Es ist nicht möglich, immer nur in der Erkenntnis fortzuschreiten, ohne damit auch mögliche Wahrheit aus der Hand zu geben. Dabei handelt es sich keineswegs um ein quantitatives Verhältnis, so als ob immer nur ein endlicher Umfang unseres Wissens von uns festgehalten werden kann. Es ist vielmehr nicht nur so, daß wir immer zugleich Wahrheit verdecken und vergessen, indem wir Wahrheit erkennen, sondern es ist so, daß wir notwendig in den Schranken unserer hermeneutischen Situation befangen sind, wenn wir nach Wahrheit fragen. Das bedeutet aber, daß wir manches, was wahr ist, gar nicht zu erkennen vermögen, weil uns, ohne daß wir es wissen, Vorurteile beschränken. Auch in der Praxis der wissenschaftlichen Arbeit gibt es so etwas wie ‹Mode› [...] Ich glaube, man kann prinzipiell sagen: es kann keine Aussage geben, die schlechthin wahr ist» (ebd., S. 232 f).

Ausgehend von der perspektivischen Akzentuierung, die Überlieferungen für Handlungsorientierungen fruchtbar machen soll, wird die Kategorie des Erkenntnisfortschritts als unpassend oder unwesentlich für die Geisteswissenschaften zurückgewiesen. Gadamers Argumentation sei nochmals angeführt:

«Offenbar kann man nicht im selben Sinne von einem identischen Gegenstand der Erforschung in den Geisteswissenschaften sprechen, wie das in den Naturwissenschaften am Platze ist, wo die Forschung immer tiefer in die Natur eindringt. Bei den Geisteswissenschaften ist vielmehr das Forschungsinteresse, das sich der Überlieferung zuwendet, durch die jeweilige Gegenwart und ihre Interessen in besonderer Weise motiviert. Erst durch die Motivation der Fragestellung konstituiert sich überhaupt Thema und Gegenstand der Forschung. Die geschichtliche Forschung ist mithin getragen von der geschichtlichen Bewegung, in der das Leben selbst steht, und läßt sich nicht teleologisch von dem Gegenstand her begreifen, dem ihre Forschung gilt. Ein solcher Gegenstand an sich existiert offenbar überhaupt nicht. Das gerade unterscheidet die Geisteswissenschaften von den Naturwissenschaften.» In den Geisteswissenschaften gebe es Ansätze, sich vom Vorbild der Naturwissenschaften, der Idee des Fortschritts der Forschung, abzulösen und Forschung in hermeneutischem Selbstverständnis als Selbstbesinnung zu begreifen (Gadamer 1975, S. 268 f).

Aufgrund der großen Vielzahl möglicher Perspektiven der Interpretation neigte die Philosophie der Geisteswissenschaften dazu, den Begriff der existentiellen bzw. historischen Bedeutsamkeit gegen den (natur-)wissenschaftlichen Wahrheitsbegriff geltend zu machen. Sie verkannte allerdings dabei, daß die wissenschaftstheoretische Reflexion der Naturwissenschaften nicht nur die Verifikation für die Begründung von

Theorien als ausreichend betrachtet, weil grundsätzlich auch alternative theoretische Erklärungen von Phänomenen möglich sind und Beobachtung selbst als theoriegeleitete erkannt worden ist. Schon in der Entstehungsphase der modernen Wissenschaftstheorie zu Beginn unseres Jahrhunderts legten deren namhafte Vertreter wie der Physiker und Wissenschaftshistoriker Pierre Duhem, John Dewey, Repräsentant des amerikanischen Pragmatismus, Ernst Cassirer und Otto Neurath, ein Mitglied des Wiener Kreises, holistische Konzeptionen der Erkenntnis vor, die die Einheit der Erfahrung als Kriterium einer menschenmöglichen Wahrheit akzentuierten. Diese Konzeptionen erkennen die Relativität und Perspektivität der Erkenntnis an, ohne auf Begriffe wie Allgemeingültigkeit, Objektivität und Erkenntnisfortschritt zu verzichten (vgl. Plümacher 1994, 1996).

Das Problem der Konzeption der existentiellen Wahrheit liegt darin, daß sie auch Grundüberzeugungen einer Zeit oder eines Individuums allein aufgrund der Stärke ihrer psychologischen Wirkung Wahrheit zusprechen muß. Epistemologisch ist dies ein unbefriedigendes Argument, denn eine große Wirksamkeit von Ideen ist noch kein Argument ihrer Rechtfertigung. Die Konzeption der existentiellen Wahrheit besitzt gegenüber falschen bzw. unvernünftigen, aber ansprechenden Argumenten kein Abgrenzungskriterium. Bedeutsamkeit ist nicht kontrollierbar; sie ist nicht nur situationsabhängig, gilt also womöglich nur für einen bestimmten Zeitraum, sondern besteht, wie Bollnow verdeutlicht, unter Umständen nur für spezifische Gruppen. Der Begriff entzieht sich dem Kriterium der Intersubjektivität.

In der Charakterisierung der Geisteswissenschaften und der Philosophie in Abgrenzung zum naturwissenschaftlichen Erkenntnisstil kamen unterschiedliche Präsuppositionen zum Tragen. Zum einen bezog sich die Philosophie der Geisteswissenschaften negativ auf ein Wissenschaftsverständnis, das mit Wissenschaft die Konstitution und sukzessive Kumulation eines ‹positiven› ‹Fakten›-Wissens verband. Die These der ‹zwei Kulturen› mobilisierte damit ein wohl populäres, aber falsches und philosophisch bereits korrigiertes Bild empirischer Wissenschaft. Denn spätestens seit Ende des 19. Jahrhunderts waren die grundsätzliche Historizität, Subjektivität und Konstruktivität der menschlichen Erkenntnis auch in der wissenschaftstheoretischen Diskussion nicht mehr umstritten, und ‹Fakten› wurden kritisch unter dem Aspekt ihrer Herstellung und Erfindung gesehen. Dennoch hielten die Naturwissenschaften und die Wissenschaftstheorie an einem Begriff des Wissens und des Erkenntnisfortschritts fest: Sie orientierten sich am Zusammenhang von Interpretation und gelungenem Experiment sowie an der Logik als Instrument zur Überprüfung der Argumentation.

Daß die Philosophie der Geisteswissenschaften das Bewußtsein der Pluralität der Perspektiven betonte (vgl. Dilthey 1921, S. 250, 1970a, S. 321, 363), kann auf die Überzeugung zurückgeführt werden, daß aufgrund der prinzipiellen Freiheit des Menschen und der Einmaligkeit der Individuen die geschichtliche Welt nicht unter Gesetze zu subsumieren sei, sondern die Individualität des Denkens und Handelns verstanden werden müsse. Wilhelm Windelband, der Begründer der kulturphilosophisch orientierten südwestdeutschen Schule des Neukantianismus, teilte aus diesem Grund die Wissenschaften ein in nomothetische, auf die Erkenntnis allgemeiner Gesetze zielende, und idiographische, an der Bestimmung der Individualität eines Ereignisses interessierte Wissenschaften (Windelband 1900, S. 12, 22 ff).

Als entscheidend für die Abgrenzung der Geisteswissenschaften von den Naturwissenschaften kann darüber hinaus ein drittes Motiv gesehen werden: die Kritik der technischen Rationalität. Romantik und Lebensphilosophie thematisierten den Widerspruch zwischen dem grandiosen Fortschritt des Wissens über die Natur und der technischen Meisterung definierter Problemstellungen auf der einen Seite, einer Naturzerstörung und kulturellen Entwurzelung sowie fehlender Rationalität im gesellschaftlichen Leben andererseits. Sie erhoben Anklage gegen die ‹Intellektualisierung› und Technisierung der Welt. In diesem Zusammenhang stehen Topoi der Diskreditierung der ‹formalen›, logischen und methodischen Erkenntnisart der Naturwissenschaften und der Mathematik. Die Lebensphilosophie stellte dieser Rationalität die Arationalität und Irrationalität des Lebens gegenüber. Bezeichnend für die Hinwendung zum ‹Leben› als dem Umgreifenden und rational nicht zu Fassenden ist etwa Diltheys Einwand zu Hegels Begriff des ‹objektiven Geistes›, der sich auf die nicht vernünftige Realität berief:

«[...] die Voraussetzungen, auf die Hegel diesen Begriff gestellt hat, können heute nicht mehr festgehalten werden. Er konstruierte die Gemeinschaften aus dem allgemeinen vernünftigen Willen. Wir müssen heute von der Realität des

Lebens ausgehen; im Leben ist die Totalität des seelischen Zusammenhanges wirksam. Hegel konstruiert metaphysisch; wir analysieren das Gegebene. Und die heutige Analyse der menschlichen Existenz erfüllt uns alle mit dem Gefühl der Gebrechlichkeit, der Macht des dunklen Triebes, des Leidens an den Dunkelheiten und den Illusionen, der Endlichkeit in allem, was Leben ist, auch wo die höchsten Gebilde des Gemeinschaftslebens aus ihm entstehen. So können wir den objektiven Geist nicht aus der Vernunft verstehen, sondern müssen auf den Strukturzusammenhang der Lebenseinheiten, der sich in den Gemeinschaften fortsetzt, zurückgehen» (Dilthey 1970, S. 183).

Schreibe kontrollierbar!

Da Motive der Philosophie der Geisteswissenschaften auch die Existenzphilosophie und Phänomenologie prägten, differenzierte die in den 50er Jahren laut werdende Kritik nicht immer ausdrücklich zwischen den verschiedenen Strömungen. Der Jenaer Philosoph Paul Ferdinand Linke bezeichnete in seinem Beitrag zum Philosophiekongreß 1954 selbst Nicolai Hartmann, der sich der Husserlschen Idee der Philosophie als strenger Wissenschaft verbunden fühlte, aufgrund seiner Charakterisierung der Philosophie durch die Unlösbarkeit ihrer Probleme und der Bestimmung der logischen Fundamentalsätze als einen «besonders maßvollen Vorläufer der modernen radikal irrationalistischen, ja antirationalistischen Lehren [...], die von der Existenzphilosophie her bekannt sind» (1955, 213). Linke erschien die Betonung von Erkenntnisgrenzen ein allgemeines Merkmal des gegenwärtigen Philosophierens zu sein. Sie werde häufig abgeschwächt mit dem Einwand, die Grenzen beträfen die Leistungsfähigkeit der logisch-empirischen Forschung, und die Antworten auf die ‹großen Fragen› der Philosophie könnten auf einem anderen Weg gefunden werden: in der Ekstase, der Intuition, der Wesensschau oder Ähnlichem. Wahrheit werde schließlich auch in der schlichten Unbegreiflichkeit erblickt.

«Hier würde also der neue Weg zur Wahrheit in nichts anderem bestehen als in dem Aufspüren von dergleichen Erkenntnisgrenzen mit dem Ziel, auf diese Weise Fühlung mit dem Unbegreiflichen zu gewinnen und in der Ehrfurcht zu leben, die uns die ewig unerschöpfliche Tiefe der Dinge immer von neuem einflößt. Auf diese Weise geht das Begreifen immer mehr in ein Darlegen von Unbegreiflichkeiten über: aus einem Lösen von Rätseln wird es zuletzt zu einem Aufdecken von Wundern, und die Philosophie ist dann einfach die Behandlung derjenigen Fragen, die nicht bis zu Ende gelöst werden können und darum perennieren. Diese Glorifikation des Unbegreiflichen ist offenbar die *vorsichtigste* Form des sogenannten ‹Irrationalismus›» (ebd., S. 213).

Linkes Vortrag war ein Plädoyer gegen die Preisgabe des Wissenschaftsanspruchs in der Philosophie. Auch weite Passagen seines 1961 postum erschienenen Buchs *Niedergangserscheinungen in der Philosophie der Gegenwart* sind diesem Problem gewidmet. Er begnügte sich aber nicht nur mit einer Klage über antiwissenschaftliche Tendenzen in der Philosophie, sondern bemühte sich um eine Begründung der Notwendigkeit von Wissenschaftsnormen auch für die Philosophie. Linke räumte ausdrücklich ein, daß auch ausgesprochen unwissenschaftlich verfahrende philosophische Arbeiten große Verdienste hätten und sich auf hohem «geistigem Niveau» bewegten. Doch wenn auch ihre Gedankengänge anregend seien, so geben sie doch keine «relativ sicherste» Garantie für die Wahrheit der Behauptungen. Wissenschaftliches Vorgehen explizierte Linke als Einbeziehung möglicher Gegenpositionen und -argumente in die Beweisführung, als gewissenhaftes Ausloten einer Problemlösung, die allen derzeit verfügbaren Einwänden standhalte. Wissenschaftliche Urteile – im Gegensatz zu bloßen Aussagen – bedürften der Nachprüfung, und diese müsse Garantien enthalten, daß keiner subjektiven Voreingenommenheit Platz gewährt wurde: Notwendig seien ein Abwägen der Argumente durch Gegenpositionen, eine Prüfung der logischen Richtigkeit der Argumentation und je nach Art des Gegenstandes experimentelle Analysen.

Bemerkenswert ist an dieser Argumentation, daß zwischen empirischen Wissenschaften und der Philosophie nicht differenziert wird. Als konstitutiv für das Ausloten von Wahrheit hob Linke allgemein die Intersubjektivität als Norm hervor. Er akzentuierte in diesem Kontext die Bedeutung der Kollektivität für den wissenschaftlichen Erkenntnisprozeß.

«Die Mitwirkung anderer – die Intersubjektivität der Nachprüfung – ist für die Erlangung echter Erkenntnis von entscheidender Bedeutung. Denn diese anderen treten an den Gegenstand, der erkannt werden soll, unter anderen Gesichtspunkten und mit anderen Voraussetzungen heran, als der erste, der die Nachprüfung für sich allein vornahm. Der für alle wirkliche Erkenntnis unentbehrliche Zweifel, der in der ‹einsamen› Erkenntnis gern als bloß ‹methodischer› Zweifel auftritt und dadurch leicht einen spielerischen Charakter annimmt, ist hier ‹ernst› im höchsten Maße und muß deshalb auch unbedingt ernst genommen werden.» Besonders wichtig sei die Einbeziehung der Gegenposition und der Urteile des Gegners. Überall, wo die Mitarbeit des Gegners fehle und schon der Wille zu ihr, fehle das Recht, von wissenschaftlicher Arbeit und wissenschaftlicher Haltung zu sprechen (Linke 1961, S. 33 f).

Mangelnde Konkretion in der Argumentation machte Linke für begriffliche Unschärfen verantwortlich: Durch das Fehlen von Beispielen werde unsauberen Begriffsbildungen Tür und Tor geöffnet. «Die gebrauchten Worte und Sätze werden vieldeutig: sie verlieren jeden präzisierbaren Sinn und bedeuten schließlich überhaupt nichts mehr» (1955, S. 215 f). Die faszinierende Wirkung dieser Philosophie führte Linke (ebd., S. 217) auf die «sonderbare ‹Unwiderlegbarkeit›» zurück, die einen neuen Weg zur Wahrheit vortäusche: den außerwissenschaftlichen. Sie reize zu einem immer erneuten Durchdenken des Mitgeteilten, um darin einen verborgenen Sinn zu entdecken, und provoziere ein problematisches ‹Adepten-Verstehen›. In den *Niedergangserscheinungen in der Philosophie der Gegenwart* charakterisierte er diese Einstellung zur Sprache als eine unernste wissenschaftliche Haltung, die die Aufmerksamkeit nicht auf Probleme und Problemlösungen richtet, sondern sich bloßer gedanklicher Spielerei erfreut (Linke 1961, S. 20 ff).

Wissenschaftliche Aussagen zeichneten sich dadurch aus, daß sie kontrolliert werden können und wollen. Und – so wäre Linkes Argumentation zu ergänzen – ihr Verstehen bedeutet nicht Auslegung, sondern kritische Überprüfung. Linke führte einen «großen Imperativ der wissenschaftlichen Haltung» an: «*Schreibe kontrollierbar!* [...] *schreibe* so, daß du von jedem sachkundigen Leser nicht bloß kontrolliert werden kannst, sondern auch kontrolliert werden *willst* und daß man dir dies anmerkt. Schreibe so, daß man dir anmerkt, daß du deinen Gegner nicht als Feind ansiehst, sondern als Mitarbeiter, dessen du bedarfst, um kontrolliert zu werden. Nur so ist *Wissenschaft*, nur so auch wissenschaftliche *Philosophie* möglich» (1955, S. 217). Erkenntnis wird als ein kollektiver Prozeß betrachtet, in dem durch gegenseitige Korrektur subjektive

Einseitigkeiten und Beschränkungen aufgehoben werden können und sollen. Wissenschaftlichkeit ist daher formuliert als eine Haltung, die diese Kollektivität fördert durch Berücksichtigung der Gegenpositionen, durch allgemeine Verständlichkeit und Transparenz der Argumentation.

In Nicolai Hartmanns These der Aporetik philosophischer Probleme sah Linke die Gefahr, daß ein Bemühen um Lösungen aufgegeben wird. «*Ein bloßes Behandeln der Probleme als isoliertes Ziel ist unmöglich.* Ein Problem in einer ernst zu nehmenden Weise behandeln heißt allemal: beginnen, sich um seine Lösung zu bemühen; und das wiederum bedeutet: an dieser Lösung *arbeiten*» (1961, S. 18). Auch Aporetik werde nur ernst zu nehmen sein, wenn an ihr gearbeitet wird mit Perspektive auf mögliche zukünftige Lösungen. Wo von der Lösung der Probleme abgelenkt wird, werde von Erkenntnis abgelenkt. Linke plädierte dafür, sich mit der Deklaration von Erkenntnisgrenzen zurückzuhalten. Als unwissenschaftlich müsse jene Haltung angesehen werden, die der Nachweis der Rätselhaftigkeit und Unlösbarkeit von Problemen zu erheben und beglücken scheint. Eine Absage an die Wissenschaftlichkeit führe zu Nachlässigkeit und Leichtsinn im Streben nach einer wissenschaftlichen Behandlung von Fragen (Linke 1955, S. 213 f, 1961, S. 22, 26).

Als Ausdruck mangelnden wissenschaftlichen Ernstes sah er auch die verbreitete Beurteilung der philosophischen Literatur an der ‹Erhabenheit› der Ziele der Denker oder der Wirkungsmächtigkeit ihrer Gedanken, denn die sachliche Erkenntnis werde nicht zum Maßstab gemacht. Man begehe den Kurzschluß von der Wirkungsmächtigkeit eines Gedankensystems auf dessen Wahrheit. Der Nationalsozialismus aber sei der stärkste Beweis dafür, daß auch falsche und moralisch verwerfliche Lehren eine große Wirkungskraft zu entfalten vermögen. Allein aufgrund ihrer Wirkungsgeschichte können Gedanken nicht als Autoritäten hingenommen werden, es bedarf der kritischen Prüfung auf ihre Wahrheit. Linke sprach von einer «Verwirrung der Maßstäbe» in der Beurteilung der Philosophie (1961, 23 ff, 28, 81).

Philosophiegeschichte und Systematik

Auch die Theoriekontroverse um die Philosophiegeschichte Ende der 50er, Anfang der 60er Jahre spiegelt die Auseinandersetzung um Wissenschaftlichkeit. Der engere Kreis der 1950 gebildeten Allgemeinen Gesellschaft für Philosophie in Deutschland, die offizielle Vertretung der akademischen Philosophie in der Bundesrepublik Deutschland, widmete sich 1956 dem Thema «Philosophie und ihre Geschichte», um das Verhältnis von systematischer Philosophie und Philosophiegeschichte zu diskutieren (vgl. Moser 1957); in der *Zeitschrift für philosophische Forschung* setzte sich diese Debatte fort. Die Wissenschaftlichkeit der Philosophie sah so mancher gefährdet durch die expandierende philosophiehistorische Detailforschung, der die Zwecksetzung philosophischer Wissenschaft abhanden gekommen sei, nämlich kategorialen Verwirrungen entgegenzuwirken und Problemlösungen auf der Grundlage einer entwickelten Systematik zu erarbeiten (von Brandenstein 1958; Oehler 1957; Brelage 1962; vgl. Moser 1957, S. 261).

Dem historischen Interesse wurde zwar das Verdienst eingeräumt, ein reiches Wissen um die geschichtliche Entfaltung der Philosophie zutage zu fördern; doch eine große Gefahr sei «die immer ausschließlicher werdende Einstellung auf eine nur historische Schau, die eine wachsende Entfernung von dem eigentlichen philosophischen Verhältnis zu dem geschichtlichen Gewordensein der philosophischen Kultur bedeutet und schließlich das Vorhaben der Philosophiegeschichte selbst scheitern lassen müßte» (von Brandenstein 1958, S. 102). Als das Philosophische der Philosophiegeschichte galt dieser Position das Zeitunabhängige einer philosophischen Problemstellung und Argumentation; dieses sollte von den bloß historischen Elementen einer Philosophie gesondert werden: Gefordert war, die nach wie vor geltenden Einsichten der Philosophie gegenüber historischen, kulturell und individuell-psychologisch begrenzten Perspektiven herauszustellen und die philosophieinterne rationale Entwicklungslogik zu rekonstruieren.

Seit den 20er Jahren standen sich zwei philosophiegeschichtliche Konzeptionen gegenüber: Nicolai Hartmann hatte eine ‹Problemgeschichte› gefordert, die Herausarbeitung der Problementwicklungen und ihrer Antworten aus der historisch konkreten, vielgestaltigen Philosophiegeschichte. Philosophiegeschichte wurde somit auf Argumentationsgeschichte reduziert, wobei eine kumulative, rationale Entwicklung der Problemformulierung vorausgesetzt wurde. Kritik erhoben lebensphilosophische und existentialistische Positionen, die die in ihre Zeit eingebundene Subjektivität betonten und damit auch die Historizität der philosophischen Probleme. Im Bewußtsein der eigenen Endlichkeit sollte die Begegnung mit gleichfalls endlich philosophierenden Subjekten der Vergangenheit gesucht werden. Die lebensphilosophisch-existentialistische Richtung stellte die historisch-logische Kontinuität der Philosophiegeschichte in Frage und betrachtete Philosophiegeschichte als eine geschichtlich-faktische. Die sogenannten philosophischen Probleme seien unlösbar mit den historisch je einmaligen Individuen und ihren Fragestellungen verknüpft, und die Rekonstruktion einer Kontinuität sei daher willkürlich. Die Struktur der Philosophiegeschichte stellt sich in dieser Perspektive dar als «offene, diskrete Mannigfaltigkeit vereinzelter Philosophien, die nur durch jeweilige, konkrete Traditionsverhältnisse der Aneignung oder des Widerspruchs miteinander verbunden sind» (Brelage 1962, S. 395). Ausgehend von der allseitig geschichtlichen Prägung des Subjekts wurde aber die bewußte hermeneutische Bemühung um eine Einheit der Geschichte und der Philosophie in der immer wieder neuen Zuwendung zur historischen Überlieferung gefordert (Brelage 1962; Schreiter 1988; Pätzold / Reuvers 1986).

Kritiker der existentialistisch-lebensphilosophischen Position wandten sich gegen die Tendenz der Vernachlässigung einer kritischen Diskussion konzeptioneller Entwürfe unter systematischen Gesichtspunkten:

«Die Beurteilung der philosophischen Leistungen eines Denkers muß [. . .], wie in jeder Wissenschaft, im Wesen nach ihrem sachlichen Inhalt, nach ihrer kritisch erweisbaren Wahrheit und Ursprünglichkeit erfolgen: das kann bei den heutzutage über diesen Punkt in weiten Kreisen herrschenden verzerrten Anschauungen nicht genug betont und muß endlich wieder verstanden und anerkannt werden. Dann können und sollen selbstverständlich auch philosophiegeschichtliche, kulturhistorische und allgemein geschichtliche, sowie soziologische und psychologische, eventuell auch pathologische Gesichtspunkte berücksichtigt werden, doch die Zurückführung einer Philosophie im *Wesen* auf soziale, psychische oder gar Krankheitsbezüge, ihre wesentliche Behandlung im Sinne einer Sozio-, Psycho- oder gar Pathographie ist eine Abirrung, die auf den schweren Verfall des philosophischen Verständnisses überhaupt hinweist» (von Brandenstein 1958, S. 103).

Die Notwendigkeit einer philosophiegeschichtlichen Forschung in systematischer Absicht wurde mit der Aufgabe der wissenschaftlichen Philosophie begründet, für eine Ordnung des kategorialen Denkens zu sorgen und die in den Grundlagendiskussionen der Fachwissenschaften oder in der Philosophie selbst auftretenden Probleme zu klären. Die Philosophie sei auf die systematische Reflexion ihrer Geschichte angewiesen; denn diese verdeutliche einfachste und urspünglichste Grundformen der Anschauungsmodelle und kategorialer Differenzierungen und ermögliche so ein kritisches Strukturieren auch in den komplizierteren bzw. schwerer überschaubaren Gegenwartsverhältnissen. Die Philosophiegeschichte wurde damit als eine methodologische Voraussetzung der systematischen Philosophie bestimmt und somit in gewisser Weise zu einer Hilfsdisziplin degradiert (vgl. von Brandenstein 1958, S. 102; Oehler 1957, S. 522, 525).

Klaus Oehler, damals Forschungsassistent Georg Pichts im Platon-Archiv von Hinterzarten, betonte den systematischen Nutzen der Philosophiegeschichte für wissenschaftliches Philosophieren mit dem Argument, daß sich allein über die Diskussion der historischen Problementwicklung ein philosophisches Wissen bestimmen lasse: «Der Fortschritt der Philosophie besteht im Neudenken und Weiterdenken der Grundprobleme unter je anderen zeitlichen und sachlichen Bedingungen im Angesicht der philosophischen Tradition. Nur in einem solchen Prozeß kann sich ein Bestand absolut gültiger Erkenntnisse herauskristallisieren» (1957, S. 510). Wolfgang Ritzel, Philosoph an der Hochschule für Sozialwissenschaften in Wilhelmshaven, sprach von der «wesentlich kritischen» Position der Philosophie, die aus der Orientierung der Philosophie auf die Prüfung der Wahrheit des Denkens resultiere: «Als Leistung des auf die absolute Wahrheit bezogenen Denkens beurteilt es die besonderen geschichtlichen Gestaltungen – die Zeugnisse der wissenschaftlichen, künstlerischen, sittlichen Kultur seiner Zeit – daraufhin, ob und in welchem Maße sie in Erfüllung der spezifischen sachlichen Ansprüche, durch die sie definiert sind, dem Maßstab jener standhalten» (Ritzel 1957, S. 243).

Als Argument für die Möglichkeit, die Philosophiegeschichte unter Gesichtspunkten eines Erkenntnisfortschritts zu rekonstruieren, wurde geltend gemacht, die Geschichte der Philosophie sei keine Geschichte der Philosophen, sondern eine Geschichte des geistigen Seins, an dem der einzelne Denker teilhabe. Die Konzeption des Fortschritts in der Philosophie könne sich darauf stützen, daß auch das Denken der Früheren das Ergebnis eines systematischen Problemdenkens in der Zeit gewesen sei, das sich selbst in eine «innere, sachliche Kontinuität» gestellt habe (Oehler 1957, S. 523, 526).

Vermittelnde Positionen bezogen Wolfgang Ritzel und der Berliner Philosoph Manfred Brelage. Beide plädierten für eine philosophische Systematik. Ritzel warf aber ein, der Geschichte der Philosophie dürfe nicht nur der Wert eines Hilfsmittels der systematischen Arbeit zugestanden werden, «weil ihr durch die dem Begriff gemäße systematische Arbeit nur genügt wird, wofern diese selbst ihren Ort in jenem werdenden ‹Ganzen› findet, stellt die *Idee* der Philosophie die besondere Aufgabe der Philosophiegeschichte» (Ritzel 1957, S. 251). Er betonte die von jedem Philosophen individuell zu leistende Aufgabe der Rekonstruktion der Philosophiegeschichte, um darin einen eigenen Standpunkt zu finden und zu bestimmen. Jeder Philosoph müsse sich in die Entwicklungskette der Philosophie als ein Glied einordnen. Raum gewährt werden solle der Pluralität der Philosophie – «auch die Philosophien sind ‹unmittelbar zu Gott›. Die Wahl des so anstößig klingenden Pluralis ist denn auch durchaus statthaft – *die* Philosophie, die ‹ewig bestehn› soll, stellt sich allemal in Gestalt individueller Philosophien dar. Eine jede von diesen repräsentiert das Absolute in der besonderen Weise, die die Idee der Philosophie vermittelst des Begriffs der Philosophie verbindlich macht, d. h. eben im kritischen Begreifen der jeweiligen Zeit» (ebd., S. 248 f). Das Wahre sei das Ganze der Philosophie, jede besondere Gestalt nur ein Teil in einer unendlichen Kette möglicher Verwirklichungen. Diese Kette müsse immer wieder erneut hergestellt und erweitert werden:

«Die Kette, d. h. jenes – immer im Werden begriffene – Ganze *der* Philosophie, ist dieser und jener Philosophie eigenes Werk, oder aber (wenn diese und jene in falscher Bescheidenheit bekennen, sich auf den Punkt nicht erheben zu können, von dem aus es sichtbar wird, und sich begnügen, versichernde Hinweise auf es zu geben) es ist nicht. Ist aber das Ganze nicht, so ist auch das Glied nicht, so ist es jedenfalls nicht das, was es gemäß seiner Idee zu sein hat, nämlich Beitrag zum Ganzen» (ebd., S. 250).

Brelage hob auf das Problem äquivalenter Theorien in der Philosophie ab: Es gebe wohl «keinen ein für allemal herauslösbaren Bestand an Einsichten, der von allen Philosophierenden faktisch anerkannt wird, und den ‹die› Philosophiehistorie als eine gleichsam neutrale Instanz verzeichnen könnte»; damit entfalle jedoch nicht der Anspruch jeder Philosophie auf prinzipielle Allgemeingültigkeit. Es müsse nur unterschieden werden zwischen dem prinzipiellen Wahrheitsanspruch eines Theorems und der Möglichkeit, diesen auch faktisch zwingend für alle durchzusetzen (1962, S. 399 f). Brelage bezog zugleich eine pessimistische Position hinsichtlich der Möglichkeit der Bestimmung allgemeingültiger Einsichten in der Philosophie: Ihr Verbindlichkeitsanspruch sei an die Kriterienlage des betreffenden Geltungsgebiets geknüpft. Die Überprüfung der Kriterien führe aber in der Philosophie zum Entwurf neuer Philosophien: «Nur im eigenen Philosophieren, d. h. im Entwurf einer neuen Philosophie neben der zur Prüfung aufgegebenen, können die Prinzipien, von denen die Gültigkeit *aller* philosophischen Erkenntnis abhängt, ihre Begründung erlangen. Daher führt in der Philosophie der Prozeß der Prüfung nicht zu einer gemeinsamen Verständigung auf den Boden der *einen* Wissenschaft, sondern zu der immer erneuten Vereinzelung ‹der› Philosophie in ‹die› Philosophien» (ebd., S. 400). In der Philosophie könne es daher keinen Konsens geben, und sie unterscheide sich deshalb von anderen Wissenschaften.

«Philosophie erhebt allen übrigen Wissenschaften gegenüber den Anspruch auf *letzt*begründete (und daher auch alle übrigen Wissenschaften begründende) Erkenntnis; sie vermag dies jedoch nur, weil und sofern sie *sich*, und d. h. ihre obersten Prinzipien, *selbst* zu begründen in der Lage ist. Aus eben diesem Grunde aber kann es in der Philosophie nicht zu dem Consensus kommen, der die Einzelwissenschaften auszeichnet. Daß es in der Philosophie keinen herauslösbaren Bestand allgemein-anerkannter Einsichten gibt und geben kann, kann nur ein einseitig an den positiven Wissenschaften orientiertes Denken dazu verleiten, der Philosophie den Wissenschaftscharakter abzusprechen; es begründet in Wahrheit jedoch gerade die Würde und den ausgezeichneten Rang der Philosophie im Reich der Wissenschaften. Philosophie ist also im Sinne aller übrigen Wissenschaften *keine* Wissenschaft, – aber nicht weil sie hinter deren Anforderungen hinsichtlich der Strenge und Notwendigkeit der in ihr geforderten Begründungen zurückbliebe, sondern weil sie deren Anforderungen radikal überbietet» (ebd., S. 400 f).

Brelage betrachtete Philosophien als unteilbare Ganzheiten und unterschied deshalb nicht zwischen metaphysischen Grundtheoremen und der jeweils spezifischen Ausgestaltung einer Philosophie. Es gibt aber auch in der Philosophie ungeachtet einer Differenz bezüglich der Grundtheoreme Übereinstimmungen, beispielsweise hinsichtlich der Subjektabhängigkeit und Historizität der Erkenntnis, der Relativität der menschenmöglichen Wahrheit, der grundsätzlichen Pluralität der Interpretation u. a. m. Brelages Argumentation berücksichtigt zudem nicht genügend das Gewicht der argumentativen Gründe. Faktisch ist es zwar möglich, auf einer widerlegten Position zu verharren, aber solange sie nicht mit besseren Argumenten erneut begründbar ist, hat sie keinen Allgemeingültigkeitsanspruch mehr. Der Prozeß der ständigen Infragestellung und Reflexion ist kein Argument gegen einen Bestand allgemein-anerkannter Einsichten; er bewegt sich in der Philosophie, wie auch in anderen Wissenschaften, auf der Basis metaphysischer Grundtheoreme und baut auf dem Fundus historischer Erkenntnisse auf.

Die Befürchtungen einer *Historisierung* der Philosophie standen vor dem Hintergrund der Einschätzung eines allgemeinen Rückgangs systematischer Forschung im Zuge diverser Spezialisierungen innerhalb der Philosophie und des expliziten Verzichts auf Systembildung in der ‹hermeneutischen› und existentialistischen Philosophie. Unter Systematik wurde häufig eine, wenn auch offene, Systembildung verstanden, der Anspruch der Philosophie auf eine totalisierende kategoriale Durchdringung des Wissens und auch ‹Verallgemeinerung› der Weltanschauungen zu einer Perspektive auf möglichst hohem verbindlichen Niveau. Plädiert wurde für eine Systematik,

«die bei größerer Weite des Gesamtwissens genauer in den Details ist, unter einem Minimum von Zusatzkonstruktionen müheloser und flüssiger das Wissen entfaltet und also leistungsfähiger ist. Dieser Anspruch kann nur und muß sich im Rahmen des Menschenmöglichen halten. Er erfüllt jedoch trotz notwendiger Unzulänglichkeit der Verwirklichung eine entschiedene soziologische Funktion *verantwortlicher* Orientierung innerhalb einer Gemeinschaft, die man nur dann negieren kann, wenn man die Verantwortlichkeit selbst negiert. Aber sie zu negieren, wird nicht angehen. Alle Reichhaltigkeit wissenschaftlicher Kenntnisnahme allein ist ungenügend, wenn sie nicht systematisch so entfaltet wird, daß durch sie hindurch zugleich nach besten Kräften eine gewisse Universalität des

Menschlichen in der äußersten Spannweite des Menschseins gewonnen (oder re-aktiviert) wird – um gemäß den besonderen geschichtlichen Situationen durch entsprechende Akzentuierung dasjenige aktualisieren zu können, was zur Wahrung des souveränen menschlichen Gleichgewichts erforderlich ist» (M. Thiel 1954, S. 107).

Sie bedeutete die Anstrengung, einen differenzierten kategorialen Zugriff auf das gesamte existierende Wissen zu erarbeiten. Logik und die Auseinandersetzung mit den Einzelwissenschaften galten als notwendige Voraussetzungen. «In jedem Falle bleiben die Einzelwissenschaften kritische Instanz, sei es, daß eine nicht genügende Berücksichtigung ihrer Wissensgehalte die philosophische Systematik unzulänglich macht, sei es, daß unausgeglichene Argumente gegeneinander stehen» (ebd., S. 107; vgl. auch Jaspers 1976c, S. 191).

Reflektiert wurde, daß dieser Anspruch *einen* Menschen überfordern würde (Oehler 1957; von Brandenstein 1958; Heinemann 1959). Deshalb wurde der Detailforschung in der Philosophie – der empirischen Philosophiegeschichte wie auch der philosophischen Beschäftigung mit einzelnen Wissenschaftsbereichen – wiederum ein wesentlicher Stellenwert als Vorarbeit eingeräumt. Der Rechtsphilosoph Carl August Emge sah die Philosophie in zweifacher Gestalt: zum einen in der leuchtenden des sogenannten eigenständigen Philosophen, einer herausragenden Gelehrtenpersönlichkeit, die «ohne Rücksicht auf die anderen Fakultätskollegen» ihr System lehrt, ein «Idealtyp eines ‹Führers›», zum anderen in der Masse der «abhängigen» Philosophen, der Wissenschaftstheoretiker und «Bindestrich-Philosophen», deren Aufgabe die Zuarbeit sei – für die Wissenschaften wie für das «Gesamtgebiet der Philosophie», in diesem Sinn also auch für den ‹eigenständigen› Philosophen. Der «unabhängige Philosoph» sollte gedanklich frei sein, sich nicht um die Tragweite seiner Theorie für die Einzelwissenschaften kümmern müssen und das Ziehen von Folgerungen für einzelwissenschaftliche Arbeit den «abhängigen Philosophen» überlassen (Emge 1956).

Der Beginn einer Krisendiskussion

In dem Rückgang der Systematik, in Distanzierungen gegenüber naturwissenschaftlicher Theorie oder generell wissenschaftlicher Theorie, der Abwertung der Logik bei gleichzeitiger Aufwertung der Literatur als Vorbild für das philosophische Denken und in dem Verzicht auf den Begriff der Wissenschaft für Philosophie sahen viele eine Entwicklung, die die Philosophie zur Bedeutungslosigkeit verdammen könnte. Paul Ferdinand Linke sprach von «Niedergangserscheinungen» der Philosophie und befürchtete schlimmste Folgen für die gesamte Kultur (1961, S. 11). Manfred Thiel, der Schriftleiter der Heidelberger Zeitschrift *Studium generale*, glaubte den Bestand der Philosophie an Wissenschaftsinstitutionen gefährdet: «ist der philosophische Maßstab und die allgemeine Gültigkeit eines wissenschaftlichen Gewissens in der Wurzel angeschlagen oder gar schon lahmgelegt, so wird der Punkt berührt, wo wissenschaftliches Philosophieren soziologisch-wirtschaftlich in Frage gestellt ist – ganz anders noch als irgendeine Einzelwissenschaft, die sich immerhin noch mit handgreiflichen Nützlichkeiten in Beruf, Industrie und Wirtschaft ausweist» (1954, S. 121).

Die allgemeine Unzufriedenheit seit Mitte der 50er Jahre entwickelte sich zu einer regelrechten Krisendiskussion gegen Ende des folgenden Jahrzehnts. Häufig wird als Beginn der wachsenden Infragestellung der Philosophie Theodor W. Adornos 1962 vom Hessischen Rundfunk ausgestrahlter Beitrag *Wozu Philosophie?* genannt. Adorno machte auf Kriterien der Öffentlichkeit aufmerksam, denen die akademische Philosophie nicht mehr genüge: Sie sei nicht mehr verwendbar für «Techniken der Bemeisterung des Lebens – Techniken im wörtlichen und übertragenen Sinn – [...], mit denen sie so vielfach sich verschränkte. Philosophie bietet auch kein Medium der Bildung jenseits dieser Techniken mehr, wie während der Epoche Hegels, als ein paar kurze Jahrzehnte lang die damals schmale Schicht der deutschen Intellektuellen in ihrer kollektiven Sprache sich verständigte» (Adorno 1989a, S. 11 f). Auch er prangerte dabei die inhaltliche Unverbindlichkeit der akademischen Philosophie an.

«Der Krisis des humanistischen Bildungsbegriffs, über die ich nicht viel Worte zu machen brauche, ist Philosophie als erste Disziplin im öffentlichen Bewußtsein erlegen, nachdem sie ungefähr seit Kants Tod durch ihr Mißverhältnis zu den positiven Wissenschaften, zumal von denen der Natur, sich verdächtig gemacht hatte. Die Kant- und Hegelrenaissancen, in deren Namen schon das Unkräftige sich anzeigt, haben daran nicht viel geändert. Schließlich hat die Philosophie in der allgemeinen Situation von Verfachlichung selbst ebenfalls als Spezialfach sich etabliert, dem des von allen Sachgehalten Gereinigten. Sie hat dadurch verleugnet, woran sie ihren eigenen Begriff besaß: Freiheit des Geistes, der dem Diktat des Fachwissens nicht pariert. Sie hat zugleich durch Abstinenz von bestimmtem Inhalt, sei's als formale Logik und Wissenschaftslehre, sei's als Sage von einem allem Seienden entrückten Sein, ihren Bankrott den realen gesellschaftlichen Zwecken gegenüber erklärt» (ebd., S. 12).

Sie kläre nicht kritisch über die gesellschaftliche Struktur und Bewegung auf; die Heideggersche Fundamentalontologie unterschlage die Aktivität des Subjekts, der Positivismus halte sich im Bann der gegebenen Arbeitsteilung – diese beiden starken Strömungen der Philosophie dokumentierten damit ein verdinglichtes Bewußtsein, eine Naivität der vergesellschafteten Welt gegenüber.

Auch Walter Schulz, der Tübinger Phänomenologe, monierte damals die fehlende Auseinandersetzung der Philosophie mit aktuellen geistigen Problemen der Gesellschaft, etwa mit der Entfremdung des Menschen durch Technik, Fernsehen und Rundfunk, der Bedrohung durch Atombomben. Ungenügend stelle sie sich der Grundfrage: Wie kann und soll der Mensch in der industriellen Gesellschaft sein Leben führen? Zum Problem der Technik hätten Jaspers, Heidegger oder Gehlen nicht als Philosophen ausgesagt; sie argumentierten als Menschen, die unter der Krise litten.

«Die Fragen, die die Technik an uns stellt, erscheinen also nicht mehr als Fragen, die der Philosoph nun als Philosoph zu beantworten sucht. Es bricht hier ein sehr ernstes Problem auf: ist es wirklich so, daß hier Fragen auftauchen, die der Philosoph nicht mehr als Philosoph bewältigen kann, oder liegt es nicht so, daß sich die Philosophie der wirklichen Welt im ganzen doch so entfremdet hat, daß sie zu einer rein akademischen Wissenschaft geworden ist und sich der echten Aufgabe, zeitkritisch zu sein, entzogen hat?» (Schulz 1962, S. 1081 f).

Schulz sah das geistige Leben der modernen Welt in einer Krise und mit ihm die Philosophie. Die Ursache sei das «nach Hegels Denken einsetzende Bewußtsein des Verlustes einer großen Metaphysik, d. h. eines Systems, das von einem letzten und unbedingten Prinzip her alles Seiende als verstehbare Ordnung erschließt» (ebd., S. 1093). Die Philosophie könne sich daher der Frage nicht mehr entziehen, ob eine solche Metaphysik noch möglich ist.

Es meldeten sich in den 60er Jahren Zweifel an der Fähigkeit der Philosophie zur *gesellschaftlichen Orientierung*. Adorno warnte, daß eine vom Lebensnerv der Gesellschaft und den Wissenschaften sich entfernte Philosophie durch die Wissenschaften als «Weltanschauungsgeschwätz» herabgewürdigt wird (1989a, S. 22).

Die Allgemeine Gesellschaft für Philosophie in Deutschland bemühte sich ihrerseits um eine Wende, indem sie die Kongresse seit 1960 unter ein Thema mit Gegenwartsbezug stellte. Aufgegriffen wurden das Problem der Ordnung (1960), die Themen Fortschritt (1962), Sprache (1966), das Verhältnis von Philosophie und Wissenschaft (1969) (vgl. Menne 1976; Demirovic 1990). Der Münchner Philosoph Helmut Kuhn, seit 1957 Präsident der Gesellschaft, begründete die Wahl des Themas Philosophie und Fortschritt explizit mit der gezielten Akzentsetzung auf Gegenwartsproblematik: Es sollte einer Gesinnung Ausdruck gegeben werden, «die der akademischen deutschen Philosophie früherer Jahrzehnte fremd geblieben war. Genährt von der Tradition des deutschen Idealismus und der von *Wilhelm Dilthey* programmatisch vertretenen historischen Geisteswissenschaft nachbarlich verwandt, hatte sich die philosophische Besinnung in kühler, meist kritischer und oft feindseliger Distanz von der modernen Welt und ihren technologischen Errungenschaften, ihren Massenorganisationen und dem rasenden Tempo ihrer Fortentwicklung ferngehalten. Das Thema *Fortschritt* bekundet eine entschiedene Zuwendung zu dieser Welt» (Kuhn 1964, S. 9). Die Neuorientierung vollzog sich zurückhaltend, wie Kuhn weiter zu entnehmen ist: «Freilich ist, wie sich im Verlauf der Tagung zeigte, diese Zuwendung mehr von Staunen und Sorge motiviert als von Zutrauen oder gar von Fortschrittsbegeisterung. [...] Aber der Wille zum Abschütteln der in akademischen Elfenbeintürmen geträumten geschichtsphilosophischen Spekulation war allenthalben spürbar. Die Philosophie stellt sich den Fragen, die ihr von den Nöten und Hoffnungen der heute lebenden Menschheit aufgedrängt werden» (ebd., S. 9).

1966 sah sich Hans-Georg Gadamer genötigt, den Achten Deutschen

Kongreß für Philosophie zum Thema Sprache mit einer Stellungnahme zur Lage der Philosophie zu eröffnen. Im Trend der gesellschaftlichen Entwicklung und der beherrschenden Rolle von Wissenschaft und Technik vollziehe sich eine Entthronung der Philosophie als Königin der Wissenschaften. Philosophie als Metaphysik, als Antizipation des Ganzen werde in Frage gestellt. Vor allem die Interessenlagen der Jugend signalisierten einen Zerfall bisheriger Selbstverständnisse in der Rollenbestimmung der Philosophie.

«Wer hier in Heidelberg im vorigen Jahre den mit Max Webers berühmtem Namen verknüpften Allgemeinen Kongreß für Soziologie erlebt hat, die bis zum letzten Platz gefüllte Große Aula und diese jugendlichen Scharen soziologischen Fußvolkes, die da aufmarschiert waren, kann sich über die Zeichen der Zeit nicht täuschen. Läßt sich aus dem weltanschaulichen Bedürfnis, wie man zu sagen liebte, überhaupt noch eine Legitimation für unsere Arbeit gewinnen? [...] In der Tat scheint es mir charakteristisch für die Lage der Philosophie in der heutigen Gesellschaft, daß die Gesellschaft die Ersatzgestalt von Weltanschauungen, die in den letzten hundert Jahren der Philosophie etwas von ihrem universalen Anspruch bewahrte und ihr einen fast religionsähnlichen Zauber verlieh, mit dem gleichen Verdacht belegt, der auf der Traditionsgestalt der Metaphysik seit langem lastet. Heute, im Zeitalter der immer weiter um sich greifenden wissenschaftlichen Durchdringung und Lenkung unseres Lebens, scheint nur noch eine einzige wirkliche Basis für das öffentliche Interesse an der Philosophie zu existieren, und das ist ihre Bedeutung und ihr Nutzen für die Wissenschaft. Das aber hieße, Philosophie erscheint im Zeitalter der Wissenschaft nur legitimierbar als Positivismus» (Gadamer 1967a, S. 10f).

Neu sei vor allem, daß die Forderung der Verifizierbarkeit nun auch an die geschichtlichen Wissenschaften gestellt werde, die sich bislang durch verstehende Methoden und eine metaphysische Dimension von den Naturwissenschaften unterschieden. Sie sei zu einem «Kampfruf geworden, der die Verwandlung der geschichtlichen Wissenschaften in Sozialwissenschaften echter methodischer Prägung fordert. Und hier liegt die Wurzel des Enthusiasmus, mit dem die positivistische Theorie einer jungen Generation die Befreiung von uneinlösbaren, dunklen und anspruchsvollen Spekulationen verheißt» (ebd., S. 12).

Zwei Prozesse trafen offensichtlich zusammen: Die akademische Philosophie war mehrheitlich philosophiehistorisch und durch die geisteswissenschaftliche Philosophie geprägt; die Entwicklungen empirischer Wissenschaften und der Technologie lagen außerhalb ihres vorrangigen Interesses, wenn sie nicht gar als ‹quantitative Methodik› und ‹Technik› geringgeschätzt wurden. Doch gerade diese Wissenschaften und Wissenschaftsbereiche machten seit den 50er Jahren gewaltige Fortschritte. Die öffentliche Debatte der 60er Jahre stand unter dem Eindruck eines technologischen Umbruchs mit allseitigen gesellschaftlichen Konsequenzen; zu den brennenden Fragen gehörten die Zukunftsperspektiven der industriellen Gesellschaften unter Bedingungen der Verallgemeinerung der Automation und der Informationstechnologie sowie die Möglichkeit einer gezielten Gestaltung von Entwicklungen, darunter auch Problemen globaler Natur wie Überbevölkerung, Ernährung oder des Anschlusses der sogenannten Dritten Welt an industrielle Standards.

Die Philosophie, die in Distanz zur technologischen Seite der Weltgestaltung stand, war angesichts der Unabweisbarkeit der Auseinandersetzung mit der wachsenden wissenschaftlich-technologischen Entwicklungsdynamik nicht nur ins Abseits der Diskussionen geraten, sondern konnte auch ihrem Anspruch einer Reflexion des Ganzen mit weltanschaulicher Orientierung nicht mehr zufriedenstellend genügen. Dies war die eine Seite, die Metaphysik und Weltanschauung fraglich werden ließ. Auf der anderen Seite ging vor allem von den Perspektiven der Informationstechnologien eine große Faszination aus. Felix von Cube, einer der bekannten Kybernetiker in der Pädagogik, sprach von einer «Verallgemeinerung von Technik» und des «Bewußtseins der Machbarkeit» (1967, S. 88).

Die Informationstechnologie hielt in den verschiedensten gesellschaftlichen und wissenschaftlichen Bereichen Einzug, die Kybernetik fand seit Anfang der 60er Jahre zunehmend Anhänger und wurde in den unterschiedlichsten wissenschaftlichen Disziplinen zu einer expandierenden Forschungsrichtung. Ein gemeinsamer Grundzug der ansonsten disziplinspezifisch betriebenen Kybernetik bestand in der Betrachtung bzw. Konstruktion von Regelsystemen und ihren systematischen Abläufen, wozu die Zerlegung des Forschungsobjekts in einzelne Elemente und Funktionen gehörte, und die leitende Fragestellung der Präzisierung gezielter Eingriffe. Die «schrittweise Beseitigung einer genau bestimmten Unkenntnis» (Max Bense, zit. von Cube 1967, S. 31), die für die Informationstechnologie grundlegend war, wurde zu einem Ideal auch in den

Human- und Sozialwissenschaften. Es verbanden sich damit Ansprüche der Entmystifizierung und Entideologisierung des Forschungsgegenstands Gesellschaft oder Denken. Metaphysische Ganzheiten wie der Geist, das Denken etc. befriedigten nicht mehr als Erklärung – Anstrengungen einer Zerlegung in Bestandteile und Prozesse und ihre intersubjektive Nachvollziehbarkeit wurden verlangt. Die positivistische bzw. analytische Philosophie und Wissenschaftstheorie gewann an Interesse. Dies war die zweite Seite einer Infragestellung traditioneller Metaphysik.

Gadamer räumte den neuen Tendenzen in den Geisteswissenschaften eine «Wirkung des Gesetzes des Kontrastes» ein, bezeichnete sie als «eine in sich berechtigte Gegenbewegung» und hegte damit auch die Hoffnung, «daß die bessere Übung im logischen Handwerk sich mit der Wachheit eines echten Problembewußtseins und mit der Leidenschaft des radikalen Fragens fruchtbar vermitteln möge» (1967a, S. 12). Er beließ es bei der offenen Problemstellung, daß wieder eine glaubhafte Gestalt der Metaphysik gefunden werden müsse, da trotz allen Fortschritts der Wissenschaften Grenzen des wissenschaftlich Erkennbaren existierten, über die hinaus Entscheidungen zu treffen seien.

Welche Zukunft hat die Philosophie?

Unter dem Titel *Die Zukunft der Philosophie* erschien 1968 ein Band, der verschiedenste Beiträge zu Situation und Zukunft der Philosophie vereinte. Zu den Autoren gehörten Philosophen und Theologen, darunter der Bonner Philosoph und Religionswissenschaftler Heinz Robert Schlette, der Herausgeber des Bandes, der katholische Religionsphilosoph Karl Rahner, Ernst Topitsch, ein Vertreter des Kritischen Rationalismus, der als freier Schriftsteller in Österreich lebende Existenzphilosoph Jean Améry, die Phänomenologen Paul Ricœur und Henry Duméry sowie der an Aristoteles und Hegel orientierte Eric Weil aus Frankreich. Gemeinsamer Tenor der Autoren war die Überzeugung, daß die ‹positiven Wissenschaften› derart leistungsfähig geworden seien, daß kein Problem in der Philosophie mehr ohne Rekurs auf sie diskutiert werden könne. Ernst Topitsch sprach von einem allgemein verbreiteten Bewußtsein der Krise der Philosophie. Strittig seien allenfalls der Charakter und die Tragweite der Krise.

«Zweifellos sind sehr erhebliche Teile des überlieferten philosophischen Motiv-bestandes und Lehrgutes in eine höchst prekäre Situation geraten. Diese Krise der traditionellen Philosophie hängt nach einer verbreiteten und wohl im wesent-lichen richtigen Auffassung mit jener menschheitsgeschichtlichen Wende zusam-men, die man als den Aufstieg der modernen Welt oder – vielleicht genauer – als die wissenschaftlich-industrielle Revolution bezeichnen kann. Im Zuge dieser Entwicklung, die in ihrer Gesamtbedeutung wohl selbst die Seßhaftwerdung und die Entstehung des Staates übertrifft, sind auch die überkommenen Formen der Deutung des Kosmos, des Individuums und des Erkennens fragwürdig und durch-schaubar geworden, während neue, präzisere und besser überprüfbare, sich her-ausgebildet haben und weiterhin herausbilden» (Topitsch 1968a, S. 204).

Die Philosophie habe nur dann eine Zukunft, argumentierten die Auto-ren des Bandes, wenn sie sich den durch die Wissenschaften neu aufge-worfenen Problemen stellt und sich auf die Ergebnisse der Wissenschaf-ten stützt. Keiner der Autoren bezweifelte jedoch die Bedeutung, die der Philosophie auch zukünftig zukommen würde. Schlette hob hervor, daß die Philosophen sich, institutionell gesehen, in einer ihnen «äußerst wohlgesinnten Epoche» befänden. Er wies auf die Förderung der Phi-losophie an Hochschulen und Schulen hin, auf die große Zahl der Pu-blikationen, die ausgedehnte philosophiehistorische Forschung. Daß es weitergeht, sei durch die sich so großzügig zeigende gesellschaftlich-staatliche Öffentlichkeit garantiert. «[...] es ist nicht zu befürchten, die Mittel, die Renaissancen, die Publikationen usw. würden in absehbarer Zukunft wesentlich geringer» (Schlette 1968a, S. 185; vgl. auch Weil 1968, S. 223).

Diese Einschätzung war Anfang der 70er Jahre bereits umstritten. Viele malten die Zukunft der Philosophie in düsteren Farben. Typisch für den Tenor jener Zeit ist ein Beitrag des Münchener Politiktheoretikers Nikolaus Lobkowicz auf einer Konferenz zur Verständigung über die gesellschaftliche Situation von Philosophie. Er beklagte, Philosophen hätten den Flair der umfassenden Gelehrtenpersönlichkeit verloren und seien wie andere Wissenschaftler zu Fachleuten geworden. Nicht nur in der angelsächsischen Welt,

«auch bei uns ist es fast unmöglich geworden, wie Hegel und noch Heidegger einfach einen großen Wurf zu machen und eine Generation in seinen Bann zu ziehen. Auf diese Weise als ein Steinchen in das Mosaik des Wissenschaftsbetriebes einbezogen zu sein, hat für die Philosophie Folgen [...] Die erste und auffälligste ist der Umstand, daß der Philosoph sich nicht mehr recht als das ausgeben kann, als was ihn sein Titel bezeichnet – als Weiser oder Sucher nach der Weisheit. Philosophie ist zu einem Fach neben anderen Fächern geworden, der Philosoph zu einem Fachmann, der sich vom Physiker oder Biologen nur dadurch grundlegend unterscheidet, daß ihn eigentlich niemand benötigt. Philosoph zu werden beinhaltet nicht mehr, sich einer Metanoia oder einer Katharsis zu unterziehen, sondern einen vergleichsweise interessanten Job anzunehmen; Philosophie zu vermitteln bedeutet nicht, den Blick auf das Göttliche oder anderswie Wesentliche zu richten, sondern eine Fachdisziplin zu lehren; sich an einen Philosophen um Rat zu wenden, setzt in keiner Weise voraus, daß man sein Leben oder auch nur seine Weltanschauung neu ausrichten will, sondern daß man Fachwissen erbittet» (Lobkowicz 1974, S. 83 f).

Es sei zudem nicht sichtbar, was Philosophie für die Allgemeinheit Relevantes erbringe.

«Es gibt kein Fach, das auf so extreme Weise auf sich selbst orientiert ist, wie die Philosophie; kein anderes Fach befaßt sich zu 70 % mit der Erforschung seiner eigenen Geschichte. Sie ist die einzige Disziplin, zu deren Erhaltung ein Wissenschaftsbetrieb aufrechterhalten wird, der sich, was Personalkosten betrifft, durchaus mit jenem einer Naturwissenschaft messen kann und von dem man dennoch sagen muß, daß er nur um seiner selbst willen – und wegen einer gewissen Anhänglichkeit an die Tradition und einer vagen Vorstellung von Bildung in Gang zu sein scheint. Man wird nicht gut argumentieren können, daß Philosophie für die Allgemeinheit Gutes hervorbringe: die Wissenschaftstheorie trägt nichts zum Fortschritt der Wissenschaften bei, die Gesellschafts- und die politische Philosophie haben in der Geschichte selten Konzepte entwickelt, die dem menschlichen Zusammenleben förderlich waren, die Ethik war im Grunde immer eine postfestum-Reflexion über schon geltende Normen. Die Philosophie wird sich auch schwerlich der Ausrede bedienen können, ihre Nobilität bestehe just darin, daß sie sich selbst Zweck und genug ist» (ebd., S. 87).

Lobkowicz verwies auf den Steuerzahler, dem die öffentliche Finanzierung der Philosophie nicht verständlich gemacht werden könne. Und je knapper die öffentlichen Mittel würden, desto schärfer stelle sich die Frage nach der Relevanz einzelner Zweige des Wissenschaftssystems. «Man wird versuchen», prophezeite er, «die Philosophie zu beschneiden, sie aus den Wissenschafts-Institutionen hinauszudrängen, sie aus dem

von der Gesellschaft getragenen Wissenschaftsbetrieb auszuschließen»
(ebd., S. 88).

Die wissenschafts- und hochschulpolitischen Leitlinien jener Jahre betrafen die Philosophie in einer besonderen Weise, wie die Herausgeber
des Konferenzbandes einleitend bemerkten:

«Einerseits kann der Philosophie unter dem Titel ‹kleines Fach› als Luxusausstat-
tung einer pragmatisch an den Bedürfnissen der Gesellschaft orientierten Hochschule gerade noch die Existenzberechtigung zugesprochen werden: denn weder
bringt die philosophische Forschung ein natur- oder sozialtechnologisch verwertbares Wissen hervor, noch hat das Studium der Philosophie in dem Sinne einen
unmittelbaren Bezug zum Beschäftigungssystem, daß mit dem Erwerb eines Ma-
gister- oder Doktorgrades über eine akademische Qualifikation hinaus auch eine
spezifisch berufliche verbunden wäre» (Baumgartner / Höffe / Wild 1974, S. I).

Philosophen sahen sich unter dem Druck der Kriterien des ‹verwertbaren
Wissens› in der Forschung und der Berufsbezogenheit der akademischen
Ausbildung in der Lehre. Fraglich war zum einen, ob die Philosophie
diese Kriterien erfüllen kann, und zum anderen, ob sie dies soll. Aber wir
befinden uns hier schon in der Selbstverständigungsdiskussion der 70er
Jahre, von der später die Rede sein wird.

Die verschiedenen Stellungnahmen zur Situation und Perspektive der
Philosophie beleuchten gewandelte Bedingungen des Philosophierens:
die Dynamik der empirischen und technischen Wissenschaften, ein
wachsendes Interesse an empirischer Methodologie und differenzierender Analytik in den Sozial- und Humanwissenschaften, neue wissenschaftspolitische Kriterien wie die Relevanz von wissenschaftlicher Forschung. Aus der Reflexion der Geschichte allein ließ sich die Gegenwart
nicht begreifen; die in den neuen Entwicklungen aufbrechenden Wert-
und Normenprobleme erforderten eine intensivere Auseinandersetzung
mit der durch Wissenschaft und Technik geprägten gesellschaftlichen
Dynamik. Die akademische Philosophie war in ihrer Breite auf diese Anforderungen nicht genügend eingestellt. Ihr Anspruch, die führende
Wissenschaft zu sein, verlor an Geltung, zum einen aufgrund der Distanz
vieler Philosophen gegenüber der modernen Wissenschaftsentwicklung,
zum anderen weil in einem stärkeren Maße als zuvor von den empirischen Sozial- und Humanwissenschaften, die mit neuen Erkenntnissen

über Möglichkeiten einer gezielten Gestaltung der menschlichen Praxis aufwarteten, Handlungsorientierungen ausgingen. Zu denken ist hier etwa an die zunehmende Einbeziehung soziologischer und ökonomischer Analyse und Planung in die Praxis oder an die Erkenntnisse der Lernforschung, der Denk-, Sprach- und Gehirnforschung, die teilweise zu einer besseren Beherrschbarkeit der gesellschaftlichen bzw. der Lernprozesse führten oder sie zumindest versprachen (vgl. von Cube 1967; *Zeitschrift für erziehungswissenschaftliche Forschung*, 1967 ff; Becker 1964; Scheuch 1973; Hülst 1990; Stempel 1990).

Um ihre Wissenschaftlichkeit bzw. ihre gesellschaftliche Relevanz zu verteidigen, wurde eine intensivere Auseinandersetzung mit Ergebnissen und Theorien der Wissenschaften notwendig. Die vermehrt erhobene Forderung nach Verifizierung und Spezifizierung wissenschaftlicher Aussagen zwang Philosophinnen und Philosophen zu einem engeren Rückbezug auf empirische Forschungen und zu einer strengeren Analysetätigkeit in der Philosophie. In der Tendenz entwickelte sich Philosophie damit zu einem Fach unter Fächern, zu einer neben anderen gleichberechtigten Disziplin.

Es scheint, als sei diese Wende in der deutschen Philosophie durch die Rezeption und Auseinandersetzung mit der analytischen Philosophie und Wissenschaftstheorie der angelsächsisch-amerikanischen Welt in den Geisteswissenschaften provoziert worden. Doch im Grunde entfaltete sich über die Rezeption der analytischen Philosophie lediglich eine Diskussion, die aus internen Gründen geführt werden mußte und bereits begonnen hatte. Das große Interesse am ‹Positivismus›, an der Empirie und der Wissenschaftstheorie in den geisteswissenschaftlichen Disziplinen geht zum einen zurück auf die mit der elektronischen Datenverarbeitung zusammenhängenden neuen Möglichkeiten empirischer Forschung und der damit zusammenhängenden Notwendigkeit einer vertieften kritischen Auseinandersetzung mit empirischer Methodologie. Die analytische Philosophie und Wissenschaftstheorie waren dazu eher geeignet. Auf der anderen Seite war sie eine Reaktion auf die Reflexion des wissenschaftlichen Rückstands in Bereichen der empirischen Forschung und der Philosophie, insbesondere gegenüber der amerikanischen Wissenschaftspraxis (zur Soziologie vgl. etwa Plessner 1966, S. 50, 53 f; Lazarsfeld 1973, S. 139; Dahrendorf 1959, S. 138; Scheuch 1973; zur Pädagogik Becker 1964, S. 471, 473; zur Linguistik Stempel 1990). Wird das

«Unbehagen gegenüber den traditionellen Inhalten und Methoden der geisteswissenschaftlichen Forschung» auf eine «geisteswissenschaftliche Sonderversion der allgemeinpolitischen Aufsässigkeit jener Jahre» zurückgeführt (Prinz/Weingart 1990a, S. 16), wird die Kritik am traditionellen geisteswissenschaftlichen Selbstverständnis allzusehr auf psychologische Faktoren reduziert; ihre gewichtigen Argumente werden unterschätzt.

Es gewannen in den 60er Jahren die intern seit längerem problematisierten Schwierigkeiten der Philosophie, sich als Wissenschaft zu begreifen, an Gewicht, und die Hinwendung zur analytischen Philosophie war einer der Wege, ihnen zu begegnen. Vor allem die jüngere Wissenschaftlergeneration engagierte sich, einen Anschluß an die internationale Diskussion ihrer Disziplin zu gewinnen und einen problembezogenen Praxisbezug der Forschung zu etablieren.

Zu einer breiten Krisendiskussion in der Philosophie kam es erst Ende der 60er, Anfang der 70er Jahre, als die forcierte Hochschulreformdiskussion Leistungsforderungen an eine praxisorientierte Forschung und Lehre stellte: Philosophen selbst bezweifelten die Leistungsfähigkeit der Philosophie und beschworen ihre Bedeutungslosigkeit. Doch Vorsicht scheint geboten, diese Aussagen wörtlich zu nehmen. Man provozierte, um die Diskussion über die veränderte Situation zuzuspitzen und eine Neueinstellung der Disziplin zu forcieren.

Die Selbstverständnisdebatte war eine Ad-hoc-Diskussion, situationsbedingte Vorträge überwogen. Wie die oben angeführten Stellungnahmen zeigen, wurden gesellschaftliche und wissenschaftliche Kontexte als bekannt vorausgesetzt und nicht eigentlich expliziert. Es ist daher sinnvoll, sich einige wesentliche Aspekte der Wissenschafts- und Technologieentwicklung sowie der öffentlichen Diskussion der 60er Jahre zunächst als einen Hintergrund der Krisendiskussion der Philosophie zu vergegenwärtigen.

Wissenschaftlich-technische Revolution

Viele empirische Wissenschaften und Technologien entwickelten sich seit den 50er Jahren außerordentlich dynamisch und eröffneten neue gesellschaftliche Perspektiven. Herausragend waren die Fortschritte auf dem Gebiet der Elektronik. Die Entdeckung des Transistoreffekts 1947/48 und die Halbleitertechnologie führten zur Entwicklung großer Rechenanlagen und Computer und einer breit gestreuten Arbeit an Automatisierungsprogrammen. Die Technologie war zunächst vorrangig für den militärischen Bereich konzipiert worden, fand aber innerhalb weniger Jahre eine allgemeine Anwendung. Schon Ende der 50er Jahre war die Technik so weit, daß Computer als Massenprodukte hergestellt werden konnten (vgl. Leisewitz 1980, S. 26; Halfmann 1984). Insbesondere mit der Computertechnologie verknüpften sich Perspektiven einer umfassenden Automation von Produktions- und Verwaltungsabläufen; aufwendige Datenerhebungen und komplexe Rechenoperationen waren in kürzester Zeit und dadurch praktisch überhaupt erst möglich. Es konnten in der Atomphysik beispielsweise Berechnungen innerhalb weniger Stunden durchgeführt werden, für die Menschen Jahrzehnte gebraucht hätten. Komplizierte Strukturen ließen sich aber nicht nur berechnen, sondern auch darstellen, was etwa der biologischen und medizinischen Forschung große Erleichterungen brachte. Die Simulation von Entwicklungen definierter Strukturen und Prozesse bildete eine neue Möglichkeit, Diagnosen und Prognosen zu präzisieren. In der Soziologie führte die Datenverarbeitung im Zusammenhang mit einer verstärkten staatlichen und privatwirtschaftlichen Projektförderung und Auftragsforschung zu einer Ausweitung empirischer Forschungen und der Entwicklung ihrer Methodologie. Der Kölner Soziologe und Gründer des Instituts für vergleichende Sozialforschung, Erwin K. Scheuch, spricht in seiner Darstellung der modernen Entwicklungsrichtungen der Sozialwissenschaften (1973) von einer Veränderung der methodologisch-theoretischen Orientierung der Sozialwissenschaften.

Eine weitere folgenreiche Entwicklung auf dem Gebiet der Elektronik war die Lasertechnologie, die auf der Grundlage der Ausarbeitung der Quantenelektronik 1954 entstand. Auch sie hatte einen außerordentlichen Radius der Anwendungsmöglichkeiten in der wissenschaftlichen Grundlagenforschung und technologischen Entwicklung wie auch in der industriellen Produktion. Mittels der gebündelten Energiekonzentration des Laserstrahls ließen sich bis dahin nicht verwendbare Materialien bearbeiten – schweißen, bohren, härten etc. Es konnten beliebige temperaturfeste Stoffe zum Schmelzen oder Verdampfen gebracht werden. In der chemischen Materialbehandlung wurde die Lasertechnologie eingesetzt zur Isotopentrennung, z. B. zur Herstellung synthetischer Kristalle und extrem reiner Metalle, in der Medizin zum ‹Verschweißen› von Muskelsträngen etc. Wesentlich präzisiert werden konnte die Meßtechnik: Ultra- und Infralaute wurden hörbar, Strahlen jenseits der ultravioletten und infraroten Grenzen sichtbar. Mit Hilfe von Radioteleskopen ließen sich Objekte in der Entfernung von einigen Milliarden Lichtjahren fixieren; nähere Abstände wie der zwischen der Erde und dem Mond waren mittels Laserstrahlen auf eineinhalb Meter exakt zu bestimmen. Elektronenmikroskope erzeugten eine nahezu millionenfache Vergrößerung. Die Nachrichtentechnik griff die Lasertechnologie auf, weil sich mit diesem Lichtstrom ungeheuer große Informationsmengen transportieren ließen (vgl. Leisewitz 1980; Buhr / Kröber 1977).

Die Chemie trug zur Herstellung neuer Werkstoffe, Materialien und Medikamente bei. Mit der Kerntechnologie verband sich in den 50er und 60er Jahren die Verheißung unerschöpflicher Energiequellen für den wachsenden Energiebedarf, die Absicherung der industriellen Entwicklung und des gesellschaftlichen Wohlstandes. Ein erstes Atomkraftwerk wurde 1954 in der Sowjetunion gebaut. Im Herbst 1955 fand die erste internationale Atomkonferenz statt, auf der sich die USA, die Sowjetunion, Großbritannien, Frankreich und Kanada über Erfahrungen ihrer Arbeit zur friedlichen Nutzung der Kernenergie austauschten. Im Anschluß an die Konferenz stieg auch die Bundesrepublik Deutschland in die angewandte Kernphysik und Kerntechnik ein, die zuvor infolge der Kontrollratsgesetze nicht hatte betrieben werden dürfen.

Von diesen technologischen Entwicklungen, insbesondere von den Zukunftsperspektiven, die sich mit ihnen verbanden, ging eine große Faszination aus, wenn sich auch die Geister schieden hinsichtlich der Interpretation und Bewertung der Prozesse. Bewußtsein und Erwartung grundlegender Veränderungen in der Struktur von Wirtschaft und Gesellschaft waren Anfang der 60er Jahre allgemein (vgl. Richta 1971). Es war die Rede von «wissenschaftlicher» oder «industrieller Revolution», einem «Zeitalter der Wissenschaften», einem Zeitalter der «Vollautomation» und der «Freizeit», der «kybernetischen Gesellschaft» etc. Für die einen kündigte sich die Befreiung des Menschen von Entfremdung an, Wohlstand, wachsende Freizeit und damit erweiterte Kulturmöglichkeiten, eine Verallgemeinerung wissenschaftlicher Methodik und rationalen Denkens; man sah eine rational-demokratische Gesellschaft (von

Cube 1967) oder den Sozialismus (vgl. Richta 1971, S. 61) gestärkt. Andere wiederum beschrieben Schreckensszenarien: die Verdrängung des Menschen durch Maschinen in vollautomatisierten Fabriken, Massenarbeitslosigkeit, die Entwicklung einer Schere zwischen hochqualifizierten Fachkräften und auf niedrigstem Niveau angelernten Hilfskräften, eine weitere Konzentration der Macht im wirtschaftlichen Konkurrenzkampf und zentralisierte Verfügungsmacht über die Informationstechnologie, neue Manipulationsmöglichkeiten der Massen durch ausgeklügelte Werbung, Informationspolitik, Wahlstrategie etc. Gefragt wurde nach verantwortungsvollen Führungspersönlichkeiten; skeptische Stimmen, die nicht an solchen Charakterwandel glaubten, forderten eine Schulung des rationalen Denkens, um ein Durchschauen der Manipulationsmanöver zu erleichtern.

Mit der Dynamik weiterer technologischer Entwicklungen und Veränderungen in der Arbeits- und Lebensweise wurde allseits gerechnet. Die Erkenntnis der ökonomischen Bedeutung von Wissenschaft und Bildung forderte umfassende Planungs- und Förderungsinitiativen heraus. Seit Ende der 50er Jahre vor allem nahmen international die Anstrengungen zur Analyse der Zusammenhänge zwischen wissenschaftlich-technischer und gesellschaftlicher Entwicklung, der Perspektiven und Folgewirkungen zu (vgl. Richta 1971, S. 15 ff).

Da sich die Zeitspanne von der Grundlagenforschung und Entwicklung bis zur Anwendung wesentlich verkürzt hatte, konnte eine wissenschaftliche Dynamik sich schnell in eine ökonomische umsetzen. Es stieg der Bedarf an Wissenschaftlern und Ingenieuren allgemein, aber auch an Fachkräften, die die wissenschaftlichen Erkenntnisse und die Technologie in die Praxis umsetzen konnten. «Bildung ist Kapital» wurde zu einer Losung. Der Ausbau des Bildungswesens und eine Curricularreform, abgestimmt auf die Anforderungen des Umgangs mit Wissenschaft und Technik, auf Fähigkeiten wie Selbsterziehung, Motivationsbildung sowie ein lebenslanges Lernen wurden als notwendig erachtet. Man erwartete eine grundlegende Umstrukturierung der Berufsprofile; Prognosen kündigten den Ausbau des tertiären Sektors, vor allem des Dienstleistungsbereichs an. Beobachtet wurde die mit dem Einsatz der Datenverarbeitung verbundene Neuordnung der Arbeitsabläufe, der Wandel im Arbeitsstil, neue Anforderungen an Führungskräfte in der Bewältigung der Planung und des Umgangs mit selbständig wirkenden Mitarbeitern

(Bednarik 1965). Neue Bedürfnisse in bezug auf Freizeit, Kultur und allgemeine Lebensweise wurden vorausgesagt (vgl. Richta 1971).

Um die Bedingungen für eine allgemeine Durchsetzung der neuen Technologien zu schaffen, wurden eine Anhebung des Bildungsniveaus und eine verstärkte staatliche Förderung von Forschung und Entwicklung notwendig. Die Organisation für wirtschaftliche Zusammenarbeit und Entwicklung (OECD) stieg in Bildungsfragen ein. In der Bundesrepublik Deutschland wurden Mitte der 60er Jahre Bildung und wissenschaftliche Ausbildung zu einem Politikum ersten Ranges, nachdem ihr schlechtes Abschneiden bei den internationalen Vergleichen der OECD zur Bildungs- und Wissenschaftssituation publik geworden war (Heimendahl 1966, S. 660). Aufsehen erregte damals vor allem die Artikelreihe *Die deutsche Bildungskatastrophe* von Georg Picht, dem Leiter der Forschungsstätte der Evangelischen Studiengemeinschaft, in der Wochenzeitschrift *Christ und Welt*. Eine breitere öffentliche Debatte über die ökonomische und außenpolitische Bedeutung der Forschung begann 1967/68, als europäische Politiker angesichts der wirtschaftlichen und technologischen Überlegenheit der USA das Bild einer «technologischen Lücke Europas» und einer möglichen amerikanischen «technologischen Invasion» heraufbeschwörten (Menke-Glückert 1968; Kreutzkam 1973). Am Beispiel der USA oder auch Japans wurde deutlich, daß ökonomische Spitzenpositionen unter den Bedingungen eines wachsenden Tempos des wissenschaftlich-technischen Fortschritts einen hohen Aufwand an Forschung und Entwicklung sowie Marktplanung verlangten. So begann die Diskussion über die Notwendigkeit einer umfassenderen Forschungs- und Technologiepolitik, ausgerichtet an dem Ziel des wirtschaftlichen Wachstums wie auch einer ‹Modernisierung› des politischen und sozialen Lebens. Gerhard Stoltenberg, der damalige Bundesminister für wissenschaftliche Forschung, wies auf die internationale Bedeutung der wissenschaftlich-technologischen und kulturellen Vorbildrolle hin: Eine Nation werde daran gemessen, welchen Beitrag ihre Wissenschaftler zur Lösung der weltweiten Aufgabe der Menschheit leisten können.

«Die Bedeutung eines Landes, seine Stellung in der Welt, sein Ansehen und das Verständnis, das ihm die Nachbarn entgegenbringen, wird in Zukunft mehr und mehr vom Stand seiner Forschung mitbestimmt werden. [...] Blicken wir auf das russisch-amerikanische Wettrennen zum Mond, bedenken wir, wie stark die Diskussion über den Atomwaffensperrvertrag durch Fragen nach den wissenschaftlichen und technischen Folgen bestimmt wird! Zu der militärischen und wirtschaftlichen Rivalität der Industrieländer ist in der zweiten Hälfte des 20. Jahrhunderts der wissenschaftliche Wettbewerb getreten, der starke Wirkungen auf die zwischenstaatlichen Beziehungen hat. Internationale wissenschaftliche Zusammenarbeit und wissenschaftlicher Wettbewerb, in beiden muß sich unser Land bewähren» (Stoltenberg 1969, S. 30).

Die Hochschulreform wurde intensiviert, Wissenschaftsplanung und gezielte Förderungsleistungen der Bundesregierung standen zur Debatte. Bis 1955 hatte die Forschungsförderung in der Verantwortung der Bundesländer gelegen, der Bund beschränkte sich auf überregionale Vorhaben und die Weiterführung der früheren Reichsanstalten. Um den wissenschaftlichen Rückstand in der Kerntechnik aufzuholen, wurde das Bundesministerium für Atomfragen errichtet, das 1962 auch die Förderung der Weltraumforschung übernahm und zum Ministerium für wissenschaftliche Forschung erweitert wurde. Das gezielte Förderprogramm wurde 1968 erheblich erweitert: Priorität erhielten vier Bereiche – neben Kernforschung, Weltraum- und Luftfahrtforschung traten Datenverarbeitung und Meeresforschung. Der Wissenschaftsrat, der 1957 in einem Bund-Länder-Abkommen gegründet worden war mit der Aufgabe, Pläne zum Ausbau und zur Entwicklung wissenschaftlicher Einrichtungen zu erarbeiten, schlug 1968 ein Programm von 141 Sonderforschungsbereichen an den Hochschulen vor. Darüber hinaus wurden Schwerpunkte beim Aufbau regionaler Großrechenzentren und bei der Dokumentation gesetzt (ebd., S. 32 f). Damit war der Grundstein einer gezielten staatlichen Forschungspolitik gelegt, die neben einer Sicherung von Grundlagen wissenschaftlicher Entwicklung – wozu etwa seit Anfang der 60er Jahre der Ausbau der wissenschaftlichen Hochschulen und die erweiterte Förderung der großen nationalen Wissenschaftsorganisationen und -institute gehörte – deutliche inhaltliche Prioritäten setzte und insbesondere Bereiche förderte, die der internationalen politischen und ökonomischen Wettbewerbsfähigkeit zugute kommen sollten. Allgemein sprach Stoltenberg von «bestimmten wichtigen Gebieten, wo der Sachzusammenhang zwischen Forschung und wirtschaftlicher und sozialer Anwendung besonders eng ist» (ebd., S. 31). Von ‹gesellschaftlichen Aufgaben› her wurden nun der Bildungs- und Forschungsauftrag definiert und eine entsprechende Zielbestimmung der Forschungsprogramme und Curricula gefordert.

Auch die allgemeine Hochschulreform wurde intensiviert, eine Neuorganisation der Fächer, Fakultäten und Hochschulselbstverwaltungsorgane eingeleitet sowie die Überarbeitung bzw. Erstellung von Studienrichtlinien und Prüfungsordnungen in Angriff genommen. 1968/69 legten die Landesregierungen die ersten Hochschulreformpläne vor.

Unter den Wissenschaftlerinnen und Wissenschaftlern entstand eine Debatte um die politische und kulturelle Relevanz ihrer Forschungen und die Verantwortung der Wissenschaft. Es verbreitete sich die Auffassung, daß es nicht mehr ausreicht, die Gewinnung von Erkenntnis als das einzige Ziel der Wissenschaft zu bestimmen, sondern das menschliche Wohl in den Mittelpunkt der Zielbestimmungen der Wissenschaft zu rücken sei. Der international bekannte Biochemiker Adolf Butenandt, Präsident der Max-Planck-Gesellschaft, erklärte 1970:

«Ich selbst habe dieser idealistischen Auffassung [daß die Wissenschaft einzig der Erkenntnisgewinnung geschuldet sei] bis vor kurzem leidenschaftlich angehangen und versucht, ihr bei wissenschaftspolitischen Entscheidungen Geltung zu verschaffen. Aber man kann nicht verkennen, daß sie in der heutigen Diskussion um die Aufgaben der Forschung ständig an Anhängern verliert. Es scheint so, als ob die Rechtfertigung wissenschaftlicher Tätigkeit nur noch von den Zielen her beurteilt werden soll, die mit der Arbeit angestrebt werden. [...] Die Frage nach einer Kontrolle der Forschungstätigkeit und nach der Verantwortung des einzelnen Forschers im Hinblick auf seine Arbeit stellt sich heute mit gleichem Ernst, wie die uns seit langem vertraute Frage nach der Kontrolle des Handelns derer, die von den Ergebnissen der Forschung den falschen Gebrauch machen. Wir können uns diesen Fragestellungen nicht verschließen» (Butenandt 1970, S. 15 f).

Butenandt verwies auf den in der Diskussion unter Wissenschaftlern verbreiteten Begriff der «Forschung für das Überleben». Es scheine zwingend geboten, der «Wissenschaft für das Überleben» höchste Priorität einzuräumen, denn viele der auf die Menschheit zukommenden Probleme ließen sich nur durch eine intensivierte Steigerung der wissenschaftlichen Forschung lösen (vgl. auch Wieser 1966).

Butenandt und andere befürchteten jedoch, daß die fachwissenschaftliche Reflexion allein nicht ausreiche, die Forscher zur Übernahme dieser

Verantwortung zu befähigen, und sprachen sich daher für eine philosophische Reflexion der Wissenschaften aus. Einige forderten einen «‹neueren Typ von Wissenschaftler, [...] der zugleich auch Philosophie zu reflektieren gelernt hat›», andere eine höhere Ethik, die Erarbeitung ethischer Grundsätze für Forschung und Lehre, einen hippokratischen Eid für alle Wissenschaftler (Schulze/Schulze 1968, S. 22). Der Philosophie und allgemein den Geisteswissenschaften wurde die Rolle einer kritischen Instanz nahegelegt. Viele befürworteten interdisziplinäre Forschungen, um die Komplexität eines Gegenstandsbereichs adäquater erfassen zu können.

Insgesamt gesehen läßt sich ein Wandel des Wissenschaftsverständnisses in den 60er Jahren feststellen. Es setzten sich nicht gänzlich neue Wissenschaftskriterien durch, sondern es verallgemeinerten sich vielmehr folgende Maßstäbe und Kriterien wissenschaftlicher Tätigkeit: Man kann von einer neuen Qualität der Vergesellschaftung von Wissenschaft sprechen, weil Wissenschaft zunehmend in den verschiedensten Lebensbereichen zum Tragen kam – in der industriellen Fertigung, in der Marktstrategie, in der Politik, bei Beratungen zur Schulausbildung und Berufswahl, bei individuellen Lern- und Entwicklungsproblemen etc. Der Prozeß der – uns heute selbstverständlichen – allseitigen Präsenz von Wissenschaft wurde eingeleitet. Es verstärkte sich der Praxisbezug der Wissenschaften: Die Grenzen zwischen Grundlagenforschung und angewandter Forschung in den Natur- und Technikwissenschaften wurden unscharf; auch in den Sozial- und Geisteswissenschaften entwickelte sich die Auftragsforschung, und die Praxisorientierung wurde zu einem Kriterium der Forschungsförderung (Kreuzkam 1972, S. 11), allerdings ist auch die Selbstverpflichtung der Wissenschaftlerinnen und Wissenschaftler zur praxisorientierten Projektforschung in diesen Bereichen nicht zu unterschätzen.

Mit der Vergesellschaftung der Wissenschaft wuchs die Verantwortung der Wissenschaftler für konkrete Gestaltungsfragen des gesellschaftlichen Lebens und der sozio-ökonomischen und ökologischen Folgen. Die Notwendigkeit zu Konkretisierung und Spezifizierung verallgemeinerte sich.

Im Positivismusstreit der 60er Jahre (Kapitel 2) ging es unter anderem um die Rolle technischer Problemstellungen in den Gesellschaftswissenschaften; gefordert, und heute kann man sagen: durchgesetzt, wurde ein höheres Niveau vertiefender und differenzierender Analytik und strengere Anforderungen an eine intersubjektive Beweisführung und Kontrollmöglichkeit der Aussagen. Es sind Anforderungen einer Wissenschaft mit engem Praxisbezug, denn die Absicherung der Aussagen durch eine genaue und gewissenhafte Analyse, einschließlich einer Einbeziehung von Gegenargumenten und der Berücksichtigung anders gelagerter Gesichtspunkte, ist die Voraussetzung zur Klärung von Gestaltungsfragen und bildet ein wesentliches Moment der Verantwortung, die Wissenschaftlerinnen und Wissenschaftler übernehmen.

II. Philosophie als Fach unter Fächern

Unter den Hochschulreformplänen, die 1968/69 veröffentlicht wurden, fanden die Strukturpläne zur Reform der Pädagogischen Hochschulen im Kreise der akademischen Philosophie allgemeine Aufmerksamkeit. Der neunte Philosophiekongreß, der zu dieser Zeit, 1969, in Düsseldorf tagte, widmete der Problematik Philosophie und Lehrerbildung ein gesondertes Kolloquium, das Heinrich Beck, Professor für Philosophie an der Pädagogischen Hochschule in Bamberg, mit folgender Bewertung der Strukturpläne einleitete: «An den im Dienste der Hochschulreform bisher vorgelegten (und zum Teil schon in die Tat umgesetzten) Plänen zur Neuordnung der Fächergruppierungen, der Studiengänge und der Prüfungen fällt nun aber durchwegs auf, daß das einst alle Bildung universell grundlegende Fach ‹Philosophie› immer mehr an den Rand gedrängt wird» (1972, S. 353). Philosophie sollte nicht mehr zum Kanon der Pflichtfächer des Pädagogikstudiums gehören, sondern in die Reihe der wählbaren Nebenfächer gestellt werden. Lediglich Schulpädagogik und Psychologie waren als obligatorische Studienschwerpunkte vorgesehen. Allein die Prüfungsordnung Baden-Württembergs schrieb Philosophie weiterhin als ein Pflichtfach zumindest des Grundstudiums vor. Beck befürchtete in Konsequenz dessen auch materielle Benachteiligungen der philosophischen Institute, für die er Anzeichen im bayerischen Strukturentwurf gefunden hatte. «Im vorgeschlagenen ‹Musterstellenplan› für die Besetzung des Faches Philosophie erscheint Philosophie als das am weitaus schlechtesten ausgestattete und daher unbedeutendste Fach; es rangiert hier z. B. weit hinter Geographie, ‹Englische Sprache und Literatur›, und noch weiter hinter Theologie» (ebd., S. 354).

Da eine Vereinheitlichung aller Studiengänge geplant und die Integration der Pädagogischen Hochschulen in die Universitäten vorgesehen war, markierten diese Reformpläne die neuen Orientierungspunkte für die Lehrerausbildung insgesamt. Für die akademische Philosophie rele-

97

vant war die Auflösung der traditionell engen Beziehung zwischen Pädagogik und Philosophie, die in den vergangenen Jahren bereits durch Bestrebungen einer empirischen Fundierung der Erziehungswissenschaften in Frage gestellt worden war und nun von bildungspolitischer Seite Unterstützung fand. Dabei zeichnete sich auch für die universitäre Lehrerausbildung eine entsprechende Entwicklung ab. Das Philosophicum, die obligatorische Prüfung in Philosophie im Rahmen des Staatsexamens für das Höhere Lehramt, war 1966 in Baden-Württemberg bereits abgeschafft worden. Die Kultusministerkonferenz hatte diese Entscheidung 1968 befürwortet und an die Bundesländer die Empfehlung gerichtet, dem Beispiel Baden-Württembergs zu folgen.

Anfang der 70 er Jahre wurde das Philosophicum schrittweise abgeschafft. In einigen Bundesländern, z. B. Nordrhein-Westfalen, blieb es jedoch möglich, einen Teil der erziehungswissenschaftlichen Prüfung mit philosophischen Themen zu bestreiten. Aber nicht nur aus der Lehrerausbildung entfiel die Verpflichtung zur Philosophie, auch die Rahmenprüfungsordnung für Diplompädagogen verzichtete auf sie.

Becks Befürchtung der Entwertung der Philosophie wird verständlich, wenn man die Reformpläne der Pädagogischen Hochschulen und den Kultusministerkonferenz-Beschluß als Ausdruck einer veränderten wissenschaftspolitischen Lage sieht. Als Entscheidungen zugunsten einer eigenständigen, d. h. nicht mehr auf Philosophie bezogenen, pädagogischen Wissenschaft offenbaren sie ein gewandeltes Philosophieverständnis. ‹An den Rand gedrängt› sehen mußte sich ein Selbstverständnis, für das Philosophie die Basis von Bildung und die Grundwissenschaft, insbesondere der Geisteswissenschaften, war. Es wußte sich verankert in der großen Tradition der humanistischen Bildungsbewegung und eingebettet in eine allgemein verbreitete Überzeugung der akademischen Welt. Noch in den 50 er Jahren hatte diese Position unbestrittene Zustimmung gefunden; Ende der 50 er Jahre entwickelte sich, in den 60 ern dann verstärkt, eine Kritik der Philosophie und des Humboldtschen Bildungs- und Wissenschaftsverständnisses. Symptomatisch für die schließlich veränderte Situation und Einstellung gegenüber der akademischen Philosophie ist eine Einschätzung des Magazins *Der Spiegel* aus dem Jahre 1969:

«Die Philosophie ist heute an den bundesrepublikanischen Universitäten in den Schatten der Entwicklung geraten. Aus der traditionellen Spitzenposition in den philosophischen Fakultäten längst durch Fächer mit mehr Studenten und mehr Professoren verdrängt, wird inzwischen – nicht zuletzt durch Soziologen – auch ihr Rang als Grundlegung von Wissen und Handeln in Frage gestellt. Ohnehin kaum noch in der Lage, die Ergebnisse von Naturwissenschaft und mathematischer Logik, Linguistik und Tiefenpsychologie gleichermaßen zu verarbeiten, gerät sie häufig in die Nähe der Mythologie oder verschreibt sich der Beobachtung ihrer eigenen Geschichte» (H. 34/1969, S. 100).

Die Neuregelung der Lehrerausbildung war ein nicht gering zu schätzender Einschnitt in der Entwicklung der akademischen Philosophie: Durch den Verlust der institutionellen Sonderstellung als bildende Disziplin wurde die Philosophie zu einem Fach unter anderen Fächern. Die folgenden Abschnitte schildern eine Infragestellung wesentlicher Aspekte des Selbstverständnisses der Philosophie durch zwei Prozesse: durch die in den 50er Jahren einsetzende Kritik am Humboldtschen Bildungsverständnis, die eigentlich eine Kritik am geistesgeschichtlich orientierten Bildungsbegriff der Philosophie und der Geisteswissenschaften war, einerseits, die in den 60er Jahren im Kontext eines wachsenden Interesses an empirischer Analyse in den Gesellschaftswissenschaften und der Rezeption der analytischen Philosophie erstarkende Metaphysikkritik andererseits. Die Philosophie war herausgefordert, ihren Status und ihre Rolle im universitären ‹Kosmos der Wissenschaften› neu zu bestimmen. Dies hieß, ihr Verhältnis zu den sogenannten positiven Wissenschaften zu klären, ihre traditionell enge Bindung an die Geisteswissenschaften zu überdenken, ihren Bildungsauftrag neu zu definieren und vor allem die Konzeption philosophischer Forschung zu bestimmen. Ein Ausdruck dieser Selbstreflexion war eine Jahrzehnte anhaltende Selbstverständnisdebatte, die häufig auf die provokante Frage Wozu Philosophie? zugespitzt wurde (vgl. Lübbe 1978).

Philosophie in der neuhumanistischen Universität

Die Wiedererinnerung an Wilhelm von Humboldt und die deutsche humanistische Bildungsbewegung zu Beginn des 19. Jahrhunderts, die Mitte der 1950er Jahre einsetzte, war eine Reaktion auf eine vermehrte Infragestellung der traditionellen Universitätsidee (vgl. Kessel 1955; Anrich 1956; Flitner 1956; Jaspers/Rossmann 1961; Wissenschaftsrat 1962; W. Flitner 1967; Schelsky 1971; Ulmer 1963). Zu einem Streitpunkt wurde die Sonderstellung, die die Humboldtsche Universitätskonzeption der Philosophie und der Philosophischen Fakultät zugesprochen hatte.

Der Gedanke einer besonderen Bildungsaufgabe der Philosophie in der klassischen Bildungskonzeption sei zunächst in einem Exkurs verdeutlicht; denn dieser Gedanke sollte für das Selbstverständnis der Philosophie bestimmend bleiben, wenngleich sich im Zuge der Entwicklung der ‹zwei Wissenschaftskulturen› eine Vereinseitigung des philosophischen Bildungsbegriffs auf ‹geisteswissenschaftliche Bildung› vollzog. Vor dem Hintergrund der Vergegenwärtigung der Argumente des Neuhumanismus und Idealismus wird erkennbar, daß sich die Kritik der Humboldtschen Bildungskonzeption in den 50er und 60er Jahren weniger gegen den Bildungsbegriff Humboldts und seiner Zeitgenossen als vielmehr gegen das Bildungsmonopol der Geisteswissenschaften und eine auf einen Kanon sogenannter Klassikertexte und antike Sprachen reduzierte Bildung richtete.

Die Philosophische Fakultät ging aus der Artistenfakultät hervor, die in der mittelalterlichen Universitätsverfassung die Aufgabe der Allgemeinbildung und der Vorbereitung auf die Studien der ‹höheren› berufsbildenden Fakultäten – der theologischen, juristischen und medizinischen Fakultät – hatte, aus denen der Stand der Gelehrten hervorging: die Kleriker, die als Lehrer oder Verwaltungspersonal tätig wurden, die Advokaten, Richter und höheren Verwaltungsbeamten sowie die Ärzte. Die Artistenfakultät beschränkte sich ursprünglich auf Disziplinen wie Grammatik, Rhetorik und Dialektik sowie Arithmetik, Geometrie, Astronomie und Musik. Unter dem Einfluß des Humanismus kamen Studien zur Erschließung der Sprachen, Poetik, Geschichte, Ethik und die ‹philosophia naturalis› hinzu. Dadurch verlor die Fakultät an propädeutischem Charakter und gewann eine eigenständige wissenschaftliche Bedeutung (vgl. Kessel 1963; Scheuerl 1985, S. 58 ff, 79 ff). Gegen Ende des 18. Jahrhunderts hatte sich ihre Stellung in der Gliederung der Universität bereits grundlegend verändert, wie die Schrift Immanuel Kants, *Der Streit der Facultäten in drey Abschnitten*, verdeutlicht. Kant machte den wissenschaftlichen Vorrang der Philosophischen Fakultät geltend mit dem Argument, daß sie die einzig freie, allein der Vernunft verpflichtete sei und ihr damit die Funktion der Kritik gegenüber den anderen Fakultäten zufalle, die aufgrund ihrer berufsbezogenen Erziehungsfunktion unter restrikiven Verordnungen des absolutistischen Staates standen. «Alle drei obere Fakultäten gründen die ihnen von der Regierung anvertraute Lehren auf *Schrift* [...]. Daher schöpft der biblische Theolog (als zur obern Fakultät gehörig) seine Lehren nicht aus der Vernunft, sondern aus der *Bibel*, der Rechtslehrer nicht aus dem Naturrecht, sondern aus dem *Landrecht*, der Arzneigelehrte *seine ins Publikum gehende Heilmethode* nicht aus der Physik des menschlichen Körpers, sondern aus der *Medizinalordnung*. – So bald eine dieser Fakultäten etwas als aus der Vernunft Entlehntes einzumischen wagt: so verletzt sie die Auktorität der durch sie gebietenden Regierung» (1977, S. 284 f / A 14 f), denn gegenüber der «ins Publikum gehenden Lehre» machte die Regierung das Recht der Sanktionierung geltend. Kant argumentierte, daß der philosophischen Fakultät eine Freiheit des Denkens gewährt werden müsse, um als kritisches Korrektiv innerhalb der Wissenschaften und als mahnende Instanz der Vernunft gegenüber den Regierenden wirken zu können. «Es muß zum gelehrten gemeinen Wesen durchaus auf der Universität noch eine Fakultät geben, die, in Ansehung ihrer Lehren vom Befehle der Regierung unabhängig, keine Befehle zu geben, aber doch alle zu beurteilen, die Freiheit habe, die mit dem wissenschaftlichen Interesse, d. i. mit dem der Wahrheit, zu tun hat, wo die Vernunft öffentlich zu sprechen berechtigt sein muß; weil ohne eine solche die Wahrheit (zum Schaden der Regierung selbst) nicht an den Tag kommen würde, die Vernunft aber ihrer Natur nach frei ist, und keine Befehle, etwas für wahr zu halten (kein crede sondern nur ein freies credo), annimmt» (ebd., S. 282 / A 9 f). Im Urteil der Gelehrten, d. h. im Namen der Wissenschaft, müsse die Philosophische Fakultät die *höhere* sein und *Richterin* über die Wahrheit. Kant bezog sich unter anderem auch auf die Fächervielfalt der damaligen Philosophischen Fakultät, die sich «auf alle Teile des menschlichen Wissens (mithin auch historisch über die obern Fakultäten)» erstrecke (ebd., S. 291 / A 26 f).

Diese Umwertung der Rangfolge der Fakultäten fiel zusammen mit der Begründung der Philosophie als ‹eigentliche› Wissenschaft gegenüber der spezialisierten Forschung, weil Philosophie als Erkenntnis aus Prinzipien einen Zusammenhang des Wissens, eine Perspektive auf «das Ganze der Wissenschaft» (Schelling 1956, S. 6), einschließlich einer begründeten weltanschaulichen Orientierung zu leisten versprach (vgl. Schnädelbach 1983). Die Konzeptionen zur Universitätsreform, die die Philosophen F. W. J. Schelling, J. G. Fichte, F. Schleiermacher und H. Steffens Anfang des 19. Jahrhunderts anläßlich der geplanten Gründung einer Berliner Universität vorlegten, rückten die Philosophie in den Mittelpunkt aller Wissenschaften und erhoben die philosophische Bildung zum obersten Ziel der Universität. Schelling forderte, die Universitäten sollten als «Pflanzschulen der Wissenschaft zugleich allgemeine Bildungsanstalten sein» und in ihrer institutionellen und geistigen Verfassung ein Vorbild für das gesellschaftliche Leben. Die Akademien seien zu «Mustern der Verfassung» zu machen; und Humboldt sprach von der Universität als einem «Gipfel, in dem alles, was unmittelbar für die moralische Kultur der Nation geschieht, zusammenkommt» (Schelling 1956, S. 21, 23; von Humboldt 1956, S. 377).

Diese Vorstellungen standen noch unter dem Eindruck der Idee der Aufklärung, daß die freie Betätigung der Vernunft nicht nur das Wissen mehre und den Aberglauben abschüttle, sondern auch die Fesseln der feudalen Tradition sprenge und den Weg zu einer gerechteren und sittlich entwickelteren Lebensweise und Gesellschaftsordnung aufzeige. Besonders deutlich bringt dies Schleiermachers Verteidigung der damals heftig beklagten Ausschweifungen und Extravaganzen der studentischen Jugend zum Ausdruck. Zur Universität gehöre die Freiheit, argumentierte er, weil nicht das Lernen, sondern das Erkennen, die Wahrheitssuche und die individuelle Selbstfindung Zweck der Universität seien. Zur Universität gehöre, «daß ein ganz neues Leben, daß ein höherer, der wahrhaft wissenschaftliche Geist soll erregt werden, wenn er anders kann, in den Jünglingen» (Schleiermacher 1956, S. 276). Ein Teil dessen sei das Ausprobieren von Lebensweisen, nur so könne ein von den – damaligen feudalständischen – Konventionen freier, den individuellen Bedürfnissen entsprechender Weg gefunden werden. Schleiermacher war überzeugt, daß die Entwicklung verschiedenster individueller Lebensformen zu einer reicheren Entfaltung der gesellschaftlichen Kultur führen werde, vorausgesetzt, der Findungsprozeß werde von einer Gemeinschaft, die sich den Kriterien der Vernunft verpflichtet weiß, auf moralische Prinzipien hin orientiert. Auch Humboldt hatte 1792 für die freie Entwicklung des Individuums als Voraussetzung eines gesamtgesellschaftlichen ‹Reifungsprozesses› plädiert (von Humboldt 1903, S. 232).

Vernunftgebrauch, Wissenschaft und Moral gehörten im Denken der Aufklärung, des Neuhumanismus und deutschen Idealismus untrennbar zusammen. Die philosophische Wissenschaftsnorm forderte eine Erkenntnis der Prinzipien, das hieß auch der Prinzipien der Subjektivität und Moralität, sowie die Bestimmung der Zwecke der menschlichen Vernunft. Wissenschaft wurde begriffen als eine Sache der Gattung, die gemeinschaftlich von den ihr Verpflichteten vorangetrieben werde und dem Fortschritt der Menschheit diene (Schelling 1956, S. 14 f; Schleiermacher 1956, S. 223 f; Fichte 1962). Sie meinte gerade nicht die Summe der Forschungen auf einzelnen Problemfeldern, sondern den enzyklopädischen Stand des ‹Weltwissens› und menschheitsorientierender kosmopolitischer Ideen. Das Wissen des Gelehrten «müßte nicht bloßes Abbild und Nachbild eines schon außer ihm, und unabhängig von ihm vorhandenen Seins sein, und diesem Sein nachgehen, sondern es müßte vielmehr Vorbild sein eines Seins, und in sich selber den Grund eines solchen enthalten können, und so dem zu ihm gehörenden Sein vorangehen. Mit dem bekannten Worte: ein solches Wissen müßte praktisch sein und tätig, und ein Sein begründend» (Fichte 1962, S. 632). An den Gelehrten wurde die Forderung gerichtet, seine besondere Wissenschaft in den Gesamtzusammenhang ‹der Wissenschaft› – und das hieß zugleich: der Menschheitsentwicklung – zu stellen, um einen Beitrag zu ihrer Weiterentwicklung leisten zu können. «Um mit Erfolg einzugreifen, muß er, selbst vom Geist des Ganzen ergriffen, seine Wissenschaft als organisches Glied begreifen, und ihre Bestimmung in der sich bildenden Welt zum Voraus erkennen» (Schelling 1956, S. 5). Andernfalls produziere er wohl einzelne nützliche Erkenntnisse – Schelling wählte den Vergleich mit Handwerkertalenten –, sei aber unfähig zur wissenschaftlichen Verallgemeinerung (ebd., S. 18 f, 27 f). Er war überzeugt, daß von der Fähigkeit, die eigene Arbeit in dieser Weise philosophisch zu reflektieren, die Möglichkeit der Entwicklung eines wissenschaftlichen Genies gegeben sei. In ähnlicher Weise äußerte sich auch Schleiermacher (1956, S. 234, 237).

Wissenschaft sollte über die Orientierung am unmittelbar Nützlichen und an Egoismen hinausgehen. Als «Verbürgerlichung der Wissenschaft» wurden Haltungen kritisiert, die sich mit dem naheliegenden praktischen Nutzen ihrer Arbeiten begnügten, Vergnügungen und sozialem Ansehen nachhingen. Schelling wandte sich gegen den «Brotgelehrten»; er sei anschauungslos, unfähig, etwas selbsttätig zu konstruieren, erfasse die Lehren nicht aufgrund ihrer Prinzipien (1956, S. 28f). Fichte und Humboldt verwandten den Begriff der Verbürgerlichung zur Kennzeichnung der Maßstäbe einer ‹geschäftigen Gesellschaft›, die, in das Tagesgeschehen versunken, sich über den Fortgang der Menschheit unbekümmert zeige (Fichte 1956, S. 139; von Humboldt 1956b). Neuhumanismus und Idealismus forderten eine Verinnerlichung der globalen Aufgabe, zur Vermehrung des Wissens und der Vernunftentwicklung beizutragen. Man glaubte, daß dies die Voraussetzung sei für hervorragende synthetische Erkenntnisleistungen. Humboldt erklärte:

«Sobald man aufhört, eigentlich Wissenschaft zu suchen, oder sich einbildet, sie brauche nicht aus der Tiefe des Geistes heraus geschaffen, sondern könne durch Sammeln extensiv aneinandergereiht werden, so ist Alles unwiederbringlich und auf ewig verloren; verloren für die Wissenschaft, die, wenn dies lange fortgesetzt wird, dergestalt entflieht, daß sie selbst die Sprache wie eine leere Hülse zurückläßt, und verloren für den Staat. Denn nur die Wissenschaft, die aus dem Innern stammt und ins Innere gepflanzt werden kann, bildet auch den Charakter um, und dem Staat ist es ebenso wenig als der Menschheit um Wissen und Reden, sondern um Charakter und Handeln zu tun» (von Humboldt 1956, S. 379).

Bilden bzw. Bildung wurde im letzten Drittel des 18. Jahrhunderts zu einem Modewort, das in verschiedensten Nuancen an humanistische sowie naturphilosophisch-theosophische Bedeutungsbezüge anknüpfte. Seine Bedeutung läßt sich auf den Begriff der Genese *des* Menschen bringen, mit dem sich zwei Aspekte verbinden: zum einen die dem Individuum aufgegebene Formung seines Selbst zu einer selbstbewußten und gesellschaftlich orientierungsfähigen Subjektivität, zum anderen der Gedanke eines Strukturprinzips der gesellschaftlichen Entwicklung als einer Entfaltung ‹der Menschheit›. Der Münsteraner Erziehungswissenschaftler Ernst Lichtenstein weist auf eine doppelte Bedeutung der sprachlichen Matrix des Wortes Bilden als Abbilden, Bildnis und Gebilde, Gestalt hin und betont das Moment der Selbstidentifizierung, die die Spannung zwischen der Selbsteinschätzung eines Menschen und seinem Persönlichkeitsideal enthält. Daran anknüpfend läßt sich der abstrakte Begriff Bildung der Menschheit auch als Entwicklung der Kultur nach ihrem – historisch fundierten – Selbstbild und Ideal verstehen (vgl. Lichtenstein 1966; Scheuerl 1985).

Eine ‹Bildung zum Menschen› war das zentrale gesellschaftlich-politische Anliegen des Neuhumanismus und Idealismus. Dem Ständestaat, der eine Erziehung der Individuen gemäß ihrer ständischen ‹Berufung› forderte, wurde mit einer Theorie der Persönlichkeitsbildung entgegnet, die die selbsttätige Findung und Entwicklung der individuellen Anlagen und Neigungen vor einer Spezialisierung zum Beruf in den Mittelpunkt des Erziehungsgeschehens setzte (vgl. Blankertz 1969, S. 39 ff). Unter Bildung wurde die Überwindung aller individuellen Horizontbegrenzungen – durch Jugend, sozialen Stand, berufliche und wissenschaftliche Spezialisierungen und ihrer Konventionen etc. – und die Ausbildung eines Verständnisses für die allgemeinen Zusammenhänge der Geschichte und Gesellschaft verstanden. Das Bildungsziel war die Erarbeitung einer individuellen Identität, die sich in Bezug zu der großen Entwicklung der Menschheit – das hieß damals: in Bezug zum Fortschritt des Wissens, Könnens und der Moral – zu setzen weiß. Sich in den Dienst der historischen Verwirklichung des Menschheitsideals stellen zu können, galt als das Charakteristikum des «geistigen Menschen». Mit den Worten von Humboldts ist «die letzte Aufgabe unseres Daseins: dem Begriff der Menschheit in unserer Person, sowohl während der Zeit unseres Lebens, als auch noch über dasselbe hinaus, durch die Spuren des lebendigen Wirkens, die wir zurücklassen, einen so großen Inhalt als möglich zu verschaffen, diese Aufgabe löst sich allein durch die Verknüpfung unseres Ichs mit der Welt zu der allgemeinsten, regesten freiesten Wechselwirkung» (von Humboldt 1956a, S. 28 f). Diese Bestimmungen lassen sich mit dem heutigen Begriff der bewußten Vergesellschaftung des Individuums zusammenfassen. Der Erziehungswissenschaftler Hans-Joachim Röhrs betont drei Zieldimensionen dieses Bildungsbegriffs: die gesellschaftliche Mündigkeit der Individuen, ihre freie Selbstverwirklichung sowie die Schaffung vernünftiger gesellschaftlicher Verhältnisse als Voraussetzung für die Durchsetzung des Eigenrechts des Menschen, aber auch als Konsequenz mündig handelnder Menschen (1972, S. 127 ff).

Der synonyme Begriff von Wissenschaft war Philosophie (vgl. Schnädelbach 1983). Schelling und Fichte bezeichneten sie als «Kompaß inmitten des Ozeans des Wissens». Diese Hervorhebung der Philosophie ist nicht allein mit der damals noch allgemeinen Identifizierung von Philosophie und Wissenschaft zu erklären, sondern vor dem Hintergrund eines Problembewußtseins gegenüber einer zunehmenden Differenzierung der Gesellschaft und der Wissenschaftssparten zu sehen. Die Abstraktion des Allgemeinen in das Besondere war ein durchgängiges Thema der klassischen deutschen Philosophie zu Beginn des 19. Jahrhunderts. Der deutsche Idealismus kritisierte den Verlust des Gesamtzusammenhangs in den Wissenschaften, sei es durch Konzentration auf einzelne Seiten des Erkenntnisgegenstands und deren Verabsolutierung oder durch ein Sich-Verlieren in den Erscheinungen. Man qualifizierte eine solche Wissenschaft als unvollständige und nur vorläufige Stufe der Erkenntnis. Fichte spitzte die Kritik mit einer Verallgemeinerung zu: «Der Geist jeder besondern Wissenschaft ist ein beschränkter und beschränkender Geist, der zwar in sich selber lebt und treibet und köstliche Früchte gewährt, der aber weder sich selbst, noch andere Geister außer ihm zu verstehen vermag» (1956, S. 147). G. W. F. Hegel hat die Problematik der Gegensätze und ihres Zusammenhangs auch im Bereich des Sozialen und Politischen gesehen: Seine Rechtsphilosophie behandelt die Abstraktion der bürgerlichen Gesellschaft in die Sphären des Privaten und Politischen sowie das Problem des Interessengegensatzes des privaten und politischen Menschen (1971, §§ 261, 262); das Kapitel Selbständigkeit und Unselbständigkeit des Selbstbewußtseins in der *Phänomenologie des Geistes* verdeutlicht die Differenzierung des Selbstbewußtseins und seine Rückbindung an Arbeit und gesellschaftliche Anerkennung.

‹Philosophie› und ‹philosophische Bildung› waren unter anderem Antworten des deutschen Idealismus gegenüber den Problemen der wissenschaftlichen und gesellschaftlichen Differenzierungsprozesse, insbesondere der Tendenz zur Individualisierung und der Entkopplung von Wissenschaft und Moral. Für notwendig erachtet wurde die bewußte Erarbeitung des tendenziell unübersichtlich werdenden Zusammenhangs der Wissenschaften und der Gesellschaft; im Stehenbleiben auf der Ebene der für sich genommenen Besonderheit wurde die Gefahr der Borniertheit im Denken und des Asozialen im Handeln gesehen. Hegel erklärte beispielsweise zur Frage der Vergesellschaftung des Individuums in den *Grundlinien der Philosophie des Rechts*:

«Die *Bildung* ist daher in ihrer absoluten Bestimmung die *Befreiung* und die *Arbeit* der höheren Befreiung, nämlich der absolute Durchgangspunkt zu der nicht mehr unmittelbaren, natürlichen, sondern geistigen, ebenso zur Gestalt der Allgemeinheit erhobenen unendlich subjektiven Substantialität der Sittlichkeit. Diese Befreiung ist im Subjekt die *harte Arbeit* gegen die bloße Subjektivität des Benehmens, gegen die Unmittelbarkeit der Begierde sowie gegen die subjektive Eitelkeit der Empfindung und die Willkür des Beliebens. Daß sie diese harte Arbeit ist, macht einen Teil der Ungunst aus, der auf sie fällt. Durch diese Arbeit der Bildung ist es aber, daß der subjektive Wille selbst in sich die *Objektivität* gewinnt, in der er seinerseits allein würdig und fähig ist, die *Wirklichkeit* der Idee zu sein. – Ebenso macht zugleich diese Form der Allgemeinheit, zu der sich die Besonderheit verarbeitet und heraufgebildet hat, die Verständigkeit, daß die Besonderheit zum wahrhaften *Fürsichsein* der Einzelheit *wird* und, indem sie der Allgemeinheit den erfüllenden Inhalt und ihre unendliche Selbstbestimmung gibt, selbst in der Sittlichkeit als unendlich fürsichseiende, freie Subjektivität ist. Dies ist der Standpunkt, der die *Bildung* als immanentes Moment des Absoluten und ihren unendlichen Wert erweist» (Hegel 1971, S. 344f; vgl. 1971a, §45).

Die philosophische Reflexion der Ordnungen des Denkens und Handelns auf universelle Prinzipien, die eine Einheit der Erfahrung und des Wissens ermöglichen, wurde als ein notwendiges Gegengewicht zur Partialisierung der Erfahrung gesehen. Zugleich richtete sich die Forderung nach philosophischer Bildung gegen die Berufsbildungskonzeption des Ständestaats. Sie bedeutete die Forderung an den Gelehrten, sich aller Horizontbeschränkungen zu entledigen und sich als schöpferischer Teil einer gattungsgeschichtlichen Bewegung zu begreifen, eines Prozesses der Entfaltung der Vernunft und der Menschenrechte. Es galt, das universelle Ideal zu verwirklichen: eine Gesellschaft freier, selbstverantwortlich denkender und gleichberechtigt neben- und miteinander wirkender Individuen.

Der Bildungsbegriff in der Philosophie der Geisteswissenschaften

Der Bildungsbegriff der klassischen deutschen Philosophie prägte auch das Selbstverständnis der Historischen Schule und floß damit in die Theorie der Geisteswissenschaften ein, jedoch erfuhr er dabei eine Umformung und Erweiterung. Die Idee eines Fortschritts der Menschheit durch eine Entwicklung der Vernunft wurde nicht mehr geteilt, man glaubte vielmehr, daß die Reflexion der Geschichte zur Selbsterkenntnis des Menschen und Bestimmung sittlicher Normen sowie zukunftsbezogener Handlungsorientierungen beitrage. Zur Aufgabe der Geschichtsforschung wurde die Aufklärung der Gegenwart über ihre Herkunft und die Bedeutungsdimensionen ihrer Ideen und Ideale erklärt. Wie J. G. Droysen argumentierte, versetzt allein die Kenntnis der Geschichte das Individuum in die Lage, die unmittelbar nächsten möglichen Entwicklungswege der Gesellschaft einschätzen zu lernen (1960, S. 269 f, 314 f); gegenüber der Vernunfterkenntnis aus Prinzipien wurden ein Pragmatismus und Realismus eingeklagt: Droysen kritisierte, daß die Erkenntnis aus Begriffen oder Prinzipien gegenüber der Realität das Prinzipielle und Ideale geltend mache, aber nicht so sicher begründet sei, wie sie unter Berufung auf die Vernunft scheine. Es ließen sich die verschiedensten Standpunkte begründen, und diese beharrten auf ihrem Recht. Außerdem sei auch das Ideale und Prinzipielle «nicht das Wahre an sich, sondern die Wahrheit, wie wir sie erkannt haben, bis jetzt erkannt haben, und gerade in dem ‹bis jetzt› liegt da aller Nachdruck» (ebd., S. 312 f). Der «zuverlässigere Weg» sei der historische,

«der aus dem bisher Gewordenen und dem Zusammenhang des Werdens den nächstweiteren Schritt bestimmt. [...] Und so gewiß der Wille ein Neues ist, was erst werden, ein Gedanke, der erst sich verwirklichen und so das, was bisher war, verbessern, berichtigen, weiterführen soll, – weiterführt nur das, was sich den Gegebenheiten anschließt, das in ihnen Heranreifende und Reifgewordene erfaßt und verwirklicht. Immer ist ein solcher Schritt weiter ein sorgenvolles Ding, eine Gefahr, [...] Den rechten Entschluß wird der, der ihn fassen muß, nur fassen können in der genauen Kenntnis aller bedingenden und mitleidenden Momente, nur in dem sicheren Verständnis dessen, was in diesem bisher Gewordenen gesund, weiterführend schon herangereift ist, in dem vollen Verständnis des Gewordenen, daß er den nächstweiteren Schritt führen soll» (ebd., S. 313).

Gleichzeitig sollte die historische Kenntnis der Ideen gesellschaftlicher Ordnungen, Tugenden etc. den einzelnen befähigen, an der Verwirklichung der großen Ideale der Geschichte weiterzuarbeiten. «Das Allgemein-Menschliche ist nicht, bloß blindlings und passiv teilzuhaben an den verschiedenen Sphären der sittlichen Welt, wie sie sich bis jetzt und hier gestaltet hat. Nur der hat in vollem Maß an ihnen teil, der sich bewußt ist, daß sie so, wie sie sind, geworden sind, und der sie als geworden und als weiter durch ihn zu werden bestimmt in seiner Vorstellung hat» (ebd., S. 301). Droysen bestimmte als «das Wesen der Bildung, mit Bewußtsein und Verständnis in den großen Interessen der Gegenwart zu stehen», das um so tiefer werde, je mehr der Gebildete das Gewordensein der Gegenwart erkennt. Der Gewinn der Geschichtskenntnis sei das «Verständnis des im Geist Durchlebten, eine Fülle von Ideen und Vorstellungen», die dann, wenn vergleichbare geschichtliche Aufgaben zu lösen seien, helfen, das «Angemessene» zu finden (ebd., S. 309, 300). Das Angemessene hat bei Droysen zwei Bedeutungen: Es bezeichnet zum einen das moralisch Richtige im Sinne einer Fortführung der Menschheitsideale, zum anderen das Maß des Realisierbaren. Im Unterschied zur Aufklärung und zu der klassischen deutschen Philosophie, die der abzulehnenden Wirklichkeit mit Prinzipien einer besseren Zukunft begegnete, erlangte die Dimension der Traditionsbindung erneut Gewicht.

Wilhelm Dilthey akzentuierte ihr gegenüber den Aspekt der Freiheit, vollzog damit aber den Schritt zum Historismus und gab mit der Idee einer zeitbezogenen Sinnauslegung das preis, was bei Hegel ‹Arbeit am Begriff› geheißen hatte. Den Bildungswert der Geschichtskenntnis sah er in einer die eigenen Erlebnisse und Erfahrungen des Individuums übersteigenden Horizonterweiterung «im Nacherleben des Inneren Anderer» und einer Stärkung des Bewußtseins der Freiheit, welches in der Erkenntnis gründe, daß «viele Möglichkeiten des Lebens in der Erinnerung und im Wollen der Zukunft in uns liegen» (Dilthey 1970a, S. 321). Generalisierend hielt er fest:

«Das *historische Bewußtsein* von der *Endlichkeit* jeder geschichtlichen Erscheinung, jedes menschlichen oder gesellschaftlichen Zustandes, von der Relativität jeder Art von Glauben ist der letzte Schritt zur Befreiung des Menschen. Mit ihm erreicht der Mensch die Souveränität, jedem Erlebnis seinen Gehalt abzugewinnen, sich ihm ganz hinzugeben, unbefangen, als wäre kein System von Philosophie oder Glauben, das Menschen binden könnte. Das Leben wird frei vom Erkennen durch Begriffe; der Geist wird souverän allen Spinneweben dogmatischen Denkens gegenüber» (ebd., S. 363).

Die Geschichte betrachtete Dilthey als einen Spiegel des Menschen, aber nicht nur seines Idealbildes, sondern auch seines Realbildes, seiner positiven wie negativen Seiten. «Jede Schönheit, jede Heiligkeit, jedes Opfer, nacherlebt und ausgelegt, eröffnet Perspektiven, die eine Realität aufschließen. Und ebenso nehmen wir dann das Schlechte, das Furchtbare, das Häßliche in uns auf als eine Stelle einnehmend in der Welt, als eine Realität in sich schließend, die im Weltzusammenhang gerechtfertigt sein muß» (ebd., S. 363).

Die wertende Unterscheidung in Häßliches und Schönes jedoch setzt Begriffe des Menschen, des guten Lebens und guten Werkes voraus, die selbst nicht empirisch ‹aus der Geschichte› ableitbar sind. Dilthey unterliegt hier einem naiven Empirismus, der vergißt, daß die erkannte Ordnung eine hergestellte ist. «Aufschluß über Realität» gibt die Geschichte in dem Sinn, daß sie zu einer Auseinandersetzung mit der Differenz zwischen Idealen und historischen Realitäten und Verwirklichungsbedingungen von Idealen anregt. Die Geschichtsforschung kann ein Beitrag sein, einer Dogmatisierung des Denkens entgegenzuwirken; denn Geschichtskenntnis hilft, Begriffe und Weltbilder zu überprüfen, indem sie über deren Herkunft, ihre Gründe und Gegengründe aufzuklären vermag. Allerdings ist sie nur als eine Quelle zu betrachten, aus der eine Klärung von Gründen sich über Problemperspektiven klar werden und Argumente beziehen kann. Die Geschichtlichkeit und Wirkungsmächtigkeit bestimmter Ideen ist noch kein Argument für ihre Gültigkeit; Geschichte entbindet nicht von der Notwendigkeit der Begründung – das ‹historische Bewußtsein› kann nicht ‹vom Begriff befreien›. Dieses Argument wurde in den 60er Jahren der auf Dilthey zurückgehenden geisteswissenschaftlichen Schule entgegengebracht. Als Problem wurde geltend gemacht, daß die hermeneutische Geschichtsauslegung inhaltlich auf Kulturideale angewiesen ist, aber auf eine rationale Fundierung der Sittlichkeit verzichtet (Heitger 1966a, S. 45; Fischer 1966; W. Hartmann 1968).

Ein weiterer Aspekt ist für Diltheys Verständnis einer Bildung durch

Geschichte wesentlich: Er machte auf die Rolle der Geschichte für die Ausbildung eines Gefühls sozialer Gemeinschaft und der Zusammengehörigkeit einer Nation aufmerksam. Wie wird eine Gemeinschaft, eine Nation zu einem Subjekt, fragte er.

«Dazu tragen die Vergangenheit, das gegenwärtige Zusammenwirken und die Zukunft bei. Hier sieht man, wie die Geschichte, über deren Nutzen so viel diskutiert wird, als Bewußtsein der Gemeinschaften von ihrer Lebensgeschichte, als Gedächtnis derselben über ihren Lebenslauf produktiv wirkt für das Gemeinschaftsleben der Menschheit. Wenn wir die Geschichte der Gemeinschaften studieren, so sollen wir daran denken, daß es umgekehrt diese Geschichte als Gedächtnis der Menschheit ist, welche gemeinschaftsbildend wirkt. Und umgekehrt schafft das Gemeinschaftsbewußtsein aus dem Gefühl der Einheit heraus Stammesheroen, Staatenbegründer, Religionsstifter» (Dilthey 1970a, S. 328).

Hans-Georg Gadamer stellte die Bewahrung der humanistischen Tradition erneut ins Zentrum der Bildungsaufgabe der Geisteswissenschaften. Sein Buch *Wahrheit und Methode*, das für die Theorie der Geisteswissenschaften wegweisend werden sollte, eröffnete er mit einem Abschnitt über die Bedeutung der humanistischen Tradition für die Geisteswissenschaften. Die Geisteswissenschaften sah er in der Tradition des Humanismus, der literarischen Strömung seit dem 16. Jahrhundert, die in den Zeugnissen der römischen, später auch griechischen Antike das Vorbild des Menschlichen suchte und fand. Denn über sie entwickelten sich die philologische Quellenkritik und beginnenden Altertumswissenschaften. Der besondere Bildungswert der Geisteswissenschaften liegt Gadamer zufolge vor allem in der Ausbildung eines historischen und ästhetischen «Sinnes», eines Bewußtseins, das, verinnerlicht, sich «mit der Unmittelbarkeit der Sinne» verhalte, «d. h. es weiß im einzelnen Falle sicher zu scheiden und zu werten, auch ohne seine Gründe angeben zu können. So weiß, wer ästhetischen Sinn besitzt, Schönes und Häßliches, gute oder schlechte Qualität auseinanderzuhalten, und wer historischen Sinn besitzt, weiß, was für eine Zeit möglich ist und was nicht, und hat Sinn für die Andersartigkeit der Vergangenheit gegenüber der Gegenwart» (1975, S. 14). Impliziert ist die Auffassung, daß in der Beschäftigung mit Ideen und Idealen der Menschheit sich eine humanistische, literarisch-ästhetische Disposition bilde; Gadamer betonte, daß der Bildungsprozeß nicht auf eine reine Vernunfterkenntnis reduziert werden könne (ebd., S. 18 ff).

Die Geisteswissenschaften vermitteln Vorbilder, ein Ideal des Menschen und des guten Lebens, indem sie über Wünsche und Ideale der Menschen in der Geschichte berichten. Dieter Henrich, Schüler Gadamers und Wegbereiter einer neuen, «Konstellationen» der Philosophie in das Zentrum rückenden Strategie der Erforschung des deutschen Idealismus, spricht von einem *Identifikationsangebot* der Literatur und Geschichte, das als mögliches Konzept in Identifikationsentwürfe der Individuen eingehen oder aber zur Auseinandersetzung herausfordern kann (1979, S. 661 f; vgl. auch Frühwald u. a. 1990, S. 11, 139 f). In der Auseinandersetzung um den Bildungswert der Geisteswissenschaften seit Mitte der 50 er Jahre wurde deshalb betont, daß die Inhalte der Geisteswissenschaften an sich bereits bildend wirkten:

«Der Bildungswert der Geisteswissenschaft ist die Teilnahme an der menschlichen Vergangenheit [...] Auch wo der Weg der Erkenntnis (der in der Philologie beschritten wird) vergessen ist, bleibt das Ergebnis als solches bedeutsam. Die Erfüllung der Seele mit den Gehalten der Mythen, Bilder, Werke, der menschlichen Wirklichkeit als solcher hat schon den großen Bildungswert. Der Bildungswert der Naturwissenschaften dagegen liegt in der Übung exakt-realistischer Auffassung. Sehr viel weniger als bei den Geisteswissenschaften bilden die Inhalte als solche. In der Physik und Chemie sind die Ergebnisse verhältnismäßig gleichgültig, während der Weg, auf dem sie gewonnen sind (die Methode), den Bildungswert hat. Wer hier nur Ergebnisse kennt, hat ein im Grunde totes Wissen. Die bloße Aneignung der Ergebnisse schafft daher hier das Gegenteil von geistiger Bildung» (Jaspers/Rossmann 1961, S. 82).

Für Gadamer bestand die Bildung der Geisteswissenschaften aber nicht nur in der traditionsbezogenen Wertbildung und Vermittlung von Weltbildern, sondern darüber hinaus in der Erziehung zur Fähigkeit des Verstehens von Anderem und Fremdem, die sich als Fähigkeit zur Kommunikation und Gemeinschaft bezeichnen ließe. In der Annäherung an das Fremde der Vergangenheit oder des Kunstwerks im Prozeß des Verstehens bildeten sie eine Empfänglichkeit für Fremdes aus, die Maß und Abstand zu sich selbst erfordere.

«Eben das hatten wir, Hegel folgend, als das allgemeine Kennzeichen der Bildung hervorgehoben, sich derart für Anderes, für andere, allgemeinere Gesichtspunkte offenzuhalten. In ihr liegt ein allgemeiner Sinn für Maß und Abstand in bezug auf sich selbst, und insofern eine Erhebung über sich selbst zur Allgemeinheit. Sich selbst und seine privaten Zwecke mit Abstand ansehen, heißt ja: sie ansehen, wie die anderen sie sehen. Diese Allgemeinheit ist gewiß nicht eine Allgemeinheit des Begriffes oder des Verstandes. Es wird nicht aus Allgemeinem ein Besonderes bestimmt, es wird nichts zwingend bewiesen. Die allgemeinen Gesichtspunkte, für die sich der Gebildete offenhält, sind ihm nicht ein fester Maßstab, der gilt, sondern sind ihm nur als die Gesichtspunkte möglicher Anderer gegenwärtig. Insofern hat das gebildete Bewußtsein in der Tat mehr den Charakter eines Sinnes» (Gadamer 1975, S. 14).

Die Geisteswissenschaften wurden, wie von Gadamer herausgestellt, traditionell als Anwälte der humanistischen Bildung in der Nachfolge des deutschen klassischen Idealismus und des Humanismus gesehen. Es hatte vergeblich Versuche gegeben, den Bildungsbegriff auch auf die naturwissenschaftliche Erkenntnis auszudehnen, als die Naturwissenschaften sich in den 60er Jahren des letzten Jahrhunderts institutionell von der Philosophie lösten. Der Chemiker Justus von Liebig, einer der damaligen Wortführer einer Trennung der Naturwissenschaften von der Philosophie, machte geltend, daß die Entdeckungen der Physik die Menschheit auf eine höhere Stufe der Geisteskultur gehoben hätten, während das Studium der Klassiker die Hexenprozesse nicht habe verhindern können (vgl. Bayertz 1982, S. 112). Dies war das Argument der Aufklärung, die Entwicklung der Vernunft werde zu einer rationalen Lebensweise führen.

Infolge der Differenzierung der Wissenschaften in Geistes- und Naturwissenschaften erfolgte jedoch eine Aufspaltung des Bildungsbegriffs: Allgemeinbildung wurde von berufsbezogener, technischer Ausbildung unterschieden und eine sittliche Denkfähigkeit von einer logischen. Den Geisteswissenschaften wurde die Aufgabe der Allgemeinbildung und Werterziehung zugeordnet, den Naturwissenschaften, neben der praktischen, berufsbezogenen Ausbildung, die Übung im logischen Denken.

Die dynamischen wissenschaftlich-technischen Entwicklungen seit den 50er Jahren werteten allerdings die gesellschaftliche Bedeutung der Natur- und Technikwissenschaften auf. In ihnen wurden konstitutive

Gestaltungskräfte der gesellschaftlichen Zukunft gesehen (Hempel 1971). Durch die neuen Anforderungen im Umgang mit moderner Technologie und Überlegungen zur Verbreitung und kreativen Weiterentwicklung der Technologie unter konkreten Anwendungsbedingungen rückte die naturwissenschaftlich-technische Bildung ins Zentrum der Aufmerksamkeit bildungspolitischer Diskussion. Eine Konzeption rein geisteswissenschaftlicher Bildung, deren Inhalte sich auf philosophisch-weltanschauliche, künstlerische und politisch-sittliche Manifestationen des menschlichen Geistes in der Geschichte konzentrierten, erschien zur Bewältigung des ‹modernen Lebens› nicht mehr ausreichend. Gegen sie erhob sich der Vorwurf, sie sei unfähig zur Reflexion der spezifischen Probleme und Anforderungen der wissenschaftlich-technischen Zivilisation.

In diesem Streit um die Konzeption der Allgemeinbildung verteidigte der Münsteraner Philosoph Joachim Ritter die Geisteswissenschaften, indem er ihre Funktion in ‹modernen Gesellschaften› bestimmte, die zu einer verbreiteten und noch heute geläufigen Argumenation für die Geisteswissenschaften und geisteswissenschaftliche Bildung werden sollte (vgl. Mittelstraß 1989, S. 32; Marquard 1985). Ritter entgegnete dem Vorwurf der Antiquiertheit der Geisteswissenschaften mit dem Hinweis, daß sie ebenso wie die modernen Naturwissenschaften eine Geburt der industriellen Gesellschaft seien. Ihre Bedeutung liege in ihrer Funktion, den Vergangenheiten auslöschenden Modernisierungsprozessen entgegenzuwirken und sie auszugleichen durch die Bewahrung des Vergangenen und des vom Vergehen Bedrohten; dadurch gäben sie in der Dynamik der Herkunft nivellierenden Bewegung Anstöße zur Besinnung über Herkunft und Identität.

«Alles, was die Geisteswissenschaften in ihren historischen und hermeneutischen Methoden zum Gegenstand haben, Dichtung wie Kunstwerk, Vergangenes und Gegenwärtiges, ist immer dann, wenn es *unvermittelt* in Beziehung zur Gesellschaft tritt, dem Druck einer Bestimmung ausgesetzt, die es dem eigenen Wesen zu entfremden droht. Dem wirken die Geisteswissenschaften entgegen; sie haben, ohne daß sie hierin überhaupt ersetzt werden können, die unendlich wichtige Aufgabe, die Schöpfungen und Objektivationen des menschlichen Geistes immer aus ihnen selbst und in ihrem je eigenen Zusammenhang zu ‹verstehen› und zu begreifen, um sie so als sie selbst in die Gegenwart einzubringen: Von der Praxis getrennt und in die Freiheit reinen Erkennens gestellt, geben sie so dem Menschen die Möglichkeit eines Wissens von seinem nicht mit der Gesellschaft identischen Sein, das ohne sie ins Ferne gerückt oder seiner durch die Gesellschaft gesetzten Bestimmung geopfert würde» (Ritter 1962, S. 21).

Für die Geisteswissenschaften machte Ritter den Anspruch der reinen Theorie geltend: die Kommunikation mit der Geschichte inmitten einer Welt, die sich der Bewegung des Machbaren hingebe. Die Forderung der Distanz gegenüber den Bedürfnissen der gesellschaftlichen Praxis und den jeweiligen modischen Trends der öffentlichen Diskurse machte eine Unabhängigkeit des Denkens gegen eine Funktionalisierung der Erkenntnis geltend, schloß aber implizit die in ihrer Generalisierung problematische These ein, der Praxisbezug als solcher beschränke das Denken. Diese These berücksichtigt nicht, daß der Praxisbezug eine Selbstbesinnung und reflexive Distanzierung grundsätzlich nicht ausschließt. Außerdem muß die Möglichkeit einer völligen Loslösung von der Praxis, die Ritter forderte, mit der Theorie der Geisteswissenschaften bezweifelt werden, die die unaufhebbare Eingebundenheit des Subjekts in Zeitlichkeit und Eigenzeitlichkeit betonte (vgl. Bodammer 1987, S. 193 ff). Das von Ritter thematisierte Problem ist vielmehr, wie in der Praxis und ihren Tagesanforderungen Möglichkeiten einer besinnenden Distanzierung geschaffen werden können. Eine der bleibenden Leistungen Ritters, der vor allem durch seine auf Aristoteles zurückgreifenden Hegelinterpretationen schulbildend wirkte, ist das *Historische Wörterbuch der Philosophie*, dessen strikt begriffsgeschichtliche Methode neue Wege der Philosophiehistorie eröffnet hat.

Ritters Argumentation bewegte sich in dem problematischen Kontext der zwei Wissenschaftskulturen: Ritter differenzierte die Wissenschaften in Praxis bestimmende Naturwissenschaften einerseits, Reflexion und humanistische Ideen wahrende zweckfreie Geisteswissenschaften andererseits. Diesem Gedanken zufolge wurde den Naturwissenschaften allein die Gestaltung der Praxis überantwortet. Ritter formulierte ein Selbstverständnis der Geisteswissenschaften, das diese in Distanz zur Praxis stehend begreift und nicht mehr reflektiert, inwiefern auch sie konstitutiv für Praxis sind oder werden können. So mißversteht sich die geisteswissenschaftliche Kritik als grundsätzlich ohnmächtig, und die Verantwortung, die auch sie für Entwicklungen der Praxis trägt, bleibt unterbelichtet.

Ritters Definition der Naturwissenschaften als Praxis gestaltende Kraft bildete eine Akzentverschiebung gegenüber dem traditionellen geisteswissenschaftlichen Selbstverständnis, dem die Ideen des Geistes, verkörpert von großen Persönlichkeiten des öffentlichen Lebens, als geschichtsgestaltende Kräfte galten. Er trug damit bereits einer Wertverschiebung innerhalb der Wissenschaften im Zusammenhang der wissenschaftlich-technischen Revolution Rechnung. Anwendungsbezogene Forschungen waren damals im Aufschwung und machten einer kontemplativen metaphysischen Theorie den Platz streitig. Ritters These der Praxisunabhängigkeit der Geisteswissenschaften akzeptierte eine Außenseiterrolle dieser Disziplinen und interpretierte diese positiv als Bedingung humanistischer Kritik.

Der Bildungsauftrag der Philosophie

Da sich seit den 60er Jahren des vorigen Jahrhunderts die Naturwissenschaften institutionell von der Philosophie lösten und eine eigenständige Diskussion ihrer Grundlagenfragen für sich proklamierten, wurde die Philosophie in ihrem Anspruch, unter den Wissenschaften die führende Rolle einer Grundlagendisziplin auszuüben, auf die Geisteswissenschaften zurückgeworfen. Zwar wurde die Philosophie für die Naturwissenschaften nicht unwichtig, wie philosophische Diskussionen führender Naturwissenschaftler und ihr Austausch mit Philosophen, vor allem den Wissenschaftstheoretikern des Logischen Empirismus, des Realismus und Pragmatismus sowie des Neukantianismus, zeigen. Aber die philosophische Reflexion wirkte vorrangig als ein kritisches Element der fachspezifischen empirischen Gegenstandsbestimmung. Das historische Bewußtsein der Geisteswissenschaften dagegen förderte die Auseinandersetzung mit der Philosophiegeschichte, da Philosophie sich als ein komprimierter Ausdruck des theoretischen Denkens und der Weltanschauungen einer Zeit interpretieren läßt. In Form metaphysischer Grundannahmen schlägt Philosophie sich in allen menschlichen Artefakten nieder – in Texten, Kunstwerken wie Institutionen. Die Philosophie der Geisteswissenschaften thematisierte als wesentliche Aufgaben der Disziplinen vom Menschen das Offenlegen dieser metaphysischen Theorien, ihrer bis zur Gegenwart reichenden Wirkungsgeschichte und ihre

Beurteilung im Lichte der Gegenwartsproblematiken sowie einer erstrebenswerten Zukunft. Die Beziehungen zwischen der Philosophie und den geisteswissenschaftlichen Disziplinen entwickelten sich besonders eng. Keine Seltenheit waren noch bis in die 1950er Jahre hinein Doppellehrstühle für Philosophie und Soziologie, Philosophie und Pädagogik oder Philosophie und Psychologie. In der Psychologie allerdings setzte infolge der von Dilthey ausgelösten Kontroverse um eine ‹verstehende› oder ‹erklärende› Psychologie schon zu Beginn des 20. Jahrhunderts ein Differenzierungsprozeß zwischen einer empirischen Psychologie und der Philosophie ein (N. Schmidt 1995). Vergleichbar intensive Beziehungen zu den Naturwissenschaften oder der Mathematik waren weitaus seltener. Ende der 40er Jahre wurde diese Entwicklung von großen Teilen der akademischen Philosophie als eine zu korrigierende Einseitigkeit eingeschätzt, aber sie konnte nur allmählich und bis heute nicht vollständig behoben werden. Wenn auch Philosophie sich als Grundwissenschaft aller Wissenschaften verstand, so übte sie doch vor allem innerhalb der Geistes- bzw. Gesellschaftswissenschaften die Aufgaben einer theoretischen und methodologischen Grundlegung aus.

Das Bildungsverständnis der Geisteswissenschaften, die Tradition zu bewahren und mittels aktualisierender Sinnauslegung orientierend zu wirken, bezog sich in einem besonderen Maß auf die Philosophie selbst; aber Bildung durch Philosophie hieß weit mehr. Philosophen sahen sich als Verwalter der Fundamente des Denkens, der metaphysischen Theorien; viele erstrebten die Konsistenz eines Systems. Philosophie wurde verstanden als eine begründete Orientierung in Prinzipien und aufklärende Kritik. Sie galt als besonders geeignet zur Persönlichkeitsbildung, weil aus der Reflexion von Denksystemen und den Prinzipien des Denkens und des Handelns eine innere Stabilität gewonnen werden kann. Deshalb wurde betont, die Philosophie sei «von ihrem Gegenstand her» ein Fach «mit dem universellen Bildungscharakter schlechthin» (Beck 1972, S. 359). Von der Philosophie erwartete man, wie die Idee des Studium generale zeigt, «‹wissenschaftliches Gemeinbewußtsein›», das eine Orientierung auf den Zusammenhang der Wissenschaften sowie des Wissens überhaupt leiste; man erhoffte sich von ihr auch eine Orientierung in wissenschaftlichen Grundlagenkrisen (Schneider 1955, S. 434). Sie wurde auch als das «unentbehrliche Fundament einer personalen Bewältigung der Ausbildung» erachtet (Günzler 1971, S. 253).

Als während der 50er und 60er Jahre der traditionelle, an Philosophie und Geisteswissenschaften geknüpfte Bildungsbegriff in Frage gestellt wurde, sahen sich Philosophen genötigt, den Bildungswert der Philosophie explizit zu begründen und zu akzentuieren. Hervorgehoben wurden vor allem fünf Aspekte: (1) die Entwicklung der Denk- und Argumentationsfähigkeit durch die Schulung des Sinns für die Differenzierung der Begriffe und für logisches Folgern; (2) die Befähigung zum Selbstdenken, dem Stellen von Sinnfragen; (3) eine Schärfung der Aufmerksamkeit für metaphysische und normative Gehalte von Theorien, auch der empirischen Wissenschaften. Betont wurde daneben (4) die klärende Rolle der Philosophie in Prozessen der Selbstfindung insbesondere durch ihre Orientierung, nach einer Einheit des Wissens zu suchen, sich nicht mit einer Vielzahl einzelner Versatzstücke der individuellen oder wissenschaftlich vermittelten Erfahrung zufriedenzugeben und sich womöglich in einer beruflichen Spezialisierung zu verlieren. Im Kontext des in der Studentenbewegung Ende der 60er Jahre erwachenden Interesses am Marxismus wurde darüber hinaus (5) auf die besondere Befähigung der Philosophie verwiesen, zur Ideologieresistenz zu erziehen (vgl. u. a. Beck 1972; Schischkoff 1975; Günzler 1971; Holzamer 1981; Adorno 1989c; Horkheimer 1953, 1953a; Jaspers/Rossmann 1961; Schneider 1955).

Philosophen unterschiedlicher Richtungen betonten die Unentbehrlichkeit der philosophischen Bildung zur Bewältigung der universitären Ausbildung und der besonderen Anforderungen der akademischen Berufe. Vertreter der Kritischen Theorie der Frankfurter Schule, Max Horkheimer und Theodor W. Adorno, sprachen von der Erziehung zum «Geiste» oder zum «geistigen Menschen», dessen Charakterisierung an Fichtes Bestimmung des Gelehrten erinnert: Er bezeichnet einen Intellektuellen, der sich den Anpassungszwängen und gleichmacherischen Tendenzen der modernen, industriellen Gesellschaft widersetzt, sich befreit zu einem selbständigen Denken, einer Hinterfragung und Kritik der normierten Standards und dadurch Wege zu einer besseren Welt souveräner, gleichberechtigter Menschen zu weisen versteht (vgl. Horkheimer 1953, 1953a; Adorno 1989b, 1989c). Die philosophische Durchdringung der Wissenschaften wurde in der Überzeugung gefordert, daß die spezialisierte Forschung und vor allem die Kriterien der empirischen Wissenschaften nicht zur Bildung der Persönlichkeit des Intellektuellen ausreichten, von dem die Antizipation möglicher Zukunft und ‹weise› Ratschläge in praktischen Problemen erwartet wurden. Horkheimer etwa betonte:

«Es gibt Menschen, die an sich durchaus intelligent, gebildet und scharfblickend sind, und gerade in dem Augenblick zu verdummen scheinen, in dem sie, wie sie glauben, ‹unter wissenschaftlicher Verantwortung› reden und jede Regung der Phantasie sich verbieten, die über das hieb- und stichfest Beweisbare hinausgeht. In den heutigen empirischen Sozialwissenschaften etwa [...] geht höchste Vervollkommnung der Techniken mit einer solchen Neigung zum Verdummen zusammen» (1953, S. 12).

Dem sollte Philosophie entgegenwirken.

Aus einer grundlegend anderen Perspektive argumentierte Karl Jaspers sehr ähnlich, wenn er die philosophische Reflexion der Wissenschaften als wesentliche Voraussetzung betonte, einer Funktionalisierung des Subjekts und einem Fachidiotentum zu begegnen (Jaspers/Rossmann 1961). Die empirische Wissenschaft klammere die Frage nach dem Sinn aus, sei deshalb unfähig zur Orientierung und könne infolgedessen auch keine Garantie für eine humanistische Ausbildung der Akademiker bieten. Vor allem Akademiker seien in ihren Berufen – als Ärzte, Lehrer, Verwaltungsbeamte, Richter, Wirtschaftsführer etc. – mit der Totalität der Lebensverhältnisse konfrontiert und bedürften einer Reflexion dieser Verhältnisse. Eine Ausbildung aber, die sich allein auf die jeweilige Berufstechnik konzentriert, könne nicht zu der notwendigen Offenheit und Beweglichkeit des Geistes führen.

«Die vorbereitende Ausbildung für diese Berufe macht sie unmenschlich, wenn sie nicht auf das Ganze führt, nicht die Auffassungsorgane entwickelt und den weiten Horizont zeigt, wenn sie nicht ‹philosophisch› macht. Mängel in der Fachroutine, die unter allen Umständen zur Zeit der Staatsexamina in erheblichem Maße bestehen, können im Laufe der Praxis beseitigt werden. Fehlt aber jener Boden geistiger wissenschaftlicher Ausbildung, so ist alles weitere hoffnungslos» (ebd., S. 71).

Die philosophische Reflexion auf das Ganze des Wissens – nach Jaspers ist es der transzendentale Bezug des Wissenschaftlers auf das nie zu erreichende «Eine des Seins», den Gesamtzusammenhang der Schöpfung –

baue dem Sich-Verlieren im Einzelnen und Mannigfaltigen der wissenschaftlichen Forschung vor und gebe dieser erst einen Sinn. – Die Wissenschaft bedürfe der Führung durch Philosophie.

«Im Forschen ist eine Voraussetzung die *Führung durch Ideen*, durch dieses Umgreifende, das selber nicht Gegenstand wird außer durch ‹Schemata der Ideen› (Kant), die in der Folge wieder verschwinden, weil sie in ihrer Verendlichung immer auch falsch sind. Die Ideen bringen in das Ganze systematische Einheit, zeigen den Weg, machen den Unterschied von wesentlich und unwesentlich, tief und oberflächlich, bedeutend und unbedeutend, Ganzheit und Zerstreutheit. Sie sind das Umgreifende, das die Nähe zur Sache bewirkt, Einfall und Entdeckung ermöglicht, dem Zufall Sinn gibt. Die Vergeblichkeit des Endlosen wird in den tiefen Zusammenhang des Unendlichen gebracht. Voraussetzung sinnvoller Wissenschaft ist das Leben der Ideen im Forscher» (ebd., S. 51).

Will man den Bildungsauftrag der Philosophie zusammenfassend auf einen Begriff bringen, wäre er als Auftrag zur Erziehung von Intellektuellen bzw. Akademikern zu bezeichnen, dessen Erziehungsziele an die Bestimmungen des Gelehrten durch Humboldt und die deutsche klassische Philosophie anknüpfen: Mit dem Begriff des Intellektuellen ist ein Mensch bezeichnet, der ein differenzierendes, wissenschaftliches Denken gelernt hat, der gesellschaftliche Zusammenhänge zu reflektieren und Perspektiven einer besseren Zukunft zu entwerfen vermag, der seine Tätigkeit in die gesellschaftliche Bewegung verantwortungsvoll eingliedert und ein Vorbild gibt für mögliches Wissen, Gemeinschaftssinn und kommunikative Verständigungsbereitschaft.

Kritik des philosophisch-geisteswissenschaftlichen Bildungsideals

Die Kritik an der Humboldtschen Universitätsidee konzentrierte sich zum einen auf die Zielstellung wissenschaftlicher Bildung, philosophisch einen Zusammenhang der Wissenschaften und des Wissens zu konstruieren bzw. zu vermitteln, zum anderen richtete sie sich gegen die Reduktion des Bildungsbegriffs auf einen geisteswissenschaftlich geprägten Begriff der Allgemeinbildung.

Besonders nachhaltig prägte der stark philosophisch orientierte Soziologe Helmut Schelsky die Diskussion. In seiner Münsteraner Antrittsvorlesung 1960 betonte er unter Hinweis auf die «Verwissenschaftlichung aller Praxis», einer Ausdehnung wissenschaftlicher Berufe auf Tätigkeiten, die der gelehrten Ausbildung früher nicht bedurften, die grundlegende Wandlung des Bildungsverständnisses.

«Wollen wir wirklich wieder Bildung im Sinne Humboldts erstreben, dann müssen wir uns von einem im deutschen Idealismus und Neuhumanismus angelegten, im späteren akademischen Hochbürgertum erst voll entwickelten Vorurteil befreien, nämlich der Vorstellung, daß ‹Bildung› gleich ‹Geistesaristokratie› und diese gleich ‹Führungsschicht der Nation oder der Gesellschaft› sei. [...] Wir müssen heute den Mut zu der sozial resignativen Erkenntnis haben, daß Bildung die Angelegenheit einer Minderheit sein wird, die mit der funktionalen Führungsschicht der Gesellschaft nicht identisch ist, oder daß Bildung überhaupt nicht sein wird. Wir brauchen für die funktional führende Schicht unserer Gesellschaft sicherlich lebensnotwendig eine umfassende wissenschaftliche Ausbildung, und diese gewaltige Aufgabe bindet und beherrscht auf unabsehbare Zeit unsere Universitäten. Eine Gruppe der Gebildeten aber wird nur existieren können als eine funktional luxuriöse Gruppe» (1960, S. 30).

In der späteren Ausführung des Vortrags in *Einsamkeit und Freiheit. Idee und Gestalt der deutschen Universität und ihrer Reformen* (1963) stellte er der Welt des 19. Jahrhunderts die «Moderne» mit ihren pragmatischen Funktionsdifferenzierungen gegenüber. Der Verwissenschaftlichung der Praxis korreliere die Vergesellschaftung der Universität, was bedeute, daß die Universität sowohl mit der Berufsausbildung als auch der Forschung entscheidende gesellschaftliche Funktionen ausübt und damit in die Praxis eingebunden ist. Wissenschaft könne nicht mehr Träger einer sich über das praktische Leben und seine Zweckanforderungen erhebenden Bildung sein. Die Universität werde durch den Bildungsauftrag überfordert, denn als Selbstbildung und Selbstfindung des Menschen sei Bildung der institutionellen Erziehung entzogen (1971, S. 224). Schelsky plädierte dafür, von dem Ideal einer Forschung in «Einsamkeit und Freiheit» Abstand zu nehmen, dessen Ursprung er in der neuhumanistischen Universitätsidee sah. Für das Wissenschafts- und Bildungsverständnis zu Beginn des 19. Jahrhunderts, das stets die Einheit von theoretischer und praktischer Vernunft betont hatte, traf

Schelskys Charakterisierung als kontemplativ und praxisfern jedoch keineswegs zu. Angesprochen waren kontemplative Wissenschaftsauffassungen, wie sie vornehmlich in den Geisteswissenschaften der 1950er Jahre vertreten waren. Ritters These von der notwendigen, auf Bildung bezogenen Kompensationsfunktion der historischen Kulturwissenschaften gegenüber den Natur- und Sozialwissenschaften überstützte Schelsky allerdings; denn er sah die Sozialwissenschaften einem technischen Selbstbezug des Menschen verpflichtet und Gefahr laufen, ‹tagespolitische› Sachzwänge als einzig mögliche Handlungsorientierung zu interpretieren. Er lobte die kritische Funktion der Geisteswissenschaften, wandte sich aber gegen die Isolierung der geisteswissenschaftlichen Bildung. Bildung müsse sich behaupten, «dokumentieren und bewähren» in den Natur- und Sozialwissenschaften, weil diese das «Handlungsfeld der Epoche darstellen» (ebd., S. 225). Behaupteten sich die Geisteswissenschaften allein als der «Bereich der Bildung, so beschwören sie heute die Gefahr, von der Handlung und Gestaltung der Welt abzulenken in jenen ‹Selbstgenuß der Humanität› um des Wissens, der schon die fatale Seite des Bildungsgedankens *Humboldts* und anderer Humanisten war; setzt sich das geisteswissenschaftlich-historische Wissen als Bildungsgut weiterhin absolut, so führt es in die museale Existenz und damit in die reale Geschichtslosigkeit, eine Tendenz, die gerade die deutsche Gegenwart im hohen Maße aufweist» (ebd., S. 214). Auch Karl Jaspers und Jürgen Habermas hatten der geisteswissenschaftlichen Bildung vorgeworfen, musealen Tendenzen zu erliegen (Habermas 1957, S. 275; Jaspers/Rossmann 1961, S. 64).

Die Praxis einer Normierung historischer Werke zu Bildungsgütern und die Pflege einer «ästhetischen Geistigkeit» (Jaspers/Rossmann 1961, S. 64) wurden in Frage gestellt. Bildung, die vorrangig Nachvollzug und Kenntnis ‹klassischer› historischer Werke umfaßte, könne nicht zur Bewältigung der Aufgaben eines auch perspektivisch durch wissenschaftlich-technische Entwicklungen bedingten und herausgeforderten Gesellschaftswandels ausreichen. Die Geisteswissenschaften würden damit auch ihrem eigenen Bildungsverständnis nicht gerecht, lautete ein zentraler Vorwurf. Denn werde Bildung verstanden als «geistige und sittliche Souveränität gegenüber den Handlungszwängen der Welt und des Lebens» (Schelsky 1971, S. 225), seien in der wissenschaftlich-technischen Zivilisation Kenntnis und Auseinandersetzung mit moderner

Technologie und sie erzeugender Wissenschaft eine notwendige Bedingung von Bildung. Geisteswissenschaften, die die Reflexion dieser modernen Entwicklungen ausblendeten, seien nicht in der Lage, ein angemessenes Verständnis der Gesellschaft und gesellschaftlicher Perspektiven zu vermitteln.

Unbestimmt war an dem Konzept geisteswissenschaftlicher Bildung, was aus der Vielzahl der geschichtlichen Überlieferungen in welcher Weise bilden sollte oder könnte. Kritisiert wurde deshalb die allgemeine Verschwommenheit des Bildungsziels (Schelsky 1971, S. 170f, 229; Röhrs 1972, S. 136). Die Fragwürdigkeit der geisteswissenschaftlichen Persönlichkeitsbildung erblickten viele in der Art des Vorbildes, das sie propagierte: den historisch und kulturell bewanderten Menschen innerhalb einer Kultursphäre, die den Bereich der Arbeit ausklammerte. Habermas kritisierte, daß «das abstrakte, von seiner realen Wirksamkeit abgespaltene Dasein eines Menschen zu seiner Aufgabe, womöglich zu seiner Würde gemacht wird. Noch Goethe und Hegel waren sich recht genau dessen bewußt, daß Kategorien der Innerlichkeit nur durch selbsttätige Entäußerung, daß die Personen nur in ihrem aktiven Verhältnis zu den realen Aufgaben der bürgerlichen Gesellschaft sich bildeten» (Habermas 1957, S. 277).

Bildung als Auseinandersetzungsfähigkeit mit Gegenwarts- und Zukunftsproblematiken mußte Kenntnisse der naturwissenschaftlich-technischen Bereiche und praktischen Gestaltungssinn mit einschließen. Deshalb wurde die Bindung der Allgemeinbildung an die Geisteswissenschaften, an ausgewiesene Bildungsfächer, abgelehnt. Aber auch als Ideal des Gebildeten wurde die Allgemeinbildung als ein möglichst breit gestreutes, vor allem geschichtliches Wissen und Wissen um allgemeine Zusammenhänge grundsätzlich in Frage gestellt. In der hochspezialisierten Gesellschaft, so lautete das Argument, sei die wissenschaftliche Spezialisierung eine entscheidende Bedingung für Kompetenz und Souveränität des Individuums in seinem Fachgebiet. Dem Problem der Fachidiotie könne letztlich auch nur durch eine vertiefte Spezialisierung begegnet werden, die sich die fachübergreifenden Zusammenhänge vom Forschungsgegenstand ausgehend erarbeite; eine losgelöste Allgemeinbildung verhindere nicht nur nicht eine Fachborniertheit, sondern berge die Gefahr des Dilettantismus (vgl. Habermas 1957). Der Soziologe Theodor Geiger hatte eine solche Bildungskonzeption der erweiternden und vertiefenden Spezialisierung schon 1950 dem damals noch relativ unangefochtenen Begriff der Allgemeinbildung entgegengehalten, der die Hochschulreformüberlegungen der Nachkriegszeit prägte, die ein von philosophisch-staatsbürgerlichen Inhalten geprägtes Studium generale neben oder vor dem Studium empfahlen. «Spezialist und gleichzeitig allgemein gebildet zu sein ist menschenunmöglich. Spezialist auf einem Gebiet und daneben auf irgendeinem Feld an der entgegengesetzten Peripherie des orbus scientarum bewandert zu sein ist günstigsten Falles ein karger Ersatz für Allgemeinbildung. Im Gegensatz dazu schwebt mir das Bild einer konzentrisch-expansiven Bildung vor. Das Kernfeld unseres Wissens wird unser Fachwissen sein. Ein in fachlicher Isoliertheit verharrender Banause ist, wer sich mit der routinemäßigen Beherrschung dieses stofflich begrenzten Wissens begnügt. Die Überwindung des Spezialismus liegt nicht in dilettantischer Allerweltsorientierung, sondern darin, daß man sich vom beruflichen Kernfeld her in konzentrischen Ringen weiter vorfühlt, vom beruflichen Daseinszentrum aus erweiterte Zusammenhänge sichtet und erschließt. Nicht die Erwerbung beziehungslos neben dem Fachstudium stehender Wissenssubstanz kann zu jener gleichgewichtigen Abrundung der Persönlichkeit führen, die wir Bildung nennen, sondern nur eine ihres Zentrums und Drehpunktes sichere Ausweitung des geistigen Gesichtsfeldes» (Geiger 1950, S. 7; ähnlich argumentieren Horkheimer 1953, S. 11; Fink 1956, S. 425). In den 60 er Jahren aber fanden diese Argumente eine größere Resonanz. Auch die Idee des exemplarischen Lernens gewann an Einfluß.

Die Idee einer philosophische Synthese der Wissenschaften wurde als unrealistisch verworfen, da es schon nicht mehr möglich sei, sich einen qualifizierten Überblick über den Wissens- und Forschungsstand in den verschiedenen Disziplinen anzueignen und dies auch angesichts des Tempos des Wissenschaftsfortschritts immer unwahrscheinlicher werde (Heiss 1965, S. 147 f; Freyer 1962).

Neue Formen und Perspektiven der Einheit der Wissenschaften sah man in der wachsenden Interdependenz der Wissenschaften, in der interdisziplinären Forschung sowie der Erforschung ‹universaler Objekte›. Schelsky sprach von der «Entwicklung partieller wissenschaftlicher Einheit am empirischen Gegenstand», die die Idee philosophischer Universalsynthesen abzulösen habe (Schelsky 1966a, S. 90). Habermas konstatierte, daß die Philosophie zwar kein institutionell gesichertes Privileg mehr gegenüber den Einzelwissenschaften behaupten könne, jedoch das Philosophieren eine universale Kraft behalte in Form der Selbstreflexion der Wissenschaften (1967, S. 427; 1957). So wurde zum einen der Gedanke der philosophischen Einheit gänzlich aufgegeben; Schelsky betonte die «unphilosophische Kommunikation der Wissenschaften»: Die Theorie der Wissenschaften unterscheide sich von der Philosophie dadurch, daß sie als ein System von Hypothesen abstrahiert werde von der jeweiligen empirischen Analyse des Gegenstandes und immer in Abhängigkeit von der jeweiligen Faktenerkenntnis des betreffenden Fachs bleibe (Schelsky 1971, S. 215; vgl. auch Freyer 1962, S. 112). Zum anderen wurde der Philosophie die Reflexion der einzelnen Wissenschaften empfohlen. In *Einsamkeit und Freiheit* wies Schelsky der Philosophie dabei noch eine zentrale Rolle inmitten der Wissenschaften zu: Die Aufgabe der Philosophie liege in der historischen Reflexion der geistigen Bedingungen und Grenzen der Wissenschaften sowie ihrer ethischen Grenzen. Um die Philosophie in die Lage zu versetzen, dies zu leisten, schlug Schelsky eine institutionelle Verschränkung der Philosophie mit allen anderen Wissenschaften vor: Philosophische Lehrstühle sollten in allen großen Wissenschaftsgruppen und Fakultäten angesiedelt werden, und die Philosophie sollte, wo möglich, in Form eines zentralen, Fakultäten übergreifenden Universitätsinstituts Beziehungen zu allen Wissenschaften gleicherweise knüpfen können. Sie müsse auf jeden Fall «befreit» werden aus «ihrem fachwissenschaftlichen Begräbnis innerhalb der sogenannten ‹Philosophischen Fakultät›, die in Wirklichkeit eine Fakultät der historisch gerichteten Kultur- und Sprachwissenschaften» sei (1971, S. 219).

Es gab im Grunde keine Klarheit über die Bildungskonzeption. Man sah das Ungenügen geisteswissenschaftlicher Bildung und auf der anderen Seite den Mangel an ethischer Reflexion in den naturwissenschaftlich-technischen Bereichen. Pragmatisch wurde die Angliederung Philosophischer Fakultäten mit bildender Funktion an Technische Hochschulen befürwortet (Hübner 1966) bzw. Technischer Fakultäten an Universitäten, ohne daß die Integrationskonzeption geklärt worden wäre (kritisch dazu Moser 1963).

Als Schelsky Mitte der 60er Jahre selbst an der Erarbeitung der Gründungskonzeption der Bielefelder Universität maßgeblich beteiligt war, löste er die Idee des Bildungsfachs Philosophie nicht ein; seine Überlegungen konzentrierten sich auf die Förderung der Forschung, insbesondere durch interdisziplinäre Kooperationszusammenhänge. Er schlug die Einrichtung eines interdisziplinären Zentrums als zentrale Forschungseinrichtung vor (Schelsky 1966, 1966a). Ein Konzept der institutionellen Integration der geisteswissenschaftlich-philosophischen und naturwissenschaftlich-mathematischen Disziplinen legte der Gründungsausschuß der Bochumer Universität vor: Hier sollten disziplinübergreifende Lehrstühle die Kluft zwischen den zwei Wissenschaftskulturen überbrücken helfen (vgl. *Empfehlungen zum Aufbau der Universität Bochum. Denkschrift des Gründungsausschusses*, 1962, in Neuhaus 1968).

Unklar war die Rolle, die der Disziplin Philosophie zukommen sollte. In der ersten Hälfte der 60er Jahre dominierte die Zurückweisung der als ungenügend oder illusorisch empfundenen philosophischen Syntheseansprüche und der geisteswissenschaftlich-philosophischen Bildungskonzeption, ohne daß konstruktive Perspektiven der Disziplin Philosophie reflektiert worden wären. Dies geschah erst Anfang der 70er Jahre, aber schon unter dem Zeichen einer allgemeinen Krisenstimmung innerhalb der Philosophenzunft. Denn mit der Kritik traditioneller Bildungsvorstellungen ging, gleichfalls unter Berufung auf die moderne Wissenschaftsentwicklung, eine Metaphysik- und Philosophiekritik in den Gesellschaftswissenschaften einher, die sich an der analytischen Philosophie und Wissenschaftstheorie orientierte. Wie noch zu zeigen sein wird, entstand eine Opposition zur Philosophie, um der Empirie in diesen Wissenschaften einen größeren Stellenwert einzuräumen und eine Zurückhaltung in Weltanschauungsfragen als Wissenschaftsideal zu verallgemeinern.

In diesem Zusammenhang ist zu bedenken, daß sich die öffentliche Wertschätzung der großen Wissenschaftsgruppen und das Bild des Akademikers wandelten. Schelsky faßte die grundlegende Umwertung in den knappen Worten zusammen: Es gelte nicht mehr der literarisch produzierende Geisteswissenschaftler und Philosoph als Grundtypus des Gelehrten, vielmehr sei der experimentell arbeitende Naturwissenschaftler zur leitenden Figur moderner Wissenschaftsentwicklung emporgestiegen (1971, S. 252). Gesellschaftlich nachgefragt wurden insbesondere die an der Praxis orientierten und für die Praxis relevanten Wissenschaften und Forschungsprojekte, eine Ausbildung von Ingenieuren, Mathematikern und Naturwissenschaftlern, von Ökonomen, Juristen, aber auch Lehrern, die die Wissenschaften und ihre Entwicklung zu vermitteln verstehen (Wissenschaftsrat 1960, S. 17). Von Akademikern erwartete man vor allem eine genaue Spezialkenntnis ihres Bereichs und konstruktive Vorschläge zur praktischen Gestaltung der diversen gesellschaftlichen Sphären – nicht mehr immer auch zugleich eine kulturell-geistige und politische Führungspersönlichkeit. Zur Vergesellschaftung der Wissenschaft gehörten Demokratisierungsprozesse des Wissens, eine sich – tendenziell und zumindest der Programmatik nach – erweiternde Teilhabe aller Bevölkerungsschichten an Wissenschaft durch den Ausbau des Bildungssektors, durch Vermittlung der Medien und nicht zuletzt neuer Anforderungen der Auseinandersetzung mit wissenschaftlicher Technologie in der betrieblichen Praxis. Die Exklusivität des Akademikerstandes verringerte sich. Mit den Worten Max Webers ließe sich von einer gewissen ‹Entzauberung der Wissenschaft› sprechen, wenngleich die Wissenschaftsgläubigkeit noch relativ ungebrochen war: Daß Wissenschaft als etwas jedem Erreichbares und von jedem zu Durchschauendes erscheint, war das erklärte Ziel der öffentlich stark propagierten Bildungsreform und der Diskussion um einen Abbau der Bildungsprivilegien. Der Gelehrte verlor von seinem Nimbus an individueller Genialität, der ihn aufgrund der von ihm erwarteten Erklärungskompetenz und des ihm eigenen Verstehens von Welt und Geschichte lange Zeit umgeben hatte. Auch die parallel im deutschsprachigen Raum einsetzende Normendiskussion der Wissenschaftstheorie beteiligte sich an der Entzauberung des Geistigen, indem sie sich bemühte, es empirisch oder naturalistisch zu analysieren. Für alle wissenschaftlichen Begriffe und Argumente wurde eine intersubjektiv überschaubare und prüfbare Herleitung verlangt; durch Splitting von Aussageelementen und logische Umformungen versuchte man, die Reichweite einer Theorie auszureizen, die noch zu prüfenden Bausteine zu ermitteln.

Der Positivismusstreit

Vor allem aus der Rezeption der analytischen Philosophie und Wissenschaftstheorie in den 60er Jahren kamen Anstöße zu einer Reflexion des Verhältnisses von Philosophie und Wissenschaften. Allerdings vollzog sich die Öffnung der Philosophie in der Bundesrepublik Deutschland gegenüber den angelsächsisch-positivistischen Philosophiekonzeptionen erst infolge eines teilweise von starken Emotionen begleiteten Grundsatzstreits um die geisteswissenschaftlich-hermeneutische Konzeption der Gesellschaftswissenschaften, den Status der Metaphysik und Kriterien wissenschaftlicher Argumentation.

Der Begriff analytische Philosophie hatte sich als allgemeine Bezeichnung für das Bemühen um die sprachlogische Klärung und Rekonstruktion wissenschaftlicher Argumentation eingebürgert, da sich zu der ursprünglich vom Logischen Empirismus des Wiener Kreises ausgehenden Bewegung Philosophen des amerikanischen Pragmatismus und Realismus hinzugesellten. In London wirkte seit 1946 Karl R. Popper, von dem die Schule des Kritischen Rationalismus ausging. Es war ein heterogener Forschungszusammenhang entstanden, der keinen Namen hatte und dessen Vertreter es zum Teil auch ablehnten, einer Richtung anzugehören (vgl. Carnap 1967, S. 363; Mehrtens 1990). Ein gewisses Zentrum bildete bis Anfang der 60er Jahre der Logische Empirismus des Wiener Kreises, der sich seit 1929 um einen internationalen Kooperationszusammenhang zu Forschungen auf dem Gebiet der Logik und Wissenschaftstheorie bemüht hatte (vgl. Hegselmann 1979a, S. 35 f). Seine Arbeiten waren in den 30er Jahren in den USA, in Großbritannien und Skandinavien positiv aufgegriffen worden und hatten dort Standards der philosophischen und wissenschaftlichen Diskussion geprägt. In Deutschland und Österreich allerdings hatte der Nationalsozialismus diese Richtung ins Exil getrieben mit der Folge, daß die Debatte um Wissenschaftstheorie und logische Analyse der Sprache weitgehend verstummte.

Große Verdienste in der Vermittlung der analytischen Philosophie und Wissenschaftstheorie erwarben sich vor allem Wolfgang Stegmüller und der in Köln, später in Mannheim wirkende Soziologe und Wissenschaftsphilosoph Hans Albert. Nach eigener Erzählung war Stegmüller erst 1948 in einem Gespräch mit Popper auf den Wiener Kreis und dessen Zeitschrift *Erkenntnis* aufmerksam geworden (A. Kamlah 1985, S. 221). Stegmüller griff in den 50er Jahren Argumente der analytischen Philosophie auf und führte mit Monographien in die Theorien dieser Philosophierichtung ein (1952, 1954, 1956, 1957). 1969 brachte er den ersten der vier Bände der *Probleme und Resultate der Wissenschaftstheorie und Analytischen Philosophie* heraus, die die verschiedenen Dimensionen und wichtigsten Positionen des wissenschaftstheoretischen Diskurses vermitteln. Stegmüller nahm nach Gastprofessuren 1957/58 in Kiel und Bonn 1958 in München einen Lehrstuhl an. Hans Albert hatte, wie Stegmüller anläßlich der Alpbacher Hochschulwochen auf den Logischen Empirismus aufmerksam geworden, Anfang der 50er Jahre mit dem Studium dieser Richtung begonnen; 1956 stellte er in einem Artikel für die *Kölner Zeitschrift für Soziologie und Sozialpsychologie* die Bedeutung der analytischen Philosophie für eine «Entmythologisierung der Sozialwissenschaften» heraus. Ende der 50er Jahre gewannen die Positionen Poppers eine größere Überzeugung für ihn, und er wurde einer der vehementesten Verteidiger des Kritischen Rationalismus in Deutschland und einer der führenden Kontrahenten im Positivismusstreit. Auch Popper war in Deutschland erst Ende der 50er Jahre bekannter geworden. Sein ehemaliger Lehrer, Julius Kraft, ein Schüler Leonard Nelsons, trug dazu bei, indem er in seiner 1957 gegründeten Zeitschrift *Ratio* wissenschaftstheoretische Artikel Poppers in deutscher Sprache veröffentlichte (vgl. Dahms 1994, S. 273 ff, 324 f).

Ein Rezeptionsinteresse an den Problemstellungen und Ergebnissen der Wissenschaftstheorie wuchs allgemein in der Bundesrepublik Deutschland und in Österreich seit Ende der 50er Jahre im Zusammenhang mit einem intensivierten internationalen Forschungsaustausch und einer Orientierung an den Standards der amerikanischen Diskussion und Forschungspraxis. In den Blick rückten der große methodologische Vorsprung der praxisbezogenen, empirischen Forschung der amerikanischen Gesellschaftswissenschaften sowie die entwickelte wissenschaftstheoretische Reflexion. Verstärkte Anstrengungen schienen notwendig, um einen Anschluß daran zu finden. Doch die Rezeption «außerdeutscher Errungenschaften» (Dahrendorf 1959, S. 138 f) entwickelte sich zunächst schwerfällig und kam erst Mitte der 60er Jahre zum Durchbruch.

Das Erstarken empirischer Forschungsinteressen, vor allem in der Soziologie und der Pädadogik, und die positive Anknüpfung an die methodologische und wissenschaftstheoretische Diskussion des angloamerikanischen Raums provozierten eine Grundlagendebatte in den geisteswissenschaftlichen Disziplinen. Vor allem übte der Werturteils- und Positivismusstreit in der Soziologie eine nachhaltige Wirkung auf die Debatten anderer Disziplinen aus. Maßgebliche Initiatoren des Streits waren Theodor W. Adorno und Jürgen Habermas, den Gegenpart übernahm Hans Albert. Die Entstehung und Entwicklung dieses Streits verfolgt Hans-Joachim Dahms in *Positivismusstreit. Die Auseinandersetzungen der Frankfurter Schule mit dem logischen Positivismus, dem amerikanischen Pragmatismus und dem kritischen Rationalismus* (1994). Seine differenzierte biographische Feinzeichnung verweist auf einen bislang kaum berücksichtigten Ursprung des Streits in der Soziologie in der Auseinandersetzung zwischen konservativen, zum Teil durch eine nationalsozialistische Vergangenheit belasteten Kräften und den antifaschistischen. Dahms verdeutlicht darüber hinaus die den Positivismusstreit prägende Vorgeschichte, das Zerwürfnis zwischen der Frankfurter Schule und dem Wiener Kreis gegen Ende der 30er Jahre, das die Frankfurter Schule zur Ausarbeitung distanzierender Positionen führte.

Was diese doch sehr soziologiespezifische und durch die Kritische Theorie der Frankfurter Schule geprägte Debatte in den 60er Jahren über die Fachgrenzen hinaus interessant machte, war der Umstand, daß in der Kontroverse zwischen der Frankfurter Schule und dem Kritischen Rationalismus ein Streit um Wissenschaftsnormen und darüber hinaus um die Konzeption der Gesellschaftswissenschaften ausgetragen wurde, der grundsätzliche Positionen des geisteswissenschaftlich-philosophischen Selbstverständnisses und der empirisch-analytischen Strömung akzentuierte. Mit der Frankfurter Schule trat eine hermeneutische Konzeption der Gesellschaftswissenschaft der empirisch-analytischen entgegen. Denn die Frankfurter Schule argumentierte, obgleich sie sich von der geisteswissenschaftlichen Konzeption der Gesellschaftswissenschaften distanzierte, auf dem ideengeschichtlichen Hintergrund dieser Tradition mit ähnlichen bis identischen Vorbehalten und Einwänden gegenüber analytischer Philosophie und Wissenschaftstheorie und empirischer Forschung in positivistischem Selbstverständnis. Albert führte eine Auseinandersetzung im übrigen nicht nur innerhalb der Sozialwissenschaften, sondern auch gegenüber der Theologie und mit dem Berliner Psychologen Klaus Holzkamp, der Ende der 60er Jahre seinen Ansatz einer Kritischen Psychologie formulierte (vgl. Albert 1975; Suchla 1982; Albert/Keuth 1973).

Sinnorientierung der Wissenschaft

Die analytische Wissenschaftstheorie forderte eine klare Sprache, die möglichst Mehrdeutigkeiten vermeidet, eine Argumentation, die ihre Gründe expliziert und Hinweise für eine intersubjektive Nachprüfbarkeit gibt, sowie den Verzicht auf eine emotionale Sprache bzw. eine deutliche Unterscheidung der – emotionslosen – Darlegung der für intersubjektiv gültig erachteten Argumente und der Bewertung des Gegenstandes. Man sprach damals im Hinblick auf die empirische Forschung von einer Trennung des Deskriptiven vom Normativen, der beschreibenden Darstellung von Sachverhalten, wozu beispielsweise durchaus auch normativ orientierte Verhaltsweisen gehören, und einer wertenden Stellungnahme.

Die Theorie der Geisteswissenschaften und die in ihrer Tradition Stehenden sahen die vorrangige Aufgabe der Wissenschaften vom Menschen nicht in der beschreibenden Analyse sozialen Verhaltens, sondern in der Explikation der Sinn- und Handlungsorientierungen, der Kulturwerte und Normen richtigen Verhaltens. Für die Pädagogik, Sozialwissenschaften, Ökonomie oder Kunstwissenschaft wurde ein deskriptiv-normativer Doppelcharakter reklamiert: Ein Wertverständnis sei konstitutiv für diese Wissenschaften und eine Voraussetzung auch empirischer Studien (Rombach 1967, S. 39, 48 f; Bollnow 1968, S. 239; Weber/Topitsch 1951).

Diese Argumentation wurde vor allem in der Pädagogik geltend gemacht, in der die geisteswissenschaftliche Pädagogik dominierte, die in den 20er Jahren eine außerordentliche Breitenwirkung erzielt und zahlreiche andere Theorieansätze, darunter auch Ansätze einer empirischen Pädagogik, marginalisiert hatte (Bracht/Fichtner/Rückriehm 1990, S. 915). Der Erziehungswissenschaftler Wolfgang Brezinka hatte Mitte der 60er Jahre mit zwei Beiträgen in der *Zeitschrift für Pädagogik* (1965, 1966) eine Debatte über das Selbstverständnis und die Methodik der Erziehungswissenschaften ausgelöst. Er forderte, wie schon Rudolf Lochner in seinem Buch *Deutsche Erziehungswissenschaft* (1963), daß die wissenschaftliche Erforschung der Erziehungszusammenhänge zu unterscheiden und zu trennen sei von der Philosophie der Erziehung und der Anleitung der Erziehungspraktiker. Ein empirisch-normativer Doppelcharakter der Disziplin wurde zurückgewiesen; sie sollte empirischanalytisch betrieben werden. Damit wurde die Bedeutung der Normen in dieser Disziplin keineswegs geleugnet, sondern lediglich gefordert, sie seien zunächst in ihrer sozialen Faktizität zu untersuchen. Brezinka unterstrich in Anlehnung an die analytische Wissenschaftstheorie als Normen der Wissenschaft die Begriffsexplikation sowie Klarheit und intersubjektive Überprüfbarkeit der Hypothesen und Aussagen. Dies wurde als Angriff auf die Konzeption der Geisteswissenschaften verstanden. Heinrich Rombach, Philosophieprofessor in Würzburg, entgegnete Brezinka:

«Der Kontext der Brezinkaschen Ausführungen nötigt den Schluß auf, daß der Verfasser in der Tat Geisteswissenschaften nicht als Wissenschaften anerkennt, jedenfalls dann nicht, wenn diese ihren Charakter als *Geistes*wissenschaften betonen, also sich an das Wesen und die Gesetze der Freiheit halten. Die Gesetze der Freiheit sind aber die Normen der Sittlichkeit, wie überhaupt der ‹Geist› das Vermögen der Normen ist. Darüber gibt es die älteste Tradition des abendländischen wissenschaftlichen Bewußtseins und zugleich die schlichteste und gegenwärtigste. [...] *Alle* Kulturwissenschaften sind auch Wertwissenschaften, da Kulturelles immer nach Rang und Niveau unterschieden und erfaßt werden muß, und zwar so, daß die Rangfragen mitten ins Zentrum der objektiven Probleme gehören, also gerade den Kern der Sachfragen ausmachen. Dies bringt es mit sich, daß die Wissenschaft selbst das Niveau erreichen und halten muß, das der Gegenstand (als Kulturphänomen) vorschreibt. Die Wertungen (Rangbestimmungen, Niveaukategorien) sind also nicht nur schlicht zu *beschreibende*, sondern als *Konstitutiva* der Forschung selbst zu erfassende, d. h. zu *bejahende* Gegenstände» (Rombach 1967, S. 44 / Anm. 16 und S. 49).

In der Soziologie, in der das Postulat Max Webers von der Wertfreiheit der Wissenschaft nach 1945 erneut eine breite Anerkennung fand, erhoben sich kritische Stimmen, die der wertfreien Forschung einen Konservatismus wider Willen vorwarfen (Dahrendorf 1959, S. 145 f; vgl. Mayntz 1965, S. 526). Als wertneutrale Forschung gebe sie humanistische Ansprüche preis und werde zur reinen Auftragsforschung, die heikle Themen meide (von Ferber 1965, S. 177). Eine unkritische Orientierung am Status quo wurde ihr zur Last gelegt.

«Wo normative Bezüge der Gegenwartskritik aus der soziologischen Forschung verbannt werden, gewinnt die Gegenwart ungewollt überwältigendes Gewicht. In dem Maße, in dem sie nicht mehr als über sich selbst hinausweisende unvollkommene Epoche verstanden wird, verabsolutiert sich ihre Gestalt in den Werken der Soziologie. Die Soziologie, die sich dem Streit der praktischen Werturteile zu entziehen sucht, wird zum Instrument der Verewigung des Bestehenden, ihre Stimmenthaltung zum Votum für die stärkere Partei» (Dahrendorf 1959, S. 145).

Zum Teil wurde auch der empirischen Erziehungswissenschaft der Vorwurf des Konservatismus gemacht (Heitger 1966, S. 3), aber er spielte in der innerpädagogischen Debatte des Positivismusstreits eine weitaus geringere Rolle.

Der Konservatismusvorwurf war einer der zentralen Einwände der Frankfurter Schule gegen die Philosophie des Wiener Kreises in der ersten ‹Positivismusauseinandersetzung› der Kritischen Theorie gegen Ende der 30er Jahre, und er wurde 1957 von Adorno schließlich auch gegen die empirische Sozialforschung erhoben. Wie Dahms schildert, folgte die «theoretische Abrechnung» der Frankfurter Schule mit dem Logischen Positivismus auf eine Phase anfänglicher freundschaftlicher Kontakte des Horkheimerschen Instituts für Sozialforschung mit dem Wiener Kreis. Max Horkheimer formulierte sie unter Beteiligung Theodor W. Adornos in seinem für die *Zeitschrift für Sozialforschung* bestimmten Artikel *Der neueste Angriff auf die Metaphysik* (1937) (vgl. Dahms 1994). Darin wurde der Logische Empirismus als eine totalitären Staatsführern willkommene Philosophie qualifiziert und eine geistige Gemeinsamkeit des Positivismus mit Heideggers Existentialontologie behauptet.

«Neuromantische Metaphysik und radikaler Positivismus gründen beide in der traurigen Verfassung eines großen Teils des Bürgertums, das die Zuversicht, durch eigene Tüchtigkeit die Verhältnisse zu verbessern, restlos aufgegeben hat und aus Angst vor einer entscheidenden Änderung des Gesellschaftssystems sich willenlos der Herrschaft seiner kapitalkräftigsten Gruppen unterwirft [...] ‹Die Auffassung, wir hätten im Denken ein Mittel zur Hand, mehr über die Welt zu wissen, als beobachtet wurde... scheint uns durchaus mysteriös›, heißt es in einer Veröffentlichung des Wiener Kreises. Dieses Prinzip zu beherzigen, ist besonders in einer Welt angezeigt, deren geschmückte Fassade in allen Teilen Einigkeit und Ordnung spiegelt, während in ihrem Inneren der Schrecken wohnt. Alleinherrscher, schlechte Gouverneure kolonialer Provinzen und sadistische Gefängniskommandanten haben sich immer schon Besucher dieser Geistesart gewünscht» (Horkheimer 1974, S. 98, 109).

Dieses Urteil war erstaunlich, schließlich verstanden sich mehrere Mitglieder und Freunde des Wiener Kreises wie die Mitarbeiter Horkheimers als Sozialisten, und die, die dies nicht taten, waren humanistisch gesinnt und Gegner des Konservatismus und Faschismus. Daß die Philosophie des Logischen Empirismus keinem Veränderungsinteresse im Weg stand, hatten insbesondere die Wiener Vertreter bewiesen: Sie engagierten sich in der Volksbildung, davon überzeugt, daß eine Vertiefung des Wissens und die Verbreitung eines wissenschaftlichen Denkstils einen Beitrag zum sozialen Fortschritt leiste. Ihre Forderung nach Verifizierbarkeit der Aussagen war gegen den im Ersten Weltkrieg aufblühenden Irrationalismus gerichtet. Der Soziologe Otto Neurath kooperierte mit der Arbeiterbewegung und begründete die Notwendigkeit der Teilhabe des Sozialwissenschaftlers an sozialen Prozessen mit dem Argument, daß Prognosen über soziale Entwicklungen nur in genauer Kenntnis der Prozesse der sozialen Umgestaltung zu formulieren sind und sie den sozialen Verlauf beeinflussen (Neurath 1981 d, S. 516 ff; vgl. Dahms 1994; Hegselmann 1979 a). Zudem teilten die Mitglieder des Wiener Kreises mit den Angehörigen der Frankfurter Schule das Los der durch den Faschismus erzwungenen Emigration.

Der Konservatismusvorwurf wurde mit dem Argument begründet, die wissenschaftstheoretische Position der Wertenthaltung führe notwendig zu einer eingeschränkten Sichtweise auf das Gegebene. Wenn Wissenschaft nicht das Ziel humaner Veränderung bewegt, entfielen dem Blick die immanenten Tendenzen der gesellschaftlichen Veränderungsprozesse, die Theorie werde unfähig, diese zu befördern. Sie begebe sich in eine Position der Rechtfertigung der herrschenden Zustände. Als «Welt der Tatsachen» sei Wissenschaft unfähig zur Antizipation von Zukunft (Horkheimer 1974, S. 102, 108, 118; Adorno griff diese Argumentation im Positivismusstreit der 60er Jahre wieder auf, vgl. 1989 d, S. 22).

Für das gesteigerte Maß an Polemik gegenüber dem Logischen Empirismus mögen persönliche Motive ausschlaggebend gewesen sein. Dahms sieht in Horkheimers brieflicher Äußerung «Der Zauber ist letzten Endes auf akademische Positionen und ordentliche Lehrstühle aus» ein Indiz dafür, daß Neid mit im Spiele war; denn mehreren – keineswegs allen – Mitgliedern des Wiener Kreises gelang in den USA eine Aufnahme in akademische Institutionen, während dem Frankfurter Institut eine Integration schwerfiel. Aber Dahms weist darauf hin, daß Mathematiker und Naturwissenschaftler ganz allgemein in den USA mit offenen Armen empfangen wurden, Geistes- und Sozialwissenschaftlern es in der Emigration hingegen viel schlechter erging (Dahms 1994, S. 140 ff).

Jenseits solcher Aspekte bestand jedoch ein Unterschied im theoretischen Ansatz der beiden philosophischen Schulen, der in der Auseinandersetzung zum Tragen kam. Die Frankfurter Schule bewegte nicht wissenschaftstheoretische oder sozialtechnologische Problemstellungen; sie setzte Fragen der Interaktion, der motivierenden Selbstverständigung ins Zentrum ihrer Theorie. Rolf Wiggershaus verdeutlicht in seiner Monographie zur Geschichte und theoretischen Entwicklung der Frankfurter Schule die Faszination mehrerer Mitglieder durch Heidegger, den großen Einfluß, den Georg Lukács und Ernst Bloch ausübten, sowie die Aufnahme der Phänomenologie Husserls durch Horkheimer und Adorno (1986, S. 60, 82 ff, 113, 591 ff, 603, 658 f). Während sich der Wiener Kreis, dem überwiegend Mathematiker und Naturwissenschaftler angehörten, insbesondere der philosophischen Grundlagendebatte dieser Wissenschaften, Fragen der Erkenntnistheorie und der logischen Sprachanalyse zuwandte, wobei vor allem Traditionen des philosophischen Empirismus positiv aufgegriffen wurden, war für die Mitglieder der Frankfurter Schule in einem weitaus stärkeren Maße die Auseinandersetzung mit dem deutschen Idealismus und den lebensphilosophischen, existentialistischen und phänomenologischen Diskursen der deutschen Philosophie zu Beginn des 20. Jahrhunderts prägend. Der weite und unspezifisch verwendete Begriff des Positivismus der Frankfurter Schule ist auf diesen philosophischen Einfluß zurückzuführen. Gemeinhin war ‹Positivismus› zu Anfang des Jahrhunderts ein Abgrenzungs- und Diffamierungsbegriff, der keineswegs nur auf den philosophischen Empirismus bezogen war, sondern ein Spezialistentum, materialistische Lebenshaltungen, empirische Wissenschaft, ein ‹einseitiges Berufsmenschentum›, ein Desinteresse an Zielfragen und Theorie und Ähnliches bezeichnete (vgl. Ringer 1983, S. 231 f; Dahms 1994, 92 f).

Ein grundsätzliches Argument, das Horkheimer 1937 gegen den Logischen Empirismus erhob und Adorno und Habermas in den 60 er Jahren gegen den Kritischen Rationalismus anführten, ging mit Positionen der geisteswissenschaftlich orientierten Philosophie überein: Erkenntnis sei weltanschauungsgeleitet; Wert- und Sachebenen der Argumentation seien daher nicht trennbar (Horkheimer 1974, S. 136; Adorno 1989e, S. 138f; Habermas 1989, S. 255). Horkheimer verwies auf die sozial bedingte Parteilichkeit, die eine unterschiedliche Wahrnehmung erzeuge, auf die Verschiedenheit der theoretischen Strukturen, die auf geschichtlich bedingten Interessengegensätzen beruhe, die anstatt durch «gemeinsames Experiment» durch «konsequentes Zuwiderhandeln» ausgetragen würden (Horkheimer 1974, S. 105f, 121); Adorno argumentierte: «Das Vertrauen darauf, daß sehr divergente Positionen sich vermöge der anerkannten Spielregeln der Kooperation, wie es wienerisch heißt, ‹zusammenraufen› und dadurch den je erreichbaren Grad der Objektivität der Erkenntnis gewinnen, folgt dem veralteten liberalistischen Modell derer, die sich um den runden Tisch versammeln, um einen Kompromiß auszuhandeln. Die Formen wissenschaftlicher Kooperation enthalten unendlich viel an gesellschaftlicher Vermittlung» (Adorno 1989d, S. 38f). Die Institution Wissenschaft sei ein Mikrokosmos der gesellschaftlichen Interessen und ihrer Kämpfe.

Aus diesem Grund wurde aber auch die Norm der Intersubjektivität der Aussagen verworfen und als Auslöschung der Subjektivität kritisiert. Wie Adorno hatte auch Horkheimer das Ringen um sachliche Klärung und Intersubjektivität als ‹liberalistische Haltung›, sich mit jedem über alles verständigen zu wollen und zu können, abgewertet (Horkheimer 1974, S. 105). Die Theorie des Fetisch- und Klassencharakters der kapitalistischen Gesellschaft ließ sie verkennen, daß die Norm der Intersubjektivität, die Wissenschaft zugrunde liegt, nicht gleichzusetzen ist mit einer konventionalistischen Übereinkunft, sondern sich an rationalen Gründen auf der Basis existierenden Wissens bemißt. Eine Norm ist ein Bewertungsmaßstab; die ‹Existenz› einer Norm bedeutet nicht ihre Realisierung. Normen ‹existieren›, indem sie als ein Orientierungsmaßstab gelten, d. h. anerkannt werden und womöglich aus vernünftigen Gründen. Wie Adorno zu Recht betont, bildet die Institution Wissenschaft keine isolierte Insel innerhalb der Gesellschaft; in ihr wirken politischkulturelle Parteinahmen, intellektuelle Moden, Autoritäten, Konkurrenzbeziehungen etc. Häufig sind dies hemmende Faktoren im Hinblick auf eine Anerkennung alternativer Konzepte oder Ansätze. Die Norm der Intersubjektivität fordert dagegen eine Selbstdisziplinierung und -reflexion, die Konzentration auf einen im Streit der Argumente herzustellenden Bereich eines allgemein akzeptierbaren Wissens.

Horkheimer und Adorno bezogen einen avantgardistischen Standpunkt, der sich vor anderen einen Schritt voraus wähnt. Sie teilten die im Marxismus verbreitete Unterscheidung von ‹bürgerlicher› Wissenschaft und kritischer Theorie: Betont wurde, daß, um die Fassade der Gesellschaft zu durchschauen, nicht nur Theorie notwendig sei, die sich nicht mit Beobachtbarem zufriedengebe, sondern darüber hinausgehe (Horkheimer 1974, S. 109), vielmehr die richtige Theorie aufgrund eines marxistischen gesellschaftspolitischen Standpunktes. Die richtige Wahrnehmung sei nur möglich mit richtiger Theorie. «Die Tatsachen der Wissenschaft und die Wissenschaft selbst sind Ausschnitte aus dem Lebensprozeß der Gesellschaft, und um wirklich zu begreifen, was es jeweils mit den Tatsachen wie mit dem wissenschaftlichen Ganzen auf sich hat, muß man den Schlüssel zur historischen Situation haben, das heißt die richtige gesellschaftliche Theorie» (ebd., S. 117). Durch die parteiische Theorie würden die «empirischen Elemente zu einem Gesamtbild konstruiert, das die Wirklichkeit bewußt *sub specie* der eigenen, weitergreifenden Interessen spiegelt» (ebd., S. 120). Oder wie Adorno 1969 formulierte: «Die Idee wissenschaftlicher Wahrheit ist nicht abzuspalten von der einer wahren Gesellschaft» (1989d, S. 36).

Der Theoriebegriff der Frankfurter Schule ziele auf eine Sinn vermittelnde weltanschauliche Selbstverständigung. Adorno und Habermas knüpften explizit bei der Darlegung ihres Theoriebegriffs an die geisteswissenschaftliche Hermeneutik an: Die Kritische Theorie intendiere die Explikation gesellschaftlicher Totalität anhand empirischer Phänomene, die Herausarbeitung der gesellschaftlichen Bedingt- und Geformtheit jedes Individuellen.

«Daß ohne Beziehung auf Totalität, das reale, aber in keine handfeste Unmittelbarkeit zu übersetzende Gesamtsystem nichts Gesellschaftliches zu denken ist, daß es jedoch nur soweit erkannt werden kann, wie es in Faktischem und Einzelnem ergriffen wird, verleiht in der Soziologie der *Deutung* ihr Gewicht. Sie ist die gesellschaftliche Physiognomik des Erscheinenden. Deuten heißt primär: an Zügen sozialer Gegebenheit der Totalität gewahr werden. Die Idee des ‹Vorgriffs› auf Totalität, die allenfalls ein sehr liberaler Positivismus zu billigen bereit wäre, reicht nicht aus: sie visiert die Totalität in Erinnerung an Kant als ein zwar unendlich Aufgegebenes und Verschobenes, aber prinzipiell durch Gegebenheiten zu Erfüllendes, ohne Rücksicht auf den qualitativen Sprung zwischen Wesen und Erscheinung in der Gesellschaft. Ihm wird Physiognomik gerechter, weil sie die Totalität, die ‹ist› und keine bloße Synthesis logischer Operationen darstellt, in ihrem doppelschlächtigen Verhältnis zu den Fakten zur Geltung bringt, welche sie dechiffriert. Die Fakten sind nicht identisch mit ihr, aber sie existiert nicht jenseits von den Fakten» (Adorno 1989d, S. 42).

Habermas sprach ausdrücklich vom «hermeneutischen Vorgriff auf Totalität», der sich im Gang der Explikation bewähren müsse, und dem «Zirkel des Verstehens», der seinen Ausgang zu nehmen habe von der «natürlichen Hermeneutik der sozialen Lebenswelt». Gemeint war, daß der Wissenschaftler am Beginn seiner Untersuchungen von einem theoretischen Vorgriff auf den Gegenstand ausgeht, der in der Erarbeitung der Phänomene korrigiert werde. «Dieser Zirkel ist durch keine aprioristische oder empiristische Unmittelbarkeit des Zugangs zu brechen, sondern nur in Anknüpfung an die natürliche Hermeneutik der sozialen Lebenswelt dialektisch zu durchdenken. Anstelle des hypothetisch-deduktiven Zusammenhangs von Sätzen tritt die hermeneutische Explikation von Sinn» (Habermas 1965, S. 293, vgl. S. 294).

Totalität wurde gedacht als formbestimmendes Moment, das Wesen aller gesellschaftlichen Erscheinungen und zugleich subjektive, parteiliche Weltkonstruktion. Adorno bezeichnete Sinnstiftung als eigentlich menschliche Erkenntnis und ‹Sinn› als Organ wissenschaftlicher Erfahrung (Adorno 1989d, S. 42 f). Die historische Selbstverständigung, den stets zu erneuernden Prozeß der Bildung einer Gruppenidentität der vergesellschafteten Individuen, erklärte Habermas zu der zentralen Aufgabe der Soziologie (1989, S. 261 ff, vgl. auch 1965, S. 296). Die Wertfreiheit der Wissenschaft wurde mit einem Verzicht auf Identitätsbestimmung gleichgesetzt.

Die Differenzen zwischen der Frankfurter und der geisteswissenschaftlichen Schule leiteten sich von der marxistischen Gesellschaftstheorie ab, die eine klassenspezifische Weltsicht und die Möglichkeit eines gesellschaftlich bedingten, falschen Bewußtseins thematisierte. Die Frankfurter Schule betonte daran anknüpfend die kritische Hinterfragung der in Texten niedergelegten Selbstverständnisse durch deren Inbezugsetzung zur gesellschaftlichen «Objektivität», d. h. durch die Rekonstruktion der Lebensverhältnisse sowie ‹objektiven› Interessen der Menschen. Es dürfe der geistige Wirkungszusammenhang nicht absolut gesetzt und bei einer subjektiv sinnverstehenden Hermeneutik stehengeblieben werden, forderte Habermas. Vielmehr sollte die «Abhängigkeit dieser Ideen und Interpretationen von den Interessenlagen eines objektiven Zusammenhangs der Reproduktion» interpretiert werden (Habermas 1965, S. 296 f). Hans-Georg Gadamer stellte den Avantgardeanspruch der Kritischen Theorie in Frage: Die hermeneutische Situation bestehe in einem «sozialen Partnerschaftsverhältnis» und distanziere ihren Gegenstand nicht analysierend. «Die hermeneutische Reflexion ist darauf beschränkt, Erkenntnischancen offenzulegen, die ohne sie nicht wahrgenommen würden. Sie vermittelt nicht selbst ein Wahrheitskriterium» (Gadamer 1971, S. 295, 300; vgl. auch Bubner 1971, S. 180 f). Abgelehnt wurde die Kategorie des Fortschritts, die für Kritische Theorie ein Maßstab war:

«Man muß vielmehr in diesen Bereichen der geschichtlichen Wissenschaften das ‹Resultat› des Interpretationsgeschehens nicht so sehr in dem Fortschritt sehen, den es immer nur in Teilaspekten gibt, als in einer dem Absinken und Verfallen von Wissen entgegengestellten Leistung: der Wiederbelebung von Sprache und dem Wiedergewinnen von Sinn, der einem durch Überlieferung zugesprochen wird. Das ist nur vom Maßstab eines absoluten Wissens her, das nicht unseres ist, ein bedrohlicher Relativismus» (Gadamer 1971, S. 299).

Zur Gemeinsamkeit von Kritischer Theorie und Philosophie der Geisteswissenschaften gehörte jedoch die These, daß in der Erkenntnis das Individuum samt seiner Wertbasis involviert sei – zum einen begründet mit der Unhintergehbarkeit des ‹Lebens›, zum anderen zusätzlich mit dem Verweis auf eine klassen- bzw. schichtenspezifische Sozialisation. Mit Bezug auf die Unterschiedlichkeit der Menschen wurde von beiden philosophischen Schulen die Allgemeingültigkeit von Aussagen im Bereich der Geisteswissenschaften für illusorisch erklärt.

Habermas unterstrich diese Position mit seiner Theorie leitender Erkenntnisinteressen, die an die Erkenntnistheorie seines Bonner Lehrers Erich Rothacker anknüpft (vgl. Dahms 1994, S. 363 ff). Sie warf dem empirisch-analytischen Wissenschaftstypus ein unreflektiertes technisches Erkenntnisinteresse vor, denn nur äußerlich wahre er den Schein reiner Theorie. Damit sollte nicht gesagt sein, die Forscher hegten bewußt technische Erkenntnisinteressen; für Habermas lag dieses Interesse als ein konstitutives Moment ihres Handlungszusammenhangs ihrer Arbeit zugrunde.

«Technische Verwertung des Wissens ist im Forschungsprozeß natürlich gar nicht intendiert; in vielen Fällen ist sie sogar faktisch ausgeschlossen. Gleichwohl ist über die technische Verwertbarkeit erfahrungswissenschaftlicher Informationen methodisch mit der Struktur der Aussagen (bedingter Prognosen über beobachtbares Verhalten) und mit dem Typus der Prüfungsbedingungen (Nachahmung einer in Systemen gesellschaftlicher Arbeit naturwüchsig eingebauten Kontrolle von Handlungserfolgen) ebenso vorentschieden, wie damit auch die Region möglicher Erfahrung präjudiziert ist, auf die sich die Annahmen beziehen und an denen sie scheitern können» (Habermas 1989, S. 247).

Die Intersubjektivität über experimentelle Beobachtungsdaten sei nur möglich auf der Grundlage eines Konsenses über den Sinn technischer Verfügbarmachung von Prozessen, der, weil er dem Prozeß der gesellschaftlichen Arbeit generell zugrunde liegt, dem Bewußtsein der Beteiligten entgehe (Habermas 1965, S. 307). Das Postulat der Wertfreiheit bezeuge, daß sich die empirisch-analytischen Verfahren nicht des Lebensbezugs, in dem sie selbst objektiv stehen, vergewissern könnten. Die erkenntnisleitenden Interessen und Ziele aber müßten als «objektive» bewußtgemacht, diskutiert, legitimiert bzw. kritisiert werden, um sie «unter Kontrolle» zu bringen (Habermas 1965, S. 309).

Nun wurde aber das ‹technische Interesse› von Philosophen wie beispielsweise Otto Neurath, Karl R. Popper, Hans Albert, Ernst Topitsch nicht nur nicht geleugnet, sondern explizit betont. Sie verbanden damit jedoch keineswegs eine auf instrumentelle Fragen reduzierte Rationalität, wie Jürgen Habermas unterstellte. Im Gegenteil sahen sie in der Lösung gesellschafts-‹technischer› Probleme eine Bedingung rationaler Gesellschaftsveränderung im Interesse einer demokratischen Kultur.

Die Herstellung intersubjektiver Sachverhalte

Ein besonderes Verständigungsproblem des Positivismusstreits bestand darin, daß von Vertretern wertender Wissenschaft die methodologische Wissenschaftsnorm der Wertenthaltung mit persönlicher Wertneutralität verwechselt wurde. Gleichgültigkeit gegenüber Werten oder eine Ausmerzung von Werten in der Wissenschaft waren nicht intendiert, sondern eine weitgehende Versachlichung der wissenschaftlichen Diskussion. Dies betonte Hans Albert in seiner Entgegnung. Die Möglichkeit einer Fortsetzung der Tradition der Aufklärung wie die Durchleuchtung der gesellschaftlichen Zusammenhänge, der Herrschaftsbeziehungen und Machtverhältnisse sowie die Kritik ideologischer Maskeraden werde nicht geschmälert. Bei neutraler deskriptiver Formulierung trete die sachliche Grundlage einer Untersuchung in den Vordergrund, so daß die Überprüfung und die Revidierbarkeit von Aussagen leichter falle (Albert 1965, S. 191, 199). Verfechter der Wertfreiheit der Wissenschaft sahen darin eine Erweiterung der Verständigungsmöglichkeit, gerade angesichts divergierender Weltanschauungsstandpunkte und verschieden gelagerter individueller Präferenzen. «Ein gläubiger Katholik und ein Freimaurer können etwa in einem Kolleg über Kirchen und Staatsformen oder über Religionsgeschichte gewiß nicht zur gleichen *Wertung* gebracht werden; wohl aber ist es möglich, eine Übereinstimmung zwischen ihnen zu erzielen, soweit es sich um *Aussagen über empirische Tatsachen und deren ursächliche Zusammenhänge* handelt» (Topitsch 1968, S. 9 f). Topitschs Beispiel ist Max Weber entlehnt, dessen Argumente im Positivismusstreit von Kritischen Rationalisten erneut aufgegriffen wurden.

Weber hatte gegenüber einer Anfang des Jahrhunderts verbreiteten Praxis, der persönlichen politisch-weltanschaulichen und religiösen Gesinnung auch in wissenschaftlichen Abhandlungen Ausdruck zu verleihen, eine politische Zurückhaltung gefordert, unter anderem mit dem Argument, daß eine weltanschaulich orientierte Wissenschaft keine adäquate Antwort auf die Auflösung des wesentlich durch die Religion verbürgten Zusammenhangs der Gesellschaft im Zuge der Rationalisierungs- und Intellektualisierungsprozesse des 19. Jahrhunderts sein könne. Sie trage vielmehr zur Sektenbildung bei, und der angestrebte geistige Zusammenhalt der Gesellschaft werde nicht gelingen (Weber

1968a, S. 492 ff; 1968 b, S. 612). Er forderte daher die Einhaltung von Rationalität in der Wissenschaft. Empirische Wissenschaft sollte aufklären über Strukturen und Zusammenhänge, sie «vermag niemanden zu lehren, was er *soll*, sondern nur, was er *kann* und – unter Umständen – was er *will*» (Weber 1968, S. 151). Eine wertfreie Wissenschaft bedeute nicht die Ignorierung der kulturellen Bedeutung von Werten; sie könne sie als Tatsachen behandeln und analysieren. Möglich seien auch unter der Maßgabe der Wertfreiheit eine rationale Analyse von Werturteilen bis hin zur Herausarbeitung der letzten konsequenten Wertaxiome oder umgekehrt die Deduktion von Bewertungen konkreter Sachverhalte sowie die Feststellung und Prognose der faktischen Folgen und Nebenfolgen von Handlungen gemäß bestimmer Wertmaßstäbe. Auch die Aufstellung neuer Wertaxiome und daraus zu folgernder Postulate, die bislang unbeachtet geblieben seien, wäre denkbar (Weber 1968a, S. 510 f). Die Aufgabe einer Erfahrungswissenschaft könne aber nicht sein, «bindende Normen und Ideale zu ermitteln, um daraus für die Praxis Rezepte ableiten zu können» (Weber 1968, S. 149).

Weber setzte sich für eine klare Trennung der Wert- und Sach-Sphären ein, weil eine Verknüpfung beider Bereiche in der Regel zu Mißverständnissen und einem frühzeitigen Aneinander-Vorbeireden führe. Denn Sachprobleme könnten mittels empirisch-rationaler Argumentation prinzipiell einer intersubjektiven Klärung zugeführt werden, während Entscheidungen in Wertauseinandersetzungen letztlich an unterschiedlichen Weltanschauungssystemen scheitern müßten (Weber 1968a, S. 517, 524). Den methodologischen Wert der Trennung dieser heterogenen Bereiche sah Weber in der verbesserten Überschaubarkeit der Argumentation. Er glaubte, daß eine Analyse der Werturteile und der Konsequenzen von Werten in der Praxis die Entscheidungssituation verdeutlichen könne und daß dies die Dimension der Verantwortung für Wertentscheidungen erst richtig gewichten werde (ebd., S. 491). Er plädierte im Grunde dafür, daß Wissenschaft als Unternehmen der rationalen Klärung von Problemen Entscheidungen nicht vorwegnehmen dürfe, die politisch ausgetragen werden müssen, da Wissenschaftler selbst nur Persönlichkeiten mit besonderen politisch-kulturellen Wertpräferenzen sind.

Die Vertreter einer Wertfreiheit der Wissenschaft der 60 er Jahre leugneten nicht, daß Wertgesichtspunkte bei der Auswahl von Objektbereichen und bei der Formulierung der Probleme eine Rolle spielen und daß Parteilichkeit ein wesenliches Moment der Motivation des Wissenschaftlers ist (vgl. Popper 1989, S. 114; Mayntz 1965; Albert 1965; dies hatte auch Neurath 1981a, S. 974, betont). Es wurde die Selbstdisziplin vorgeschlagen, die stets vorhandene Parteilichkeit der Wissenschaftler aus dem Begründungszusammenhang der wissenschaftlichen Kommunikation wenn schon nicht völlig zu eliminieren, so doch selbstkritisch zu reflektieren, um einen intersubjektiv anzuerkennenden Bereich der ‹Sachverhalte› zu konstituieren, auf dem eine Bewertungsdiskussion aufbauen kann.

«Solche Wertgesichtspunkte werden dann bei der Formulierung einer sachlichen Fragestellung zum Tragen gebracht, die aber selbst einer wertfreien Behandlung zugänglich ist. Unter dem Einfluß wertmetaphysischer Theorien wird oft übersehen, daß jede faktisch wirksame und damit praktisch relevante Stellungnahme, Bewertung und Entscheidung an irgendwelche *sachlichen Beschaffenheiten* der jeweiligen Situation anknüpfen muß. Dieser Tatbestand kann ohne weiteres für die Neutralisierung und Versachlichung der wissenschaftlichen Diskussion genutzt werden. Die Diskussion kann jeweils an die sachlichen Kriterien anknüpfen, die unter irgendwelchen Wertgesichtspunkten interessant sein mögen. [...] Wenn man von der pragmatischen Dimension abstrahiert, dann ist ein in normativer Hinsicht ‹ausgezeichnetes› Verhalten zunächst jedenfalls einfach ein mögliches, sachlich charakterisierbares Verhalten, normativ ausgezeichnete Zustände und Situationen (‹Ziele› usw.) sind ebenfalls als möglich zu behandeln und sachlich zu charakterisieren. Man kann ihre tatsächlichen Bedingungen und ihre Beziehungen zu anderen Möglichkeiten wertfrei analysieren. Fragen der Kompatibilität, der Verursachung und der Realisierbarkeit treten dann in den Vordergrund. An die Stelle der normativen tritt die technologische Formulierung des Anwendungsproblems» (Albert 1965, S. 191).

Max Weber hatte eingeräumt, daß die Scheidung empirischer Feststellungen von praktischen Wertungen schwierig ist, aber entgegnet: Dies sei kein Grund, sie doch so weit wie möglich zu versuchen, denn schließlich werde auch das Sittengesetz, dessen allgemeine Realisation problematisch erscheinen mag, als Ziel anerkannt (1968a, S. 497).

Gegenüber dem Einwand, daß Wertgesichtspunkte nicht nur die Wahl des Forschungsgegenstandes beeinflussen könnten, sondern auch die Annahme bzw. Ablehnung von Argumenten, letztlich die Problemlösung selbst, wies Albert auf die kollektive Leistung der Wissenschaftlergemeinschaft hin, diese Einflüsse zu neutralisieren: «Je mehr wir die intersubjektive Überprüfbarkeit unserer Aussagen erhöhen, um so eher sind wir in der Lage, solche Einflüsse zu neutralisieren» (1965, S. 190). Ein ausdrückliches Bekenntnis zu einer Wertbasis, wie zum Teil vorgeschlagen (Weisser 1953; Mollenhauer 1966, S. 62), ändere nichts an der Aufgabe der Erstellung allgemeingültiger Aussagen. Karl R. Popper wies auf die Bedeutung Kritik ermöglichender Verhältnisse hin: «die Objektivität der Wissenschaft ist nicht eine individuelle Angelegenheit der verschiedenen Wissenschaftler, sondern eine soziale Angelegenheit ihrer gegenseitigen Kritik, der freundlich-feindlichen Arbeitsteilung der Wissenschaftler, ihres Zusammenarbeitens und auch ihres Gegeneinanderarbeitens. Sie hängt daher zum Teil von einer ganzen Reihe von gesellschaftlichen und politischen Verhältnissen ab, die diese Kritik ermöglichen» (Popper 1989, S. 112). Topitsch wiederum sah in der methodischen Trennung von Sach- und Wertaussagen ein Verfahren, das eine gegenseitige Kritik erleichtert. In emotionalen wertbezogenen Debatten seien Tendenzen zur Gruppenbildung und deren psychosoziale Momente des Ein- und Ausschlusses, der Bildung von Solidaritäten und Fronten virulent. Es existierte ein größerer Zwang zur sozialen Gleichförmigkeit, in der nicht nur Andersdenkende, sondern schon in ihrer Position Unentschiedene von sozialer Ausgrenzung betroffen sein können. Ein solches soziales Klima erschwere eine kritische Infragestellung von Positionen und die Anerkennung der Theorie widersprechender Fakten. Die Beseitigung einer normativ-emotionalen Interpretation habe dagegen den Vorzug, «daß der Blick für die empirischen Gegebenheiten des menschlichen Gemeinschaftslebens frei wird und die in den verschiedenen Ideologien enthaltenen menschlichen Lebensansprüche des Pathos der Absolutheit verlustig gehen» (Topitsch 1965a, S. 34). Betont wurde das Ziel einer Sachlichkeit, die vor einer Bewertungsdiskussion die Verständigung über Sachverhalte ermöglicht.

Weil eine sachliche Diskussionsführung die sozialen Voraussetzungen für Kritik und Verständigung verbessert, sah Albert im Prinzip der Wertfreiheit eine «Basismoral»,

«die für alle Bereiche des sozialen Lebens bedeutungsvoll sein kann, da sie Kriterien enthält, die auch zur kritischen Prüfung moralischer Standards und Prinzipien verwendbar sind. Wir brauchen zwar keine normative Wissenschaft, aber die in den Methoden der wertfreien Wissenschaft enthaltenen Normen können größere soziale Bedeutung haben, als prima facie zu erkennen ist. Das methodische Prinzip der Wertfreiheit impliziert in diesem Sinne keineswegs die moralische Neutralität der Wissenschaft und der in ihren Methoden zum Ausdruck kommenden philosophischen Konzeption» (1965, S. 199 f).

Vorausgesetzt war die Anerkennung divergierender Lebensstandpunkte. Die Soziologin Renate Mayntz bezeichnete diese Position als «Wertpluralismus», der eine sachliche Diskussion der Positionen und Interessen mit dem Verbot von Absolutsetzungen fordert. Mit einem Wertsubjektivismus, dem jeder Wert unverbindlich sei, dürfe er nicht verwechselt werden, denn die Haltung des Wertpluralismus befreie nicht von der Notwendigkeit verantwortlicher eigener Entscheidung, nur könne sie nicht die Beruhigung absoluter Gültigkeit des Standpunkts geben:

«es ist eine Haltung, die den Sprung des Glaubens fordert, diesem Glauben aber verbietet, sich jemals als absolut gültige Erkenntnis zu fühlen. Damit verlangt der Wertpluralismus, daß das Individuum die Spannung der Unsicherheit in einer widersprüchlichen Welt aushält. In dieser Welt ist nichts endgültig entschieden: gerade das konstituiert die Freiheit der Wahl und zugleich die Notwendigkeit der aktiven Parteinahme» (Mayntz 1965, S. 538).

Die Position, daß Wissenschaft über ‹Sachverhalte› und Positionen wie Lebensansprüche aufklären könne, jedoch keine politisch-kulturellen Entscheidungen stellvertretend für eine öffentliche politische Diskussion vorwegnehmen dürfe (Albert 1967, S. 263), ist im Grunde eine streng radikal-demokratische, deren Wurzeln in der Überzeugung der Aufklärung liegen, daß alle Menschen zum Denken und zu einer rationalen, verantwortungsvollen Entscheidung prinzipiell fähig sind. Sie beinhaltet den Glauben an rationale Lösungen von Konflikten in demokratischen Verhältnissen und setzt politisches Bürgerengagement und Demokratie voraus. Auch die Wissenschaftler werden als Bürger betrachtet, deren Stimme in der demokratischen Abstimmung nicht mehr zählt als die anderer Bürger. Unter Umständen ist es ihre berufliche Aufgabe, die Grundlagen der Entscheidung klären zu helfen.

Für den einzelnen Wissenschaftler bedeutet die Verknüpfung der Wissenschaftsnorm der Wertfreiheit mit Intersubjektivität die Verpflichtung zur Wahrhaftigkeit (Sandkühler 1987), zum möglichen intersubjektiven Wissen. Die Forderung der Frankfurter Schule und des Marxismus nach Selbstreflexion der gesellschaftlichen Verhältnisse, in deren Rahmen wissenschaftliche Arbeit sich bewegt, ist dafür durchaus bedeutsam. Sie widerspricht nicht der Konzeption wertfreier Wissenschaft, denn deren Voraussetzung sollte die Reflexion des eigenen, subjektiven Standpunkts sein. Eine «Bewußtseinsspaltung» oder «Selbstverleugnung der Persönlichkeit» (Dahrendorf 1959, S. 145; Adorno 1989e, S. 138) war nicht verlangt. Allerdings blieb in dieser Debatte unberücksichtigt, daß für universelle Normen wie beispielsweise die Menschenrechte rationale Gründe angeführt werden können und internationale Vereinbarungen über Menschenrechte eine Grundlage für eine wissenschaftliche Moral legen (vgl. Sandkühler 1987).

Differenzierung von Wissen und Vermuten

Die analytische Wissenschaftstheorie machte die Notwendigkeit einer intersubjektiv nachvollziehbaren und überprüfbaren Begründung von Theorie geltend, worunter der Aufweis des empirischen Bezugs bzw. zu überprüfender Bezugsmöglichkeiten, eine eindeutige Begrifflichkeit sowie eine transparente und widerspruchsfreie logische Struktur der Argumentation verstanden wurde. In Anlehnung an die naturwissenschaftlich-mathematische Forschungspraxis orientierte sie auf eine strikte Unterscheidung von Wissen – verstanden als ein solches, das nach aktuellem Stand wissenschaftlicher Methodologie und Theorie als bislang gesichert anzunehmen sei – und allen darüber hinausgehenden Annahmen und Hypothesen. In dieser Unterscheidung wurde, ebenso wie in der zwischen Deskriptivem und Normativem, eine Bedingung des Wissenschaftsfortschritts gesehen, denn auch sie zielt auf Absicherung wissenschaftlicher Intersubjektivität und Überschaubarkeit des Diskurses. Wert gelegt wurde auf Präzisierung – Präzisierung der Beobachtung und Beschreibung, der Begrifflichkeit, der Deduktion etc.

Durch den Wiener Kreis war die Besinnung auf die Sprache intensiviert worden. Das Programm hatte zuvor bereits insbesondere Gottlob Frege formuliert, als er die Brechung der Herrschaft des Worts über den menschlichen Geist zur Aufgabe der Philosophie erklärte. Philosophie sollte Täuschungen aufdecken, «die durch den Sprachgebrauch über die Beziehungen der Begriffe oft fast unvermeidlich entstehen, indem sie den Gedanken von demjenigen befreit, womit ihn allein die Beschaffenheit des sprachlichen Ausdrucksmittels behaftet» (Frege 1964, S. XII f). Der Wiener Kreis arbeitete, teilweise inspiriert von Ludwig Wittgenstein, an der Abgrenzung metaphysischer Sätze von wissenschaftlichen – ein Programm, das letztlich scheitern sollte, gleichwohl aber die Reflexion über Sprache und Argumentation entschieden erweitert hat. Die moderne Logik wurde zur Klärung von Begriffen und argumentativen Problemsituationen fruchtbar gemacht; die Debatten um das Sinnkriterium vertieften Fragen der Wissenschaftslogik – Fragen nach den Bedingungen der Geltung von Theorien, nach den Faktoren und Verlaufsformen der Wissenschaftsentwicklung sowie Fragen des Realismus. Breiten Raum nahm in der Wissenschaftstheorie die Diskussion über wissenschaftliche Erklärungsmodelle ein, ihre Abgrenzung von Pseudoerklärungen, Zirkel- und Scheinerklärungen, ihr Verhältnis zur Prognose (Stegmüller 1983, Bd. 1). Die Grundsätze des Wiener Kreises, die Rudolf Carnap 1928 seinem vieldiskutierten Werk *Der Logische Aufbau der Welt* voranschickte, waren und blieben für die analytische Philosophie und Wissenschaftstheorie verbindlich: «Klarheit der Begriffe, Sauberkeit der Methoden, Verantwortlichkeit der Thesen, Leistung durch Zusammenarbeit, in die das Individuum sich einordnet» (Carnap 1961, S. XX).

Die Rezeption der Wissenschaftstheorie fiel in eine Zeit wachsender Unzufriedenheit mit der Argumentationspraxis in den Gesellschaftswissenschaften. Beklagt wurden eine vage Begrifflichkeit, fehlende Konkretion, eine mangelnde Aussagekraft der Argumentation sowie die Toleranz, mit denen diesen Mängeln im allgemeinen begegnet wurde: das Fehlen einer wechselseitig kritischen Arbeit und innerdisziplinären Auseinandersetzung (zur Pädagogik vgl. Brezinka 1967; Rombach 1967, S. 65; Mollenhauer 1966, S. 56f; Seiler 1969, S. 521; zur Soziologie Dahrendorf 1959, S. 147ff; 1961, S. 43).

Wolfgang Brezinka, der sich in der Pädagogik für eine exaktere Ausdrucksweise engagierte, monierte, daß sich eine unscharfe Begrifflichkeit und metaphorische Sprache, die vom Leser Einfühlung verlangt und Interpretation notwendig macht, als ein Hemmnis der wissenschaftlichen Kommunikation erweist, weil sie Mißverständnisse und Fehlinterpretationen begünstigt. «Statt dafür zu sorgen, daß sie rasch und sicher verstanden werden, ziehen es manche Autoren vor, in den Lesern ihrer Schriften eine Unzahl von *möglichen* Interpretationen zu begünstigen. Zumindest die Wissenschaftler sollten darauf nicht hereinfallen, sondern ihre Schüler deutlich davor warnen, sich durch einen aufgeblasenen Jargon imponieren zu lassen. Wenn wir uns das Ideal rationaler Kommunikation bewahren wollen, werden wir auch bei pädagogischen Autoren entschiedener darauf dringen müssen, daß es in der Wissenschaft allein auf die Darstellungsfunktion der Sprache ankommt» (1967, S. 165). Das Beispiel, das Brezinka gab – eine Textpassage über das ‹erzieherische Mögen› von Heinrich Rombach –, sei zur Verdeutlichung der Kritik mit einigen Sätzen zitiert:

«Das Mögen geschieht schlicht. Es ist ja das Zueignen des Schlichten als des zuhöchst Eigenen. Das Eigene ist zugleich das Nächste und das Fernste. Die eigentliche, unsichtbare Leistung des Mögens liegt im Aushalten, d. h. Auseinanderhalten *und* Überbrücken dieser Kluft. Es tut diese Entfernung (die das innere Wesen des Daseins ist) auf, ohne sie durch eine ‹Bewegung› zu ‹überwinden›. Es trifft den Menschen in dem, was er ist, und setzt ihn in eins dahin frei, sich unendlich zu werden» (1966, S. 281).

Die Wissenschaftstheorie kritisierte die Unschärfe der Sprache als die eine Seite einer allgemeinen analytischen Unschärfe in der Behandlung der Probleme. Empirie und Logik hießen die Lösungsworte. Gefordert wurde zum einen, durch «direkte Untersuchungen zu einer verfeinerten Kenntnis der tatsächlichen [...] Beziehungen zu gelangen» (Topitsch 1965 b, S. 62), zum anderen mit Hilfe der Logik die Unklarheiten und Widersprüche der Sprache auszuräumen und die möglichen Deduktionen einer Theorie zu ermitteln, um auf diesem Weg neue, prüfbare Hypothesen zu finden und die Theorie im Lichte ihrer Implikationen noch einmal auf logische Widerspruchslosigkeit hin zu überprüfen (Morgenstern 1965; Malewski 1965, S. 383; Hegselmann 1988). Mit Hilfe der modernen Logiken, der Mathematik sowie der elektronischen Datenverarbeitung konnten empirische Methodologien verfeinert werden, und empirische Forschungskonzeptionen in den Gesellschaftswissenschaften konfrontierten nun die philosophisch-hermeneutische Wissenschaftspraxis mit neuen Verfahren der Erkenntnisgewinnung, die eine Präzisierung und Konkretisierung der Aussagen erlaubten. Es gelang, Daten zu quantifizieren, die man bisher ausschließlich qualitativ betrachtet hatte (Scheuch/Rüschemeyer 1965; Scheuch 1973; Lipset 1965; Hülst 1990, S. 329). Die gewaltigen Fortschritte, die die empirische Forschung beispielsweise in der Pädagogik machte – im Aufbau eines breiten Feldes von Forschungsprojekten und internationaler Forschungszusammenhänge –, vermittelt eindrucksvoll die 1967 herausgegebene *Zeitschrift für erziehungswissenschaftliche Forschung*.

Die Bereicherung der Forschung durch die empirische Methodologie war nicht zu bestreiten. Dies räumten auch Vertreter geisteswissenschaftlicher Schulen und Kritischer Theorie ein; sie kritisierten allerdings den ‹positivistischen› Geist dieser Forschung und die vermeintliche Forderung eines Methodenmonismus in Form einer Übertragung naturwissenschaftlicher Methodologie auf den geisteswissenschaftlichen Gegenstand (Adorno 1965, S. 523; Habermas 1989, S. 235; Gadamer 1975, S. XVII; Rombach 1967, S. 39; Bollnow 1968, S. 237). Befürchtet wurde eine Abwertung der Konzeption der Geisteswissenschaft, für die die Verständigung über weltanschauliche Grundfragen im Mittelpunkt stand. So bestand man darauf, daß die empirisch-analytische Forschung nur eine Forschungsrichtung neben der traditionellen geisteswissenschaftlich-philosophischen sein könne, und wies auch darauf hin, daß im Grunde erst der geisteswissenschaftlich-philosophische Ansatz Wissenschaft vervollständigt, weil er Selbstreflexion betreibe. Deshalb sei die empirische Forschung im Lichte historischer Weltkonzeptionen hermeneutisch zu deuten, um ihre Relevanz für die Gegenwart und Zukunft zu bestimmen.

Die Behauptung des geisteswissenschaftlichen Selbstverständnisses war ein zentrales Thema der Auseinandersetzungen Mitte der 60er Jahre. Die wissenschaftstheoretischen Forderungen nach Wertfreiheit, methodologischer Präzision und sprachlicher Klarheit sowie Rechenschaftslegung des Wissenschaftlers über die Geltungsgrundlagen seiner Ergebnisse wurden als Einengungen eines auf Sinnverständigung angelegten Denkens empfunden.

«Spontaneität, Imagination, Freiheit zur Sache sind allen anders lautenden Erklärungen zum Trotz durch die allgegenwärtige Frage ‹Ist das auch Wissenschaft?› so eingeengt, daß der Geist noch in seinem einheimischen Bereich droht, entgeistet zu werden. Die Funktion des Wissenschaftsbegriffs ist umgeschlagen. Die vielberufene methodische Sauberkeit, allgemeine Kontrollierbarkeit, der Consensus der zuständigen Gelehrten, die Belegbarkeit aller Behauptungen, selbst die logische Stringenz der Gedankengänge ist nicht Geist: das Kriterium des Hieb- und Stichfesten wirkt jenem immer zugleich auch entgegen» (Adorno 1989b, S. 55).

Ein spezieller Streitpunkt war die Rolle der Intuition. Die Wissenschaftstheorie wandte sich gegen die von Hermeneutikern häufig vertretene These der Einfühlung oder Intuition als Bedingung des Verstehens und Voraussetzung, das ‹Wesen› einer Sache und damit zusammenhängend ihre Relevanz wirklich zu erfassen. Wissenschaftstheoretisch wurde die Rolle der Intuition im wissenschaftlichen Erkenntnisprozeß nicht geleugnet und der Einfühlung auch ein heuristischer Wert beigemessen, aber sie wurde für die Erklärung eines Phänomens als unzureichend beurteilt (u. a. Stegmüller 1989, Bd. 1, S. 457; 1983, Bd. 1, S. 414 ff; Scheuch / Rüschemeyer 1965, S. 349; Kraft 1965; Albert 1962, S. 152). Man wies darauf hin, daß ein starkes Gefühl des Verstehens auch dann vorliegen kann, wenn ein Gegenstand falsch beurteilt wird. Durch Intuition und ein nachfühlendes Verstehen könnten interessante Hypothesen entstehen, aber ihre Rechtfertigung sei nicht auf das Verstehen, die Intuition eines Forschers, zu stützen, sondern nur durch eine Anführung von Indizien und Beweisen. Es wurde moniert, daß ein solcher Nachweis der Geltungsgrundlagen der Aussagen häufig nicht sorgfältig genug geschieht oder sogar ganz unterbleibt. Victor Kraft, Philosophieprofessor in Wien und ehemals Mitglied des Wiener Kreises, betonte 1955 in seiner Auseinandersetzung mit dieser Nichtbeachtung der Beweisführung in der Geschichtswissenschaft: «Ohne einen Nachweis des Wahr-Seins bleibt auch eine richtige Intuition zweifelhaft und bestreitbar. Sie *kann* wahr sein, aber wenn man sich ihrer subjektiven Bedingtheit bewußt ist, kann man nicht sicher sein, daß sie wahr ist. Gehen aber intuitive Einsichten auseinander, dann wird die Entscheidung zwischen ihnen notwendig. Und diese kann nicht durch eine neue Intuition gegeben werden. Intuition ist gewiß unentbehrlich für die Wissenschaft. Aber was sie ihr gibt, sind nur heuristische Ideen. Sie ist es, die Hypothesen aufstellt. Aber Hypothesen gelten nicht ohne weiteres, sie müssen verifiziert werden» (1965, S. 76). In der strengen Wissenschaft komme es darauf an, daß die Geltungsgrundlagen der Ergebnisse «explizit vorgewiesen werden». Diese Forderung richtete sich an alle Wissenschaften. Es sollte für Geistes- und Kulturwissenschaften keinen «Königsweg der Erkenntnis» geben dürfen. Die Kritik wandte sich gegen bequeme Haltungen, die glaubten, sich alle methodischen Prozeduren ersparen zu können (ebd., S. 79, 81 f). Die wissenschaftstheoretische Kritik richtete sich damit gegen Aspekte der Philosophie der Geisteswissenschaften, die eine Vernachlässigung argumentativer Begründungspflichten zu legitimieren in der Lage waren.

Die Hermeneutik war nicht als eine Methodologie zur intersubjektiven Kontrolle der Geltungsgrundlagen entwickelt worden; sie bildete eine Theorie, die die geisteswissenschaftlichen Verständnis- und Interpretationsprozesse beleuchtete und auf die Rolle des Vorverständnisses und die Zirkelhaftigkeit des Verstehens verwies. Die Hermeneutik bildete daher in erster Linie eine Reflexion über die Struktur und Problematik des Interpretationsprozesses. Gadamer, der Anfang der 60er Jahre mit *Wahrheit und Methode* die hermeneutische Methodendiskussion in den Geisteswissenschaften anregte, betonte ausdrücklich, ihm gehe es nicht um eine Methode, sondern um die Aufhellung der philosophischen Frage, wie Verstehen möglich ist (Gadamer 1975, S. XVIff, 1975a, S. 483). Problematisch im Sinn der Wissenschaftstheorie war die Behauptung einer «ganz andersartigen Objektivität» der Geisteswissenschaften, so daß ihr Wahrheitsanspruch nicht unter das ihnen «wesensfremde Maß des Methodendenkens der modernen Wissenschaft» zu stellen sei (Gadamer 1975, S. XVI, 21, 228). Die Wissenschaftstheorie forderte die Reflexion der Methode und einen für alle Wissenschaften geltenden Begriff der Objektivität, wenngleich infolge der Metaphysikablehnung im Wiener Kreis und der Konzentration auf empirische Fundierungsfragen nicht in der ganzen Tragweite bedacht wurde, daß metaphysische Grundannahmen jeder Theorie zugrunde liegen.

Die Philosophie der Geisteswissenschaften dagegen griff den Aspekt der weltanschaulichen Implikationen des Denkens positiv auf und machte sich die Explikation der Denkvoraussetzungen im Hinblick auf das ‹Selbstverständnis der Gegenwart› zur Aufgabe. Gadamer rückte daher die Applikation, die Auslegung des erarbeiteten historischen Horizonts im Lichte des Denk- und Interessenhorizonts der Gegenwart, in den Mittelpunkt der Hermeneutik (1975, S. 290). Allerdings begnügte sich die Philosophie der Geisteswissenschaften mit einem auf Bedeutsamkeit reduzierten Wahrheitsbegriff, für den nicht notwendigerweise der Anspruch einer Beweisführung zu erheben war. Gerhard Pasternack fordert daher (1985 a) zur Überwindung dieser Schwäche eine eigenständige methodologische Ebene zwischen der philosophischen Hermeneutik und der sogenannten materialen, philologischen Hermeneutik – die Einführung «expliziter methodologisch relevanter Rechtfertigungsforderungen» für die Explikation der Verstehensresultate.

Unterschiedliche Akzentsetzungen

Zu vergegenwärtigen ist die Grundverschiedenheit der Standpunkte in der Kontroverse zwischen geisteswissenschaftlicher Philosophie und analytischer Wissenschaftstheorie: Der empirisch-analytische Wissenschaftstypus zielte auf die Differenzierung sozialer, psychologischer, geistiger Bedingungsfaktoren und Mechanismen eines spezifischen gesellschaftlichen Gegenstandsbereichs. In einer weitergehenden Perspektive war die praktische Zielsetzung einer optimierten Gestaltung gesellschaftlicher und individueller Verhältnisse intendiert. Die geisteswissenschaftliche Konzeption orientierte auf eine Auseinandersetzung mit der historischen Entwicklung von Weltbildern, auf die Thematisierung des historischen Wirkungszusammenhangs zum Zwecke einer weltanschaulichen Orientierung der Praxis. Im Vordergrund standen die totalisierenden Aspekte der Welterfahrung, und dies bedeutete eine bedingte Aufhebung von Differenzierung; der Differenzierung kam der Charakter eines Durchgangsmoments des Denkens zu. Die Kontroversen um ‹Verstehen› im Gegensatz zum ‹Erklären›, um den Begriff der Erfahrung und die Sprache standen vor dem Hintergrund dieser entgegengesetzten Konzeptionen:

Für die Theorie der Geisteswissenschaften war die Idee einer nicht hintergehbaren, immer schon vorhandenen Totalisierung von Welt durch das Subjekt Grundlage sowohl der Kategorie des Verstehens und des Begriffs der Erfahrung als auch ihrer Vorstellung einer gelungenen Sprache. Der Begriff Verstehen kontrapunktierte den der kausal-analytischen Erklärung in den Naturwissenschaften. Mit ‹Verstehen› war ein ganzheitliches Erfassen eines geistigen Horizonts, eines Weltbildes, gemeint;

‹Erklärung› wurde davon unterschieden als eine auf begrenzte Ausschnitte sich beschränkende Reflexion materieller Faktorenrelationen. Die Hermeneutik betonte die Mobilisierung subjektiver Welt- und Lebenserfahrung als wesentliche Voraussetzung gelingender Erarbeitung des Erkenntnisobjekts und seines Kontextes. Beides, die Erfassung des Erkenntnisgegenstandes wie die Selbstreflexion, sollte in der Auseinandersetzung über die Verschiedenheit der Sinnhorizonte zu einer intuitiven Erkenntnis zusammenfließen. Die geisteswissenschaftliche Theorie wollte den Begriff der Erfahrung nicht auf eine systematisch erzielte Erfahrung eingeschränkt wissen. Sie unterschied die allgemeine Lebenserfahrung, die dem Menschen «widerfahre» und als Gesamterfahrung verinnerlicht sei, von der Empirie der empirischen Wissenschaften, die auf gezielte Fragen an die Natur Antworten suche. Bollnow, der sich als ein Vertreter einer hermeneutischen Pädagogik zu Wort meldete, betonte:

«Durch den Charakter der Unberechenbarkeit und Zufälligkeit unterscheidet sich die vom Menschen gemachte Erfahrung von dem Ergebnis einer ausdrücklichen Erprobung, einem ausdrücklich angestellten Experiment. [...] Das Ergebnis eines Experiments kann man nicht als Erfahrung bezeichnen, wenigstens dann nicht, wenn man mit dem Wort Erfahrung einen einigermaßen klaren Sinn verbinden will. Das Experiment ist eine Frage an die Natur, und diese findet eine Antwort, die durch die Fragestellung vorgezeichnet ist. [...] Denn das eine, die Forschung, gehört in den Bereich planender Gestaltung, in den Bereich, über den der Mensch mit seiner Freiheit verfügt, das andere aber ist ein Lebensgeschehen, dem der Mensch ausgeliefert ist, über den er nicht von sich aus verfügen kann, sondern dem er schlechthin ausgeliefert ist» (Bollnow 1968, S. 235, 236).

Der Begriff Erfahrungswissenschaft könne daher kein Synonym für empirische Forschung sein. Erfahrung in dem umfassenden Sinn, begriffen als Lebensgeschehen, entziehe sich der wissenschaftlichen Beobachtung des Erkenntnissubjekts, und daher bedürfe es der Hermeneutik, sie deutend herauszuheben und zur begrifflichen Klarheit zu bringen (Bollnow 1968, S. 239 f). Gadamer richtete sich gegen die «Objektivierung der Erfahrung» durch die methodische Veranstaltung des naturwissenschaftlichen Experiments und die historisch-kritische Methode in den Geisteswissenschaften, die den ursprünglichen Gehalt des Begriffs verkürzten. Die «echte» Erfahrung sei die Begegnung im sprachlichen Geschehen des

Gesprächs, eine Begegnung von Weltansichten, die ‹durch Lebensvollzug› geprägt seien (1975, S. 329, 436). Im Begriff der Gesamterfahrung kam die phänomenologische ‹Anschauung des Ganzen› zum Tragen, die als konstituierende Struktur des Weltverhältnisses gedacht war (zur Konzeption phänomenologischer Soziologie vgl. etwa H. Schelsky 1967).

Diese Perspektive betrachtete auch die Sprache in einem anderen Licht als die Wissenschaftstheorie. Das Mehrdeutige und Schillernde der Sprache, Metaphorik und Analogien wurden positiv bewertet, weil sie zur Assoziation reizen und damit zur Mobilisierung von Momenten allgemeiner Welterfahrung und totalisierender Perspektiven. Die positive Wertung der Mehrdeutigkeit der Sprache beruhte auf der impliziten These, daß die Variabilität der Sprache den Zugang zum ‹Fundus der Gesamterfahrung› darstelle. Heinrich Rombach beispielsweise argumentierte: Die «Verflüssigung der Begriffe» leiste eine «größere Nähe zur Sache», eine «vermittelte Unmittelbarkeit», während fixierte Grundbegriffe den lebendigen Gang der Wissenschaft in Vereinseitigungen und Verhärtungen ersticke. «Fixierte Grundbegriffe sind nicht nur für die Wissenschaft als Ganze, sondern auch für das einzelne wissenschaftliche Arbeiten in sich selbst unfruchtbar. In jeder lebendigen Problementwicklung vollzieht sich eine gewisse Bewegung der Grundstruktur; je umfangreicher ein Ansatz ist, desto mehrfältiger muß das Grundgefüge sein» (Rombach 1967, S. 58, 59). Vorausgesetzt wurde, daß der Leser wiederum assoziativ liest und sich den durch die Sprache offengelassenen weiten Horizont aufgrund der eigenen Welterfahrung erschließt:

«Freilich muß dann die Schwingungsbreite und das Entwicklungsgeschehen im Grundgefüge der Kategorien durch den Satz oder die zusammenhängende Theorie selbst hell werden können, so daß sie der Leser exakt mitvollziehen und eventuell explizit darstellen kann. Wer diese Explikation terminologischer Mehrschichtigkeit nicht zu leisten vermag, taugt nicht als Leser oder Mitarbeiter der betreffenden Wissenschaft. Das Mitschwingen von Nebenbedeutung zu verbieten, ist nicht nur unmöglich (denn es kann letztlich nicht unterbunden werden), sondern auch gegen das wissenschaftliche Interesse (man kommt nicht zu Schärfen, sondern nur zu Verzerrungen). Grundbegriffe dürfen nicht durch allzu enge Fixierungen ertötet werden (indem man sie auf Einheitsbedeutungen festsetzt), sie dürfen aber auch nicht in subjektive Beliebigkeit und bloße Übereinkunft aufgelöst werden (indem man sie ohne Verbindung mit der Tradition der Wissenschaft nach eigenem Gutdünken variiert)» (Rombach 1967, S. 59).

Einschränkung sollte die individuelle Modulation von Sprache allein am Maß der Interpretierbarkeit durch andere finden.

Auch Hans-Georg Gadamer plädierte für das «Spiel» der Sprache, das Offenhalten ihrer Weltbezüge; Kunstsprachen, ideale Sprachen, terminologische Festlegungen, wie sie in der Wissenschaft existierten, wertete er als «Gewalttaten» an der Sprache. Er wandte sich gegen die moderne Sprachtheorie, die Sprache als Zeichensystem und Mittel der Verständigung faßte und den Logos als Ordnenden implizierte. Sprache sei unmittelbar das Denken des Seins und von diesem nicht zu trennen. Die «lebendige», «natürliche» Sprache kennzeichne immer ein gesamtes Weltverhältnis des Menschen. Dabei sei die sprachliche Verfaßtheit der Welterfahrung imstande, «die mannigfachsten Lebensverhältnisse» zu umfassen – eine durch Wissenschaft geprägte Weltsicht ebenso wie die Unmittelbarkeit des Anschauens der Welt, beispielsweise in der Redeweise vom Untergang der Sonne, die wissenschaftlich widerlegt sei. Jedes Wort verweise auf das Ganze der Sprache und die durch sie dokumentierte Welterfahrung. Die Worte «umspielten das Gemeinte», und der Interpret, der Empfänger dieser Welterfahrung, rezipiere diese Erfahrung wiederum in eigenen Sinn- und Resonanzmöglichkeiten (1975, S. 392, 425, 432, 437, 464). Die Subjektivität der Sprache, das Mitschwingen von ‹Ober- und Untertönen›, die auf Bewertungen und weitere Bedeutungsbezüge verweisen, wurden als Ausdruck der menschlichen, kulturellen Mehrdimensionalität betrachtet. Damit thematisierte Gadamer die Mitteilung und Deutung von Weltbezügen, die sich im Ausdruckscharakter der Sprache spiegeln, nicht jedoch die besonderen Anforderungen an wissenschaftliche Aussagen.

Die geisteswissenschaftliche Sprachauffassung ist insofern im Recht, als die natürliche Sprache nicht adäquat durch eine wissenschaftliche Kunstsprache zu ersetzen ist und sprachliche Äußerungen stets einen Interpretationsspielraum haben. Jedoch machte die Wissenschaftstheorie zu Recht als Wissenschaftsnorm geltend, daß Aussagen zu präzisieren und Mehrdeutigkeiten der Auslegung weitestmöglich zu reduzieren sind, soll die Verständigung über intersubjektiv akzeptierbare ‹Sachverhalte› erleichtert werden. Transparenz der Argumentation, Aufweis der Geltungsbedingungen von Thesen, Klarheit der Sprache wurden verlangt als Grundlagen einer aufeinander bezogenen Arbeitsweise. Entsprechend wurden der Verzicht auf den expliziten Ausweis der intersubjektiv kontrollierbaren Geltungsgrundlagen der Argumentation sowie die fehlende Präzision der sprachlichen Äußerungen, ein Spiel mit Assoziationen, bei dem intersubjektives Wissen, subjektive Gewißheit und Vermutung ineinanderfließen, als nichtwissenschaftlicher Stil gerügt.

In Frage gestellt wurden auch Erklärungen per Analogie, die Unbekanntes nach Modellen des Bekannten deuten. In der Wissenschaft verbreitet ist beispielsweise die Übertragung von Begrifflichkeiten und Modellen einer zumeist populären Disziplin in eine andere. Die Wissenschaftstheorie beurteilte Analogien als Hilfskonstruktionen mangels empirischer Präzisierung des Erkenntnisgegenstands und forderte, daß sich die Forschung nicht mit ihnen zufriedengeben dürfe. Ernst Topitsch, der sich mit Analogiebildungen in Mythen und der Philosophie beschäftigte, wies darüber hinaus auf ihre Funktion in der weltanschaulichen Menschenführung hin. Vor allem soziomorphe – sozialen Beziehungen nachgebildete – Modelle transportierten neben den deskriptiven auch die emotionalen Aspekte dieser Beziehungen und übten daher eine psychologische Wirkung aus (1958, 1965a, 1965b). Gesellschaftswissenschaften und Philosophie seien für Ideologien dieser Art besonders anfällig, was auf ihre Einbindung in politische Meinungsbildungsprozesse zurückzuführen sei. Die Naturwissenschaften hätten eine weitreichendere Unabhängigkeit durchsetzen können,

«da an dieser Unabhängigkeit ein noch gewaltigeres soziales Interesse besteht als an ihrer Bevormundung: das Interesse am Fortschritt der Technik, den nur eine freie Forschung gewährleisten kann. [...] In den exakten Disziplinen war die Abstoßung der normativen Elemente und der Aufbau eines rein explikativen Begriffssystems allerdings insofern leicht, als es offenkundig sinnlos ist, dem Verhalten physischer Objekte (der Gestirne ebenso wie der Atome) eine andere als die tatsächlich gezeigte Regelmäßigkeit vorschreiben zu wollen, und überdies die Beachtung und Ausnützung der faktischen Invarianten des Naturgeschehens die Voraussetzung jeder Technik bildet» (Topitsch 1965b, S. 66, 67).

Die Wissenschaftstheorie betonte, daß für die wissenschaftliche Erkenntnis allein die Orientierung an den zu untersuchenden ‹Realprozessen› entscheidend ist. Der Grad der Unabhängigkeit von Analogien wurde als Gradmesser für Wissenschaftlichkeit bezeichnet (Peters 1960, S. 33; Skinner 1965, S. 455; Morgenstern 1965, S. 328 f). Die Warnung vor

Analogiebildung geht bis auf Kant zurück und ist seitdem immer wieder in Erinnerung gerufen worden (vgl. Kant 1911, S. 356f; Sandkühler 1985, S. 28; Hartmann 1955; Bense 1948). Wolfgang Stegmüller hielt in seiner zusammenfassenden Darstellung der Positionen und Ergebnisse der Wissenschaftstheorie und analytischen Philosophie fest: «Eine der Hauptaufgaben der Realerkenntnis besteht gerade darin, *das scheinbar Selbstverständliche zum Problem zu erheben und zum Gegenstand wissenschaftlicher Analysen und Erklärungen zu machen*» (1983, Bd. 1, S. 169f). Daß der Wissenschaftsfortschritt stets einen Bruch mit der gewöhnlichen Erfahrung und den intuitiven Einsichten des ‹gesunden Menschenverstandes› bedeutet, hatte insbesondere der französische Begründer der *Épistémologie* Gaston Bachelard hervorgehoben (vgl. Sandkühler 1991 b, S. 309).

Empirische Theorie und Philosophie

Die Befürworter einer empirischen Forschung verwiesen auf den Erkenntnisgewinn, den höheren Grad der Präzisierung der Aussagen durch empirische Strukturanalysen. Eine philosophische Argumentation wurde überall dort zurückgewiesen, wo durch eine empirische Forschung ein größeres Maß an begrifflicher Differenzierung zu erwarten war. In der Soziologie bildeten für den Kritischen Rationalismus vor allem essentialistische Argumentationen des Marxismus eine Folie der Kritik. Gefordert wurde, daß nicht nur Hoffnungen auf einen Sozialismus ausgesprochen werden, sondern auch die Anstrengungen einer empirisch fundierten Gesellschaftsanalyse auf sich genommen werden. Eine empirische Analyse der Institutionen und sozialen Mechanismen sollte gesellschaftliche Reformbemühungen mit konkreten Daten unterstützen, Gesellschaftsplanung, insbesondere den gezielten Einsatz sozialer Steuerungsmechanismen ermöglichen. Intendiert war eine wissenschaftliche Fundierung von Politik, die Erarbeitung von Ansatzpunkten und Konzeptionen gezielter strukturell-institutioneller Veränderung gesellschaftlicher Verhältnisse, d. h. eine Sozialtechnologie (Popper 1965, S. 122f; vgl. auch 1980; Albert 1965 a; Topitsch 1965 b, S. 64).

Ein Streitpunkt zwischen der Frankfurter Schule und Kritischen Rationalisten war die Möglichkeit der Deduktion eines verborgenen objektiven Sinns der Geschichte, der eine Rechtfertigung politischen Handelns gebe. Popper und seine Schule bestritten die Existenz von Gesetzmäßigkeiten des Geschichtsverlaufs. Darin unterschied sich Popper auch von Logischen Empiristen wie Otto Neurath oder Edgar Zilsel, die den Wert sozialer Großprognosen für das gestaltende Eingreifen in den Geschichtsprozeß betont hatten (vgl. Dahms 1994, S. 334f; Albert 1989, S. 212f; 1989a, S. 282; Popper 1980). Kritische Rationalisten forderten eine relativ hohe Verläßlichkeit wissenschaftlicher Prognosen und sahen diese allein in Prognosen mittlerer Reichweite gewährleistet, die an spezifische, präzise formulierte Bedingungsfaktoren geknüpft sind.

«Durch Anwendung einer allgemeinen Sozialtheorie auf eine bestimmte historische Situation kann also eine Prognose der durch diese Theorie erfaßbaren Aspekte des zukünftigen Geschehens erreicht werden. Sind die Randbedingungen des Geschehens in gewissen Grenzen manipulierbar, so kann man die Theorie verwenden, um Alternativprognosen in bezug auf die eigenen Eingriffsmöglichkeiten zu erstellen und daran das eigene Verhalten zu orientieren. Damit gewinnt die Sozialwissenschaft unmittelbar politische Bedeutung, sie wird Grundlage politischer Entscheidungen» (Albert 1973, S. 80f).

In vagen Formulierungen über einen künftigen Entwicklungsablauf wurde keine ausreichende Handlungsorientierung gesehen; sie wurden für die Sozialwissenschaft als unbrauchbar abgewiesen, wenngleich ihnen eine Funktion der psychologischen Motivation eingeräumt wurde (Popper 1965, S. 115ff; Albert 1965a; Topitsch 1965b, S. 64).

Habermas unterschied zwischen historischen Gesetzmäßigkeiten, die die Dialektische Theorie deduzieren wolle, und dynamischen Strukturgesetzmäßigkeiten der strikten Erfahrungswissenschaften. Erstere bezeichneten «Bewegungen, die sich, vermittelt durch das Bewußtsein der handelnden Subjekte, tendenziell durchsetzen. Gleichzeitig nehmen sie für sich in Anspruch, den objektiven Sinn eines historischen Lebenszusammenhangs auszusprechen.» Konstitutiv sei für Dialektische Theorie das Sinnverständnis, dem die analytisch-empirische Wissenschaftskonzeption lediglich einen heuristischen Wert zuordne. Ihre Kategorien gewinne sie aus dem «Situationsbewußtsein der handelnden Individuen selber» (Habermas 1965, S. 296). Wie auf diese Weise aber Gesetze begründet werden könnten, blieb unverständlich (zur Kritik vgl. Albert

1989a, S. 282). Das hermeneutische Verfahren vermag lediglich Visionen über Zukunftsmöglichkeiten aufgrund gegebener Interessenkonstellationen zu entwickeln; für soziale Großprognosen ist es allein nicht ausreichend.

Die Forderung des Kritischen Rationalismus nach einer Präzisierung der Geltungsgrundlagen von Prognosen entsprach einer empirischen Soziologie, die auf eine vertiefende Analyse der gesellschaftlichen Phänomene durch differenzierende Quantifizierung und Qualifizierung drängte. Aussagen sollten einen möglichst großen empirischen Gehalt – Informationsgrad genannt – besitzen. Popper und Carnap hatten verdeutlicht, der empirische Gehalt einer Aussage bestehe darin, daß sie spezifische logische Fälle ausschließt und dem Phänomenbereich nur einen bestimmten Spielraum läßt. Sätze mit einem weiten oder im Grenzfall totalen Spielraum ihrer Referenz besitzen entsprechend nur einen geringen Informationsgehalt (Topitsch 1965a, S. 24; Albert 1973, S. 72). Topitsch bezeichnete Aussagen mit sehr großem Spielraum, die aufgrund ihres geringen Informationsgehalts auch kaum widerlegbar seien, als Leerformeln. Sie täuschten die Referenz auf konkrete Verhältnisse lediglich vor. Als Beispiel diente die Ceteris-paribus-Klausel, die in der Ökonomie gebräuchlich war (Albert 1965b), oder die in marxistischer Literatur anzutreffende Redewendung, ‹letzten Endes› sei ein gesellschaftliches Ereignis x auf die ökonomische Basis zurückzuführen (Topitsch 1965a, S. 26). Die Unterscheidung von Leerformeln gegenüber sachhaltigen Aussagen und «echten» Handlungsanweisungen sei eines der Hauptziele des Pragmatismus und Neopositivismus, betonte Topitsch. «Diese Richtungen fragen gewissermaßen nach dem ‹Barwert› von Sätzen und Satzsystemen, ihrer Beziehung zu prüfbaren Beobachtungen und durchführbaren Tätigkeiten. Sie fordern die möglichst genaue Angabe kontrollierbarer Merkmale, auf Grund deren man über die Wahrheit oder Falschheit einer Behauptung, die Normgemäßheit oder Normwidrigkeit eines Verhaltens entscheiden kann» (1958, S. 271).

Auch Methoden der theoretischen Nationalökonomie waren Gegenstand der Kritik. Albert monierte, die theoretischen Annahmen ihrer Modelle würden ausschließlich in Hinblick auf ihre logischen Konsequenzen betrachtet, «ohne daß man sich für die Frage ihrer Gültigkeit oder auch nur für die ihrer Prüfbarkeit sonderlich interessieren würde. Man pflegt mit ihnen, wenigstens in dem vorliegenden Kontext, überhaupt keine Behauptung über die realen Zusammenhänge zu verbinden. Es gehört zu den Verfahrensweisen des Modell-Platonismus, Aussagen, die man an sich als Hypothesen oder als Komponenten von Hypothesen interpretieren und behandeln könnte, zu bloßen Annahmen zu degradieren, so daß die Problematik ihrer Prüfung und Bewährung und damit auch die ihrer realwissenschaftlichen Bedeutung ausgeschaltet werden kann. Natürlich kann man Systeme solcher Aussagen formalisieren und alle möglichen Transformationen mit ihnen vornehmen» (1965 b, S. 430/Anm. 34). Den Mißstand dieser Ökonomie sah Albert insbesondere in deren Prämisse, die Marktbeziehungen als einen relativ autonomen Bereich des sozialen Lebens isoliert zu betrachten und auf eine Untersuchung der Interdependenzen von Ökonomie und anderen Bereichen sozialer Bewegung zu verzichten (ebd., S. 406 f).

Das Programm empirischer Soziologie lautete: konkrete Differenzierung, eine weitestmögliche Aufschlüsselung gesellschaftlicher Mechanismen, gesellschaftlicher Relationen und Interdependenzen. Sie erstrebte eine Erweiterung des empirischen Wissens und plädierte daher für ein höheres Niveau empirisch gesättigter Differenzierung in den Gesellschaftswissenschaften; dies hieß zugleich die Überwindung der Ebene generalisierender philosophischer Betrachtung.

Dagegen wandte die Frankfurter Schule ein: Bei aller Exaktheit empirischer Forschung werde das Wesentliche sozialer Phänomene ohne eine umfassende Gesellschaftstheorie, die den Begriff der Totalität vermittle, nicht getroffen. Totalität präge der einzelnen Erscheinung ihr Muster auf, sei aber selbst nicht empirisch nachweisbar (Adorno 1989 d, S. 20). Wie Adorno betonte, seien «abgeleitete Hypothesen, Voraussagen von regelhaft zu Erwartendem» der Kritischen Theorie

«nicht voll adäquat. Das bloß zu Erwartende ist selber ein Stück gesellschaftlichen Betriebs, inkommensurabel dem, worauf die Kritik geht. Die wohlfeile Genugtuung darüber, daß es wirklich so kommt, wie sie es geargwöhnt hatte, darf die gesellschaftliche Theorie nicht darüber hinwegtäuschen, daß sie, sobald sie als Hypothese auftritt, ihre innere Zusammensetzung verändert. Die Einzelfeststellung, durch die sie verifiziert wird, gehört selbst schon wieder dem Verblendungszusammenhang an, den sie durchschlagen möchte. Für die gewonnene Konkretisierung und Verbindlichkeit hat sie mit Verlust an eindringender Kraft zu zahlen; was aufs Prinzip geht, wird auf die Erscheinung eingeebnet, an der man es überprüft. Will man umgekehrt von Einzelerhebungen, nach allgemeiner wissenschaftlicher Sitte, zur Totalität der Gesellschaft aufsteigen, so gewinnt man bestenfalls klassifikatorische Oberbegriffe, aber nie solche, welche das Leben der Gesellschaft selber ausdrücken» (1965, S. 512).

Die Frankfurter Schule ging von einer epistemologischen Position der Weltbildkonstruktion aus, hatte aber die Beziehung zur Empirie nicht geklärt. Die Behauptung der Nicht-Überprüfbarkeit von Totalität widersprach der Aussage, daß das ‹Wesen› erscheinen müsse (ebd., S. 523), was nichts anderes heißen kann, als daß die Theorie sich empirisch bewähren muß. Adorno zufolge sollte die Theorie die Erscheinung kritisch relativieren und auf ihr Wesen gehen, die empirische Forschung andererseits den Begriff des Wesens vor Mythologisierung und die Theorie vor einer «blinden Konstruktion von oben her» schützen (ebd., S. 519, 523). Offen blieb die Frage, in welchem Verhältnis spekulative Theorie – denn empirische Theorie konnte nicht gemeint sein – zur empirischen Forschung steht.

Jürgen Habermas griff in seiner Auseinandersetzung mit Hans Albert auf den geisteswissenschaftlichen Erfahrungsbegriff zurück und verwies auf die «vorwissenschaftlich akkumulierte Erfahrung» des Subjekts, «die den Resonanzboden einer lebensgeschichtlich zentrierten sozialen Umwelt, also die vom ganzen Subjekt erworbene Bildung noch nicht als bloß subjektive Elemente ausgeschieden hat» (1965, S. 294). Dabei bezog er sich auf den Wiener Phänomenologen Alfred Schütz, der 1938 nach der Okkupation durch das ‹Dritte Reich› Österreich verlassen hatte, seit 1949 in den USA wirkte und dort vor allem in der Soziologie rezipiert wurde. Habermas hebt hervor, er habe im Anschluß an Diltheys und Husserls Begriff der Lebenswelt einen positivistisch noch nicht beschnittenen Begriff der Erfahrung für die Methodologie der Sozialwissenschaften gerettet. Der vorwissenschaftlichen Erfahrung entstammten Einsichten über die Totalität der Gesellschaft, und sie garantiere einen Entwurf von Theorie, in dem die Interessen des Subjekts eingeschlossen blieben (ebd., S. 292 f).

Den empirisch-analytischen Wissenschaften warf Habermas einen «restringierten» Erfahrungs- und Theoriebegriff vor, der dem gesellschaftlichen Gegenstand unangemessen sei.

«Die analytisch-empirischen Verfahrensweisen dulden nur einen Typus von Erfahrung, den sie selbst definieren. Einzig die kontrollierte Beobachtung physischen Verhaltens, die in einem isolierten Feld unter reproduzierbaren Umständen von beliebig austauschbaren Subjekten veranstaltet wird, scheint intersubjektiv gültige Wahrnehmungsurteile zu gestatten. Diese repräsentieren die Erfahrungsbasis, auf der Theorien aufbauen müssen, wenn die deduktiv gewonnenen Hypothesen nicht nur logisch richtig, sondern auch empirisch triftig sein sollen. Erfahrungswissenschaften im strikten Sinne bestehen darauf, daß alle diskutablen Sätze mindestens indirekt durch jene sehr eng kanalisierte Erfahrung kontrolliert werden. Dagegen sträubt sich eine dialektische Theorie der Gesellschaft. Wenn der formale Aufbau der Theorie, die Struktur der Begriffe, die Wahl der Kategorien und Modelle nicht blindlings den abstrakten Regeln einer allgemeinen Methodologie folgen können, sondern [...] vorgängig an einen präformierten Gegenstand sich anmessen müssen, darf Theorie nicht erst nachträglich mit einer dann freilich restringierten Erfahrung zusammengebracht werden» (ebd., S. 293 f).

Allerdings betonte Habermas, daß die Dialektische Theorie der Erfahrung, auch der restringiertesten, nicht widerstreiten dürfe, andererseits sei sie nicht «verpflichtet», sich in die «formale Sprache eines hypothetisch-deduktiven Zusammenhangs» einzufügen; nicht alle Theoreme seien «bruchlos durch empirische Befunde einzulösen – am wenigsten die zentralen» (ebd., S. 294).

Trotz seiner harten Kritik wollte Habermas sich nicht als Gegner einer empirischen Sozialforschung verstanden wissen (1989, S. 235, 261 f). Ihm ging es darum, Raum für eine geisteswissenschaftliche Konzeption der Sozialwissenschaft offenzuhalten. Der Streit darum wurde damals auch als ein Streit um die Sprache geführt, und Habermas plädierte wie andere Vertreter der ‹geisteswissenschaftlichen Konzeption› für eine größere ‹Beweglichkeit› der Begriffe:

«Anstelle des hypothetisch-deduktiven Zusammenhangs von Sätzen tritt die hermeneutische Explikation von Sinn; statt einer umkehrbar eindeutigen Zuordnung von Symbolen und Bedeutungen gewinnen undeutlich vorverstandene Kategorien ihre Bestimmtheit sukzessive mit dem Stellenwert im entwickelten Zusammenhang; Begriffe relationaler Form weichen Begriffen, die Substanz und Funktion in einem auszudrücken fähig sind. Theorien dieses beweglicheren Typs nehmen noch in die subjektive Veranstaltung der wissenschaftlichen Apparatur reflektierend auf, daß sie selbst Moment des objektiven Zusammenhangs bleiben, den sie ihrerseits der Analyse unterwerfen» (1965, S. 293).

Adorno seinerseits betonte, Erkenntnis sei Übertreibung (1989d, S. 45f).
Der Positivismus verkenne, daß für Erkenntnis Phantasie vonnöten sei.

«Phantasie heißt weniger frei erfinden als geistig operieren ohne das Äquivalent
eilends erfüllender Faktizität. Eben das wird durch die positivistische Lehre vom
sogenannten Sinnkriterium abgewehrt. So, ganz formal, durch das berühmte
Postulat von Klarheit: ‹Alles, was überhaupt gedacht werden kann, kann klar
gedacht werden. Alles, was sich aussprechen läßt, läßt sich klar aussprechen.›
Aber jegliches sinnlich nicht Eingelöste behält einen Hof von Unbestimmtheit;
keine Abstraktion ist je ganz klar, eine jede durch die Vielheit möglicher Ver-
inhaltlichungen auch undeutlich. Zudem überrascht der sprachphilosophische
Apriorismus von Wittgensteins These. Erkenntnis, die so vorurteilsfrei wäre, wie
der Positivismus es erheischt, hätte mit Sachverhalten zu rechnen, die an sich
alles andere als klar, die an sich verworren sind. Nichts garantiert, daß sie klar sich
ausdrücken lassen» (ebd., S. 63).

Mit der Forderung nach Nachvollziehbarkeit der Erkenntnisoperatio-
nen leugne der Positivismus die Kompliziertheit der gesellschaftlichen
Verhältnisse. Reflektiert und womöglich abgeleitet werden müsse die
Irrationalität der Gesellschaft. Gesellschaftliche Gesetze seien dem
Hypothesenbegriff inkommensurabel, soziale Fakten daher nicht wie
naturwissenschaftliche vorauszusehen (ebd., S. 22f, 55).

Unklar blieb, welchen Vorteil eine mehrdimensionale Sprache, die –
um einen Ausdruck Gadamers zu gebrauchen – das Gemeinte ‹umspielt›,
vor einer logisch strukturierenden und begrifflich klaren Sprache haben
sollte. Wenn man der Auffassung ist, daß Phänomene sich der begrifflichen Erkenntnis entziehen, wird auch eine «unreglementierte» Sprache
den Gegenstand nicht besser erfassen. Die Forderung, daß Sprache verworren sein sollte, wo immer die Phänomene verworren erscheinen,
dürfte auch Adorno nicht aufgestellt haben wollen, widerspricht sie doch
jedem Denken. Denken bedeutet, eine Ordnung in der Mannigfaltigkeit
der Phänomene zu sehen und aufgrund eines Studiums von Relationen
und Bewegungsformen funktionale Beziehungen festzustellen. Immer
schon setzt es Ordnungen. Auch Irrationalität ist ein relativer Begriff,
der sich von der geschaffenen Rationalität des Gesetzesmäßigen oder
Normgemäßen abgrenzt, so daß das Gebiet, auf das er angewendet wird,
in klarer Sprache bezeichnet werden kann. Adornos Argumentation un-
tergräbt die eigene Position: Wie sollte Kritische *Theorie* möglich sein?

Schließlich wird durch die Mehrdeutigkeit der Sprache nicht mehr gewonnen als eine Mobilisierung von Assoziationsketten, d. h. diverser Wissens- und Erfahrungsmomente; es unterbleibt jedoch deren Klärung. Verzichtet wird auf Theorie, die, wie immer ausschnitthaft sie angesichts des diffusen Fundus einer Gesamterfahrung sein mag, die bestmögliche Verarbeitung unseres Wissens für einen spezifischen Teilbereich sein sollte.

Zu den Denkfehlern Adornos gehörte in diesem Zusammenhang auch die Überlegung, daß aufgrund der dialektischen Widersprüche der Gesellschaft keine konsistente Theorie möglich sei. Er identifizierte fälschlicherweise gesellschaftliche Widersprüche mit logischen (vgl. zur Kritik Hegselmann 1979, S. 210/Anm. 31; Adorno 1989e, S. 129). Die empirische Sozialforschung begriff verworren erscheinende Phänomene nicht als Erkenntnishindernis, sondern vielmehr als eine Herausforderung, durch Analyse Strukturen und Mechanismen zu erkennen und die Erscheinung der phänomenalen Irregularität aufzulösen. Adornos Insistieren auf eine Deutung des Wesens der Gesellschaft kann kein Ersatz für eine empirische Analyse sein. Er berief sich damit auf eine zweifelhafte intuitive Erkenntnis, die ohne die Anstrengungen des Begriffs zur unmittelbaren Wesenserkenntnis zu gelangen glaubte.

Eine verbreitete Skepsis unter Geisteswissenschaftlern gegenüber der Logik und den mathematischen, quantifizierenden Methoden der empirischen Wissenschaften resultierte auch aus einer Unterschätzung der Leistungsfähigkeit dieser Methodologie. Man glaubte, daß aufgrund der Kompliziertheit der Gesellschaft lediglich eine Anschauung unter einem ‹ganzheitlichen› Gesichtspunkt, eine intuitive Erfassung des Wesens der Verhältnisse möglich sei. Gegen diese Festsetzung der Grenzen differenzierender Analyse wandten sich empirische Wissenschaftler und Wissenschaftstheoretiker. Hans Albert wies darauf hin, daß der Grad der Quantifizierung abhängig ist vom Entwicklungsstand der mathematischen Forschung sowie empirischer Meßmethoden und die Unterscheidung zwischen Qualitativem und Quantitativem damit nur eine relative ist.

«Was schließlich die Vorstellung angeht, die sozialen Sachverhalte seien zu kompliziert für mathematische Behandlung, so offenbart sich in ihr ein grundlegendes Mißverständnis über die Verwendbarkeit der Mathematik. Mathematische Darstellungsformen sind nämlich hervorragend dazu geeignet, komplizierte Sachverhalte übersichtlich zu beschreiben, Sachverhalte, deren verbale Beschreibung gerade auf Grund ihrer Kompliziertheit unübersichtlich oder sogar unmöglich wäre. Man kann geradezu sagen, daß man sich um so mehr mathematischer Ausdrücke und Aussagen bedienen muß, je komplizierter die Verhältnisse sind, die man beschreiben oder erklären will» (Albert 1973, S. 63; siehe auch Scheuch/Rüschemeyer 1965, S. 351).

Kritik des Essentialismus

Die Zurückweisung des Begriffs Wesen als einer Gestalt und Entwicklung bestimmenden, den Erscheinungen zugrunde liegenden Entität hat in der empirischen Wissenschaft eine lange Tradition. Immer ging es darum, Spekulationen über ‹Übersinnliches› ‹hinter› den Erscheinungen, menschlicher Erkenntnis Entzogenes abzuwehren und die aktuellen Grenzen der Erkenntnis zu betonen. So hatte Galileo Galilei sich der Frage nach der Ursache der Schwere der Körper erwehrt und Wissenschaft auf die Erforschung der empirisch ermittelbaren Zusammenhänge orientiert. Die Newtonsche Schule radikalisierte die Abwehr der Fragestellung nach dem Grund und Wesen eines Naturvorgangs durch die allerdings problematische Forderung einer Physik ohne Hypothesen (Cassirer 1923, S. 182 ff; Mittelstraß 1972). Charakteristisch für die Position vieler Naturwissenschaftler Mitte des 19. Jahrhunderts war die Argumentation Robert Mayers, des Entdeckers des Grundgesetzes der Energieerhaltung: «Was Wärme, was Elektrizität usw. dem inneren Wesen nach sei, weiß ich nicht, so wenig als ich das innere Wesen einer Materie oder irgend eines Dinges überhaupt kenne; das weiß ich aber, daß ich den Zusammenhang vieler Erscheinungen viel klarer sehe, als man bisher gesehen hat, und daß ich über das, was eine Kraft ist, helle und gute Begriffe geben kann.» Die «scharfe Bezeichnung der natürlichen Grenzen menschlicher Forschung» sei eine Aufgabe von «praktischem Wert, während die Versuche, in die Tiefen der Weltordnung durch Hypothesen einzudringen, ein Seitenstück bilden zu dem Streben der Adepten» (R. Mayer, zit. nach Cassirer 1923, S. 185).

Faradays Theorie des elektromagnetischen Feldes und die Energetik führten in der Physik zu einer ‹Empirisierung› und kritischen Hinterfragung zentraler Grundbegriffe wie Kraft, Materie, Atom. Eingesehen wurde der konstruktive und funktionale Charakter der Begriffe: Sie sind nicht Ausdruck einer realen Stofflichkeit, sondern Teil der physikalischen Theorie, Ansatzpunkte für die gedankliche Analyse der Naturerscheinungen und als solche gegebenenfalls durch andere ersetzbar (vgl. Cassirer 1923, 1982, S. 474 ff). Die Physiker und Philosophen Hermann von Helmholtz und Ernst Mach plädierten daher für einen kritisch geläuterten Substanzbegriff in der Naturwissenschaft, der als Substanz, d. h. das Konstante und im Wechsel der Erscheinungen Gleichbleibende, die gesetzlichen Beziehungen zwischen den Erscheinungen begreift (vgl. Ihmig 1993, S. 36 f). Ernst Cassirer betrachtete später die diversen Selbstverständnisdebatten in der modernen Naturwissenschaft als eine Entwicklung von Substanzbegriffen zu Funktionsbegriffen. In seinem 1910 erschienenem Buch *Substanzbegriff und Funktionsbegriff* vollzog er eine Grenzziehung zwischen metaphysisch-spekulativen Wesensbegriffen und naturwissenschaftlichen Begriffen, die in der Kritik des ‹Essentialismus› im Positivismusstreit der 60er Jahre zum Tragen kam, allerdings ohne eine Klärung des theoretischen Hintergrunds.

Die verbreitete Vorstellung vom Zustandekommen der Begriffe ist weitgehend durch die aristotelische Logik und Metaphysik geprägt. Im Zentrum stehen Subjekt- und Prädikatbestimmungen, wobei davon ausgegangen wird, daß Art- und Gattungsbegriffe durch die Kennzeichnung der gemeinsamen Eigenschaften einer Reihe von Gegenständen gebildet werden. Das Gemeinsame wird gewonnen, indem von dem Besonderen und Spezifischen der Einzelfälle abstrahiert wird. Cassirer kritisiert, daß diese Begriffstheorie sich allein an den beschreibenden Wissenschaften, welche eine übersichtliche Ordnung und Klassifikation des ‹Gegebenen› vornehmen, orientiert, aber abstrakte mathematisch-naturwissenschaftliche Begriffe, die ideale Gegenstände zum Inhalt haben, nicht erklären kann und zu Substanzannahmen verleitet.

«Die ‹Form› des Ölbaums, des Pferdes, des Löwen gilt es zu ermitteln und festzusetzen. Wo er [Aristoteles] das Gebiet der *biologischen* Betrachtung verläßt, da vermag sich seine Theorie des Begriffs alsbald nicht mehr völlig natürlich und zwanglos zu entfalten. Insbesondere sind es die Begriffe der *Geometrie*, die von Anfang an der Einordnung in das gewöhnliche Schema widerstehen. Der Begriff des Punktes, der Linie, der Fläche läßt sich nicht als unmittelbarer *Teilbestand* des

physisch vorhandenen Körpers aufweisen und sich somit nicht durch einfache
‹Abstraktion› aus ihm herauslösen. Schon gegenüber diesen einfachsten Beispielen, die die exakte Wissenschaft liefert, sieht sich daher die logische Technik vor
eine neue Aufgabe gestellt. Die mathematischen Begriffe, die durch genetische
Definition, durch die gedankliche Feststellung eines *konstruktiven* Zusammenhangs entstehen, scheiden sich von den empirischen, die lediglich die Nachbildung irgendwelcher tatsächlicher Züge in der gegebenen Wirklichkeit der Dinge
sein wollen. Wenn im letzteren Falle die Mannigfaltigkeit der Dinge an und für
sich vorhanden ist und nur auf einen abgekürzten, sprachlichen oder begrifflichen
Ausdruck zusammengezogen werden soll, so handelt es sich im ersteren umgekehrt darum, die Mannigfaltigkeit, die den Gegenstand der Betrachtung bildet,
erst zu schaffen, indem aus einem einfachen Akt der Setzung durch fortschreitende Synthese eine systematische Verknüpfung von Denkgebilden hervorgebracht wird. Der bloßen ‹Abstraktion› tritt daher hier ein eigener Akt des Denkens, eine freie Produktion bestimmter Relations-Zusammenhänge gegenüber»
(Cassirer 1923, S. 15).

Am Beispiel des Begriffs der Zahl sowie der abstrakten naturwissenschaftlichen Begriffe verdeutlichte Cassirer, daß die wissenschaftliche
Begriffsbildung demgegenüber auf einer Abstraktion beruht, die universale Regeln für die Verknüpfung des Besonderen aufstellt. Neben Reihen
der Ähnlichkeit können Reihen eines genau bestimmten Unterschieds
gebildet werden. Der Begriff wird als kategoriale Funktion gesehen,
durch die Ordnungen hergestellt werden. Cassirer spricht von «Notwendigkeits-Relationen», für die der Begriff nur der Ausdruck und die
‹Hülle› ist (ebd., S. 20). Verstanden als Funktionsbegriff, steht der Begriff in Beziehung zur Empirie bzw. dem Reichtum des Besonderen;
denn die Bestimmung des Spezifischen wird nicht aufgehoben, sondern
bleibt in der Formel erhalten und ableitbar. Der aristotelische Abstraktionsbegriff, der auf Ähnlichkeitsbeziehungen beruht, wird aufgegeben,
sobald die besonderen Momente der Gegenstände ‹wiederhergestellt›
werden. Dieser Allgemeinbegriff negiert die Besonderheit, während der
mathematische Funktionsbegriff als Ordnungsfunktion der besonderen
Fälle begriffen wird (ebd., S. 20, 24 f.). Das Ideal des wissenschaftlichen
Begriffs ist es, die Besonderheiten zu erweisen.

«Der echte Begriff läßt die Eigentümlichkeiten und Besonderheiten der Inhalte,
die er unter sich faßt, nicht achtlos beiseite, sondern er sucht das Auftreten und

den Zusammenhang eben dieser Besonderheiten als *notwendig* zu erweisen. Was er gibt, ist eine universelle *Regel* für die Verknüpfung des Besonderen selbst. So können wir von einer allgemeinen mathematischen Formel – etwa von der Formel der Kurven zweiter Ordnung – zu den speziellen geometrischen Gebilden des Kreises, der Ellipse usw. gelangen, indem wir einen bestimmten Parameter, der in ihr auftritt, als veränderlich betrachten und ihn eine stetige Reihe von Größenwerten durchlaufen lassen. Der allgemeine Begriff erweist sich hier zugleich als der inhaltsreichere; wer ihn besitzt, der vermag aus ihm alle mathematischen Verhältnisse, die an dem besonderen Problem auftreten, abzuleiten, während er anderseits dieses Problem nicht isoliert, sondern in kontinuierlicher Verknüpfung mit anderen, also in seiner tieferen systematischen Bedeutung erfaßt. Die Einzelfälle sind nicht von der Betrachtung ausgeschieden, sondern als völlig bestimmte *Stufen* im allgemeinen Prozeß der Veränderung fixiert und festgehalten» (ebd., S. 25).

Eine solche Perspektive, die in den Begriffen eine reine Ordnungsfunktion gegenüber der phänomenalen Mannigfaltigkeit sieht, läuft nicht die Gefahr, einen Begriff zu verdinglichen, d. h. ihm eine selbständige Wirklichkeit neben oder in den Einzeldingen zuzuweisen.

«Die Reihenform F(a, b, c...), die die Glieder einer Mannigfaltigkeit verknüpft, läßt sich offenbar nicht in der Art eines *einzelnen* a oder b oder c denken, ohne damit ihres eigentlichen Gehalts verlustig zu gehen. Ihr ‹Sein› besteht ausschließlich in der logischen Bestimmtheit, kraft welcher sie sich von anderen möglichen Reihenformen Φ,Ψ... in eindeutiger Weise unterscheidet; und diese Bestimmtheit kann immer nur in einem synthetischen Akt der *Definition*, nicht in einer einfachen Anschauung, ihren Ausdruck finden» (ebd., S. 34).

Cassirer zufolge verarbeitet das Denken nicht gegebene Ordnungen, sondern schafft per Begriffe, Prinzipien und Theorien logische Ordnungen, die eine Orientierung innerhalb der Mannigfaltigkeit der Phänomene erlauben. «Die *Gegenstände* der Physik: die Masse wie die Kraft, das Atom wie der Äther, können nicht mehr als ebensoviele neue Realitäten, die es zu erforschen und in deren Inneres es einzudringen gilt, mißverstanden werden, sobald sie einmal als die Instrumente erkannt sind, die der Gedanke sich schaffen muß, um das Gewirr der Erscheinungen selbst als gegliedertes und meßbares Ganze zu überschauen» (ebd., S. 220). Die scheinbare Kluft zwischen der Beschreibung der Welt in den abstrakten

Begriffen der mathematischen Wissenschaften und ihrer Beschreibung in den ‹Gegebenheiten der Anschauung› führte zu der Annahme, es gelte, Ordnungen ‹hinter› den Phänomenen zu erfassen. Der Schein löst sich nach Cassirer jedoch auf, sobald man das Denken als eine Strukturierung der Phänomene begreift. «So ist es nur *eine* Wirklichkeit, die uns gegeben ist, die uns aber in verschiedener Weise zu Bewußtsein kommt, indem wir sie das eine Mal in ihrer sinnlichen Anschaulichkeit, aber zugleich in ihrer sinnlichen Vereinzelung betrachten, während wir auf dem Standpunkt der Wissenschaft nur diejenigen Momente an ihr festhalten, auf denen ihre intellektuelle Verknüpfung und ‹Harmonie› beruht» (ebd., S. 220). Die gedankliche Ordnung überspringt niemals das Gebiet des Faktischen, um ein transzendentales Jenseits zu ergreifen. Die Grenzen der Erkenntnis liegen Cassirer zufolge in den Grenzen des jeweiligen Begriffssystems.

In dem Manifest des Wiener Kreises, der von Otto Neurath, Hans Hahn und Rudolf Carnap verfaßten programmatischen Vorstellung der *Wissenschaftlichen Weltauffassung*, klingt gleiches an. Dort heißt es: «In der Wissenschaft gibt es keine ‹Tiefen›; überall ist Oberfläche [...] Alles ist dem Menschen zugänglich; und der Mensch ist das Maß aller Dinge» (Neurath/Hahn/Carnap 1981, S. 305). Zwischen der Philosophie Cassirers und der Wissenschaftstheorie des Wiener Kreises gibt es zahlreiche Parallelen, da beide in der Auseinandersetzung mit den Grundlagendebatten in der Mathematik, der Logik und den Naturwissenschaften entstanden; zudem kamen führende Vertreter des Logischen Empirismus aus einer neukantianischen Tradition (vgl. Sauer 1989; Gower 1992). Der Wiener Kreis suchte nach einer eindeutigen Bestimmung zur Unterscheidung wissenschaftlicher Sätze von spekulativ-metaphysischen. Dazu führte er, angeregt durch Ludwig Wittgensteins *Tractatus logico-philosophicus*, ein sogenanntes Sinnkriterium ein, wonach als sinnvoll allein solche Begriffe und Sätze gelten sollten, die empirisch verifizierbar bzw. aus empirischen Begriffen deduzierbar sind. Alle anderen Begriffe und Sätze wurden als metaphysisch qualifiziert. In den 30er Jahren wurde dieses radikale Sinnkriterium liberalisiert und Verifikation durch das Prinzip der Bestätigungsfähigkeit ersetzt. Danach gilt eine Aussage als bestätigungsfähig, wenn Beobachtungssätze positiv oder negativ zu ihrer Bestätigung beitragen können. Bei theoretischen Begriffen forderte Carnap eine prognostische Relevanz als Abgrenzung gegenüber metaphysischen ‹Scheinbegriffen› (vgl. Carnap 1936/37; Stegmüller 1989, Bd. 1).

Wesensbegriffen wurde nicht generell eine Absage erteilt. Lediglich Behauptungen einer Entität ‹hinter der Erscheinung› von etwas ‹Wirklichem› oder einer ‹Nicht-Erfaßbarkeit› des Wesens der Dinge wurden als metaphysisch und schlichtweg «undiskutabel» zurückgewiesen (Neurath 1981a, S. 929; Carnap 1961, S. 26, 221f). Carnap sprach jedoch von Wesensbegriffen, die konstitutionale Verhältnisse qualifizieren; in der Wissenschaft sei es «möglich und zugleich notwendig [...], sich auf Strukturaussagen zu beschränken» (1961, S. 21, 221). 1946 bezeichnete er generell abstrakte Begriffe als Wesenheiten bzw. Entitäten (Carnap 1972). Vor allem Otto Neurath unterstrich, daß ihr Unternehmen «keine erbarmungslose Reinigung der Sprache» sein sollte, eine Eliminierung theoretischer, verallgemeinernder Begriffe oder eine Ausmerzung eines reichen Vokabulars und damit eine Verarmung der Argumentation. Bezweckt werde die Vermeidung von Mehrdeutigkeiten. Gefährlichen Termini sollte der «Stachel genommen werden» durch möglichst präzise Angabe der Aspekte, auf die sie sich beziehen. Zu solchen «gefährlichen» und möglichst zu vermeidenden Termini rechnete Neurath Wesensbegriffe. Er schlug beispielsweise vor, den Begriff Volksgeist, sofern er als Ausdruck für verschiedene Muster von Leben, Architektur, Dichtung, Recht etc. verwendet wird, zu spezifizieren. Es könne gefragt werden, wie die verschiedenen Muster, z. B. in der Archtektur, zu charakterisieren sind (Neurath 1981a, S. 929, 931, 945f, 1981b, S. 1001; ähnlich argumentierte Albert 1962, S. 153). Der Logische Empirismus orientierte auf eine Sprache, die mit Beobachtungssätzen verknüpft blieb. Es sollte transparent bleiben, auf welche Phänomene Verallgemeinerungen referieren.

Poppers Kritik am Essentialismus verwies auf die ‹Stillegung› von Empirie, wenn in Behauptungen über das Wesen einer Sache der grundsätzliche Hypothesencharakter der Wissenschaft vergessen werde. Seine eigene Position charakterisierte er 1972 als einen «modifizierten Essentialismus»:

«Denn wir stellen uns alle individuellen Dinge und alle einzelnen Tatsachen als diesen Gesetzen [den universellen Naturgesetzen] unterworfen vor. Die Gesetze (die ihrerseits immer einer weiteren Erklärung bedürfen) erklären daher Regelmäßigkeiten oder Ähnlichkeiten individueller Dinge oder individueller Tatsachen oder Ereignisse. Und diese Gesetze sind nicht den einzelnen Dingen inhärent. (Noch sind sie platonische Ideen außerhalb der Welt.) Naturgesetze sind eher aufzufassen als (hypothetische) Beschreibungen struktureller Eigenschaften der Natur – des Kosmos. Hier nun liegt die Ähnlichkeit zwischen meiner eigenen Auffassung (der ‹dritten Auffassung›) und dem Essentialismus; obwohl ich nicht glaube, daß wir jemals durch unsere allgemeinen Gesetze ein *letztes* Wesen der Welt beschreiben können, so bezweifle ich doch nicht, daß wir danach streben, immer tiefer in die Welt oder, wie wir sagen können, in immer wesentlichere oder tiefliegendere Eigenschaften der Welt einzudringen» (1984, S. 204; vgl. 1980, S. 17 ff).

Die Kritik metaphysischer Wesensbestimmungen und darauf aufbauender Schlußfolgerungen, die in den 60er Jahren Kritische Rationalisten vortrugen, richtete sich im Cassirerschen Sinn gegen die mangelnde Vermittlung bzw. die Aufhebung der empirischen Erscheinung in dem Begriff Wesen. Ernst Topitsch machte beispielsweise gegenüber der von Marxisten zum Teil vertretenen These, dem proletarischen Bewußtsein komme im besonderen Maß Wahrheit zu, geltend, daß ungeklärt bleibe, auf welche konkreten Menschen sie sich bezieht. Eine Überprüfbarkeit sei nicht möglich (Topitsch 1968, S. 19). Betont wurde, daß die Trennung zwischen Wesen und Erscheinung, wie Sozialismus dem Begriff nach und realem Sozialismus, Proletariat und konkretem Arbeiter etc., abgesehen von ihrem möglichen ideologischen Einsatz, zu einer durch Wunschbilder geprägten Wahrnehmung führt. Sie verhindere eine realistische Weltsicht, wenn die dem Wesen widersprechenden Erscheinungen nicht zum Anlaß einer Korrektur der ‹Wesensbestimmung› bzw. der Theorie genommen werden.

Topitsch thematisierte darüber hinaus die Beschränkung empirischer Forschung durch eine normative Grenzziehung in den Bestimmungen des Wesens. Wesensaussagen lassen sich als eine Kombination von definitorischer und normativer Festsetzung darstellen. Ihre Funktion verdeutlichte Topitsch am Beispiel der Aussage ‹Das Wesen der Wirtschaft ist die Bedürfnisbefriedigung der Konsumenten›. Die Aussage definiert Wirtschaft als ein Handeln, das der Bedürfnisbefriedigung dient, und normiert es positiv, indem sie es anderen ökonomischen Handlungszielen, z. B. dem Aufbau ökonomischer Macht, vorzieht (Topitsch 1965 a,

S. 30). Indem die Wesensbestimmung eine Perspektive des Gegenstandes auszeichnet, blendet sie andere zugleich aus.

Vor allem aber wurde geltend gemacht, daß eine Wesensbestimmung kein Ersatz für eine empirische Bestimmung allgemeiner Gesetzmäßigkeiten sein könne. Hans Albert betonte dies insbesondere gegenüber der phänomenologischen Wesensschau, die einen unmittelbaren Zugang zum Wesen der Erscheinungen beanspruchte. Nicht an sich sei die Frage nach dem Wesen verwerflich, sondern Wesensbestimmungen ohne informativen Gehalt, d. h. ohne Angabe ihrer Referenz. Auch Albert betonte, daß der naturwissenschaftliche Begriff Wesen der Dinge sich von der phänomenologischen intuitiven Wesensbestimmung dadurch unterscheide, daß er eine Präzisierung von Beziehungen und Gesetzmäßigkeiten zum Ausdruck bringt (Albert 1962, S. 150 ff). Diese Kritik verlangte, was Cassirer als wissenschaftliches Ideal bezeichnete, daß die wissenschaftliche Begriffsbildung und Theorie spezifische Konkretisierungen nicht aus-, sondern einschließt, d. h. ihre Gegenstände nicht isoliert auf Eigenschaften hin betrachtet, sondern in Beziehungsgefügen begreift.

Die Frankfurter Schule dagegen betonte, daß ‹Positivismus› und empirische Wissenschaft die Bedeutung der Wesensaussagen nicht erfassen. «Nicht die geringfügigste der Differenzen von positivistischer und dialektischer Konzeption ist, daß der Positivismus nach der Schlickschen Maxime nur Erscheinung gelten lassen möchte, während Dialektik den Unterschied von Wesen und Erscheinung nicht sich ausreden läßt. Es ist seinerseits gesellschaftliches Gesetz, daß entscheidende Strukturen des sozialen Prozesses wie die der Ungleichheit der vermeintlichen Äquivalente, die getauscht werden, ohne Eingriff der Theorie nicht offenbar werden können» (Adorno 1989 d, S. 18). Doch dieser behauptete Widerspruch zum ‹Positivismus› bestand nicht. Vielmehr lag das Problem darin, daß Adorno, im übrigen auch Habermas, die analytische Differenz zwischen Empirie und Theorie verabsolutierte. Wird von einem qualitativen Sprung zwischen Wesen und Erscheinung, einer Nichtreduzierbarkeit des Wesens auf Fakten ausgegangen und die Unmöglichkeit der empirischen Nachprüfbarkeit des Wesens behauptet (Adorno 1989 d, S. 42; vgl. Habermas 1965, S. 294), dann entsteht der Eindruck zweier Welten. Für diese Perspektive gilt, was Cassirer gegenüber dem Mathematiker Paul du Bois-Reymond hervorhob: Auf dem Boden der Anschauung «besitzen wir in der Tat kein ‹Organ› mehr für das Wirkliche:

denn die notwendigen *Begriffe*, die die eigentlichen Organe für die logische Auffassung und Beherrschung der Mannigfaltigkeit der Empfindungen bilden, sind jetzt selbst in geheimnisvolle Realitäten jenseits der Phänomene verwandelt» (1923, S. 168f).

In den Äußerungen der Frankfurter Schule blieb unklar, wie Theorie und Erscheinung aufeinander bezogen sind. Ein Vergleich mit Husserls Charakterisierung von Wesensaussagen zeigt, daß die These der nichtempirischen Nichtnachprüfbarkeit in Husserls Phänomenologie einen Ursprung haben könnte. Husserl wandte sich gegen eine Abbildtheorie der Erkenntnis, den «Naturalismus» in der Philosophie, und bestimmte die Erkenntnis des Wesens als eine Phänomene strukturierende Tätigkeit des Denkens. Aber er formulierte eine Differenz zwischen Sinneswahrnehmung und Theorie, die Mißverständnissen des Verhältnisses von Theorie und Empirie Vorschub leistet:

«Es ist nun aber die Erkenntnis von entscheidender Bedeutung, daß Wesensschauung nichts weniger als ‹Erfahrung› im Sinne von Wahrnehmung, Erinnerung oder gleichstehenden Akten ist, und ferner nichts weniger als eine empirische Verallgemeinerung, die in ihrem Sinn individuelles Dasein von Erfahrungseinzelheiten existenzial mitsetzt. Die Schauung erfaßt das *Wesen* als *Wesenssein* und setzt in keiner Weise *Dasein*. Demgemäß ist Wesenserkenntnis keine matter-of-fact-Erkenntnis, nicht den leisesten Behauptungsgehalt in betreff eines individuellen (etwa natürlichen) Daseins befassend. Die Unterlage oder besser der Ausgangsakt einer Wesensschauung, z. B. des Wesens von Wahrnehmung, von Erinnerung, von Urteil etc. *kann* eine Wahrnehmung von einer Wahrnehmung, von einer Erinnerung, von einem Urteil etc. sein, es kann aber auch eine bloße, nur ‹klare› Phantasie sein, die ja als solche keine Erfahrung ist, kein *Dasein* erfaßt. Die Wesenserfassung ist dadurch gar nicht berührt, sie ist schauende *als* Wesensfassung, und das ist eben ein andersartiges Schauen als das Erfahren. Natürlich können Wesen auch vage vorgestellt, etwa signitiv vorgestellt und fälschlich gesetzt werden – es sind dann bloß vermeinte Wesen, mit Widerstreit behaftet, wie der Übergang zur Erschauung ihrer Unvereinbarkeit lehrt; die vage Setzung kann aber auch als gültig bestätigt werden durch Rückgang zur Intuition der Wesensgegebenheit. Jedes Urteil, das zu adäquatem Ausdruck bringt, in festen adäquat gebildeten Begriffen, was in Wesen liegt, [...] ist eine absolute, generell gültige Erkenntnis und als Wesensurteil von einer Art, die durch Erfahrung begründen, bestätigen oder widerlegen zu wollen, ein Widersinn wäre» (Husserl 1981, S. 40f).

Die Überlegung, daß Denkkonstrukte eine eigene Seinsweise bilden, führte zu einer unvermittelten Gegenüberstellung von Theorie und Empirie, denn Husserl zufolge kommt dem Sensuellen keine Intentionalität zu. Cassirer kritisierte eine Trennung von ‹Stoff› und ‹Form› der Erkenntnis bei ihm. Die Wahrnehmung stehe immer in einer ideellen Sicht und sei bereits eine logische Ordnung der Phänomene. Es wird nichts hinter den Erscheinungen erfaßt, sondern ein Beziehungsgefüge der Erscheinungen (Cassirer 1982, S. 40 f).

Bei einigen Phänomenologen findet sich eine charakteristische Unbestimmtheit der Rolle der Empirie. Helmut Kuhn beispielsweise wandte sich, ausgehend von dem Gedanken der Weltbildkonstruktion, gegen die These, Wirklichkeitserfahrung sei nur durch die Sinne gegeben, aber zog den problematischen Schluß, daß unser Wirklichkeitsbegriff über wissenschaftliche Daten und unser Begriffsvermögen hinausreicht. Den französischen Phänomenologen Michael Polanyi zitierend, betont er: «Eine wissenschaftliche Erkenntnis, die ihrem Wesen nach ‹personale›, oder, wie wir sagen, philosophisch bewegte Erkenntnis ist, ‹wird nicht gemacht, sondern entdeckt, und als solche erhebt sie den Anspruch, einen Kontakt mit der Wirklichkeit herzustellen, der hinausreicht über die wissenschaftlichen Daten, auf die sie sich verläßt. Sie verpflichtet uns, leidenschaftlich und über unser Begriffsvermögen hinaus, auf eine Intuition der Wirklichkeit [...]»» (Kuhn 1966, S. 20). Unbestritten ist, daß sich die wissenschaftliche Erkenntnis über den Bereich des Anschaulichen erhebt, aber sie reicht nicht über die wissenschaftlichen Daten hinaus. Sie schafft die Daten, und diese Daten existieren nur im Rahmen eines wissenschaftlichen Weltbildes. Ein wissenschaftlicher Laie beispielsweise sieht die Bewegung des Zeigers eines Meßgeräts, aber zu einem ‹Datum› wird das Phänomen erst, indem es auf eine Theorie bezogen als solches interpretiert wird. Für die Entstehung neuer Perspektiven ist Intuition vonnöten, aber sie führt, wenn auch über bestehende Begrifflichkeiten, nicht über das Begriffsvermögen hinaus. Eine Theorie kann durch eine andere, eine neue Perspektive, ersetzt werden, in der nicht nur neue Begriffe auftreten, sondern auch alte Begriffe neue Bedeutungen gewinnen; aber alles, was über das Begriffsvermögen hinausgeht, ist nicht begriffen.

Anders gelagert, aber ebenfalls Ausdruck eines Verkennens der Rolle von Empirie war Rombachs Argumentation gegenüber der analytischen

Wissenschaftstheorie. Rombach betonte, es gebe keine unmittelbare Erkenntnis von irgendwelchen Objekten mit einer hundertprozentigen Sachlichkeit, sondern immer nur den mühsamen Versuch, «sich durch möglichst adäquate *Interpretationen* der Wesensverhältnisse und Sachhorizonte ein *angenähertes* Wissen vom Objekt zu *erarbeiten*. Wissen basiert immer auf Interpretation und ist darum vermittelt, auf kategoriale Vorentscheidungen angewiesen, horizontal vor-ausgelegt und darum immer und in jedem Falle ‹ideologisch›» (1967, S. 55). Das Argument steht im Kontext der Zurückweisung einer Präzisierung methodologischer Wissenschaftsanforderungen und wird dadurch fragwürdig. Denn die Einsicht in die Konstruktivität des Wissens befreit nicht von der Notwendigkeit der strengen logischen und empirischen Überprüfung. Es gibt, gerade weil menschliches Wissen eine subjektive Konstruktion ist, keinen Grund, sich mit dem guten Gefühl einer adäquaten Interpretation zufriedenzugeben.

Der Streit um technisches Denken

Im Positivismusstreit kamen konträre Einstellungen zur Technik und zum technischen Denken zum Tragen. Während Vertreter des Kritischen Rationalismus im allgemeinen Technik und, im weiten Sinn des Begriffs, auch Sozialtechnologie positiv werteten, warnten Mitglieder der Frankfurter Schule ebenso wie geisteswissenschaftlich orientierte Philosophen vor einer ‹Herrschaft› der Technik und der Technokratie. Der kulturkritischen Perspektive galt technisches Denken als geistreiche Finesse und Gedankenlosigkeit zugleich. Ein Beispiel ist Max Horkheimers Urteil über die empirische Sozialwissenschaft: Mit der «höchsten Vervollkommnung der Techniken» gehe eine «Neigung zum Verdummen» zusammen (Horkheimer 1953, S. 12).

Die negative Bewertung der Technik und des technischen Denkens stützte sich auf den Begriff der Zweckrationalität, den Max Weber in seiner Kulturkritik in Gebrauch genommen hatte. Er bezeichnete ein berechnendes Denken in den Kategorien des Machbaren, das sich der Bestimmung der Ziele und moralischer Fragen enthält. Weber hatte vor einem Umschlagen des rationalen Prozesses der Effektivierung und Optimierung des Handelns in Irrationalität und Herrschaft gewarnt: Die Institutionalisierung und «Verapparatisierung» der Kultur lasse durch Bürokratie «im Verein mit der toten Maschinerie» ein «Gehäuse der Hörigkeit» entstehen (1988, S. 332).

In ihrer *Dialektik der Aufklärung* gingen Max Horkheimer und Theodor W. Adorno einen Schritt weiter und identifizierten generell Rationalität und Herrschaft. Sie argumentierten, daß die Rationalität, die den Mythos verdrängte, ein Ausdruck sozialer Hierarchie gewesen sei und im Verein mit neuzeitlicher Wissenschaft und Technik totalitäre Verhaltensnormen in der bürgerlichen Gesellschaft ausgeprägt habe. Horkheimer und Adorno klagten den ‹Positivismus› der Naturwissenschaften sowie Logik und Mathematik an, eine «große Schule der Vereinheitlichung» zu sein, Welt berechenbar erscheinen zu lassen und darin die Normen der kapitalistischen Gesellschaft verallgemeinert zu haben. In eins gesetzt mit Mathematik, habe sich Denken «zu einem selbsttätig ablaufenden, automatischen Prozeß [verdinglicht], der Maschine nacheifernd, die er selber hervorbringt, damit sie ihn schließlich ersetzen kann» (Horkheimer/Adorno 1947, S. 38).

In den 60er Jahren wurde der Topos des innerlichen Interesses der wissenschaftlichen Rationalität bzw. der empirischen Rationalität an Herrschaft geprägt. Herbert Marcuse, aus dem Kreis der Frankfurter Schule, sprach in seinem 1964 erschienenen und vieldiskutierten Buch *Der eindimensionale Mensch. Studien zur Ideologie der fortgeschrittenen Industriegesellschaft* von einem «*zuinnerst* instrumentalistischen Charakter» wissenschaftlicher Rationalität, «kraft dessen sie *a priori* Technologie ist und das *Apriori* einer *spezifischen* Technologie – nämlich Technologie als Form sozialer Kontrolle und Herrschaft» (1977, S. 172).

Eine verwandte Argumentation findet sich auch bei Karl-Otto Apel. Er wandte gegen die Schule Poppers ein, Sozialtechnologie habe nicht im Popperschen Modell der ‹offenen Gesellschaft› ihre ideale Voraussetzung,

«sondern in einer Gesellschaft, die – aufgrund stabiler, quasi-archaischer Herrschaftsstrukturen – in Informierte und Nichtinformierte, Manipulierende und Manipulierte, Subjekte und Objekte der Wissenschaft und Technologie zerfällt. Sozialtechnologie funktioniert nämlich nicht dann am besten, wenn möglichst alle als mündige Bürger an der informierten Diskussion über Ziele und Normen im Sinne des ‹kritischen Konventionalismus› (Popper) beteiligt werden, sondern zweifellos dann, wenn die Verhaltens-Objekte der Technologie möglichst weitgehend auf den Status stummer Naturobjekte reduziert werden können, die in wiederholbaren Experimenten erforscht und unter festgehaltenen Zielsetzungen instrumentell manipuliert werden können» (Apel 1973, S. 14).

Auch Hans-Georg Gadamer verwendete das Denkmotiv der Identifikation empirischer Wissenschaft mit Herrschaft, ebenfalls in destruktiver Absicht gegen empirische Wissenschaft gerichtet: «Aber ‹Herrschaftswissen› ist das Wissen der modernen Naturwissenschaften insgesamt.» Die «objektivierende Wissenschaft» leiste das «Verfügbar- und Berechenbarmachen» der Erfahrung. «Die moderne Theorie ist ein Konstruktionsmittel, durch das man Erfahrungen einheitlich zusammenfaßt und ihre Beherrschung ermöglicht» (1975, S. 427, 429, 430).

Die Anklage inhumaner Strukturen der Technik und des Einsatzes von Technik zu Herrschaftszwecken hat ihre Berechtigung. Ein großes gesellschaftliches Problem ist nach wie vor die Verbreitung eines kurzsichtigen kosten- und erfolgsorientierten Denkens, das die Komplexität der sozial-ökonomischen und ökologischen Wirkungsgefüge nicht berücksichtigt und Problemlösungen im Stil der ‹Flickschusterei› betreibt. Jedoch läßt eine Argumentation, die Technik und Wissenschaft generell als Herrschaftsstruktur charakterisiert, dem Gedanken, daß Problemlösungen der Anstrengung wissenschaftlichen und technologischen Denkens bedürfen, keinen Platz und wirkt in diesem Sinne kontraproduktiv. Sie zementiert die Idee zweier Kulturen – die der technischen und die der kulturkritischen Intelligenz. Das Paradoxon der Argumentation besteht darin, daß *per definitionem* die technische Intelligenz nicht in der Lage ist, humane Zwecke zu berücksichtigen, die kulturkritische Intelligenz auf der anderen Seite jedoch nicht der Technik mächtig ist, um praktische Probleme zu bewältigen.

Hans Albert machte auf den ideologischen Charakter der scharfen Unterscheidung zwischen einem ‹Reich der Mittel› (der Technik) und einem ‹Reich der Zwecke›, für das die kulturkritische Intelligenz sich zuständig erklärt, aufmerksam. Diese Argumentation fordere und legitimiere eine Unterordnung der empirischen Sozialforschung unter eine Aufgaben bestimmende politische Sozialphilosophie. Die strikte Trennung der ‹Reiche› führe dazu,

«Fragen der Zielsetzung einer dogmatischen Sozialphilosophie auszuliefern, während der positiven Wissenschaft nur die Fragen der Mittelverwendung zugewiesen werden. Ihre Erkenntnisse sollen in praktischer Hinsicht zwar instrumentale Bedeutung haben, aber im Zusammenhang mit fundamentalen Fragen der Wertung und der Zielsetzung glaubt man auf sie verzichten zu können. Dieses Zweck-Mittel-Denken, nach dem die Zwecke des praktischen Handelns und damit auch der Politik als für die Wissenschaft ‹gegeben› angesehen werden, so daß sie nur über die zu verwendenden Mittel zu diskutieren habe, ist vor allem auch in den Sozialwissenschaften zu finden, wo es dazu führt, daß man hier das Zusammenspiel zwischen einer *dogmatischen Sozialphilosophie* mit einer *technologisch orientierten positiven Sozialwissenschaft* gelegentlich als Idealzustand deklariert findet [. . .] Auf dieser Grundlage kann es dann zum Beispiel ‹zu einer verhältnismäßig friedlichen Koexistenz zwischen einer emsigen Kleinsoziologie und einer recht massiven Ideologie kommen› und darüber hinaus zu einer Zusammenarbeit, bei der das methodische Prinzip der Wertfreiheit der positiven Sozialwissenschaft in ganz eigenartiger Weise zum Schutzschild für ideologische Konstruktionen wird» (Albert 1963, S. 28 f; zitiert ist Topitsch 1961, S. 48).

Etwa bis Ende der 60er Jahre war die Vorstellung verbreitet, es könne eine Aufgabenteilung zwischen einer Ziele reflektierenden hermeneutischen Geisteswissenschaft und einer Informationen zur Verfügung stellenden empirischen Wissenschaft geben. Sie verkannte, daß sich die eigentlichen Normenkonflikte auf der Ebene der praktischen Gestaltung gesellschaftlicher Verhältnisse stellen und es daher einer kritischen Auseinandersetzung mit ‹technischen Lösungsvorschlägen› bedarf, die sich nicht mit der Kenntnis der Resultate empirischer Wissenschaft zufriedengibt, sondern sich auch auf die methodologisch-epistemologische Konzeption der Forschung erstreckt.

Der Kritische Rationalismus unterstrich das humanistische Anliegen der Sozialtechnologie. Er forderte die gezielte Gestaltung gesellschaftlicher und individueller Lebensbereiche unter der Maxime, die Freiheit des Individuums zu erweitern. Die empirischen Gesellschaftswissenschaften sollten an der Entschlüsselung der nicht bewußt intendierten Handlungsmechanismen arbeiten, aufklären über unbewußte und unbeabsichtigte Handlungsfolgen und institutionelle Strukturen und damit Grundlagen legen für eine gezielte Gesellschaftsveränderung. ‹Sozialtechnologie› bezeichnete ein wissenschaftliches Projekt, das sich um alternative Strukturen, Regelungsmechanismen und Normen für bestehende, nicht oder nicht mehr befriedigende Verhältnisse bemühen wollte. Topitsch betonte die Notwendigkeit einer humanistisch orientierten Sozialtechnologie und der empirischen Gesellschaftswissenschaften angesichts einer naturwüchsigen wissenschaftlich-technischen Entwicklung. Die Bewältigung der wissenschaftlich-technischen Revolution sei nicht ohne eine empirisch-rationale Wissenschaft denkbar,

«welche die zur Lösung sozialer Krisen brauchbaren Mittel beurteilt, die Nebenfolgen praktischer Maßnahmen abschätzt und möglichst auch Sicherungen gegen nicht vorhergesehene unerwünschte Effekte solcher Maßnahmen bereithält. Je reicher und verläßlicher die diesbezüglichen Informationen sind, desto leichter wird es sein, im Rahmen allgemeiner Planungen der Entfaltung der einzelnen Persönlichkeit einen möglichst großen Spielraum zu sichern. Man kann sich bemühen, die Institutionen so zu gestalten oder umzugestalten, daß sie eine solche Freiheit gewährleisten, und Mittel zu ersinnen, welche die Funktionsfähigkeit und Kontrollierbarkeit dieser Institutionen garantieren» (Topitsch 1968, S. 49; vgl. auch Popper 1965, S. 122 f; Carlsson 1965, S. 247 ff).

Daß wissenschaftliche Erkenntnisse auch zu Manipulationszwecken eingesetzt werden, Wissenschaftler in strategischen Planungsbüros der Wirtschaft und Politik sich verdingen, kann kein Argument gegen Sozialtechnologie sein, sondern sollte zum Nachdenken auffordern, wie etwa durch Aufklärung, Vermittlung und Verbreitung wissenschaftlicher Erkenntnisse die Auseinandersetzung mit Manipulationsmechanismen gefördert und den nicht wünschenswerten Entwicklungen Einhalt geboten werden kann. Schon Otto Neurath hatte zu bedenken gegeben, daß der Blick auf den Mißbrauch von Gesellschaftsplanung häufig übersehe, daß auch die Möglichkeit besteht, «für die Freiheit» zu planen. «Ich persönlich glaube, daß man durch Nicht-Planen schwerlich zu mehr Freiheit gelangen wird als durch Planen für die Freiheit, mit all seinen Konfusionen und Absonderlichkeiten, obwohl Planung die Freiheit in einem Ausmaß unterdrücken kann, wie man es sich früher kaum vorgestellt hatte» (1981 b, S. 1005).

Sozialtechnologie jenseits eines manipulativen Interesses schließt eine Reflexion der Betroffenen und deren Verhaltensänderung keinesfalls aus, wie Apel behauptete, sondern erfordert sie vielmehr. Der Ab- und Umbau institutioneller Strukturen oder gesetzliche Neuregelungen beispielsweise lassen sich in einer Demokratie nicht ohne ein relativ breites öffentliches Einverständnis bewerkstelligen. Das Projekt einer Gesellschaftsreform, wie es auch der Kritische Rationalismus befürwortete, ist ohne öffentliche Debatten über Problemdimensionen, Problemursachen, vor allem über die Vorzüge der Alternativvorschläge nicht durchführbar.

Die in diffusen Ängsten und Vorurteilen wurzelnden Abgrenzungen gegenüber der Idee der Sozialtechnologie verkannten die Notwendigkeit einer konkreten Auseinandersetzung mit praktischen Fragen der Gesellschaftsgestaltung. Topitsch warf der Frankfurter Schule vor, bei kulturkritischen Kategorien der Verdinglichung und des Fetischs stehenzubleiben, anstatt Ansatzmöglichkeiten zu einer Gesellschaftsveränderung zu konkretisieren (Topitsch 1968, S. 33 ff). Um gesellschaftliche Probleme zu lösen, Entwicklungen der wissenschaftlich-industriellen Revolution zu steuern, bedürfe es mehr als nur Visionen oder Wunschbilder.

«Es ist leicht, von einer ‹befriedeten Gesellschaft› oder einem ‹neuen Menschen› zu träumen, zumal wenn man sich keine Rechenschaft darüber ablegt, welche Erfahrungen bisher mit solchen Gedankengängen gemacht wurden. Es ist dagegen schwer, konkrete Maßnahmen zur Verbesserung der menschlichen Lebensbedingungen zu erdenken und durchzuführen. Kulturkritische Klagelieder helfen uns nicht, die Dynamik der wissenschaftlich-industriellen Revolution so zu kanalisieren, daß das Glücksverlangen möglichst vieler Menschen befriedigt oder zumindest nicht in schwerwiegender Weise frustriert wird» (ebd., S. 49 f).

Ähnlich hatte auf dem 14. Deutschen Soziologentag 1959 René König, der Direktor des Forschungsinstituts für Soziologie in Köln, betont, daß Kritik nicht in der unverbindlichen Dimension der literarischen Diskussion steckenbleiben dürfe, sondern sich an empirischen Gesellschaftswissenschaften orientieren müsse, «welche die Ideologien und Prätentionen der Machthaber an den Wirklichkeiten messen und insofern im Sinne einer echten ‹Aufklärung› wirken» (König 1971, S. 90; vgl. S. 101). Die Kritik an der Unverbindlichkeit der Kritischen Theorie wurde auch in der Philosophie laut (vgl. Riedel 1967; Bubner 1971, S. 178 f).

Die geisteswissenschaftliche Kulturkritik erhoffte von Selbstverständnisdebatten und moralischen Appellen eine verhaltensändernde Wirkung, und sie vertraute auf die sich im Diskurs potenzierende Kraftentfaltung ihrer Denkanstöße. Doch die pauschale Kritik und Verwerfung von Technik, Sozialtechnik oder gar Wissenschaft leistet keinen konstruktiven Beitrag zur Bewältigung der durch die moderne Technik entstehenden Probleme, eher schon stärkt sie resignative Haltungen. Eine kritische gesellschaftliche Selbstverständigung muß sich den Schwierigkeiten einer Lösung der Probleme in den verschiedensten Dimensionen stellen, Denkhindernisse beiseite räumen, statt neue aufzubauen.

Hermeneutische Explikation der empirischen Forschung?

Die Brisanz des Positivismusstreits lag in der Entgegensetzung zweier grundverschiedener Konzeptionen von Gesellschaftswissenschaften. Die geisteswissenschaftliche Schule stellte Ideengeschichte, Reflexion der geistigen Welt des Menschen zum Zwecke weltanschaulicher Selbstverständigung ins Zentrum; die analytische Wissenschaftstheorie orientierte sich dagegen an den empirischen Gesellschaftswissenschaften, die sich die Erforschung sozialer, psychischer, sprachlicher Mechanismen, Bewegungsformen und Strukturgesetze zur Aufgabe machten, um durch die erweiterte Kenntnis der zumeist unbewußt ablaufenden Prozesse eine kritische Reflexion über Verhaltensweisen und Möglichkeiten gezielter Veränderung zu eröffnen.

Vor allem das Erstarken der sozialen Handlungswissenschaften stellte in den 60er Jahren den Begriff Geisteswissenschaften als Bezeichnung der Wissenschaften vom Menschen in Frage. Er war historisch zu eng geknüpft an die geisteswissenschaftliche Philosophie, die Geisteswissenschaften auf Text- bzw. Ausdrucksinterpretation mit weltanschaulicher Implikation reduzierte und der ‹naturwissenschaftlichen›, empirischen Wissenschaftskonzeption entgegensetzte. In Abgrenzung zu dieser Position verbreiteten sich andere Bezeichnungen für diese Wissenschaftsgruppe; als Sammelbegriffe fanden sich etwa Gesellschafts- bzw. Kulturwissenschaften, daneben bürgerte sich eine Zweiteilung der Disziplinen ein mit Bezeichnungen wie historische Kulturwissenschaften für die stärker geisteswissenschaftlich ausgerichteten Disziplinen und soziale Handlungswissenschaften für die eher empirisch orientierten.

Im Mittelpunkt des Positivismusstreits stand die weltanschauliche

Funktion der Gesellschaftswissenschaften, deren Aufrechterhaltung die geisteswissenschaftlich orientierten Strömungen durch Wissenschaftskriterien wie die Trennung von Wert- und Sachurteilen und Forderungen nach einer empirischen Sättigung der Aussagen gefährdet sahen. Hermeneutiker warfen der empirischen Forschung und analytischen Wissenschaftstheorie eine Einengung des Rationalitäts-, Erfahrungs- und Theoriebegriffs vor: Die empirische Forschung reflektiere nicht den Bereich der vorwissenschaftlichen Lebenserfahrung und den wirkungsgeschichtlichen Zusammenhang allen Denkens, sie leiste vor allem keine Deutung des Wissens für den Menschen. Daher wurde vorgeschlagen, sie hermeneutisch zu vervollständigen. Der hermeneutisch orientierte Part der Disziplinen sollte sich als Grundwissenschaft erweisen. Beispielhaft sei hier auf Argumentationen Bollnows, Apels und Habermas' Bezug genommen:

In seinem Artikel *Der Erfahrungsbegriff in der Pädagogik* räumte Bollnow ein, daß die empirischen Verfahren neue Erkenntnisse zutage fördern und damit Grenzen der hermeneutischen Explikation der natürlichen Lebenserfahrung überwinden. Auch bezeichnete er die hermeneutische Interpretation der Erfahrung im Vergleich zu den «Mühen» der empirischen Forschung als «bequemen Weg», der eine Berechtigung gehabt habe, solange weiterführende empirische Verfahren noch nicht ausgebildet waren. «Die hermeneutische Methode, so weit wir sie bisher verstanden haben, kann immer nur das aus der bisherigen Lebenserfahrung gewonnene Verständnis zur begrifflichen Klarheit entfalten. Sie ist eingefangen in diesem vorgegebenen und abgeschlossenen Bestand. Sie kann nur herausheben, was in ihm enthalten ist, aber von sich aus nichts Neues entwickeln. Sie ist schon ihrem Ansatz nach konservativ.» Um der Gefahr zu entgehen, in den Denkgewohnheiten eines vorgegebenen Weltverständnisses befangen zu bleiben, müsse die Hermeneutik geöffnet werden für den «Einbruch des Unerwarteten und Neuen», den «Einbruch ganz neuer ‹Welten›» durch die Ergebnisse empirischer Forschung. Aber er argumentierte, daß die Erschütterung vertrauter Anschauungen geistig verarbeitet werden müsse und dies einzig eine hermeneutische Pädagogik bewerkstelligen könne. Sie gewinne den neuen Erfahrungen «einen neuen, pädagogisch produktiven Sinn ab», und erst sie wandle die Ergebnisse der empirischen Forschung in «echte pädagogische Erfahrungen». Der empirischen Wissenschaft wird diese Leistung abgesprochen. Echte pädagogische Erfahrungen existieren Bollnow zufolge noch nicht, «wo die Forschung im Rahmen einer vorher ausgearbeiteten Fragestellung (einer ‹geschlossenen Frage›) bestimmte Daten liefert, wo sie sich also innerhalb eines vorentworfenen Rahmens bewegt. Auch das ist ein wesentlicher Teil der wissenschaftlichen Alltagsarbeit. Aber von Erfahrungen im ursprünglichen kräftigen Sinn des Wortes sprechen wir erst dort, wo etwas unerwartet Neues aus der wissenschaftlichen Forschungsarbeit hervorgeht, das sich in die mitgebrachten Erwartungen nicht einfügt und zur Revision des bisherigen Verständnisses zwingt. Erst hiermit gewinnt der Begriff der hermeneutischen Pädagogik seine letzte und umfassendste Bedeutung: als die aneignende Interpretation der Einzelergebnisse der wissenschaftlichen Forschung. Nur in dieser weitesten Bedeutung, in der Aneignung allen Materials, das ihr von einer ausgedehnten und unbegrenzt wachsenden Forschung zufließt, kann sie sich vor einer Sterilität und vorzeitigen Erstarrung bewahren» (1968, S. 249, 251).

Auch Apel plädierte für eine Öffnung der hermeneutischen, überwiegend geistesgeschichtlich orientierten Disziplinen gegenüber der empirischen Forschung, denn die Selbstverständigung der Gegenwart dürfe nicht nur im Hinblick auf die Vergangenheit erfolgen. Auch könne sich eine Rekonstruktion der Geschichte nicht nur auf die in sprachlichen Dokumenten niedergelegten Überzeugungen und Intentionen der Menschen stützen, sondern habe darüber hinaus sozialgeschichtliche Prozesse zu berücksichtigen, zu deren Rekonstruktion die Erschließung von Wirtschaftsdaten und sozialen Daten gehören (1968, S. 56).

Aber Apel behauptete, die Ergebnisse der empirischen Gesellschaftswissenschaften müßten, da ihnen eine distanzierende Betrachtung der Individuen und der Gesellschaft als Objekte eigen sei, übersetzt werden in eine handlungsorientierende Erkenntnis: «in die Sprache eines vertieften Selbstverständnisses» (ebd., S. 59). Methodologisch gefordert sei die

«dialektische Vermittlung der sozialwissenschaftlichen Erklärung und des historisch-hermeneutischen Verstehens der Sinntraditionen unter dem regulativen Prinzip einer ‹Aufhebung› der vernunftlosen Momente unseres geschichtlichen Daseins. Die sozialwissenschaftlichen ‹Erklärungen› wären hier so zu begründen (und zu veröffentlichen!), daß sie nicht den Wissenden Macht über die Unwissenden geben, sondern eine Herausforderung an alle darstellen, durch Selbstbesinnung kausal erklärbare Verhaltensweisen in verstehbares Handeln zu transformieren. Der ‹terminus technicus› dieser dialektischen Vermittlung von ‹Verstehen› und ‹Erklären› lautet ‹Ideologiekritik›. Als ‹Psychoanalyse› der menschlichen Sozialgeschichte und als ‹Psychotherapie› der aktuellen Krisen des menschlichen Handelns scheint sie mir die einzig sinnvolle logische Begründung und moralische Rechtfertigung der objektiv-erklärenden Wissenschaften vom Menschen darzustellen» (ebd., S. 60).

Das Modell der Psychoanalyse spielte auch für die Konzeption hermeneutischer Sinnverständigung bei Habermas eine zentrale Rolle. Habermas und Apel waren seit ihren Bonner Studienjahren eng befreundet. Daher erklären sich viele Gemeinsamkeiten in ihrem Denken. In seiner Frankfurter Antrittsvorlesung 1965 und mit seinem Buch *Erkenntnis und Interesse* legte Jürgen Habermas eine Theorie der Erkenntnisinteressen vor, die zwischen einem «praktischen» der geisteswissenschaftlich-hermeneutischen Forschung und einem «emanzipatorischen» Interesse unterschied. Das emanzipatorische Interesse ordnete er den kritischen Sozialwissenschaften, der Ideologiekritik sowie der Psychoanalyse, zu. Er betrachtete es dem psychoanalytischen Therapieprozeß analog: Der therapeutischen Situation entsprechend sollte durch die kritische Geisteswissenschaft eine kollektive Selbstreflexion der Gesellschaft angeregt werden, ein Aufklärungs- und Bildungsprozeß, in dem die Wünsche und Hoffnungen der Menschheit offengelegt werden und sich «das Subjekt aus der Abhängigkeit von hypostasierten Gewalten» befreit (Habermas 1978, S. 159; vgl. 1977, S. 332 ff, 349 f).

In seiner Auseinandersetzung mit dem ‹Positivismus› verstieg sich Habermas 1964 zu der Behauptung, ohne hermeneutische Explikation der empirisch-analytischen Forschung sei die Gesellschaft in ihrer Existenz bedroht.

«Unter den Reproduktionsbedingungen einer industriellen Gesellschaft würden Individuen, die nur noch über technisch verwertbares Wissen verfügten und keine rationale Aufklärung mehr über sich selbst sowie über Ziele ihres Handelns erwarten dürften, ihre Identität verlieren. Ihre entmythologisierte Welt wäre, weil die Macht des Mythos positivistisch nicht gebrochen werden kann, voller Dämonen. [...] Eine Soziologie, die sich im Ansatz auf empirisch-analytische Forschungen beschränkte, würde die Selbsterhaltung und die Selbstzerstörung gesellschaftlicher Systeme nur in der Dimension von pragmatisch erfolgreichen Anpassungsprozessen untersuchen können und andere Dimensionen leugnen müssen. Innerhalb einer Soziologie als strenger Verhaltenswissenschaft lassen sich Fragen, die sich auf das Selbstverständnis sozialer Gruppen beziehen, nicht formulieren; deshalb sind diese aber nicht sinnlos, noch entziehen sie sich der verbindlichen Diskussion. Sie ergeben sich objektiv daraus, daß die Reproduktion des gesellschaftlichen Lebens nicht nur technisch lösbare Fragen stellt, sondern mehr einschließt als Anpassungsprozesse nach dem Muster zweckrationaler Mittelverwertung. Die vergesellschafteten Individuen erhalten ihr Leben nur durch eine Gruppenidentität, die, im Unterschied zu tierischen Sozietäten, immer wieder aufgebaut, zerstört und neu gebildet werden muß. Sie können ihre Existenz durch Anpassungsprozesse an die natürliche Umgebung und durch Rückanpassung an das System der gesellschaftlichen Arbeit nur in dem Maße sichern, in dem sie den Stoffwechsel mit der Natur durch ein äußerst prekäres Gleichgewicht der Individuen untereinander vermitteln. Die materiellen Bedingungen des Überlebens sind mit den sublimsten aufs innigste verknüpft, das organische Gleichgewicht mit jener gebrochenen Balance zwischen Trennung und Vereinigung, in der sich durch die Kommunikation mit anderen hindurch die Identität eines jeden Ich erst einspielt. Eine mißlingende Identität der sich selbst Behauptenden und eine verfehlte Kommunikation der miteinander Sprechenden sind Selbstzerstörungen, die sich am Ende auch physisch auswirken» (Habermas 1989, S. 262 f).

Die Theorie der Erkenntnisinteressen, die auch Apel vertrat, bildete mit ihrer einseitigen Identifizierung der Hermeneutik mit Identitätsbildung und der Empirie mit ‹technischem Handeln› ein zentrales Argument für eine angeblich grundsätzliche Komplementarität der hermeneutischen gegenüber der empirisch-analytischen Wissenschaftsrichtung (Apel 1968; vgl. zur Kritik Albert 1989a, S. 300). Dabei ignorierte die Behauptung, die empirisch-analytische Wissenschaft trage zu einer gesellschaftlichen Selbstverständigung nichts bei, die Diskussionsanstöße, die von Erkenntnissen empirischer Sozialforschung ausgingen, und die emanzipatorischen Interessen auch dieser Wissenschaft.

Das emanzipatorische Moment der empirischen Wissenschaft liegt in der kritischen Überprüfung und Erweiterung des Wissens durch Konfrontation der Theoriebildung mit Empirie. Sehr treffend hat Alfred North Whitehead den Geist empirischer Wissenschaft in der Moderne charakterisiert als «leidenschaftliches Interesse an der Relation zwischen allgemeinen Prinzipien und widerspenstigen, eigenwilligen Tatsachen»

(1988, S. 13). Empirie sollte der Korrektur der lebensweltlichen Erfahrung, der gewöhnlichen Weltsicht dienen, der Reduzierung falscher, im Lichte systematischer Überprüfung nicht mehr tragfähiger Vorurteile. Mit der Forderung der Voraussetzungslosigkeit der Wissenschaft wurde gerade nicht die «Unhintergehbarkeit» der Vorurteile geleugnet, sondern eine kritische Position ihnen gegenüber zum Ausdruck gebracht. Das Emanzipationsverständnis empirischer Wissenschaften verband Erkenntniserweiterung mit der Zurückdrängung von Aberglauben und Vorurteilen, die möglichen gesellschaftlichen Lebensperspektiven, auch sittlichem Fortschritt, entgegenstehen. Die empirische Gesellschaftswissenschaft der 60er und 70er Jahre bot prägnante Beispiele für die Zurückdrängung diskriminierender gesellschaftlicher Vorurteile; Energie wurde beispielsweise zur Widerlegung des Glaubens aufgewendet, die mangelnde Intelligenz bzw. biologisch erklärbare Neigung zum Praktischen seien die Ursachen für die spärliche Vertretung von Frauen und Arbeiterkindern im Bereich der höheren Bildung. Es wurden durch empirische Forschung neue Erkenntnisse und Sichtweisen gefördert – die Rede Bollnows vom «Einbruch neuer Welten» ist hier bezeichnend; mit ihnen gingen Einstellungsänderungen einher, die nicht als ausschließliche Leistung der hermeneutischen Disziplinen betrachtet werden können. Zwar ist eine Normenbegründung nicht empirisch möglich; dies bedeutete jedoch niemals, daß empirische Wissenschaft auf eine Normendiskussion oder einen Beitrag zu ihr verzichtet hätte.

Die Aufwertung der hermeneutischen Wissenschaft zur Grundwissenschaft erfolgte im Zuge einer Degradierung empirischer Forschung auf die Funktion der Datensammlung und Informationsaufbereitung (vgl. Habermas 1989, S. 261 f; Bollnow 1968, S. 249 ff). Eine eigene Theoriebildung wurde ihr damit abgesprochen. Heinrich Seiler, Professor für Pädagogik in Trier, warnte angesichts der Verbreitung dieser Position unter geisteswissenschaftlich orientierten Wissenschaftlern vor einer leichtfertigen Selbstüberschätzung:

«Dieses Arrangement [der hermeneutischen Einordnung empirischer Forschung] bleibt jedoch in einem entscheidenden Punkt ungeklärt, solange nicht bestimmt ist, wie die Einordnung des empirischen Ansatzes in den hermeneutisch gewonnenen und zu gewinnenden Kontext erfolgen soll. Versteht nämlich die sinndeutende und auf Sinn verpflichtende Theorie ihr Verhältnis zur erfahrungswissenschaftlichen Forschung derart, daß sie diese selbst und unmittelbar begründen zu können glaubt, dann verkürzt sie notwendig die Intention der Empiristen, die sich nicht auf die Anwendung von Forschungstechniken oder das Sammeln von Fakten beschränkt, sondern einen mehr oder weniger strengen, immer aber angebbaren Bezug von Fakten und Theorie anzielt, diese Leistung aber nur für theoretische Aussagensysteme erbringen kann, in denen logische und durch Forschungsmethoden vermittelte Prüfbarkeit an Erfahrung als Konstruktionsprinzipien mitgedacht sind. Da das erziehungswissenschaftliche Theoretisieren diese Voraussetzung nicht erfüllt, indem es sich selbst als offenes, überempirisches, freies Philosophieren begreift, kann es der empirischen Forschung diejenige Begründung und Führung nicht bieten, die diese – gemäß dem Stand der wissenschaftstheoretischen Diskussion – benötigt. Sie reduziert damit die pädagogisch-erfahrungswissenschaftliche Position auf die Stufe des überwindbaren naiv-positivistischen Datengewinnens und -ordnens und bringt sich selbst um deren möglichen und weiterführenden Beitrag» (Seiler 1969, S 523 f).

Das Problem besteht darin, daß die empirische Forschung nicht ausschließlich von ihren Ergebnissen, ihren ‹Informationen›, her beurteilt werden kann. Denn dies würde bedeuten, ihre Resultate als Tatsachen positivistisch mißzuverstehen und der Illusion zu erliegen, sie ließen sich als Tatsachen in ein – gegebenenfalls auch zu modifizierendes – Weltbild eingliedern. Da auch die empirische Wissenschaft eine Weltbildkonstruktion leistet, erfordert ihre Beurteilung mehr als eine hermeneutische Deutung von Ergebnissen, nämlich sowohl die Auseinandersetzung mit den metaphysischen Implikationen der Theoriebildung als auch eine Prüfung und Kritik der methodologischen Seite der Erkenntnisgewinnung. Eine kritische, wissenschaftliche Einstellung zur Konstruktion von Weltbildern kann sich nicht auf eine Formierung von Weltanschauung durch eine eklektische Zusammenfassung von ‹Daten› stützen, sondern verlangt eine systematische Prüfung der Weltbildkonstruktionen. Dies hatte vermutlich auch Helmut Kuhn im Auge, als er den ‹philosophischen Anspruch›, die Ergebnisse der Wissenschaften zusammenzufassen oder zu deuten, als «Mischung von Anmaßung und Kleinmut» bezeichnete, die das Wesen von Erkenntnis und Erfahrung verkenne (Kuhn 1966, S. 20). Hermeneutische Wissenschaft und Philosophie waren zu mehr als einer Übersetzung neuer Erfahrung in eine praktische Handlungsorientierung herausgefordert.

Das Mißverständnis von empirischer Forschung

Die Einwände der Hermeneutiker gegenüber analytischer Wissenschaftstheorie lassen, sofern sie nicht rein taktischer Natur waren, ein Unverständnis empirischer Forschung erkennen. Es dokumentiert sich in Vorwürfen wie dem des Konservatismus oder dem der Irrelevanz in bezug auf Ziel- und Selbstverständnisfragen und in den Behauptungen, der empirischen Forschung liege ein restringierter Erfahrungs- und Theoriebegriff zugrunde, die Methode verselbständige sich gegenüber der Sache, und Methodendominanz kontrastiere die Irrelevanz der Ergebnisse, die Wissenschaftstheorie ziele auf einen Methodenmonismus, eine Einheitswissenschaft unter der Maßgabe naturwissenschaftlicher Methoden (Adorno 1965, S. 514, 1989e, S. 128; Habermas 1965, S. 293; Rombach 1967; Apel 1973; vgl. Seiler 1969, S. 522).

Der Vorwurf der «restringierten» Erfahrung wurde damit begründet, daß empirische Wissenschaft Erfahrung auf die wiederholbare Beobachtung insbesondere des Experiments beschränke, dabei aber die Totalität der Lebenserfahrung ausschließe. Man behauptete, daß Daten gesammelt und Theorie nachträglich mit dieser restringierten Erfahrung zusammengebracht werde, während dagegen der hermeneutische Ansatz Erfahrung generell, d. h. auch systematische empirische Erfahrung, in einen vorgängigen Totalitätsentwurf im Horizont der gesamten Lebenserfahrung immer schon eingebettet habe (Habermas 1965, S. 293 f; vgl. Adorno 1965, S. 519, 523; Bollnow 1968, S. 235 f; Kuhn 1966; Gadamer 1975, S. 329, 463). Das Mißverständnis liegt vor allem darin, daß empirische Erfahrung und Theorie nicht als getrennte Bereiche existieren. Die Vorstellung einer Datensammlung als eines ersten Schritts, auf dem sich eine Theorie aufbauen ließe, wird dem Prozeß der Theoriebildung in den empirischen Wissenschaften nicht gerecht. Dieser setzt schon bei der Datenqualifizierung an, die eine Qualifizierung für eine Hypothese oder im Rahmen einer Theorie ist. Ein theoretischer Vorgriff existiert deshalb nicht nur in der Hermeneutik. Generell läßt sich der Prozeß empirischer Theoriebildung charakterisieren als die Findung von Prinzipien und allgemeiner Anschauungsformen in theoriegeleiteter Beobachtung und Auseinandersetzung mit den verbleibenden Widersprüchen zwischen Denkkonstruktionen und empirischen ‹Fakten›.

Wie der Bremer Philosoph Hans Jörg Sandkühler in seinem Buch *Die*

Wirklichkeit des Wissens darlegt, handelt es sich bei der Identifikation des Empirismus mit einem Sensualismus der Datensammlung um ein in der Philosophie verbreitetes Vorurteil. Eine Alternative zwischen Empirismus und Rationalismus existierte reintypisch jedoch niemals. Theoretiker und Philosophen neuzeitlicher empirischer Wissenschaft, angefangen mit dem Künstler-Ingenieur Leonardo da Vinci, mit Johannes Kepler, Galileo Galilei sowie dem als Vater des neuzeitlichen Empirismus bekannten Francis Bacon, waren sich der Theoriegeladenheit der Wahrnehmung bewußt. Der Empirismus in der verengten Gestalt als Glaube an das Faktum des Wahrgenommenen, das als Basis der Theorie zu gelten habe, war lediglich eine vorübergehende Erscheinung vor allem der expandierenden systematischen Naturforschung im 18. und Anfang des 19. Jahrhunderts, die zum ‹Faktum› Zuflucht nahm in einer Situation großer theoretischer Unsicherheit, aus der auch die spekulative Philosophie nicht mehr herauszuführen schien. Die Wissenschaftstheorie, die sich schon in der zweiten Hälfte des 19. Jahrhunderts als Selbstreflexion in Naturwissenschaft[l]erkreisen entwickelte, betonte dagegen die durch Theorie geleitete Erfahrung und die Konstruktivität theoretischer Weltauffassung (Sandkühler 1991 b, S. 222 ff, 1992, 1994). Den verengten empiristischen Anschauungen in der Naturwissenschaft stand immer entgegen, daß Naturwissenschaft sich in mathematischer Sprache schrieb und daher eine Interpretation zwischen Symbolen und Anschauung des einzelnen verlangte, die die Theorie leistet.

Das Experiment spielt eine hervorragende Rolle in der empirischen Wissenschaft, doch läßt sich empirische Erfahrung nicht auf die experimentelle Wiederholung der Beobachtung reduzieren, wie von Habermas und anderen unterstellt wurde. Im Prinzip wäre das Experiment für das Konzept empirischer Wissenschaft nicht notwendig, denn man könnte sich entschließen, Zuschauer zu bleiben und zu warten, bis die scharfsinnig ersonnenen und erwarteten Situationen von selbst, ‹zufällig›, einträten (Bergmann 1965, S. 111; Albert 1962, S. 154). In bestimmten Bereichen der Wissenschaften, beispielsweise in der Astronomie, ist dies sogar notwendig.

Im übrigen wurde die Rolle eines weiten Erfahrungsbegriffs auch innerhalb der Wissenschaftstheorie debattiert. Otto Neurath hatte schon Anfang des Jahrhunderts, dem Physiker und Wissenschaftshistoriker Pierre Duhem folgend, geltend gemacht, daß nicht eine einzige widersprüchliche Erfahrung ausreicht, um eine Theorie zu widerlegen, sondern eine Gesamtheit der Erfahrung für das Vertrauen in eine Theorie entscheidend ist (Neurath 1981 e; vgl. Hegselmann 1979 a, S. 40 f). Carnap hatte die Infragestellung der Induktion durch Popper 1935 zum Anlaß genommen, die Theorie des induktiven Schließens neu zu fundieren. Dabei verwies er darauf, daß für induktive Überlegungen nicht einzelne, isolierte Daten und Gesetze, sondern das gesamte verfügbare und relevante Erfahrungswissen zur Entscheidung steht und führte ein sogenanntes Gesamtdatum zur Annahme induktiver Hypothesen ein (Stegmüller 1989, Bd. 1, S. 409, 454 f, 469 ff). Auch Nelson Goodman, der von Carnap ausging und später für die Begründung einer perspektivistischen Philosophie «möglicher Welten» wegweisend wurde, legte in seinem berühmt gewordenen Buch *Fact, Fiction, and Forecast* dar, daß für die Unterscheidung sinnvoller und nicht sinnvoller Induktion eine Abwägung der Projizierbarkeit von Prädikaten vor dem Erfahrungshintergrund erfolgen muß. Doch spätestens mit Thomas S. Kuhns *The Structure of Scientific Revolutions* von 1962, das den Einfluß wissenschaftsexterner, soziologischer und gruppenpsychologischer Faktoren auf die wissenschaftliche Theoriebildung, die Verteidigung und Überwindung von Theorien thematisiert und die Rolle von Paradigmen verdeutlicht, wurde die Frage der ‹lebensweltlichen Kontextbezogenheit› in der analytischen Wissenschaftstheorie in aller Breite reflektiert.

Das Mißverständnis empirischer Wissenschaft in der geisteswissenschaftlichen Philosophie erstreckte sich auch auf die Rolle der Methodologie und der methodologischen Diskussion. Methodologiediskussionen bildeten nicht nur eine unabdingbare Selbstreflexion über die Konstitution von Fakten, sondern auch der Grenzen des Beobachtbaren. Es wäre ein Mißverständnis, die Methodologie als ein rein technologisches Verfahren der Datengewinnung und -ordnung zu betrachten, auf der sich Theorie aufbauen ließe. Methodologie ist theoriegeladen und ein Teil der Theoriebildung. Wie Cassirer betonte, bezieht schon «die einfachste *quantitative* Fixierung eines physischen Tatbestandes diesen alsbald in ein Netzwerk theoretischer Voraussetzungen» ein, «außerhalb deren nicht einmal die *Frage* nach der Meßbarkeit des Vorgangs gestellt werden könnte» (1923, S. 189). Die Verfeinerung der Methodologie und der wissenschaftlichen apparativen Technologie kennzeichnen deshalb Grade der theoretischen Erfassung des Erkenntnisgegenstandes. Aber nicht nur die Methodologiediskussion, sondern auch die praktische Erprobung von Methoden ist ein Moment empirischer Wissenschaft. Hermeneutiker zeigten dafür kein Verständnis, wenn sie empirischer Forschung vorwarfen, Untersuchungen aus rein methodologischem Interesse zu führen, und dies zu der Behauptung zuspitzten, ‹die Methode› verselbständige sich gegenüber der Sache. Wer, wie Adorno, in methodologischen Erörterungen lediglich ein Hindernis geistreicher Wissenschaft und eine Beschränkung freien Denkens sieht, täuscht sich über die methodologische Dimension von Wissenschaft, von der auch die hermeneutische Interpretation sich nicht freimachen kann (vgl. Sandkühler 1991; Sandkühler/Holz/Lambrecht 1989; Pasternack 1990).

Ein Methodenmonismus wurde von der Wissenschaftstheorie nicht angestrebt. Die Konzeption der Enzyklopädie, die der Wiener Kreis und insbesondere Otto Neurath entwickelte, forderte vielmehr die Anstrengung, die einzelwissenschaftliche Entwicklung auf einen Gesamtzusammenhang der Wissenschaft zu reflektieren und auf diesen hinzuarbeiten. Die Einheit der Wissenschaft sollte nicht durch philosophische Auslegung des Wissens zu einem Weltbild, sondern durch die Berücksichtigung des enzyklopädischen Wissens, d. h. desjenigen Wissens, das nach aktuellem Stand der Wissenschaften als relativ gesichert anzunehmen ist, bei der einzelwissenschaftlichen Theoriebildung erfolgen. Neurath betonte ausdrücklich, daß der Pluralismus der Wissenschaften nicht eingeschränkt werden sollte, und wählte zur Veranschaulichung seiner Konzeption einer Einheit der Wissenschaften die Analogie des Orchesters (1981 b, S. 1009). Im Zusammenhang damit stand die Ablehnung eines Systems der Wissenschaften. Die Enzyklopädie müsse aus dem ‹Mosaik› der wissenschaftlichen Forschungen erwachsen, betonte Neurath. Lücken der Integration seien unvermeidbar.

«Der Ausgangspunkt des Enzyklopädismus ist die Analyse von bestimmten Gruppen von wissenschaftlichen Sätzen; es kann vorkommen, daß diese axiomatisiert werden können, und daß diese axiomatisierte Gruppe von Sätzen mit anderen kombiniert werden kann, die in ähnlicher Form ausgedrückt sind. Aber ein solches System von Sätzen darf nicht als Modell der wissenschaftlichen Erkenntnis einer bestimmten Zeit aufgefaßt werden. Nicht ein System, sondern eine Enzyklopädie ist das echte Modell der Wissenschaft als Ganzes. Eine enzyklopädische Integration wissenschaftlicher Sätze, mit all den damit einhergehenden Dis-

krepanzen und Schwierigkeiten, ist das Maximum an Integration, das wir erreichen können. Es ist gegen das Prinzip des Enzyklopädismus, sich vorzustellen,
daß man alle solche Schwierigkeiten eliminieren ‹könnte›. Das zu glauben bedeutet, an eine Variante des berühmten Dämons von Laplace zu glauben, der ein
vollständiges Wissen gegenwärtiger Fakten haben sollte, die ausreichend wären,
vollständige Vorhersagen der Zukunft zu erstellen. So sieht die Idee *des Systems*
im Gegensatz zur Idee *einer Enzyklopädie* aus; die erhoffte Vollständigkeit *des*
Systems ist der nachdrücklich betonten Unvollständigkeit einer Enzyklopädie
entgegengesetzt» (Neurath 1981c, S. 889).

Der Physikalismus des Wiener Kreises umfaßte niemals die absurde Forderung, alle Wissenschaften seien mit physikalischen Methoden zu be-
treiben und ihre Gesetzmäßigkeiten auf physikalische Gesetze zurückzuführen. Er bezog sich wesentlich auf die Sprache. Sie sollte sich auf
beobachtbare Eigenschaften von Dingen und Relationen zwischen ihnen
beziehen. Die ‹Dingsprache› der Physik wurde zum Vorbild erhoben. Der
Physikalismus in seiner ursprünglich strengen Form des Sinnkriteriums
rührte aus antispekulativen Interessen, aber auch einer Einseitigkeit des
Wiener Kreises: Die überwiegende Mehrheit seiner Mitglieder waren
Mathematiker, Logiker und Physiker; die am Fortschritt der Erkenntnis
orientierten Naturwissenschaften und die Mathematik übten auf Mitglieder und Freunde des Kreises eine allgemeine Faszination aus. Das
Paradigma der Dingsprache ist jedoch mehrfach abgeschwächt worden,
weil es die Reichweite der Wissenschaftssprache nicht zu erfassen ver-
mochte; in den 40er Jahren wurde schließlich nur noch der empirische
Bezug einer Theorie, eine Verknüpfung abstrakter wissenschaftlicher
Theoriesprache mit der Beobachtungssprache gefordert (Stegmüller
1989, Bd. 1, S. 461 ff; Carnap 1967, S. 363 f).
    Neurath vor allem hatte betont, daß selbst eine streng empiristische
Sprachnorm keine sprachliche Limitierung der Ausdrucksmöglichkeit
bedeutet: Im Sinne einer exakten Bezeichnung seien häufig sogar neue
Wortschöpfungen wertvoll, für die Schriftsteller zu einem Vorbild wer-
den können:

«Wollen wir den Zustand einer Person, die Beethoven hört oder bestimmte archi-
tektonische Formen betrachtet, mitteilen, dann müssen wir auf Wortschöpfungen
zurückgreifen. Gewöhnlich spricht man von der Schönheit ‹von› Kompositionen
oder ‹von› architektonischen Formen, statt davon, daß «diese Person ästhetisiert

ist› oder, in poetischer Sprache, daß sie ‹trunken vor Schönheit› ist. [...] Wenn ich vorschlage, eine Phraseologie, die zu diesen gefährlichen Sprachsituationen führt, aufzugeben, denn meine ich nicht, daß die Anzahl von Termini, die sich auf emotionale Färbungen beziehen, reduziert werden sollte. Im Gegenteil, ich bin mir darüber im klaren, daß wir, als Soziologen, mehr brauchen, als wir in der wissenschaftlichen Literatur finden, speziell in Büchern über Behavioristik (‹Psychologie›). Schriftsteller, die traditionelle Sprachgrenzen zu überschreiten versuchen, wie etwa James Joyce, liefern uns ein reicheres Vokabular, als wir üblicherweise zur Verfügung haben. Wir brauchen vergleichsweise reiche Vokabularien für den Bereich des Glücks, der religiösen Verehrung, der künstlerischen Ekstase, und wir werden oft froh sein, wenn wir unbestimmte Termini finden, wie etwa ‹ozeanisches Gefühl› in den Schriften der Psychoanalytiker oder anderer Gelehrter, die sich mit diesem subtilen und verwickelten Sprachbereich befassen» (Neurath 1981 a, S. 942 f).

Den Physikalismus sahen Vertreter der geisteswissenschaftlichen Schule auch in dem sogenannten Hempel-Oppenheimschen Modell der wissenschaftlichen Erklärung, wonach eine Erklärung auf der logischen Ableitung aus der Voraussetzung konkreter Bedingungen und allgemeiner Gesetzeshypothesen bestehe. Dieses Modell wurde, wie die empiristische Sprachkonzeption, anhand der verschiedensten wissenschaftlichen Erklärungstypen erprobt. Probleme bereiten insbesondere die logische Schlußfolgerung aus statistischen Gesetzen sowie das Hantieren mit allgemeinen Gesetzen im gesellschaftswissenschaftlichen Bereich. Es erhoben sich auch innerhalb der analytischen Wissenschaftstheorie verschiedenste Bedenken gegen eine Generalisierung des Modells (Stegmüller 1989, Bd. 1, S. 450 ff).

Es kann einzelnen wissenschaftstheoretischen Ansätzen Einseitigkeit vorgeworfen werden. Dem wissenschaftstheoretischen Diskurs insgesamt ist jedoch nicht zur Last zu legen, nicht offen zu sein bzw. gewesen zu sein gegenüber epistemologisch-methodologischen Einwänden. Dem Positivismusstreit ermangelte es allerdings an solchen. Polemik und hämische Spitzfindigkeit beherrschten das Diskussionsklima. Kritische Theorie und geisteswissenschaftliche Philosophie waren durch eine generelle Abwehrhaltung gegen ‹die Methode› und ‹die Logik› zunächst nicht zu wissenschaftstheoretischer Problematik bereit und sahen die Richtigkeit ihrer Haltung durch Vereinseitigungen der analytischen Philosophie und ein Unverständnis für die hermeneutische Fragestellung bestätigt. Der Frankfurter Schule konnte der Vorwurf gemacht werden, eine Kritik unter dem Anspruch einer umfassenderen Theorie und Methodologie zu üben, ohne jedoch konkrete Lösungen empirisch-analytischer Wissenschaften zu analysieren bzw. selbst alternative Lösungswege aufzuzeigen (zur Kritik vgl. Albert 1989, S. 199, 218 f, 228, 231; 1989a, S. 271 f, 287 f, 304). Häufig auch wurde der Methodologiedebatte ein Ende bereitet mit Hinweisen auf den Methodenpluralismus und die Toleranz, die geisteswissenschaftlichem Denken zu eigen seien (Rombach 1967; vgl. Albert 1962, S. 159). Angesichts der starken Vorbehalte der geisteswissenschaftlichen Schule waren die zahlreichen Mißverständnisse schwerlich aufklärbar; sie wirkten daher weiter, auch als sich diese Richtung der Wissenschaftstheorie zuwandte.

Ausgang des Positivismusstreits

Seit etwa Mitte der 60er Jahre nahmen wissenschaftstheoretische Studien zu, und gegen Ende des Jahrzehnts war Wissenschaftstheorie auch in der bundesdeutschen Philosophie etabliert und über die analytische Schule im engeren Sinn hinaus verbreitet. Selbst Heinrich Rombach, der noch Mitte des Jahrzehnts vehement gegen die empirische Konzeption in den Geisteswissenschaften und die analytische Wissenschaftstheorie Einspruch erhoben hatte, gab 1974 eine zweibändige Einführung in die Wissenschaftstheorie heraus. Bollnow räumte 1968, zu einem Zeitpunkt, als sich das Klima entspannte, selbstkritisch ein, die philosophisch-geisteswissenschaftliche Richtung habe sich allzu selbstgenügsam auf eigene Fragen beschränkt und sich häufig den von der empirischen Richtung kommenden Forderungen verschlossen (1968, S. 221).

Vertreter der geisteswissenschaftlichen Tradition hatten die Erforschung der geistigen Welt des Menschen durch die «Verwandlung des Wissenschaftsstils» (Rombach 1969, S. 3) im Zuge des Erstarkens der empirischen Wissenschaftskonzeption in den Geisteswissenschaften und der an empirischen Wissenschaften orientierten Wissenschaftstheorie gefährdet gesehen. Aber umstritten waren nicht ideengeschichtliche Forschungen, sondern lediglich bestimmte theoretische Implikationen der Philosophie der Geisteswissenschaften – insbesondere ihr Konzept der Explikation der Lebenserfahrung und ihre Sprachauffassung.

Das Konzept der Explikation von Lebenserfahrung erwies sich angesichts der in der Strukturanalyse leistungsfähigeren und den Vorurteilen der gewöhnlichen Weltsicht gegenüber kritischeren empirischen Wissenschaften als unzureichend und geriet unter Ideologieverdacht. Die empirische Gesellschaftswissenschaft verdeutlichte Grenzen der allgemeinen Welterfahrung und mahnte zu einer erhöhten Vorsicht gegenüber den vermeintlichen Selbstverständlichkeiten des gewöhnlichen Denkens und des allgemeinen Sprachgebrauchs. Insbesondere die unsystematische Heranziehung von Erfahrung, Verallgemeinerungen auf der schmalen Basis subjektiv-individueller Erfahrungen oder landläufiger Überzeugungen wurden wissenschaftlich unhaltbar (vgl. Blankertz 1966, S. 72). Charakteristisch ist etwa die Kritik Lochners an der spekulativen Pädagogik: Sie «begnüge sich damit, Wesen und Begriff der Erziehung zu deduzieren. Damit ging zwar der Zusammenhang mit der Erfahrung nicht ganz verloren (die spekulativen Philosophen wußten oft gar nicht, wie sehr sie sich auf ihre persönlichste Erfahrung stützten und wie wenig wissenschaftlich-exakt sie diese Erfahrung auswerteten), aber das Zufällige und Zeitbedingte, das, was den einzelnen Theoretiker besonders ansprach, wurde ungebührlich zu einer angeblichen ‹Allgemeingültigkeit› erhoben» (1963, S. 394). Soziologen verwiesen auf die Unhaltbarkeit von Deutungen der Gesellschaft in den Kategorien zwischenmenschlicher Beziehungen (Zetterberg 1973, S. 128). Das Konzept der Weltanschauung, das die alltägliche Erfahrungswelt perspektivisch beleuchtete und zu Wesenszügen ‹des Menschen› und der Gesellschaft ausdeutete, wurde in Frage gestellt. Es waren nicht generell Handlungsorientierungen, normative Argumentationen oder Wertungen in den Geisteswissenschaften umstritten. Die analytisch-philosophische Wissenschaftsnorm verlangte ‹nur› eine differenzierte Klärung der Sachverhalte und eine in ihren Implikationen transparente rationale Argumentation, d. h. gegenüber der geisteswissenschaftlichen Konzeption eine Ausdifferenzierung intuitiver Erkenntnis und ihre Prüfung auf Verallgemeinerbarkeit, auch im Lichte einer empirischen Erforschung des betreffenden Gegenstandes.

Die Forderung nach einer Präzisierung der Sprache war keine Limitierung der Aussagemöglichkeiten, sondern zielte auf eine kritische Überprüfung des Sprachgebrauchs, um die inhaltliche Klärung von Problemen zu erleichtern und soweit wie möglich eine intersubjektive

Transparenz der Argumentations- und Beweisführung zu eröffnen. Denn ein Spiel mit Assoziationen birgt die Gefahr trügerischer Selbstbestätigung oder, wie Frege, Wittgenstein und der Logische Empirismus verdeutlichten: Sprache ist zum Teil verantwortlich für eine Irreführung von Fragestellungen und Verwirrungen des Gedankens (vgl. Neurath 1981 a, S. 931). Mehrdeutigkeiten können dadurch, daß sie verschiedene Auslegungen ermöglichen, kein gemeinsames Verständnis eines Sachverhalts garantieren. Sie bilden eine Hauptquelle von Mißverständnissen und überflüssigen Kontroversen (Trapp 1978). Sollte nicht auch die gesellschaftliche Selbstverständigung, die sich hermeneutische Philosophie zum Ziel setzte, unter Bedingungen möglichst weitgehender sprachlicher Klarheit, Transparenz der Argumentationsstruktur und der Geltungsbedingungen von Urteilen sowie des expliziten Ausweises von Bewertung stattfinden, wenn Selbstverständigung und Aufklärung intendiert sind? Selbstverständigung muß auch die Konstitution von Wissen einbeziehen. Unter dem Anspruch der Frankfurter Schule und geisteswissenschaftlicher Theoretiker, daß die Theorie ihr Erkenntnisobjekt – das Individuum ebenso wie die Gesellschaft – als Subjekt anerkenne (Apel 1968, 1973; Habermas 1977, S. 221 f), sollten, der Konstruktivität der Erkenntnis Rechnung tragend, eine Transparenz der Argumentation und Kontrollmöglichkeit der Thesen selbstverständlich sein.

Durch die Verbreitung empirischer Forschung in den Gesellschaftswissenschaften wurde der geisteswissenschaftliche, auf weltanschauliche Perspektivität bezogene Wahrheitsbegriff unmittelbar konfrontiert mit der Norm der Intersubjektivität. Das Postulat der Sonderstellung der Geisteswissenschaften gegenüber den Naturwissenschaften ließ sich argumentativ aufrechterhalten. Die grundsätzliche Verschiedenheit der Wissenschaftsgruppen war begründet worden mit dem unterschiedlichen Erkenntnisziel: Geisteswissenschaftliche Erkenntnis ziele auf das Einzigartige und Besondere, die der Naturwissenschaften dagegen auf universelle Gesetze; zudem habe es die Geisteswissenschaft mit komplexeren, funktional nicht aufzugliedernden Zusammenhängen zu tun, weshalb eine besondere Erkenntnisart vonnöten sei. Bezüglich letzterem bewiesen empirische Forschungsansätze, daß vieles, was als nicht strukturierbar behauptet worden war, sich differenziert zergliedern und analysieren ließ. Ersterem Argument wurde entgegengehalten, daß auch bestimmte Bereiche der Naturwissenschaften wie Genetik oder Geologie sich um die Erklärung von Einzelerscheinungen bemühten und dazu individualisierende Beobachtung und Beschreibung benötigten. Wie die empirische Forschung im Bereich der Gesellschaftswissenschaften zeigte, ist auch die Behauptung voreilig, im Bereich des Gesellschaftlichen und des Geistes ließen sich Regelmäßigkeiten und Gesetze nicht aufweisen (Topitsch 1965 b). Zum Teil war gegen die statistische Forschung in den Gesellschaftswissenschaften eingewendet worden, daß jedes Ereignis die einzigartige Folge einer einzigartigen Verursacherkonstellation sei, die die statistische Ursachenforschung nicht erfaßt; sie könne lediglich oberflächliche Gruppierungen wahrnehmen. Aber dagegen konnte geltend gemacht werden, daß auf der einen Seite die Kausalität auch nicht als eine durchgängige Eigenschaft der Natur verstanden werden kann, auf der anderen Seite statistische Erklärungen sich selbst zur Analyse einzelner Fälle eignen (Schcuch / Rüschemeyer 1965, S. 350). Es wurde dafür plädiert, die Dichotomie von Geistes- und Naturwissenschaften zugunsten einer differenzierenden Sicht der Wissenschaften aufzugeben.

Hinsichtlich einer Handlungsorientierung mit Wert- und Zielbestimmung erwiesen sich empirische Wissenschaftsansätze im Vorteil, da eine erweiterte und präzisere Kenntnis sozialer Phänomene eine differenzierte und unter Umständen veränderte Bewertung versprach. Gerade von empirischer Gesellschaftswissenschaft wurde deshalb die Bereitstellung von Entscheidungshilfen durch eine wissenschaftliche Prüfung der Handlungsbedingungen und -möglichkeiten erwartet. Seit den 50er Jahren entwickelte sich die gesellschaftswissenschaftliche Auftragsforschung, und sie erhielt infolge der Dynamik der wissenschaftlich-technologischen Entwicklungen und der damit verbundenen Fragen der Gesellschaftsveränderungen einen mächtigen Aufschwung. Ihr galt die Sorge vieler Geisteswissenschaftler, die ihr Reflexion und Moral zum Opfer fallen sahen. Aber mit der ‹Verteufelung› empirischer Forschung und Technologie begaben sich geisteswissenschaftliche Publikationen auf eine Ebene der Kritik, die, von gesellschaftlicher Praxis entfernt, praktisch wirkungslos bleiben muß. Denn empirische Analysen und gezielte Gesellschaftsgestaltung sind auch Voraussetzungen, um Lebens- und Arbeitsverhältnisse zu verbessern; auf sie zu verzichten, wäre keine Lösung. Eine differenzierende und konkrete Kritik war gefordert, wollte der Anspruch vieler Geisteswissenschaftler ernst genommen werden, initiativ eine kritische Reflexion der gesellschaftlichen Praxis und eine Selbstverständigung in Gang zu setzen.

Der wissenschaftschaftlich-technische Fortschritt, vor allem die auf seiner Basis entwickelten Zukunftsvisionen und Ziele, warfen grundsätzliche moralische und weltanschauliche Fragen auf, die zugleich die geisteswissenschaftliche Position stärkten in ihrem Verweis auf die Notwendigkeit gesellschaftlicher Selbstverständnisdebatten. Allerdings stieß dabei die geisteswissenschaftliche Konzeption der Hermeneutik einer Sinnschaffung und Orientierung über die Geschichte und Philosophiegeschichte an Grenzen. Das Expertenwissen der empirischen Wissenschaften erwies sich zusätzlich für nahezu alle Diskurse als unabkömmlich. Aus diesem Grund wurde die hermeneutische Einbeziehung und Deutung der Ergebnisse empirischer Forschung anvisiert. Diese Orientierung mußte aber aufgrund ihrer unkritischen Position zur empirischen Theoriebildung auf wissenschaftlich ‹wackligen Füßen› stehen, zumal die kritische Hinterfragung der Geltungsgrundlagen von Theorie durch den Expertenstreit in der Öffentlichkeit an Bedeutung gewann (vgl. U. Beck 1986).

Es heißt, der Positivismusstreit sei nie geklärt worden. Die empirische Forschung etablierte sich in den Gesellschaftswissenschaften neben der traditionell starken hermeneutischen. Nach wie vor existiert noch heute ein weitgehendes Nebeneinander beider Richtungen in den Gesellschaftswissenschaften, und durch die unterschiedlichen Wissenschaftsbegriffe sind alte Gegensätze und emotionale Reaktionen erhalten. Die philosophische Rezeption der Wissenschaftstheorie knüpfte insbesondere an die Hinwendungen zur Hermeneutik in der vom späten Wittgenstein inspirierten analytischen Philosophie an und sah in der Anerkennung der metaphysischen Grundlagen der Wissenschaften eine Bestätigung ihrer gegen den Logischen Empirismus gerichteten Positionen. Paul K. Feyerabends Wissenschafts-‹Anarchismus› des *Anything goes* fand besondere Beachtung. Wissenschaftshistorische und -soziologische Studien sowie Wissenschaftsforschung erweiterten den traditionell überwiegend wissenschaftslogisch orientierten Ansatz der Wissenschaftstheorie. Schon bald konnte bilanziert werden:

«Der Gebrauch des Terminus ‹Wissenschaftstheorie› hat geradezu inflatorische Ausmaße angenommen; dies ist nicht nur von Übel, denn gerade dadurch hat dieser Terminus etwas von seiner strengen und esoterischen Form verloren, die ihm seit der ersten Blütezeit des durch ihn Bezeichneten zu Beginn unseres Jahrhunderts anhaftete. Nicht Wissenschaftslogik allein, sondern jede methodische Metareflexion auf Wissenschaft, sei sie nun methodologisch oder nicht, darf sich heute – wie wir meinen: mit gutem Recht – ‹Wissenschaftstheorie› nennen» (Simon-Schaefer/Zimmerli 1975, S. 7).

In der Perspektive auf Wissenschaft als sozialem Handlungszusammenhang und die metaphysische Basis der Wissenschaften verloren Fragen der Wissenschaftslogik und damit auch Fragen der Normen für Wissenschaft an Bedeutung. Die Rezeption der Wissenschaftstheorie führte deshalb nicht zu einer gründlichen Ausräumung der Mißverständnisse und der zahlreichen falschen Unterstellungen.

Konsequenzen für Philosophie

Die verstärkten Bestrebungen um eine empirische Fundierung der Gesellschaftswissenschaften im Laufe der 60er Jahre veränderten die Stellung der Philosophie im Verbund der Wissenschaften. Die geisteswissenschaftliche Konzeption wies Philosophie – gerade auch in ihrer metaphysischen und weltanschaulichen Gestalt – als eine Grundwissenschaft aus. Die empirische Forschung orientierte sich dagegen an der Philosophie als Wissenschaftstheorie, entwickelte jedoch darüber hinaus in ihrem methodologischen Diskurs eine relativ große Selbständigkeit, da methodologische Fragen Theoriefragen unmittelbar berührten.

Auf die wissenschaftstheoretische Herausforderung war die bundesrepublikanische Philosophie in ihrer Breite kaum eingestellt. Wissenschaftstheoretische und logische Ansätze der Philosophie waren seit der Zeit des Nationalsozialismus stark reduziert und wenig beachtet. Die moderne Logik fand zwar in den ersten Nachkriegsjahren eine verstärkte Aufmerksamkeit, um dem disziplinären Rückstand auf diesem Gebiet und ideologischen Vorurteilen zu begegnen, aber die dazu notwendige Spezialisierung machte sie zu einer Sache weniger, der Mathematik verbundener. Verbreitet war das Urteil, die moderne Logik könne auf ihrem hohen Spezialisierungsstand nur mehr von Mathematikern gefördert werden (Kamlah/Lorenzen 1973, S. 12). Die geisteswissenschaftliche

Schule der Philosophie, insbesondere der Einfluß Martin Heideggers, bestärkte die Ablehnung der Logik und Wissenschaftstheorie bis in die 60er Jahre hinein. Sie wurden qualifiziert als eine Abart des ‹Gegenstände distanzierenden›, ‹berechnenden› Denkens, als ‹Methode› und den Naturwissenschaften eigentümlich. Die im englischsprachigen Raum weit fortgeschrittene wissenschaftstheoretische Diskussion wurde daher noch gegen Ende der 50er Jahre nur von sehr wenigen beachtet. Wie Karl-Otto Apel zu berichten weiß, galt damals eine Beschäftigung mit Ludwig Wittgenstein und Charles Sanders Peirce weithin als bedenklich, da diese Philosophen nicht zu den «großen Denkern» zu zählen seien:

«und man muß wissen, daß der Kanon der ‹großen Denker› damals in Westdeutschland mit Nietzsche abschloß, oder genauer: mit Heidegger, in dessen Namen der inoffizielle Kanon selbst aufgestellt war. Doch der Anachronismus jenes Hinweises lag nicht darin, daß in der Zwischenzeit Peirce und Wittgenstein auch in Deutschland zu ‹großen Denkern› avanciert sind, sondern darin, daß die Kategorie der ‹großen Denker› auch 1962 schon durch den internen Transformationsprozeß der Philosophie überholt war» (Apel 1973, S. 11).

Zu dieser Zeit wurde bewußt, daß der bundesrepublikanischen Philosophie der Abrutsch in den Provinzialismus drohte, wenn sie sich weiterhin der internationalen Diskussion verschließt. Die Rezeption des amerikanischen Pragmatismus, vor allem von Peirce, und der analytischen Philosophie nahm zu Beginn der 60er Jahre zu, erlangte aber erst Mitte des Jahrzehnts eine allgemeine Wertschätzung innerhalb der Disziplin – auch deshalb, weil das Interesse an Wissenschaftstheorie innerhalb der Wissenschaften zugenommen hatte.

Bedingt durch den theoretischen Rückstand und eine verbreitete ablehnende Haltung gegenüber Wissenschaftstheorie und den Forschungsmethoden empirischer Gesellschaftswissenschaften, häufig verbunden mit einer Distanzierung von der wissenschaftlich-technologischen Entwicklung und den Problemen der Praxis, verlor Philosophie zumindest innerhalb der empirischen Gesellschaftswissenschaften Anfang der 60er Jahre an Einfluß. Die vielbeklagte Philosophiefeindschaft (Adorno 1989d, S. 9, 11; Rombach 1967) war zu einem nicht geringen Teil selbstverschuldet. Eine Orientierung an Geschichte und ein Festhalten an traditionellen Ordnungen und Wertmaßstäben genügten nicht zur geistigen Verarbeitung der von der wissenschaftlich-technischen Revolution ausgelösten gesellschaftlichen Umstrukturierung. Die Distanzierung von den Ansätzen der gezielten Gesellschaftsgestaltung brachte Philosophie in die Position einer ohnmächtigen Kritik, die im verbreiteten Enthusiasmus der 60er Jahre für Gesellschaftsplanung weithin überhörbar schien. Zudem wandelte sich in jenen Jahren mit den Aufgaben auch das Ideal des Intellektuellen. Expertinnen und Experten mit möglichst präzisen Aussagen und differenzierenden Urteilen wurden Generalisten mit ‹allgemeiner Weltweisheit› vorgezogen – auch eine Folge der erhöhten Leistungsfähigkeit empirischer Gesellschaftswissenschaften. Eine Philosophie mit dem Anspruch auf Systematisierung und weltanschauliche Zusammenfassung der Wissenschaften geriet in Not, mit der Spezialisierung nicht mehr Schritt halten zu können und hinter dem Niveau der Kritik und der Differenzierung in den empirischen Wissenschaften zurückzubleiben. Letztere beschritten zunehmend auch interdisziplinäre Wege, um die disziplinären Schnittstellen zu beleuchten und mögliche Kohärenzen auszuloten. Hermeneutisch-phänomenologische Explikation der allgemeinen Welterfahrung und weltanschauliche Systembildung wurden von der empirischen Detailforschung in Grenzen gewiesen. Auseinandersetzungen um unhaltbare Vorurteile und Ideologie rückten Behauptungen, die allein auf Tradition und Lebenserfahrung sich stützten, in Ideologieverdacht, sofern sie nicht mit empirischen Forschungsergebnissen kompatibel waren. In Frage gestellt wurden auch die philosophischen Ansprüche auf Letztbegründung, Fixierung von Wahrheit und auf Unterweisung der Wissenschaften. Die empirischen Wissenschaften bewiesen, daß sie Grundlagenprobleme zu klären vermochten, ohne explizit die disziplinäre Philosophie zu bemühen. Allerdings waren philosophische Fragestellungen zum Teil nicht zu umgehen. Dieser Umstand führte zu dem in den 70er Jahren in der Philosophie verbreiteten Argument, daß innerhalb der Wissenschaften Philosophie wirksam sei. Welche Konsequenzen daraus für Philosophie als Disziplin gezogen werden sollten, blieb zunächst in den Diskussionen unscharf (vgl. Kapitel 3).

Walter Schulz fragte 1962, ob die gesellschaftlichen Sinnfragen wirklich solche seien, die der Philosoph als Philosoph nicht mehr bewältigen könne, oder ob die Philosophie sich von der wirklichen Welt im Ganzen entfernt habe (1962, S. 1081 f). In gewisser Weise war beides mit Ja zu beantworten: Große Teile der Philosophie hatten sich mit der Orientierung auf Philosophiegeschichte und einer distanzierten Haltung zur modernen, von Technik und Gestaltung geprägten Welt, von der Auseinandersetzung mit den damals drängenden Fragen des wissenschaftlich-technischen Fortschritts und der Zukunftsgestaltung entfernt; zum anderen konnten diese Fragen nicht mehr allein durch philosophisches Nachdenken und einen geisteswissenschaftlichen Diskurs bewältigt werden. Bereichsspezifisches Expertenwissen wurde gebraucht. Es erhoben sich daher auch innerhalb der Philosophie Stimmen, die dafür plädierten, daß Philosophie sich ihres Absolutheitsanspruchs entledigt und ihre Erkenntnisse als Beiträge zur wissenschaftlichen und öffentlichen Diskussion begreift.

«Kein Zweifel: das Philosophieren ist heute schwerer geworden, als es früher war. Als Ausgleich mag die Einsicht gelten, daß die wenigen mit den neuen Methoden unter den verschärften Bedingungen erarbeiteten und von den Mitforschern anerkannten Ergebnisse unserer Arbeit eher bestehen bleiben, als die ansprechenden Schöpfungen der philosophischen ‹Luftbaumeister›» (Patzig 1966, S. 129). Der Göttinger Philosoph Günther Patzig resümierte damit die gestiegenen Anforderungen an die Präzisierung der Sprache durch die Auseinandersetzung mit der analytischen Philosophie und Wissenschaftstheorie. Schwerer geworden war das Philosophieren aber, weil eine ‹Zusammenfassung› der Ergebnisse der empirischen Wissenschaften zum Scheitern verurteilt war und statt dessen eine vertiefende Auseinandersetzung mit Theorieansätzen und den Methoden der Einzelwissenschaften notwendig wurde, wenn Philosophie im Diskurs mit und um Wissenschaft relevant werden wollte. Inwieweit Philosophen zu solch eingehender Auseinandersetzung bereit waren, zeigte sich bereits an der Differenziertheit der Sprache. Patzig betonte:

«Die eigentlichen Schuldifferenzen bestehen heute nicht mehr in gewissen inhaltlichen Thesen, die manche für wahr und andere für falsch halten. Unüberbrückbare Gegensätze bestehen heute nur noch zwischen denjenigen, die sich der Forderung auf radikale Aufklärung ihrer sprachlichen Mittel und der entsprechenden Vorsicht und Zurückhaltung beim Formulieren zu unterwerfen bereit sind, und jenen anderen, die sich in ihrem philosophischen Gedankenflug durch solche Sicherheitsvorschriften nicht wollen behindern lassen. Die Schreib*weise* und Rede*weise* – nicht mehr die Grund*these* – ist heute das Erkennungszeichen geworden, an dem sich die philosophischen Geister scheiden» (ebd., S. 127 f.).

Die wissenschaftstheoretische Sprachkritik hat wohl dazu beigetragen, daß Philosophen sich um eine größere Klarheit und Verständlichkeit bemühen. Die grundsätzlichen Differenzen zwischen der analytischen Richtung der Philosophie und der geisteswissenschaftlich-hermeneutischen blieben jedoch, trotz verschiedenster Annäherungs- und Vermittlungsversuche, bestehen (vgl. Trapp 1978, S. 307).

Die zunehmende Zurückweisung der spekulativen und sprachlich unkontrollierten Philosophie sowie die Herausforderung der Philosophie als Wissenschaftstheorie in den 60er Jahren prägten aber nicht allein das intellektuelle Klima gegenüber Philosophie. Die Problematik der Verantwortbarkeit des wissenschaftlich-technischen Fortschritts, die mit bestimmten Experimenten und Technologien verbundenen ethischen Fragen und der seit den 50er Jahren sich vollziehende gesellschaftliche Wertewandel weckten auch Hoffnungen auf Orientierung durch Philosophie. Das Vertrauen galt der Philosophie als Anwältin von Rationalität insbesondere in moralischen Fragen. Der Philosophie kam entgegen, daß auch in Naturwissenschaftlerkreisen das Thema der Verantwortung gegenüber den praktischen Konsequenzen der Forschung, der menschheitsgefährdenden Potentiale moderner Technologie, insbesondere in ihrer militärischen Gestalt, zunehmend Aufmerksamkeit fand. Für Philosophie bot sich in dieser Konstellation der 60er Jahre die Chance, sich aus dem einseitigen engen Verbund mit den Geisteswissenschaften zu lösen, ihre Beziehungen zu den Naturwissenschaften auszubauen und so Kultur- und Wissenschaftsfragen in einem Gesamthorizont zu reflektieren.

Die Umstellungsprobleme führten Philosophen zunächst jedoch in eine Krise. Die empirische Fundierung der Gesellschaftswissenschaften wurde als Ablösung der Disziplinen von der Philosophie reflektiert. Durch die Begrenzung intuitiver Wesensaussagen erschien vielen diese Entwicklung der Gesellschaftswissenschaften als «materieller Substanzverlust» der Philosophie. Es verbreitete sich das Mißverständnis, daß lediglich empirische Wissenschaft zum Erkenntnisfortschritt beitragen könne. Die Oberhand gewannen Befürchtungen, die Hochschulrefom und zentrale Wissenschaftsplanung könnten die ‹leistungsfähigeren›, weil unmittelbarer praxisrelevanten Fächer bevorzugen und die Philosophie zu einem Randfach degradieren. Man sah die expansive Fachentwicklung seit den 50er Jahren auf ein Ende zulaufen. Damals hatten viele Philosophieinstitute mit Verweis auf die anwachsende Zahl der Lehramtsstudierenden ihre Personalstellen und Sachmittelzuwendungen ausbauen können. Mit Ausscheidung der Philosophie aus der Lehrerbildung entfiel dieser Grund. Zwar war durch die Verbeamtung der vielen jüngeren Lehrenden nicht mit gravierenden Personalreduzierungen in der näheren Zukunft zu rechnen, doch absehbar war, daß die Konkurrenz mit anderen Fächern stärker werden würde (Lübbe 1973 a, S. 18). Philosophie hatte Ende der 60er Jahre ihre Sonderrolle als Bildungsfach verloren und sah sich gezwungen, sich mit den Leistungen anderer Fächer, insbesondere des gesellschaftswissenschaftlichen Bereichs, zu messen. Leistungsfähigkeit bemaß sich aber damals zum einen am Erkenntnisfortschritt, zum anderen an der praktischen Relevanz der Erkenntnisse.

III. Neuorientierung im institutionalisierten Wissenschaftsprozeß

In der Philosophie verbreitete sich eine Krisenstimmung. Philosophen sahen sich nun nicht nur von der Diskussion naturwissenschaftlicher Gegenstände ausgeschlossen, sondern auch aus der Methodologie- und Gegenstandsdiskussion der empirisch orientierten Geisteswissenschaft. Die ‹Emanzipation› der ‹positiven› Wissenschaften von der Philosophie schien einen Verlust ‹materialer Substanz› für die Philosophie zu bedeuten. So betont beispielsweise Erhard Oeser (Wien):

«In den Wissenschaften wird die Erkenntnis des wirklichen Seins, der Realität, in mehrere Bereiche disziplinär aufgeteilt. Jeder Fortschritt in der Erkenntnisgewinnung, der von den empirischen Realwissenschaften erreicht wird, reduziert notwendig den Anspruch der Philosophie auf Realerkenntnis. Bereiche der Naturwissenschaft, die sich bisher der direkten Beobachtung und Messung entzogen haben und einst das Feld bloßer Spekulation waren, sind heute durch die Entwicklung der konstruktiven Beobachtungs- und Meßapparate Gegenstände der empirischen Naturwissenschaften geworden. Aber auch eine Reihe von Fragestellungen, die noch vor einem Jahrhundert ein legitimes Arbeitsfeld der praktischen Philosophie waren, etwa soziologische und politologische Probleme, werden heutzutage in einzelwissenschaftlichen Fachdisziplinen behandelt» (1976, S. 222).

Selbst bei Orientierungsfragen und Fundierungsproblemen seien Spezialisten der Einzelwissenschaften gefragt. Juristen, die ehemals ihre Legitimation bei rechtsphilosophischen Schulen suchten, zögen nun vornehmlich soziologische und psychologische Gutachten zu Rate, bilanzierten der Rechts- und Sozialphilosoph Hans Ryffel und der Berner Jurist Jörg Paul Müller im Kontext einer Tagung zur Frage «Haben Soziologie und Psychologie die Philosophie als Grundlagenwissenschaft abgelöst?» (J. P. Müller 1976; Ryffel 1976, S. 13). Auch Günther Bien sah die Philosophie gegenstandslos geworden, da «alle Bereiche der uns empirisch zugänglichen Welt [...] auf die mehr und mehr analytisch verfahrenden theoretischen Einzelwissenschaften» aufgeteilt seien (1972, S. 55).

Als eine Eingrenzung philosophischer Gegenstandsbereiche mochte die methodologische Verselbständigung der Gesellschaftswissenschaften erscheinen, weil sich die empirischen Wissenschaften inhaltlicher Vorgaben der Philosophie erwehrten. Die Devise der empirischen Wissenschaften, daß so weit wie möglich empirisch zu analysieren sei, wie sich Natur und Soziales ‹verhalten›, verallgemeinerte sich in den 60er Jahren, und die Philosophie wurde damit auf die Prüfung der Strukturen und Prinzipien des Denkens verwiesen.

Der nicht-empirische Charakter der Philosophie bereitete Selbstverständnisprobleme. Denn aller Positivismuskritik zum Trotz wurde Empirie als ‹Zugang zur Welt› betrachtet und entsprechend geschlußfolgert, daß der Philosophie der unmittelbare Weg zum ‹Gegenstand der Erkenntnis› verbaut sei, sie daher nicht wie ‹die Wissenschaften› zu neuer Erkenntnis beitragen könne. «Die Philosophie hat keinen direkten Zugang zum Gegenstand der Erkenntnis mehr, ihre Funktion wird auf die Untersuchung und Korrektur des wissenschaftlichen und alltäglichen Sprechens reduziert. Philosophie wird so zum ‹Instrument›, dessen Leistungsfähigkeit sich an seiner einzelwissenschaftlichen Aufgabe erweisen muß» (Seiler 1969, S. 510; vgl. Riedel 1978, S. 278; Krings 1978, S. 155f; Kockelmans 1978, S. 225). Anfang der 70er Jahre erschien die Philosophie vielen zu Dienstleistungsfunktionen innerhalb des Systems der Wissenschaften degradiert, verpflichtet auf allgemeine Wissenschaftstheorie und Sprachanalyse. Man sah das Aufgabenfeld der Philosophie auf Kritik der ‹positiven›, Wissen bereitstellenden Wissenschaften beschränkt.

Mit dieser Auffassung manövrierte sich die Philosophie selbst in eine Randposition im Verhältnis zu den Wissenschaften und dem Wissenschaftsprozeß. Allerdings hatte sie auch, im Vergleich zu früherer Zeit, als das intellektuelle Leben stärker geisteswissenschaftlich-philosophisch orientiert war, an öffentlicher Wertschätzung eingebüßt, da nun vor allem von empirischen Gesellschaftswissenschaften die Klärung von Sachverhalten sowie Hilfestellungen zur Entscheidungsfindung und Orientierung erwartet wurden.

Die philosophieinterne Krisendiskussion verfolgte in dieser Situation vor allem die Neubestimmung der Rolle von Philosophie im Wissenschafts- und Kulturprozeß sowie die Auslotung der Perspektiven und Möglichkeiten, Philosophie wieder als eine zentrale Disziplin im wissenschaftlichen und intellektuellen Geistesleben zu verankern. Dabei hatte sie sich auch mit Interessen und Erwartungen einer Wissenschaftspolitik auseinanderzusetzen, die seit Ende der 60er Jahre verstärkt die praktische Relevanz von Wissenschaft und Wissenschaftsplanung einklagte.

Der Neunte Deutsche Kongreß für Philosophie 1969 zeigt den Beginn einer Debatte um eine Neuorientierung in dem gewandelten Wissenschaftssystem. Mit einer Schwerpunktsetzung auf wissenschaftstheoretische Themen dokumentierte er die Wandlungsfähigkeit der akademischen Philosophie in der Bundesrepublik Deutschland; denn innerhalb weniger Jahre hatten zahlreiche Philosophen eine beachtliche Kompetenz auf diesem Gebiet erlangt und sich dem internationalen wissenschaftstheoretischen Fachdiskurs geöffnet.

Aber die relativ schnell vollzogenen Schritte der Umorientierung bedurften der Reflexion, die sich in einer Debatte um die vermeintliche Krise der Philosophie äußerte. Diese Diskussion, die sich vor allem Anfang der 70er Jahre innerhalb der Disziplin verbreitete, hatte nicht zuletzt in einer unzureichenden Bestimmung des Verhältnisses der Philosophie zu den empirischen Wissenschaften einen Grund. Dabei führte die Aufarbeitung der wissenschaftstheoretischen Diskussion keineswegs, wie man zunächst anzunehmen geneigt ist, zu einer Klärung; denn die Rezeption der Wissenschaftstheorie verfolgte verständlicherweise die neuesten Entwicklungen auf diesem Gebiet, und diese akzentuierten im Gegenzug zu der früheren Betonung der empirischen Basis und des rationalen Charakters der Argumentation empirischer Wissenschaften nun deren metaphysische Grundlagen sowie soziologische, nicht-rationale Entwicklungsfaktoren. Es hatte in den 60er Jahren eine ‹antipositivistische Wende› (Bayertz 1980) in der angloamerikanischen Wissenschaftstheorie eingesetzt, für die, angeregt durch Th. S. Kuhn, P. K. Feyerabend, I. Lakatos und S. Toulmin, wissenschaftshistorische Reflexionen und eine Debatte um die Theoriegeladenheit der Wahrnehmung kennzeichnend waren. Mit dem Blick auf metaphysische Grundstrukturen und Paradigmenwechsel in der Wissenschaft wurde die Idee der wissenschaftlichen Gewißheit allein aufgrund empirischer Fundierung obsolet, weil Empirizität im Kontext von Theoriegeladenheit kritisch überprüft fragwürdig wurde. Feyerabends These der Inkommensurabilität der durch Paradigmenwechsel getrennten Theorieentwicklungen ermöglichte es, den Begriff des wissenschaftlichen Fortschritts in Frage zu stellen. Feyerabend plädierte für einen Theorienpluralismus – für eine große Vielzahl unterschiedlichster Interpretationsperspektiven und Systemkonstruktionen als Grundlage der Wissensentwicklung, wobei jedoch unbestimmt blieb, was eine wissenschaftlich alternative Theorie auszeichnet (vgl. Loh 1988, S. 269 ff).

Die Rezeption der analytischen und wissenschaftstheoretischen Philosophie in der Bundesrepublik Deutschland wandte sich darüber hinaus insbesondere den Tendenzen einer Annäherung an die Philosophie der Geisteswissenschaften in der analytischen Philosophie zu und begriff sie als Bestätigungen der eigenen Position. Dies verdeutlichen unter anderem Beiträge des 9. Philosophiekongresses.

Die Hinwendung zur Wissenschaftstheorie

«Philosophie und Wissenschaft» lautete das Motto des Philosophiekongresses 1969. Es sollte damit, wie Ludwig Landgrebe als Präsident des Kongresses in der Eröffnungsrede betonte, nicht die alte, seit Jahrzehnten diskutierte Frage ins Zentrum gerückt werden, in welchem Sinn Philosophie sich als Wissenschaft verstehen könne und wodurch sie von den ‹positiven› Wissenschaften zu unterscheiden sei. Landgrebe warf statt dessen die Frage nach der Verantwortung für die wissenschaftlich-technische Entwicklung und den Zivilisationsprozeß auf und orientierte damit die Tagung auf praktische, existentielle Dimensionen des Verhältnisses von Philosophie und Wissenschaften: Durch die Dynamik moderner Wissenschafts- und Technologieentwicklung werde das Problem der Verantwortung in neuer Weise virulent. Der Grundsatz der traditionellen Ethik, nach der der einzelne als Schöpfer sein Werk zu verantworten habe, reiche nicht mehr aus angesichts einer Entwicklungslogik, die Züge eines eigengesetzlichen und nicht mehr zu kontrollierenden Prozesses annähme, für den zur Zeit niemand Verantwortung zu tragen scheine. So dränge die wissenschaftlich-technische Entwicklung nach einer Antwort auf das Problem der «Weltverantwortung des Menschen», d. h. der gemeinschaftlichen Verantwortung für die zukünftige Gestalt der Welt.

Weil das Verhältnis von Philosophie und Wissenschaften dafür grundlegend sei, forderte Landgrebe dazu auf, dieses selbstkritisch zu problematisieren und angesichts der Ernsthaftigkeit der Sache auf Spitzfindigkeiten zu verzichten. Er stellte zur Debatte, daß die Philosophie ihr Verhältnis zu den ‹positiven› Wissenschaften nicht mehr in der Weise verstehen könne, wie sie durch die Tradition der Metaphysik vorgezeichnet war. Die allzu selbstgewisse Haltung des Über-den-Dingen-Stehens müsse überwunden werden. Philosophie

«war die Wissenschaft vom Seienden als solchem, von den Weisen seines Seins (‹Ontologie›) und von seinen letzten Gründen, von dem im höchsten Sinne Seienden, dem Göttlichen oder, in der Sprache des Idealismus, vom Absoluten und der von ihm als ihrem letzten Grunde ableitbaren gegliederten Mannigfaltigkeit des Seienden in seinen verschiedenen Weisen des Seins. In diesem Sinne machte die Metaphysik den Anspruch, den gesamten Bereich des Fragbaren und Erkennbaren überhaupt zu umgreifen und den unterschiedlichen Bereichen des Seienden, seinen ‹Regionen›, die ihnen gemäßen Zugangswege, die Methoden ihrer Erkenntnis vorzuzeichnen. Diese Bereiche sind abgegrenzt durch ihre Grundbegriffe, sie zu entwickeln war Sache der Ontologie. Gemäß diesem Verständnis war es Sache der Philosophie, durch einen Ausblick auf das Ganze aller Dinge einer jeden einzelwissenschaftlichen Erkenntnis ihre Stelle im gegliederten und überschaubaren Kosmos alles Erkennbaren überhaupt zuzuweisen. Sie wäre danach auch die Instanz, die nicht nur alle Grundlagenprobleme der Wissenschaft zu lösen und ihre Grundlagenkrisen zu bereinigen hätte, sondern die auch allem durch Einzelwissenschaften Erforschbaren und Erkennbaren und allem Erkennen, das dem Verändern und tätigen Herstellen dient, seinen Ort und Rang zuzuweisen hätte, im Hinblick auf den es zu verantworten ist» (Landgrebe 1972a, S. 7).

Es habe sich aber gezeigt, daß die Wissenschaften in der Lage seien, ihre Methoden- und Grundlagenprobleme selbständig zu bewältigen. Sie bestritten der Philosophie die Kompetenz mitzureden, während sie gleichwohl Wissenschaftstheorie als Logik der Forschung und des Fortschritts der Forschung für sich in Anspruch genommen hätten. Das Verhältnis von Philosophie und Wissenschaften stelle sich vielfach dar als eine «Koexistenz gegenseitigen Sichignorierens» zum beiderseitigen Schaden (ebd., S. 12; vgl. auch Oldemeyer 1967; Blaha 1969). Bei der notwendigen Neubestimmung ihrer Beziehungen zu den Wissenschaften müsse sich Philosophie nun «davor hüten, ihnen dort hineinreden zu wollen, wo sie, der immanenten Logik der Forschung gehorchend, mit Recht die Entwicklung ihrer Methodik als die *ars inveniendi*, die Kunst des Findens des Findens, in ihre eigene Hand und Verantwortung genommen haben. Sosehr auch von hier aus der Übergang in philosophische Fragen möglich ist – eines ist der Philosophie verboten: sie kann nicht den Versuch machen, auf die sogenannten Ergebnisse der Wissenschaften ein philosophisches System aufzubauen. [...] Die Philosophie hat im Verhältnis zu den Wissenschaften die Aufgabe einer Reflexion auf diese Praxis, und das ist eine Aufgabe, die nicht in den immanenten Bereich des Betreibens jeweils einer Wissenschaft fällt» (Landgrebe 1972a, S. 12).

Philosophische Reflexion habe sich auf die Zielangemessenheit des in den Wissenschaften eingeschlagenen Weges zu konzentrieren.

Landgrebes Kongreßeröffnung wies damit auf die Herausforderung für Philosophie, sich als einen verantwortlichen Teil des weltweiten gesellschaftlichen Veränderungsprozesses zu begreifen und von daher ihre Aufgaben zu definieren. Dies war eine Perspektive, welche die Polemiken der vergangenen Jahre zu überwinden suchte und eine gemeinsame Problemstellung für Philosophie und Wissenschaften in den Mittelpunkt rückte – eine Perspektive, die Toleranz gegenüber alternativen und gegensätzlichen Ansätzen ermöglichen wollte und Offenheit erforderte.

Die überwiegende Mehrheit der Kongreßreferate griff allerdings die kritische Auseinandersetzung mit dem traditionell dominierenden philosophischen Selbstverständnis nicht wieder auf. Nur fünf Beiträge waren der Rolle der Philosophie gewidmet. Gleichwohl scheint für die Notwendigkeit einer veränderten Sichtweise ein breiter Konsens existiert zu haben. Indizien dafür sind das in den Referaten bezeugte Interesse für spezifische Arbeitsweisen und Probleme der diversen wissenschaftlichen Disziplinen, vor allem die Hinwendung zu Problemstellungen und Diskussionen angloamerikanischer Wissenschaftstheorie und analytischer Philosophie, womit sich dieser Kongreß entschieden von früheren Tagungen der Allgemeinen Gesellschaft für Philosophie in Deutschland abhob.

Frühere Kongresse waren, obwohl die Allgemeine Gesellschaft für Philosophie in Deutschland seit Beginn der 60er Jahre politische und kulturelle Themen von gegenwärtiger Brisanz akzentuierte, relativ stark von philosophiegeschichtlichen Beiträgen geprägt gewesen, wobei insbesondere Auseinandersetzungen mit der deutschen Klassik und der Antike dominierten. Das gilt selbst noch für den Achten Deutschen Kongreß für Philosophie 1966, der unter dem Thema «Das Problem der Sprache» stand und damit an die damals populäre Linguistikdebatte anknüpfte. Es wurde dort jedoch erstmals die Notwendigkeit der Rezeption der analytischen Philosophie betont (vgl. Fahrenbach 1967, S. 372), die auf dem Kongreß zuvor, 1962, unter der Problemstellung «Philosophie und Fortschritt» noch gänzlich ausgeblendet worden war.

Die Beiträge des 9. Kongresses dokumentierten sowohl Kenntnis analytischer Wissenschaftstheorie als auch kritische Auseinandersetzung. Auf dem 10. Philosophiekongreß, drei Jahre später, würdigte deshalb der Kieler Philosoph Kurt Hübner als amtierender Präsident der Allgemeinen Gesellschaft für Philosophie in Deutschland in einem historischen Rückblick auf deutsche Philosophiekongresse nach 1945 den 9. Kongreß als einen Meilenstein in der Entwicklung der deutschen Philosophie der vergangenen Jahrzehnte.

«Landgrebe handelte daher folgerichtig, als er, der allgemeinen Entwicklung und der Entwicklung unserer Gesellschaft Rechnung tragend, dem Düsseldorfer Kongreß das Thema ‹Philosophie und Wissenschaft› voranstellte. Diese Zuwendung der Philosophie zur Wissenschaft, zur Wissenschaftstheorie, hatte sich in den angelsächsischen Ländern schon seit längerem vollzogen. Ich erinnere mich, daß es während meiner Studienzeit noch üblich war, eine solche Anstrengung mit herablassender Verachtung zu betrachten, während man selbst mit den sogenannten großen Systemen der sogenannten großen Philosophen beschäftigt war. So lief man, bei aller Berechtigung einer derartigen Beschäftigung, Gefahr, allmählich den Anschluß an die internationale Entwicklung zu verlieren und sich den alle bewegenden Fragen der Gegenwart zu entfremden. Ich glaube, diese Gefahr ist heute [1972] gebannt. Die deutschen Universitäten haben sich der wissenschaftstheoretischen Forschung geöffnet, die längst nicht mehr, wie zum Teil noch in anderen europäischen Ländern, ein Schattendasein führt» (1973 a, S. 5).

Und Hübner fügte hinzu, der erweiterte Vorstand der Allgemeinen Gesellschaft für Philosophie in Deutschland habe sich entschlossen, den von Landgrebe eingeschlagenen Weg fortzusetzen.

Die Fronten des Positivismusstreits schienen 1969 in Auflösung; Polemik und Argwohn gehörten zu den Ausnahmeerscheinungen der Tagung. Auffällig sind Ansätze einer Vermittlung zwischen den hermeneutisch-phänomenologischen Positionen und der Wissenschaftstheorie sowie der gesellschaftskritischen Perspektive der Frankfurter Schule, zwischen sprachwissenschaftlichem Strukturalismus und Sprachphilosophie. Einen Ansatzpunkt dafür bot die Kritik an Vereinfachungen und Stilisierungen in der Wissenschaftstheorie, die sich auch innerhalb der analytischen Philosophie und Wissenschaftstheorie erhob.

Das Interesse konzentrierte sich vor allem auf vier Problemfelder: (1) die Bestimmung wissenschaftlicher Erklärung, die mit Fragen nach Gemeinsamkeiten und Differenzen zwischen geisteswissenschaftlichen und naturwissenschaftlichen Erklärungen und Interpretationen sowie Problemen der Explikation des Erklärungsbegriffs verbunden war; (2) epistemologische Probleme wie das Verhältnis von Anschauung und Abstraktion, Regulative der Forschung und Theoriebildung, Maßstäbe der Bewertung äquivalenter Theorien und das Induktionsproblem; (3) die Möglichkeit der rationalen Begründung von Normen und Werturteilen und (4) sprachtheoretische Probleme wie das Verhältnis von Umgangssprache und Theoriesprache, Analyse und Kritik politischer Sprache. Von den 42 Referaten wandten sich nur sechs der Philosophiegeschichte zu, allerdings vor dem Hintergrund wissenschaftstheoretischer Fragestellungen (Mittelstraß; Hübner; Fiebig; Schefold; Simon; Bumann 1972). Kurt Hübner und der auch als Enzyklopädist namhafte sowie als Wissenschaftspolitiker einflußreiche Konstanzer Konstruktivist Jürgen Mittelstraß veranschaulichten die Bedeutung einer historischen Wissenschaftstheorie.

Großen Raum nahm auf dem Kongreß die Kontroverse um die für die Theorie der zwei Wissenschaftskulturen zentralen Begriffe des Verstehens und Erklärens ein – eine Debatte, die in den 70er Jahren im Kontext der Bemühungen um eine Wissenschaftstheorie der Geisteswissenschaften intensiv fortgesetzt wurde (vgl. Bubner/Cramer/Wiehl 1970; Hübner/Menne 1973; von Wright 1974; Simon-Schaefer/Zimmerli 1975; Patzig/Scheibe/Wieland 1977; Riedel 1978a; Apel/Manninen/Tuomela 1978; Apel 1979). Das von Carl Gustav Hempel und Paul Oppenheim im Horizont der analytischen Philosophie ausgearbeitete Modell der Erklärung hatte innerhalb der analytischen Philosophie selbst zu Kontroversen geführt, nicht nur weil seine Explikation im Hinblick auf eine Unterscheidung wissenschaftlicher Erklärungen von Pseudoerklärungen und Scheinerklärungen sowie der Nachweis einer strukturellen

Gleichartigkeit von Erklärung und Prognose auf Probleme stießen, sondern vor allem, weil es Erklärungen intentionaler Handlungen in den Gesellschaftswissenschaften nicht gerecht wurde. Nach Hempel/ Oppenheim nimmt eine wissenschaftliche Erklärung – explizit oder implizit – Bezug auf generelle Aussagen, allgemeine oder statistische Gesetze. Dagegen hatte William Dray als einer der ersten innerhalb der analytischen Wissenschaftstheorie im Rahmen seiner Dissertation 1955 geltend gemacht, daß die Erklärung intentionaler Handlungen, mit denen es die Geschichtswissenschaft zu tun hat, nicht unter ein nomologisches Modell zu subsumieren sei, und hatte deshalb für die Anerkennung spezifischer Besonderheiten der Gesellschaftswissenschaften plädiert: «We give reasons if we can, and turn to empirical laws if we must» (Dray 1970, S. 138). Dray argumentierte, daß es in der Geschichtswissenschaft zum einen auf die Auseinandersetzung mit Fragestellungen eines Lesepublikums, wie etwas möglich werden konnte, ankomme, und nicht allein auf die Erklärung der Frage nach der Kausalität, warum etwas möglich wurde. Zum anderen interessiere die Rekonstruktion der ‹Kalkulationen› der Handelnden, d. h. ihrer praktischen Gründe unter gegebenen Umständen. Die Geschichtswissenschaft versuche, die Rationalität der Handlungen durch die Explikation der Rationalitätsprinzipien der Handelnden verständlich zu machen.

Mit *The Idea of a Social Science and its Relation to Philosophy* näherte sich Peter Winch 1958, anknüpfend an Wittgensteins Sprachspielkonzeption, der ‹verstehenden Geisteswissenschaft› an und lehnte die Hempel/Oppenheim-Theorie als irrelevant für die Problemstellungen der Geisteswissenschaften ab. Er übernahm die methodologische Differenzierung zwischen Geistes- und Naturwissenschaften und betonte, daß sich die geschichtliche gesellschaftliche Wirklichkeit nicht durch Kausalerklärungen erschließe, sondern durch das Verstehen der Regeln oder auch sogenannten internen Relationen der jeweiligen Lebensformen. Historische Handlungen seien im Kontext des gesellschaftlichen Reglements und des jeweiligen kulturellen Weltverständnisses zu verstehen und zu beurteilen. Dabei gehe es auch um die Rekonstruktion von Handlungsrechtfertigungen, denn ein regelgeleitetes Verhalten von Menschen enthalte die prinzipielle Möglichkeit der reflexiven normativen Begründung.

In verschiedenen Beiträgen des Philosophiekongresses 1969 wurde das

Modell von Hempel und Oppenheim relativiert, wobei insbesondere an Dray und Winch angeknüpft wurde (vgl. Acham; Essler; Wellmer; Marc-Wogau 1972). Die Möglichkeit einer Differenzierung zwischen wissenschaftlichen und unwissenschaftlichen Schlußfolgerungen wurde unter verschiedenen Aspekten problematisiert: Hans Lenk referierte die noch nicht zufriedenstellenden Explikationsversuche des Hempel/Oppenheim-Modells; Wilhelm K. Essler verwies darauf, daß auch die naturwissenschaftliche Praxis dem Exaktheitsideal häufig nicht gerecht wird – der logisch-mathematische Apparat werde sehr großzügig benutzt, Unstimmigkeiten würden durch Angabe einer Fehlergrenze korrigiert, wobei die Fehlergrenzen Erfahrungswerte darstellten, also nicht einmal rational begründet seien: Widersprüche zwischen Idealisierungen der Theorie und empirischen Phänomenen werden häufig isoliert; Karl Acham aus Graz sowie Hans Michael Baumgartner thematisierten die interessegeleitete Selektion von Daten in der Geschichtswissenschaft, und Friedrich Rapp erläuterte das Induktionsproblem im Hinblick auf Schwierigkeiten der Bestimmung von Kriterien für Naturgesetze und nur zufällig gültige empirische Allaussagen.

Das besondere Interesse galt der Kategorie Verstehen, die gegenüber ‹Erklären› die subjektive Komponente der Interpretation betonte (vgl. Acham; Essler; Geldsetzer; Wellmer). Karl Acham verdeutlichte die vielfältigen Möglichkeiten des Verstehens aufgrund unterschiedlicher Perspektiven, Fragestellungen und philosophischer sowie politischer Positionen. Für ihn ergab sich aus diesem Umstand die wissenschaftstheoretische Forderung, daß der Standpunkt des Historikers oder allgemeiner des Interpreten «hinreichend spezifiziert» werden müsse, «damit nicht der jeweilige Historiker, entgegen seiner Absicht, als ungebührlich selektiv betrachtet werden kann, was die Art und Weise seiner Interpretation betrifft» (1972, S. 386). Letztlich hänge es von der wissenschaftlichen Streitkultur ab, inwieweit Einseitigkeiten der selektiven Betrachtung und Beurteilungsdivergenzen ausgeglichen werden könnten. Angesichts der Vielzahl möglicher Geschichtsbetrachtungen schienen dem Münchner Philosophen Hans Michael Baumgartner Modelle einer ‹Philosophy of Narration›, die Mitte der 60er Jahre von William Henry Walsh, Morton White und Arthur C. Danto begründet worden war, angemessener die Subjektivität der Geschichts(re)konstruktion zu repräsentieren als der Poppersche ‹Scientismus›, der von der «Überprüfbarkeit der vom Auswahlinteresse untangiblen historischen Tatsachen» ausgehe (1972, S. 404).

In der geisteswissenschaftlichen Tradition – in phänomenologischen wie auch in marxistischen Perspektiven – hatte die Akzentuierung der Eingebundenheit der Menschen in ihre Lebenswelt stets eine große Rolle gespielt. Diesen Aspekt sah man in der bisherigen wissenschaftstheoretischen Diskussion vernachlässigt, und man forderte seine stärkere Berücksichtigung. Da in der angloamerikanischen Wissenschaftstheorie die Thematisierung wissenschaftssoziologischer und -historischer Aspekte im Anschluß an T. S. Kuhns *The Structure of Revolution* (1962) bereits eingesetzt hatte, konnte sich dieses Urteil nur auf die wissenschaftslogisch dominierte wissenschaftstheoretische Tradition beziehen. Die wissenschaftssoziologische Problematik der Interessen wurde vor allem hervorgehoben und zum Teil zu einem Argument gegen den Kritischen Rationalismus gemacht: Acham thematisierte die Vernachlässigung relevanter Fakten aufgrund sozialer Verpflichtungen von Wissenschaftlern; Baumgartner sah in der ‹Philosophy of Narration› sowie Jürgen Habermas' *Erkenntnis und Interesse* Ansätze, die die Bedeutung praktischer Interessen für die Konstitution des historischen Gegenstandes in die wissenschaftstheoretische Konzeption der Geschichtswissenschaft einfließen ließen – im Gegensatz zum Kritischen Rationalismus Poppers, für den das Forschungsinteresse der wissenschaftlichen Rekonstruktion äußerlich bleibe. Herbert Schnädelbach, damals noch in Frankfurt Repräsentant der Frankfurter Schule, kritisierte, daß der konventionalistische Ansatz Poppers die Reflexion der spezifischen Entscheidungskontexte einer Forschungsgemeinschaft ausschließt, so etwa die objektiven Zwänge, die aus einer erfolgreichen Verwertung wissenschaftlicher Resultate und damit zusammenhängenden Leistungserwartungen erwachsen. Elisabeth Ströker, Philosophieprofessorin an der Technischen Hochschule in Braunschweig (heute Universität Köln), forderte die Berücksichtigung der Tatsache, daß ein Großteil der naturwissenschaftlichen Forschung Auftragsforschung geworden sei – «nicht bloß in hier nicht zu erörternder wissenschaftspolitischer Hinsicht, sondern auch in einem prinzipielleren, von der Wissenschaftstheorie bisher kaum problematisierten Sinne. Denn was will es [...] heißen –: daß sich die Wissenschaft Ziele vorgeben läßt von einer Praxis, die einerseits das, was sie *grundsätzlich vermag*, diesen wissenschaftlichen Theorien verdankt, die aber in dem, was sie zu erreichen jeweils *tatsächlich erstrebt*, durch Interessen normiert ist, deren Beeinflussung und Mitbestimmung die Wissenschaft – hier gern sich als ‹rein› apostrophierend – nicht nur faktisch ablehnt, sondern die abzulehnen auch ihr unanfechtbares Recht als Konsequenz eben aus ihrem Begriff wissenschaftlicher Erkenntnis ist?» (1972, S. 172). Gefragt sei eine Konzeption für «technisches Handeln», und zurückgewonnen werden müsse die historische Dimension der Wissenschaften wie der Wissenschaftstheorie,

«ohne die Wissenschaft zwar betrieben und beschrieben, aber nicht begriffen werden kann. [...] Nur, wenn es möglich wird, die Wissenschaften durchschaubar zu machen als das, was Edmund Husserl mit einem plastischen Ausdruck ‹sedimentierte Sinngeschichte› nennt, wenn es gelingt, ihre vielschichtigen Einschlüsse reflektierend aufzuschließen, diese im weiteren Sinne als Niederschläge menschlichen Fragens, Entscheidens, Handelns freizulegen, ihre vielfältigen Schichten und Lagerungen zugleich als Lagen der je konkreten Subjektivität innerhalb ihres problemgeschichtlichen Gesamthorizonts zu begreifen, erst dann könnte Wissenschaft voll verstanden werden in dem, was ihr im Durchgang durch das Filter der Methodologie an Bezügen und Bindungen an das Subjekt zwangsläufig verlorengegangen ist und als das, was sie im Ganzen ist –: Teil der Lebenspraxis des Menschen» (ebd., S. 174 f).

Die Bedeutung der Wissenschaftsgeschichte sowohl für die Reflexion der paradigmatischen Grundlagen von Theorien, das Aufdecken von Vorurteilen, als auch für die Vergewisserung der ‹guten Gründe› verdeutlichten Kurt Hübner und Jürgen Mittelstraß. Der Berliner Technik-Philosoph Friedrich Rapp betonte in seinem Beitrag zum Induktionsproblem die sich inbesondere auf den analytischen Philosophen Nelson Goodman stützende Erkenntnis, daß der induktive Schluß eine Aktivierung des Gesamtsystems unseres Wissens verlange, und regte an, über die «schlichten Erfahrungen der ‹Lebenswelt›», von denen Husserl sprach, als einem Ausgangspunkt der Induktion weiter nachzudenken (1972, S. 515, 522).

Auch in der Sprachtheorie wurde ein Mangel lebensweltlicher Perspektivität kritisiert. Der Bonner Sprachwissenschaftler Helmut Gipper wandte sich gegen die ‹Objektivierung› der Sprache durch den Sprachstrukturalismus; Sprache sei isoliert niemals hinreichend zu beschreiben, es bedürfe der Betrachtung des dialektischen Wechselverhältnisses von Mensch, Sprache und Welt. «Der technisch-szientifische bzw.

empirisch-szientistische Ansatz des Strukturalismus muß infolgedessen durch eine transzendental-hermeneutische bzw. historisch-hermeneutische Betrachtungsweise ergänzt werden» (1972, S. 278). Er plädierte für dessen Ergänzung durch Forschungen zur Semantik und zu Spracherlernungsprozessen bei Kindern. Auf der anderen Seite machte Helmut Schnelle, Professor für Sprachwissenschaft an der Technischen Hochschule Berlin, geltend, daß gerade durch das Postulat der Unabhängigkeit der Sprachstruktur von anderen Prozessen sich die strukturalistische Sprachwissenschaft als eigene und sehr erfolgreiche Wissenschaft herausbilden konnte (1972, S. 624); allerdings betonte auch er, daß im Hinblick auf eine umfassende Theorie des Sprachverhaltens diese isolierte Betrachtungsweise der Sprachstruktur problematisch geworden sei. In Anknüpfung an John Langshaw Austins Theorie der Sprechakte, die die analytische Sprachphilosophie für eine Theorie des Diskurses öffnete, stellte Jürgen Habermas Überlegungen zu einer Theorie der kommunikativen Sprachkompetenz vor, welche auf die Bestimmung universeller normativer Strukturen des Dialogs zielte.

Eine Gemeinsamkeit vieler Beiträge war die Kritik am logischen und methodischen Formalismus angloamerikanischer Wissenschaftstheorie und der mit ihr verbundenen Wissenschaftsansätze, denen gegenüber subjektive und soziale Konstitutionsfaktoren von Wissenschaft akzentuiert wurden. Man orientierte auf komplexere Zusammenhänge der wissenschaftlichen Rationalitäts- und Entscheidungsproblematik, die sich erschließen, wenn Wissenschaft als historisches und gesellschaftliches Phänomen betrachtet wird. Elisabeth Ströker bestimmte dies ausdrücklich als Aufgabe philosophischer Reflexion:

«Eine philosophische Besinnung jedoch, für die die Methodologie nicht das letzte Wort der Wissenschaftstheorie bedeutet, die es auch bei vermeintlichen Tatsachen nicht bewenden läßt, sondern ihr Unbehagen daran umzusetzen weiß in kritische Reflexion auf deren Bedingungen, um sie zu begreifen, wird hier erst ihre Arbeit aufzunehmen haben. Sie wird dazu als erstes jene methodische Abstraktion rückgängig zu machen haben, die die Naturwissenschaften konsequent im Namen einer Objektivität vollzogen haben, die sich frei wähnt von allem Bezug auf das sie konstituierende *Subjekt*. Eben diesem Subjekt aber muß die Philosophie ihren auch von der Wissenschaftstheorie bislang verstellten Problemhorizont zurückgewinnen, wie er einst durch die transzendentale Fragestellung Kants eröffnet, aber bis heute nicht voll ausgemessen wurde. [...] Ihr erneut Eingang in die Philosophie der Naturwissenschaften zu verschaffen, kann allerdings nicht mehr bedeuten, für die ‹Bedingungen der Möglichkeit› unserer Wissenschaften lediglich auf ein endliches System von reinen Anschauungsformen und Kategorien des reinen Ich zu rekurrieren und jene Wissenschaften also als geschlossenen Systemzusammenhang aus der Einheit der Apperzeption im Sinne Kants transzendental deduzieren zu wollen. Die Philosophie wird auch am Leitfaden des Rückfragens von den bestehenden Wissenschaften her auf die Bedingungen ihrer Möglichkeit ihren Regreß nicht in Kants reinem Subjekt vorzeitig beenden dürfen, sondern – mit ihm – durch vergessene Stadien seiner Bildung zurückfinden müssen bis dorthin, wo das Subjekt als faktisch-konkretes existiert, wo innerhalb seines Lebenszusammenhangs auch die nicht hintergehbaren Bedingungen seiner Konstitution von Wissenschaft liegen» (1972, S. 174).

Trotz einer teilweise vorhandenen Distanzierung gegenüber analytischer Wissenschaftstheorie zeigte der Kongreß im Ganzen betrachtet eine Annäherung an sie. Im Vordergrund standen Versuche einer Vermittlung geisteswissenschaftlich-phänomenologischer mit wissenschaftstheoretischen Traditionen. Ihnen entgegen kam, daß auch innerhalb der analytischen Philosophie Perspektiven der geisteswissenschaftlich-hermeneutischen Philosophie Bedeutung erlangten und sich mit dem Erstarken von wissenschaftssoziologischen und -historischen Fragestellungen und Aspekten in der wissenschaftstheoretischen Debatte Dimensionen einer Wissenschaftsreflexion eröffneten, die die Integration geisteswissenschaftlicher Konzeptionen erleichterten.

Eine explizit positive Würdigung der analytischen Wissenschaftstheorie sprachen nur drei Referenten aus: Elisabeth Ströker nannte als Verdienst der «positivistischen Wissenschaftstheorie, daß sie die Aufmerksamkeit der Philosophie gelenkt hat auf die vielfältigen Verfahrensweisen insbesondere der Naturwissenschaften, und daß sie durch eine Vielzahl von methodologischen Analysen unseren Blick geschärft hat für das Aufspüren und Erfassen ‹methodischer Strukturen›» (1972, S. 164). Kuno Lorenz aus Erlangen hob hervor: «Zu Recht gilt als Verdienst der Analytischen Philosophie, die Beherrschung der Rede als unerläßliche Bedingung jeden erfolgreichen philosophischen Geschäfts und damit den transzendentalen Charakter von Sprache erkannt zu haben» (1972, S. 227). Wilhelm K. Essler aus der Münchener Logikerschule brachte die noch verbreitete Verachtung in der bundesdeutschen Philosophie und

Wissenschaft gegenüber der analytischen Philosophie zur Sprache. Man rühme sich des Blicks auf das ‹Ganze› und ‹die großen Zusammenhänge› und schätze die analytischen Bemühungen als geringwertig ein:

«Während in den USA gegenwärtig mit viel Energie an einer strengen axiomatischen Charakterisierung der Quantenmechanik gearbeitet wird, die immer noch aussteht, glaubt Heisenberg, durch einen Blick auf das *Ganze* die *großen Zusammenhänge* zu erfassen. [...] Heisenberg ist im übrigen nur ein Beispiel für die gegenwärtig in Deutschland übliche Mode, mit den Vertretern der Analytischen Philosophie dadurch fertig zu werden, daß man sie ‹Positivisten› nennt und über sie höchstens einige abfällige und schablonenhafte Bemerkungen über ihr angeblich schablonenhaftes Denken verliert» (1972, S. 110).

Der Positivismusstreit hallte insofern nach, als eigentlich einander ergänzende Projekte streng voneinander abgegrenzt wurden. Paul Lorenzen, der Gründer der Erlanger Schule der Konstruktiven Wissenschaftstheorie, schickte der Erläuterung seines Ansatzes einer rationalen Begründung von Normen eine Polemik gegen den Kritischen Rationalismus und Logischen Empirismus voraus, die den Konservatismusvorwurf erneut erhob. Der bekannte Moralphilosoph analytischer Tradition, Richard Mervyn Hare, ein Gast des Kongresses, wies jedoch darauf hin, daß nur noch im Hinblick auf den Sprachstil und nicht mehr in bezug auf inhaltliche Fragen von zwei ‹Lagern› in der Philosophie gesprochen werden könne.

«Was gegenwärtig die Welt in zwei philosophische Lager teilt, ist eine Frage des Stils, nicht der Substanz; und daraus eine Frage der Substanz zu machen, kann den Kern der Auseinandersetzung nur verwischen. Meiner Meinung nach sind *alle* Standpunkte zu *allen* substantiellen Fragen *innerhalb* beider Lager vertreten [...] Der Unterschied besteht darin, daß im unromantischen Lager Methoden im Gebrauch sind, die, wenigstens prinzipiell, eine Entscheidung zwischen den gegensätzlichen Meinungen gestatten. Argumentation ist hier möglich» (1972, S. 83 f).

Selbstreflexionen

Die Debatten des 9. Kongresses verdeutlichten Problemfelder und neue Perspektiven philosophischer Forschung auf den Gebieten der Ethik und der Diskurstheorie (Habermas, Lorenzen), der Wissenschaftstheorie und der Sprachtheorie. Vor allem versprach die Vermittlung kontinentaler geisteswissenschaftlich-phänomenologischer Philosophietraditionen mit Traditionen der analytischen Philosophie neue theoretische Problemvertiefungen einer künftigen Forschung. Angesichts dessen schien Heinrich Becks Warnung, die Philosophie liefe Gefahr, wissenschaftspolitisch ins Abseits zu geraten (Beck 1972), aus dem Rahmen des Kongresses zu fallen. Selbstverständnisprobleme der Disziplin spiegeln nur einige wenige Beiträge. Der Kongreß konzentrierte sich mehr auf die Repräsentation als auf Selbstreflexion. Daß eine solche notwendig war, hatte Landgrebe in seiner Eröffnungsrede betont; Günther Bien unterstützte diese Akzentsetzung in seinem Beitrag zum «Geschäft der Philosophie» im Rahmen des Kolloquiums zum «Wandel im Begriff der Wissenschaft», ebenso taten dies die Sektionsvorträge von Wolfgang Marx und Helmut Kohlenberger.

Biens Beitrag setzte sich mit der These auseinander, der Philosophie sei infolge der Aufteilung aller Bereiche des Wissens, die der empirischen Erkenntnis zugänglich sind, der Gegenstand abhanden gekommen, und dies sei der Grund, weshalb sie sich auf die Exegese klassischer Texte, ihre eigene Geschichte, zurückzieht. Es ging um den gegen die Philosophie erhobenen Vorwurf der ‹musealen Selbstkonservierung› und des Substanzverlustes im Hinblick auf die Bewältigung der Fragen der Gegenwart. Gegen diese Interpretation, so betonte Bien, gelte es, «ein neues Modell für das Verhältnis der Philosophie zu ihrer Vergangenheit zu eruieren, um sie so, und zwar durchaus so, wie sie betrieben wird, als ein auch gegenwärtig sinnvolles Unternehmen zu erweisen» (1972, S. 56). Ein solches Modell sah Bien in einer Analogie zur Jurisprudenz: Das Verhältnis von Philosophie und Einzelwissenschaften sei der Beziehung des formalen Prozeß- und Verfahrensrechts zum materiellen Recht analog zu denken. ‹Gegenstand› und Aufgabe der Philosophie als Prinzipienwissenschaft sei es, «die Fragestruktur als solche, die funktionale Leerform, den – um mit *Kant* zu sprechen – Reflexionsbegriff zu bestimmen, also das f vor der Klammer in der mathematischen Schreibweise zu formulieren und dabei die inhaltliche Füllung (X) der Einzeldisziplin zu überlassen; d. h. Sache der metatheoretisch definierten Philosophie ist es, den transzendentalen Vor- und Zugriff zu explizieren, den Blick, durch den das Objekt der Wissenschaft für uns zur Erscheinung kommt und durch uns zur Sprache gebracht wird» (ebd., S. 61). Philosophie und Wissenschaften gehörten zusammen, denn Prinzipienwissenschaft gebe es nur in bezug auf die Wissenschaften. Und so sei eine «restlose Aufteilung der sämtlichen Weltgegenstände auf die Einzelwissenschaften [...] für die Philosophie nicht bedrohlich, sondern setzt sie erst in ihren eigentlichen, prinzipalen Rang als Prinzipienwissenschaft frei» (ebd., S. 62).

Den Unterschied zwischen Philosophie und Wissenschaften stellte Bien im Hinblick auf ihr verschiedenes Verhältnis zu Grundlagendebatten heraus. In den Wissenschaften setze eine philosophische Reflexion in Zeiten der Grundlagenkrisen ein, wenn die Subsumtion konkreter Fälle unter das durch das Forschungsprogramm bestimmte ‹Recht› nicht mehr gelingt. Dann muß auch die Wissenschaft auf ihre Geschichte rekurrieren, um die Gründe für die Geltung der in Frage gestellten theoretischen Grundlagen und mögliche, in der Geschichte abgewiesene Alternativen zu rekonstruieren. «[...] das System oder der Gedanke ist wieder in seine Möglichkeitsform zurückzuübersetzen. Erst dabei zeigt sich, welche Alternativen damals abgeschnitten oder gar vermieden, welche Gründe ausgeschlagen worden sind; der theoretische wie situative Kontext ist aufzubauen, d. h. es ist auch zu zeigen, welche geltenden oder vielleicht auch seinerzeit mißachteten Texte aufgenommen, wie sie eventuell verstanden oder mißverstanden oder uminterpretiert worden sind. Es ist zu sehen, welche Konsequenzen – sowohl theoretische wie auch praktische – die Theorie hatte oder haben sollte» (ebd., S. 73). Er konnte sich dabei auf Thomas S. Kuhn und Stephen Toulmin berufen, die die Rolle theoretischer Entwürfe – Erklärungsparadigma oder Ideale der Naturordnung – für die Naturbetrachtung und die Problemstellungen der ‹normalen›, unkritisch unter der Direktion der Antizipationen und Hypothesen arbeitenden Wissenschaft herausgestellt hatten. Unter Bezug auf Kuhns Hinweis, daß alle Theorien nur bis zu einem gewissen Grad mit den Fakten übereinstimmen, wandte sich Bien gegen die Unterscheidung von Philosophie und Wissenschaften aufgrund des Wirklichkeitsbezugs:

Auch in der Wissenschaft gehe es wesentlich um eine Auseinandersetzung zwischen Theorien. Die grundlegende Differenz zwischen beiden sieht Bien darin, daß die Philosophie beständig ihre Grundlagen prüft, d. h. sich in permanenter Krisis befindet, während die Einzelwissenschaften Phasen der «beruhigten Forschung» unter der Herrschaft der über Paradigmen gefällten Entscheidungen haben (ebd., S. 67). Bien unterstrich, daß die Auseinandersetzung der Philosophie mit ihrer Geschichte keineswegs eine Entfernung von den Problemen der Gegenwart bedeutet; denn die Philosophie widme sich ihnen im *«Nachvollzug von klassischen Entscheidungen»*, ohne daß dabei – hier sah Bien die Grenze seiner Analogie – klassische Autoren ein bindendes Theoriesetzungsmonopol besäßen; sie erhielten nur eine Theoriesetzungsprärogative (ebd., S. 74 f.).

Diese Interpretation gab eine Orientierung für eine an den Problemen der Gesellschaft und der wissenschaftlichen Praxis ausgerichtete Philosophie, sparte allerdings bestehende konkrete Schwierigkeiten aus. Setzt Biens Modell nicht intensive Kooperationsbeziehungen zwischen der Philosophie und den Wissenschaften voraus, deren Fehlen weithin beklagt wurde? Und wie ist das Verhältnis der Disziplin Philosophie zu den philosophischen Reflexionen in den Wissenschaften zu gestalten?

Wolfgang Marx plädierte für die Anerkennung des ‹Faktums Wissenschaft› und eine Selbstbescheidung in der Spekulation.

«Eine philosophische Bestimmung des Verhältnisses von philosophischer Reflexion zur Wissenschaft bzw. zur Pluralität der Wissenschaften ist gezwungen, das Faktum zur Kenntnis zu nehmen, womöglich zu verstehen, daß die analytische Arbeit der Wissenschaft einer Reflexion auf ihren Ursprung – im Sinne einer Theorie ihrer inhaltlichen oder formalen ‹Bedingungen der Möglichkeit› – unbedürftig ist und ihre Selbständigkeit gegenüber philosophischer Theorie demonstriert, indem sie dergleichen Reflexion als Theorie der Methoden oder Modelle in sich aufgenommen und der immanenten rationalen Kontrolle – als Prüfung der Praktikabilität – ausgesetzt hat. Das Faktum, daß der Sinn philosophischer Reflexion, ihre mögliche Relevanz oder Irrelevanz, *allein* als Bestimmtheit ihres Verhältnisses zu Gehalten und Formen eines Wissens artikuliert werden kann, das die Grenze der Legitimität einer Entwicklung von Wissen als Entfaltung des Gehaltes sog. ‹genuin›-philosophischer Begriffe unmittelbar ist, dieses Faktum des Zweifels an möglicher Bedeutsamkeit von Philosophie sollte einer philosophischen Reflexion die Bewegung von Begriffen in der abstrakten Dimension scheinbarer Selbständigkeit verbieten. Die philosophische Theorie von den allgemeinsten Bestimmtheiten als den Bedingungen möglicher sog. Einzelwissenschaften wird notwendig zur bloß allgemeinen Rede von Allgemeinheiten, deren Qualität die Unbestimmtheit ist, degenerieren und das Transzendieren in das Reich vermeintlich ewiger Prinzipien mit unerklärter Funktion wird die Steigerung der Irritation, die sie am Faktum der Wissenschaft erfährt, *bestätigen* und den zunehmenden Verlust an Relevanz als Eigenschaft *beweisen*, wenn Philosophie der Aufgabe sich entzieht, die Legitimität der *Gleichgültigkeit* der Wissenschaft gegenüber philosophischer Reflexion aus und in ihr selbst verständlich zu machen» (1972, S. 504).

Die Funktion der Philosophie liege in der Reflexion auf die Begriffe und den «Ort der Freiheit der Begriffe», der aus der «nicht erledigten Distanz von Begriffen zu ihrer endgültigen Bestimmtheit» resultiert. «Philosophischer Reflexion, bereichert um das Wissen ihrer prinzipiellen Vorläufigkeit und auf dieses Faktum hin bestimmt, kann gewiß nur die Haltung zukommen, die Platon, als Resultante der nicht erschöpfbaren Sublimationsfähigkeit der Begriffsverhältnisse einerseits und der notwendigen Kunst des Fragens andererseits, zum Inbegriff von Philosophie vermittelte: die Ironie» (ebd., S. 511). Als aussichtsreich erachtete Marx ein Programm für Philosophie, «das weder einer falsch verstandenen Distanz zu den Wissenschaften noch der ideologischen Distanzlosigkeit als naive Wissenschaftstheorie» erliege (ebd., S. 504).

Marx schnitt ein zentrales Problem des gewandelten Verhältnisses von Philosophie und Wissenschaften an: Die empirischen Wissenschaften wiesen die philosophische Reflexion in die Grenzen des genuin Philosophischen und wirkten auch dort limitierend, indem sie ein Abgleiten in Spekulation und leere Allgemeinheit ‹Realitätsverlust› und wissenschaftliche ‹Unfähigkeit› desavouierten. Die Herausforderung für Philosophie bestand darin, die Relevanz philosophischer Reflexion im Kontext des Wissenschaftsprozesses zu erweisen, d. h. zugleich, sich als spezielle Wissenschaft neben unabhängig von ihr wirkenden empirischen Wissenschaften zu begreifen. Aber der Begriff der Ironie signalisierte Skepsis. Mit Ironie nähme Philosophie eine Randposition gegenüber den Wissenschaften ein, denn Ironie bleibt stets stehen bei der Frage und verzichtet auf die Behauptung einer Position.

Wesentlich auf Ethik und Diskurstheorie zurückgeworfen sah Kohlenberger die Philosophie. Wie Landgrebe betonte er deren Aufgabe, Lehrerin zu sein in Methoden der praktischen Vernunft, und kritisierte die häufig anzutreffende Unverbindlichkeit philosophischer Argumentation. «Diese Selbstverurteilung zur Handlungsunfähigkeit ist aber nicht in erster Linie wegen eines Eigentores der Philosophie schlechthin unvertretbar, sondern wegen des Versagens vor dringendsten Aufgaben unverantwortlich und gefährlich.» Er sprach von einer selbstverschuldeten Randposition der Philosophie, die es ihr nicht erlaube, glaubhaft eine Alternativfunktion zu entwickeln. Eine diktatorische Festlegung von Prinzipien sei keine Lösung. «Die Ethik macht es sich zu leicht, wenn sie im luftleeren Raum bleibt und dort spekulativ konsequente Deduktionen durchführt aus zwar evidierbaren, aber nur scheinbar allgemein akzeptierten Prinzipien» (Kohlenberger 1972, S. 475). Wie Landgrebe wies er darauf hin, daß eine Ethik, vom Individuum ausgehend, hinter den derzeitigen gesellschaftlichen Aufgaben zurückbleibt und der Erweiterung durch eine Ethik des technisch-gesellschaftlichen Handelns bedarf. Eine Gemeinschaftsaufgabe der Geisteswissenschaftler verschiedenster Disziplinen sei es, Bedingungen für eine demokratische Verständigung über die gemeinsamen gesellschaftlichen Ziele zu schaffen – angefangen von der Vergegenwärtigung der differierenden historischen Sinnhorizonte der Menschen einer Gesellschaft als Voraussetzung der Verständigung, über die Formulierung praktischer Maßnahmen zur Herstellung der von Habermas geforderten herrschaftsfreien Diskussion, die Rationalisierung von Information sowie Ideologiekritik, bis hin zu einer Wirtschaftsethik, einem neuen Presserecht etc. Die Philosophie habe «ihre Endstellung als Reflexion der Kommunikation zu begreifen und ist damit zum Praxisbezug verpflichtet» (ebd., S. 487).

Die wenigen Beiträge des Kongresses zur Situation und Rolle der Philosophie deuteten an, daß die Selbstbestimmung der Philosophie, obwohl sie nicht vorrangig diskutiert wurde, ein noch zu bewältigendes Problem darstellte. Sie markierten zugleich ein Spektrum von Reaktionsformen auf den Wissenschaftswandel, denen sich der folgende Abschnitt zuwendet: Angesichts der Leistungsstärke der von Philosophie ‹unabhängigen› Wissenschaften in der Erklärung von Welt sah ein Teil der Philosophen die Disziplin auf Aufgaben der Reflexion und Förderung von Kommunikation im weitesten Sinn verwiesen – auf Ethik, Diskurstheorie, aber auch Ideologiekritik oder eine weltanschauliche, totalisierende Orientierung der Diskurse. Ethik und Theorie der Argumentation in der Form von Logik und Diskursethik bildeten unstrittige, relevante Aufgabenfelder der Philosophie und damit eine sichere Strategie der Behauptung der Philosophie neben anderen Wissenschaften.

Problematischer stellte sich die andere, traditionelle Aufgabe der Philosophie, die Reflexion auf das Begriffsgefüge des Denkens, dar, die Marx und Bien thematisierten. Die Relevanz von Philosophie war nicht mehr offensichtlich, da die empirischen Wissenschaften darauf bestanden, ihre Begriffe und Kategorien im Zusammenhang empirischer Forschung zu entwickeln. Philosophen sahen eine Philosophie in den Wissenschaften, vertreten durch philosophierende Fachwissenschaftler, und die Aufgabe, diese zu stützen durch eine auf die spezifischen Probleme der jeweiligen Wissenschaft zugeschnittene Philosophie und Wissenschaftstheorie. Sogenannte Bindestrich-Philosophie und Wissenschaftstheorie galten ebenso wie Ethik als unbestreitbar wichtige Aufgabenfelder. Dem Verdacht der Spekulation und der Frage nach dem Sinn ausgesetzt waren die Reflexion der kategorialen Struktur des Denkens, an die sich der Begriff der wissenschaftlichen Philosophie traditionell band, ebenso wie metaphysische Aussagen zum Wesen des Menschen und weltanschauliche Entwürfe. Philosophiegeschichte, auf die Bien wies, entging diesem Problem, war aber dem Vorwurf des Sich-Versteckens hinter Klassikern ausgesetzt.

Wie ist Philosophie noch möglich?

Anfang der 60er Jahre häuften sich Stimmen, die eine Krise der Philosophie heraufbeschworen. «Die Vokabel ‹Philosophie› hat im öffentlichen Bewußtsein abgewirtschaftet – doch nicht nur dort, sondern auch in der Meinung der gelehrten Welt, ja, selbst im Urteil vieler Philosophen». Mit diesen Worten leitete Hans Lenk (1971, S. 9) seine Antrittsvorlesung an der Universität Karlsruhe im Jahre 1970 ein. Es wurde zu einer verbreiteten Erscheinung, daß Philosophen Fragen des Sinns, der Aufgaben und Chancen von Philosophie öffentlich thematisierten (Holz 1974; Marquard 1974; Mittelstraß 1972a; Lobkowicz 1974; Lübbe 1973; Specht 1970; Wieland 1980). Besonders eindringlich wurden in einem Interview des Magazins *Der Spiegel* mit dem Heidelberger Geschichtsphilosophen und Heidegger-Kritiker Karl Löwith die Zweifel an der Philosophie formuliert: Die produktiven Antriebe gegenwärtigen Denkens kämen nicht mehr von der Philosophie, sondern von den spezialisierten Wissenschaften. Den Philosophen gelänge es nicht mehr, der wissenschaftlichen Forschungsdynamik zu folgen. Schwer fiele es ihnen, auf das Ganze des Seins zu reflektieren. Aber auch die traditionelle Aufgabe der Philosophie, Maßstäbe und Grenzen der Verantwortung zu setzen, könne nicht gelingen, denn es fehle an einer objektiven moralischen Instanz. Als sinnvolle Aufgabe der Philosophie blieb dem Urteil Löwiths zufolge (1969, S. 204 ff) lediglich die sprachanalytische Kritik der Begriffsbildung in den Wissenschaften und der Politik.

Als Problem wurde insbesondere die eigene mangelnde Kompetenz gesehen, der dynamischen Wissenschaftsentwicklung zu folgen, und beklagt wurde, daß metaphysische Wesensaussagen nicht mehr ohne eine epistemologische Kritik und Einschränkung vertretbar seien. Der Mannheimer Philosophiehistoriker Rainer Specht sah das Problem in einer Verschärfung der Standards für die Vertretbarkeit von Aussagen durch den Logischen Positivismus. Logik und Sprachanalyse seien zur Zeit die einzigen Gebiete, die «unangefochten» betrieben werden könnten. «Auf einem bestimmten Niveau» träfe dies auch für die Philosophiegeschichte zu, zumal wenn sie sich als Wissenschaftsgeschichte erweist. Versuche der Umgehung der Metaphysik-Problematik durch einen Rückzug auf Philosophiegeschichte seien höchst zweifelhaft, da sich in der Geschichte oft nichts anderes wiederfände als die eigenen Fragen, denen man entrinnen wollte – jedoch in der Verfremdung einer historischen Maskerade, die zusätzliche Methodenprobleme beschert. Die Ethik sei eine philosophische Disziplin, deren gesellschaftliche Bedeutung unbestreitbar ist, doch es gebe das Problem der Begründung von Normen. Aus der Ordnung des Seins ließen sie sich nicht mehr ableiten, und eine gesicherte Konvention existiere nicht. Das Dilemma der Situation bestand für Specht darin, daß einerseits eine Bescheidung in bezug auf metaphysische und moralische Aussagen geboten war, andererseits eine solche Enthaltung der Philosophie den Ideologen ‹das Feld räumen› könnte. Philosophen müßten es deshalb wagen, sich im Bereich des Nichtentscheidbaren systematisch und rational zu bewegen:

Eine «Übergangslösung sollte darin bestehen, daß wir das Niemandsland zwischen entscheidbaren Aussagen und willkürlichen Aussagen (poetry) untersuchen, indem wir uns die alte Kunst der Wahrscheinlichkeit in einer neuen Form erarbeiten – nicht, um Gewißheitsersatz, sondern um praktische Orientierungshilfen zu haben. [...] wir müßten das Maß an Verdacht und das Maß an Wahrscheinlichkeit bestimmen, das einzelnen Klassen von Argumenten zukommt; [...] Damit träte zwischen die Klassen der entscheidbaren Aussagen und der willkürlichen Aussagen explizit eine dritte Klasse, die man die Klasse der kontrollierten nichtentscheidbaren Aussagen nennen könnte» (Specht 1970, S. 25 f).

Zur Begegnung des Ideologieverdachts und zur Abgrenzung gegenüber Ideologie seien metaphysische Aussagen über die Verfaßtheit von Mensch und Welt als bloße Konjekturen auszuzeichnen.

Gleichwohl sah Specht, daß er mit metaphysischen Wesensbestimmungen, etwa der Aussage, der Mensch sei ein aggressives Tier und könne deshalb nicht ohne Repression in Gruppen leben, den Vorwurf der Ideologie auf sich zog (ebd., S. 24). Sein Vorschlag, metaphysische Aussagen als Konjekturen zu behandeln und sie auf eine Kompatibilität mit ‹Fakten› hin zu kontrollieren, dürfte kaum ausreichend sein, ihm zu entgegnen. Insbesondere der Verweis auf Erfahrung ist wenig hilfreich, denn dadurch wären allein Spekulationen wider jede Erfahrung abzuwehren. Die behauptete wesenhafte Aggressivität des Menschen beispielsweise ließe sich aber durch Erfahrungsbeispiele sowohl stützen als auch widerlegen.

Die Krise der Philosophie bestand aus Sicht vieler Philosophen in der Unsicherheit, welche Aussagen der Philosophie noch wissenschaftlich vertretbar seien. Wie Specht betonte, komme «niemand, der sich mit Philosophie beschäftigt, [...] auf die Dauer darum herum, zu überlegen, was er von den traditionellen Gegenständen der Metaphysik und Ethik hält; zugleich aber wird ihm klar, daß er diese beiden Disziplinen mit dem Anspruch auf Lehre nur in einer Form vertreten könnte, die den Stand der Wissenschaft zu Grunde legt und aus den Standards der Wissenschaftslehre Konsequenzen zöge. Auf der anderen Seite ist klar, daß beides im Augenblick einigermaßen schwer ist» (ebd., S. 21).

Den Wandel der Rolle der Philosophe reflektierte Walter Schulz in seinem Buch *Philosophie in der veränderten Welt*, das nach einer langen Vorarbeit und intensiven Auseinandersetzung mit Problemen der modernen Wissenschaften und der Wissenschaftstheorie 1972 erschien (vgl. Schulz 1975, S. 290 ff). Schulz greift darin zentrale wissenschaftliche, wissenschaftstheoretische und philosophische Diskurse der Gegenwart auf, um einen «neuen Begriff der Wirklichkeit» entwickeln und verbindlich darlegen zu können (1972, S. 841). Betont wird die Umkehr des Verhältnisses von Philosophie und Wissenschaften infolge der «Verwissenschaftlichung» der Wissenschaft: Die Wissenschaft ist nicht nur zu einer bestimmenden Größe des gesellschaftlichen Lebens geworden und mit diesem enger vernetzt, sondern versteht auch ihr Untersuchungsfeld nicht mehr als eine an sich seiende Wirklichkeit. Vor allem die Physik habe die Idee einer objektiven, in sich abgeschlossenen Weltordnung aufgehoben. Subjekt und Objekt könnten nicht mehr isoliert voneinander gedacht werden. Die Wissenschaft schaffe sich ihre Welt im Prozeß der Forschung, der ständigen Korrektur gewonnener und prognostizierter Ergebnisse. Die Hoffnung, das Wesen einer Sache ein für allemal begreifen zu können, sei im Verständnis moderner Wissenschaft aufgegeben. In der Gleichgültigkeit gegenüber der Frage nach dem Wesen sah Schulz das eigentlich Unphilosophische moderner Wissenschaft. Diese bedürfe nicht mehr der Fundierung durch Philosophie, sondern übernehme die Klärung ihrer Grundbegriffe – so die Bestimmung etwa des Raumes, der Zeit, der Kausalität – und des Bezugs zur gegenständlichen Realität selbst. «Die Fundierung der Wissenschaft ist also nicht mehr von der Philosophie zu leisten», folgerte Schulz. «Eine Philosophie, die versuchen wollte, allgemeine Schemata zu entwerfen, in die dann die Wissenschaften einzuordnen wären, wäre ein verfehltes Unternehmen. Es geht nicht mehr an, das System der Wissenschaften als ein Universum in formaler und inhaltlicher Hinsicht von einer umgreifenden Vernunft aus a priori zu konstruieren» (ebd., S. 17). Hierin vor allem lag für ihn eine Umkehr des Verhältnisses von Philosophie und Wissenschaften. «Der Philosoph muß seine traditionelle Vorzugsstellung aufgeben, das heißt, er muß darauf verzichten, die Wissenschaft begründen zu wollen. Er hat sich vielmehr in die Wissenschaften einzuleben, das heißt zu erkennen, was in diesen selbst geschieht. Ein solches Vorgehen wird, da kein Fachfremder die modernen Wissenschaften im einzelnen oder im ganzen überblicken kann, laienhaft bleiben» (ebd., S. 14). Dennoch müsse Philosophie sich den Wissenschaften als dem bestimmenden Faktor gesellschaftlichen Lebens stellen, wenn sie nicht darauf verzichten wollte, «zeitgemäß» zu denken (ebd., S. 12 ff, 88 ff, 841 ff).

Schulz plädierte dafür, nicht nur Wissenschaftstheorie und Ethik als ‹letzte Aufgabenreservate› der Philosophie zu betrachten. Philosophie sei auch möglich und notwendig als Zeitdiagnose, worunter jedoch nicht ein Denken der Welt im Stil metaphysischer Ontologie zu verstehen sei, sondern der Versuch, die Phänomene der Zeit auf einen Nenner zu bringen und einen Standort der Gegenwart zwischen Herkunft und Zukunft zu gewinnen, denn dieses werde von den Wissenschaften nicht geleistet. Philosophische Begriffe könnten zwar nicht mehr als prinzipielle Wesensbestimmungen diskutiert werden, wohl aber als offene Leitbegriffe der Forschung; als solche sehe auch die moderne Wissenschaft ihre Begriffe: Es sind revidierbare ‹Inbegriffe› von Forschungsansätzen.

Walter Schulz beschrieb die Entwicklung der Wissenschaften noch aus der Perspektive metaphysischer Ontologie. Von diesem Standpunkt aus schien die Philosophie zunehmend durch die Wissenschaften von der Bestimmung des Seienden ausgeschlossen: «die Verwissenschaftlichung führt zu einer Einklammerung der philosophischen Fragestellung überhaupt zugunsten von Problemstellungen, die nur auf dem Wege der Forschung anzugehen sind, und zugunsten einer Praxis, die sich auf wissenschaftliche Forschungsergebnisse stützt» (ebd., S. 849). Darin lag eine Überschätzung der empirischen Wissenschaften und Unterschätzung der Philosophie. Obwohl Schulz als Merkmal der Wissenschaftsentwicklung die Verflechtung und gegenseitige Bedingtheit von Subjekt und Objekt betonte und Kant als den Vorläufer der modernen wissenschaftlichen Haltung hervorhob (ebd., S. 93), verkannte er die mit der Erkenntnis der subjektiven Weltkonstitution aufgegebenen philosophischen Problemstellungen der Wissenschaft. Philosophie wäre überflüssig, könnte davon ausgegangen werden, daß ‹die Welt› im Denkprozeß sich sukzessiv näherungsweise ‹abbilden› ließe und Erkenntnis lediglich durch das Wachstum neuer Informationen über die Realität zustande käme. Wird mit Kant die Subjektivität der Weltkonstitution in Rechnung gestellt, besteht eine wichtige philosophische Aufgabe in der Reflexion auf die Strukturen des Denkens; dabei kann auch das Problem einer Erkenntnis a priori nicht als erledigt betrachtet werden (vgl. zur heutigen Debatte Pasternack 1986, 1987).

Philosophie als Zeitdiagnose ist weitgehend auf die Rolle reduziert, Diskurse lediglich nachzuvollziehen und deren regulative Begriffe zu explizieren; unter Umständen kann sie damit auf Probleme hinweisen. Aber unklar blieb in den Ausführungen von Schulz, wie ein Standpunkt begründet werden kann. «Ob man nun aber zeitgemäß im Sinne der Zustimmung oder der Kritik denkt, in beiden Fällen ist es erfordert, daß man sich der Bedingtheit der eigenen Aussagen bewußt ist und bewußt bleibt. Dies besagt vor allem: man muß ständig darauf reflektieren, daß den zur Deutung der Epoche herangezogenen Begriffen der Charakter der *Vorläufigkeit* zukommt» (1972, S. 842). Als einzige Bedingung zur Einschränkung von Beliebigkeit forderte Schulz, daß jeder Philosoph sein System auf die Analyse des Denkens der Epoche als Ganzes stellt. In Form eines offenen, revidierbaren weltanschaulichen Systems übernimmt die Philosophie damit die Aufgabe der Selbstverständigung über charakteristische gemeinsame Züge des Denkens in den verschiedenen Bereichen der Herstellung von Wissen. Aber sie verzichtet auf die Formulierung und Bearbeitung eines eigenen philosophischen Forschungsbereichs. Dabei ließ sich Walter Schulz selbst in seiner Beurteilung der philosophischen Diskurse von historischen philosophischen Problemen leiten und bewertete die Beiträge danach, inwieweit sie neue Aspekte und Lösungsansätze aufwiesen oder über Irrwege und Irrtümer der Diskussion aufklärten.

Auf die metaphysische Dimension der Wissenschaften und die damit gegebene Notwendigkeit der Philosophie verwies Karl Ulmer, ein Schüler Heideggers, in seinem ebenfalls 1972 erschienenen Buch *Philosophie in der modernen Lebenswelt*. Er hob hervor, daß in den Wissenschaften mit einer nicht reflektierten Selbstverständlichkeit totalisierende Aussagen über die Einheit und Gliederung der Welt und des Wissens gemacht werden und im allgemeinen ein Sinn für den Ursprung der Begriffe und Kriterien der Begründung und der Bestimmung der Begriffe gegeneinander fehle. Die Klärung dieser Fragen übersteige den Bereich der Empirie und sei daher eine genuine Aufgabe der Philosophie. Ulmer plädierte für eine neue Metaphysik, die die Grundverhältnisse der Menschen zur Welt, das Wesen des Seins und der Vernunft unter Berücksichtigung der von den Wissenschaften aufgeworfenen neuen Perspektiven diskutiert.

Ulmer blieb dabei den Zielstellungen der traditionellen Metaphysik verbunden. Vor allem fehlte eine Bestimmung der Grenze zwischen einer philosophischen Begriffsklärung und der Begriffspräzisierung im Rahmen einer empirischen Theorie. Ulmer teilte den Anspruch der ontologischen Metaphysik, die allgemeinsten Schemata der gegliederten Anschauung von Welt seien philosophisch zu definieren. Die empirische Wissenschaft reduzierte er damit auf eine Datensammlung und Interpretation dieser im Rahmen der von der Philosophie vorgegebenen Schemata. Die darin liegende Anmaßung der Philosophie sah er selbst und betonte daher, daß die Philosophie sich in Grenzen halten und «dem Leben» seinen «Spielraum» lassen müsse (1972, S. 103). Er erkannte an, daß außerhalb der Philosophie Totalisierungen des Wissens stattfinden und neue Perspektiven geboren werden. Welche Rolle dabei die Empirie spielt, blieb außerhalb seiner Betrachtungen. Insgesamt unterschätzte er die Theoriefähigkeit der empirischen Wissenschaften. Infolgedessen fehlte eine Unterscheidung zwischen Totalisierungsleistungen durch Rahmenwerke der empirischen Wissenschaften auf der einen Seite, der philosophischen Selbstreflexion der Vernunft auf der anderen Seite. Die Philosophie kann sich um eine Klärung der allgemeinen Kategorien des Denkens bemühen; erhebt sie aber den Anspruch, die Gliederung des ‹materialen Seins› auf den Begriff zu bringen, begibt sie sich in eine für sie wenig chancenreiche Konkurrenz mit den anderen Wissenschaften.

In seiner Schrift *Zur Problemlage der Philosophie. Eine systematische Orientierung* problematisierte der Tübinger Philosoph Helmut Fahrenbach die gegenwärtige Infragestellung der Philosophie als eine «grundlegende und umfassende Reflexionsform der Erkenntnis» durch die Wissenschaften. Einzelne, ausgezeichnete Wissenschaften übernähmen die Rolle der Paradigmenbildung; die Entwicklung der metatheoretischen Grundlagenreflexion schaffe den Wissenschaften eine Basis der Autonomie gegenüber der Philosophie; an die Stelle der philosophischen Synthesen seien interdisziplinäre Zusammenhänge und Integrationsformen der Wissenschaften getreten; system- und strukturtheoretisch orientierte Wissenschaftskonzeptionen – Strukturalismus, Systemtheorie, Modelltheorie, Kybernetik, Kommunikationstheorie – schickten sich an, systematische Bezugsrahmen zu entwickeln, die es gestatten, komplexe Zusammenhänge auf relationale strukturelle Ordnungen und funktionale Beziehungen hin zu erfassen sowie systematische Grundlagen und Bezüge von Theorien aufzudecken. Darüber hinaus leisteten sie eine methodische Integration von Untersuchungsfeldern und Wissensgebieten. Fahrenbach sah in ihnen neue Grundlagenwissenschaften und eine ernstzunehmende Konkurrenz der Philosophie. Auch praktisch-politische Orientierungsleistungen würden gegenwärtig weniger von der Philosophie als von den Wissenschaften erbracht, fügte er hinzu. Was bleibt der Philosophie?

Fahrenbach betonte zum einen, daß die philosophischen Probleme der Grundlagen sowie der systematischen Bezüge und Grenzen wissenschaftlicher Erkenntnis prinzipiell nicht verschwunden seien, sondern sich in gewandelter Form auf den verschiedenen Ebenen der wissenschaftlichen Diskurse stellten. Zum anderen verweist er auf Schlüsselthemen des gegenwärtigen Philosophierens, die von keiner Wissenschaft behandelt werden: Sprache, Praxis und Zukunft. Fahrenbach zufolge umfassen diese Themenkomplexe: die Reflexion der Sprache als der Bedingung der Möglichkeit und der Grenzen der Erkenntnis; die Beantwortung der Frage Kants «Was soll ich tun?», die jedoch über das Problemfeld der Prinzipienfragen reiner praktischer Vernunft hinaus eine Auseinandersetzung mit der Praxis umfassen sollte – Fahrenbach dachte an eine Integration von philosophischer Anthropologie, normativer Ethik und kritischer Gesellschaftstheorie; die Erörterung von Zukunftshoffnungen und möglichen Zukunftsperspektiven; schließlich eine alle Fragestellungen umspannende anthropologische Reflexion auf das Wesen des Menschen (1975, S. 26 ff, 30 f, 66 ff).

Dies sind nur einige wenige Beispiele von Reflexionen der Möglichkeit des Philosophierens. In der Bestimmung der Ursachen einer Krise der Philosophie und der Perspektiven unterschieden sich die Selbstreflexionen zum Teil erheblich. Vorherrschend war der Eindruck, daß die empirischen Wissenschaften der Philosophie nicht mehr bedürfen, und dies machte die Rollenbestimmung der Philosophie im Wissenschaftsprozeß schwer. Wo betont wurde, daß philosophische Problemstellungen sich nicht erledigten, sondern in den diversen Wissenschaftsdiskursen zum Tragen kommen, lag der Schluß nahe, daß die Philosophie «den Einzelwissenschaften auf deren Gebiete» zu folgen habe (Kodalle 1971, S. 256 f), das hieß, sie sollte als sogenannte Bindestrich-Philosophie im Kontext anderer Wissenschaften wirken. Die Aufgaben der Philosophie als einer eigenständigen Disziplin und Wissenschaft im Rahmen des Wissenschaftsprozesses wurden Anfang der 70er Jahre nur selten hervorgehoben und begründet.

Eine Ausnahme in diesem Sinn machte – neben denen, die die philosophische Aufgabe der metaphysischen Systembildung verteidigten – die von Paul Lorenzen begründete Schule der Konstruktiven Wissenschaftstheorie. Es könnte doch sein, erwiderte Jürgen Mittelstraß dem fatalistischen Tenor der Selbstverständnisdebatte, daß einige Ansprüche der Philosophie immer noch berechtigt seien und nur die Weise, wie sie den Wissenschaften gegenüber artikuliert, und die Art, wie sie begründet werden, zu einer partiellen Verkümmerung des Dialogs mit den Wissenschaften geführt habe. Den Wissenschaften sei der Abschied von der Philosophie leicht gemacht worden (Mittelstraß 1972a, S. 12). Nach wie vor sei es jedoch die Aufgabe der Philosophie als Wissenschaft, eine allgemeine Lehre der theoretischen Vernunft zu sein, eine Lehre des Aufbaus von Aussagen und ihrer Begründung, aber auch ebenso eine Lehre der praktischen Vernunft, welche die Bedeutung von Zielen und ihre Rechtfertigung darlege. Die Philosophie habe Logik und Ethik zu fundieren (ebd., S. 81).

Die Konstruktive Wissenschaftstheorie stellte, an Kant erinnernd, die Frage nach dem methodischen Anfang des Denkens als eine Frage nach den apriorischen bzw. transsubjektiven Regeln des Denkens und Handelns. So sollten auch die allgemein als nicht weiter begründbare Postulate wissenschaftlicher Systeme akzeptierten Axiome begründet werden. Die Konstruktive Wissenschaftstheorie arbeitete so an einem schrittweise begründeten, methodischen Aufbau der Argumentation, wobei die grundlegenden Fähigkeiten der Praxis wie die Fähigkeit zur sprachlichen Unterscheidung und zum Dialog, zum Zählen oder zur technischen Konstruktion und Messung als eine Basis der Konstruktion der Regelsysteme der Argumentation und des Handelns betrachtet werden. Begründung bedeutet im Sinne der Konstruktiven Wissenschaftstheorie zweierlei: zum einen ein auf ‹Apriori der Praxis› sich gründender zweifelsfreier Aufbau der Argumentation, zum andern eine normative Rechtfertigung der Theorien. Zum Programm der Schule gehören die Untersuchung der konstruktiven Grundlagen der verschiedenen Wissenschaften sowie die Begründung einer allgemeinen Argumentationslehre und einer Theorie der ‹praktischen Beratung›, die darüber aufklären, wie im Fall von Interessenkonflikten rationale Lösungen zu finden sind (vgl. Lorenzen 1965; Kamlah/Lorenzen 1973; Janich 1980, 1973, 1973a; Kambartel/Mittelstraß 1973; Janich/Kambartel/Mittelstraß 1974; Schwemmer 1971, 1976).

233

Ein pragmatisch transformiertes transzendentalphilosophisches Programm der Explikation der Voraussetzungen des Argumentierens bzw. der Kommunikation verfolgten auch Karl-Otto Apel und Jürgen Habermas. Die von ihnen Anfang der 70er Jahre entwickelte Diskursethik versteht sich als eine formalistische Ethik, die allein Metaregeln eines diskursiven Begründungsverfahrens zu benennen sucht (vgl. Apel 1973; Habermas 1971).

Tuchfühlung mit den Wissenschaften

Ein wesentliches Problem der philosophischen Selbstverständnisdebatte war die mangelnde systematisch-kritische Analyse des Neueinstellungsprozesses. Die empirischen Erhebungen, die die Allgemeine Gesellschaft für Philosophie in Deutschland 1973/74 anregte, konzentrierten sich auf die Dokumentation des Zustands der Disziplin, eine Ursachenanalyse unterblieb: Zusammen mit dem Bayerischen Staatsinstitut für Hochschulforschung und Hochschulplanung und dem Philosophischen Seminar I/2 der Universität München wurde ein Überblick über die momentane Organisationsform und Struktur der Philosophischen Institute und ihrer längerfristigen Forschungsprojekte erstellt. Die Daten sollten der Entwicklung wissenschaftlicher Kontakte und der Fundierung der wissenschaftspolitischen Diskussion und Wissenschaftsplanung dienen (Bayerische Hochschulforschung 1974). Eine weitere Erhebung, vom Didaktischen Zentrum der Universität Frankfurt geleitet, erfaßte den Stand der Eliminierung der Philosophie aus den Studien- und Prüfungsordnungen der lehrerausbildenden Bereiche (Elzer 1977). Das Philosophische Institut der Pädagogischen Hochschule Saarbrücken führte eine Befragung unter Professoren und wissenschaftlichen Assistenten der Philosophie an Pädagogischen Hochschulen und Universitäten, sofern sie im Bereich der Grund- und Hauptschullehrerausbildung lehrten, zu der Rolle und Funktion der Philosophie als Grundwissenschaft in den lehrerausbildenden Bereichen durch. Aber diese Umfrage bestätigte im Grunde nur die aus Veröffentlichungen und Diskussionen bekannten Einschätzungen zur Situation und den Problemen der Philosophie (Veauthier 1977).

Charakteristisch für die Mehrzahl der Diskussionsbeiträge zur Situation der Philosophie waren persönliche Eindrücke und Einschätzungen sowie pragmatische Überlegungen, wie die Philosophie ihr öffentliches Ansehen möglichst rasch wieder herstellen und ihre Stellung im institutionalisierten Wissenschaftsprozeß erneut festigen könnte. Als alternative Wege wurden favorisiert: zum einen die Hinwendung zu philosophischen Problemstellungen innerhalb der Wissenschaften und die Spezialisierung der Philosophie auf Wissenschaftstheorie bzw. Wissenschaftsphilosophie. Zum anderen wurde eine *Rehabilitierung der praktischen Philosophie* (Riedel) angestrebt – eine Philosophie, die Antworten auf die Frage nach dem richtigen Leben zu geben sucht.

An eine Wissenschaftstheorie und Wissenschaftsforschung knüpften sich Erwartungen einer Belebung der wissenschaftlichen Selbstreflexion und dadurch bedingter Förderung der Wissenschaftsentwicklung. Wissenschaftsphilosophie bot sich daher besonders an, um der befürchteten institutionellen Schwächung der Philosophie durch den Verlust ihrer Aufgaben in der Lehrerbildung entgegenzuwirken und ihren Anspruch als Grundwissenschaft neu zu fundieren. In der Hinwendung zu philosophischen Fragen der Wissenschaften und einer Kooperation mit den Fachwissenschaften sah man einen Weg, einer Isolierung der Philosophie entgegenzuwirken. Diese pragmatischen Gründe spielten für die wissenschaftstheoretischen Orientierungen eine wichtige Rolle (vgl. Kößler 1973, S. 298; Lübbe 1973, 1973a; Mittelstraß 1972a, S. 8).

Laut der Saarbrücker Umfrage unter Philosophielehrenden 1973/74 waren 80 Prozent der Befragten der Meinung, daß die Zukunft der Philosophie von dem Kontakt mit den sogenannten Fachwissenschaften abhängt. Befragt, mit welchen Wissenschaften vor allem eine Kooperation wünschenswert sei, führten 42 Prozent Naturwissenschaften an, 30 Prozent nannten Sozialwissenschaften, 24 Prozent Literatur- und Sprachwissenschaften (Veauthier 1977, S. 245). Seriöse Philosophie, betonte der Berliner Philosoph Michael Landmann, könne sich künftig nur mehr auf der Basis einer Kenntnis der Wissenschaftsprozesse entwickeln.

«Die Vervielfältigung und das nachpositivistische Reflexivwerden der Wissenschaften hat es mit sich gebracht, daß der systematische Philosoph, soweit er sich nicht auf phänomenologische Bewußtseins- und Erlebnisanalyse beschränkt, heute verantwortliche Aussagen nicht mehr aus der spontanen, gleichsam noch naiv reflektierenden Vernunft machen kann, sondern nur, wenn er sich auf Wissenschaften stützt. [...] Heute muß Kulturphilosophie mit Ethnologie, Sprachphilosophie mit Linguistik, Geschichtsphilosophie mit Geschichtswissenschaft, Ästhetik mit Literatur- und Kunstwissenschaft etc. zusammenarbeiten. Nur solche Tuchfühlung rettet den Philosophen vor Antiquiertheit und Verblasenheit, gibt ihm eine neue Seriosität und gleichzeitig die Chance, durch sein Prinzipien-, Methoden- und Problemdenken wieder eine Funktion und Strahlkraft zu gewinnen: durch eine Wissenschaft auf eine höhere Stufe gehoben, befruchtet er sie nun seinerseits wieder» (1970, S. 8).

Der Kontakt mit den für die jeweiligen philosophischen Forschungsbereiche relevanten empirischen Wissenschaften sollte die Philosophie sowohl davor bewahren, in der Reflexion ihrer Geschichte die Gegenwartsprobleme aus dem Auge zu verlieren, als auch vor Kompetenzüberschreitungen einer metaphysischen Spekulation warnen; die empirische Forschung verdeutlichte schließlich die gegenwärtigen Grenzen des empirisch möglichen Wissens (vgl. etwa Lenk 1971, S. 19, 29). Unter dem Stichwort Erweiterung der fachwissenschaftlichen Kompetenz wurden neue Anforderungen an die Qualifikation der Philosophielehrenden diskutiert: In künftigen Berufungsverfahren sollten fundierte Kenntnisse in mindestens einer weiteren Fachwissenschaft von den Bewerbern verlangt werden. So sollte systematisch die ‹Mitsprachefähigkeit› oder ‹Mithörkompetenz› der Philosophen in bezug auf die verschiedensten wissenschaftlichen Diskurse gefördert und perspektivisch die Kooperationsfähigkeit der Philosophie verbessert werden (vgl. Kodalle 1971, S. 259; Lenk 1971, S. 24; Lübbe 1973, S. 9).

Am weitesten entfernt hatte sich die Philosophie von den Naturwissenschaften. Bezeichnend dafür ist beispielsweise das Ergebnis einer empirischen Erhebung zum Studium und den Berufschancen der Philosophieabsolventen der Universität München im Zeitraum vom 1960 bis 1974/75, die nach den Nebenfächern fragte: Die Listung der Nebenfächer, die noch Anthropologie und Volkswirtschaft mit 3,6 Prozent (von 200 Prozent) erwähnt, führt keine Naturwissenschaft noch die Mathematik gesondert auf. Diese Fächergruppe dürfte unter den ‹sonstigen Fächern›, die mit insgesamt 21 Prozent (von 200 Prozent) quantifiziert sind, vertreten sein (vgl. Henckmann/Schönrich 1980, S. 113). Seit Ende der 40er Jahre ist dieses Defizit der Philosophie kritisch reflektiert worden, aber nur langsam erfolgten Veränderungen. Ein Signal für die Notwendigkeit einer intensiveren philosophischen Auseinandersetzung mit Fragestellungen der Naturwissenschaften und eine engere Kooperation der Philosophie mit den naturwissenschaftlich-mathematischen Disziplinen war 1957 die Berufung des Physikers Carl Friedrich von Weizsäcker auf den Hamburger Philosophielehrstuhl, die damals noch für ein großes Aufsehen sorgte. Naturwissenschaftler zeigten ein besonderes Interesse an Arbeiten wie etwa dem von Lorenz Krüger 1970 herausgegebenen Band *Erkenntnisprobleme der Naturwissenschaften*, der die für die Naturwissenschaften relevanten wissenschaftstheoretischen Debatten zusammenstellte. Einen streitbaren Ansatz bot die Protophysik der Konstruktiven Wissenschaftstheorie, für die Peter Janich mit einer Arbeit über die Zeitmessung 1969 ein Beispiel gab. Die wissenschaftstheoretische Reflexion wurde damit um die Dimension der Meßvorgänge erweitert. Aber erst im Laufe der 70er Jahre infolge der Rezeption der Wissenschaftstheorie und der gewachsenen Sensibilität gegenüber Vereinseitigungen der Philosophieinstitute verbesserten sich die institutionellen Bedingungen für eine Wissenschaftstheorie der Naturwissenschaften resp. Naturphilosophie. Deutlich ablesbar ist dies auch an den Seminarangeboten der Philosophischen Institute: Vielerorts wurde Mitte der 70er Jahre, spätestens aber Anfang der 80er Jahre für ein regelmäßiges Angebot naturphilosophischer Veranstaltungen im Semesterplan gesorgt. Die Universität Gießen beispielsweise richtete Mitte der 70er Jahre Philosophie als ein Wahl-Pflichtfach im Diplomstudiengang Physik und in der Ausbildung des Physiklehrers an Gymnasien ein; Gerhard Vollmer übernahm dort 1981 den ersten Lehrstuhl für Philosophie der biologischen Wissenschaften in Deutschland (vgl. Gießens Zentrum für Philosophie 1977).

Nicht hinreichend geklärt und kontrovers diskutiert wurde in den 70er Jahren aber die Frage, wie die Kooperation zwischen Philosophie und anderen Fachwissenschaften sich gestalten sollte. Verbreitet war eine Auffassung, der zufolge die Philosophie ihre Problemstellungen von den ‹Fachwissenschaften› erhält. Für die Spezialisierung der Philosophie in sogenannte Bindestrich-Philosophien wurde plädiert. Um die Kooperation mit den Fachwissenschaften möglichst intensiv gestalten zu können, sollten Philosophielehrstühle in den verschiedenen Fachbereichen selbst angesiedelt werden. Hermann Lübbe, zunächst Professor an der Universität Bochum, von 1969 bis 1973 in Bielefeld und als Staatssekretär in Nordrhein-Westfalen wissenschaftspolitisch einflußreich, schließlich

Professor in Zürich, votierte für die vollständige Auflösung der Philosophie-Institute und die Integration der Philosophen in die verschiedenen Fachbereiche (Lübbe 1973, S. 9).

Die Frage der institutionellen Neuorganisation der Philosophie war 1963 von Helmut Schelsky aufgeworfen worden. Er hatte die Errichtung von Philosophielehrstühlen in allen Fachbereichen und Fakultäten und darüber hinaus die Einrichtung eines Zentralinstituts für Philosophie vorgeschlagen, damit die Philosophie Kontakte zu allen Wissenschaften in gleicher Weise entfalten könne (Schelsky 1971, S. 219). Dieser Vorschlag wurde Anfang der 70er Jahre im Zusammenhang mit der Neustrukturierung der Hochschulen verschiedenenorts debattiert (vgl. Landmann 1970). Michael Landmann argumentierte, daß Philosophen, die im Kontext der Fachwissenschaften wirkten und die philosophierenden Wissenschaftler ergänzten und korrigierten, dazu beitragen, den Einfluß der Philosophie in den Wissenschaften zu vergrößern. «Was nur ein Administratives zu sein scheint [die Integration der Philosophielehrstühle in verschiedene Fachbereiche], könnte zum Mittel werden, die Spezialisierung der Philosophie, gegen die sie sich aus ihren eigenen Traditionen zu ihrem Nachteil blockiert, von außen her in Gang zu bringen. Erst dann wäre die Philosophie wieder, wie es einmal ihr Anspruch war, den sie jedoch infolge der zunehmenden Verselbständigung der Wissenschaften im 19. Jahrhundert aufgeben mußte, bei allen Wissenschaften gegenwärtig. Ihre scheinbare Selbstaufgabe wäre in Wahrheit die größte Ausdehnung ihrer Einflußsphäre» (1970, S. 8). Da jedoch die Philosophie weiterhin als ein Studienfach existieren und der Austausch und die Kooperation der Philosophierenden gesichert werden müßte, hätte ein Zentralinstitut für Philosophie den disziplinären Zusammenhalt zu gewährleisten.

Die Universität Gießen war schließlich jedoch die einzige, die eine zugleich zentrale und dezentralisierte Lösung verwirklichte, indem sie ein Zentrum für Philosophie und Grundlagen der Wissenschaften einrichtete und die Philosophielehrstühle verschiedenen Fachbereichen zuordnete (vgl. Gießens Zentrum für Philosophie 1977). Die Philosophische Fakultät der Freien Universität Berlin hatte einer Streuung von Philosophielehrstühlen auf die Fachbereiche und der Errichtung eines Zentralinstituts für Philosophie mehrheitlich zugestimmt, aber der Akademische Senat und das Kuratorium der Universität legten ein Veto ein (Landmann 1970). 1985 wurde in Bremen ein zweites zentrales Institut errichtet, das

Zentrum Philosophische Grundlagen der Wissenschaften, das seit 1989 von Hans Jörg Sandkühler geleitet wird. Dieses ist jedoch nicht wie in Gießen ein Philosophieinstitut, sondern eine Forschungseinrichtung für Wissenschaftsphilosophie und grundlagentheoretische Probleme der Wissenschaften, in der Philosophen und Wissenschaftler der verschiedenen Wissenschaftsgruppen und Fachbereiche kooperieren. Der Gedanke des Verzichts auf ein eigenständiges Philosophieinstitut und eine Zuordnung von Philosophielehrstühlen zu einzelnen Wissenschaften kam zwar im Falle einiger Hochschulneugründungen wie der Gesamthochschule Kassel und der Universität Bremen zum Tragen, setzte sich aber nicht generell durch. In Bremen ist diese Aufteilung der Philosophielehrstühle auf Fachbereiche Mitte der 80er Jahre wieder rückgängig gemacht worden.

Gegen eine Aufteilung der Philosophielehrstühle hatte es Proteste gegeben. Die Einwände verwiesen darauf, daß allein der institutionelle Zusammenhang der Philosophen die scientific community und disziplinäre Stärke des Fachs verbürge. Eine Auflösung der Philosophieinstitute und das Aufgehen der Philosophie in ‹Bindestrich-Philosophie› werde lediglich den Prozeß der Differenzierung der Wissenschaften und der Dissoziation des Wissens fortschreiben. Statt dessen sollte die Philosophie die Funktion wahrnehmen, diesem entgegenzuwirken. Als kritische Reflexion auf gemeinsame Strukturen der Wissenschaften und mit einer einheitlichen Sinngebung für wissenschaftliches Wissen könne sie die Integration der ‹Institution Universität› fördern. Diese regulative Funktion in bezug auf ein methodisches und humanes Selbstverständnis der Wissenschaften aber könne sie nur als selbständiges Fach mit einer «eigenen ‹scientific community› erfolgreich in Angriff nehmen» (Baumgartner / Höffe 1976, S. 417; Baumgartner 1978, S. 255). Bien merkte in der Veröffentlichung seines Vortrags auf dem 9. Deutschen Philosophiekongreß an, daß es einen Ort für die wissenschaftliche Ausbildung von Philosophielehrern an Höheren Schulen geben müsse. Außerdem sei «auf die Dauer in den von der Philosophie getrennten Fächern das, was dort an ‹philosophischen› Problemen ansteht», nur dann diszipliniert zu diskutieren, «wenn an einer Stelle weiterhin Philosophie als diese selbst betrieben wird» (Bien 1972, S. 71 / Anm. 41). Hingewiesen wurde auch auf spezifisch philosophische Arbeitsfelder wie die Ethik, die sich nicht umstandslos den Fachwissenschaften zurechnen ließen (Hoerster 1973).

Hans Jörg Sandkühler wertete die verbreitete Orientierung auf ‹Bindestrich-Philosophien› hin als eine Unsicherheit über Rolle und Relevanz der Philosophie. «Solange die Philosophie ihre Objektbereiche nur als Dauerleihgaben anderer Disziplinen erwirbt – also Philosophie der Erziehung, Philosophie der Religion, Philosophie der Sprache usw. ist –, übernimmt sie ihr fremde Aufgaben. Der wesentliche klassifikatorische Unterschied zwischen Erziehungs- und Sprachwissenschaft etwa und der Philosophie als allgemeiner Strukturwissenschaft bleibt in diesen Konzeptionen unbeachtet» (1977, S. 72 f). Er plädierte für die Kooperation zwischen der Philosophie und anderen Wissenschaften, aber auf der Basis eigener, spezifisch philosophischer Forschungsprogramme, und setzte damit in Bremen schließlich die Einrichtung eines eigenständigen Fachs Philosophie durch.

Rehabilitierung der praktischen Philosophie

Das philosophische Interesse für Wissenschaftstheorie und philosophische Probleme einzelner Wissenschaften war Anfang der 70er Jahre sehr groß, aber ebenso stark, wenn nicht stärker, war ein Engagement für ‹praktische› Philosophie. Manfred Riedel prägte den Begriff der Rehabilitierung der praktischen Philosophie als Programm einer Forschungsrichtung, die sich insbesondere die Begründung der Geltung bestehender Normen und Normensysteme sowie Handlungsorientierungen zum Ziel setzte, aber auch Entwürfe neuer, Verbindlichkeit beanspruchender Normen erarbeiten wollte. Die Wiederbelebung praktischer Philosophie bedeutete, wie verschiedene Beiträge der beiden 1972 und 1974 von Riedel unter dem Titel *Rehabilitierung der praktischen Philosophie* herausgegebenen Sammelbände dokumentieren, eine bewußte Hinwendung zu zeitbezogenen Fragen der gesellschaftlichen Praxis. Erörtert wurden beispielsweise die Grenzen der Berechtigung von staatlicher und revolutionärer Gewalt bzw. die Berechtigung eines Widerstandsrechts: ethische Grenzen des Spielraums zur Veränderung bestehender Praxis; der Begriff der Tugend im Verhältnis etwa zur Lust; der Wandel der Moralen; Möglichkeiten rationaler Konfliktbewältigung; die Erarbeitung einer Ethik, die den Interessen einer Weltbevölkerung und der zukünftigen Generationen Rechnung trägt; gefragt war nach den ethischen Maßstäben des Handelns, die die Möglichkeit der Menschheitsgefährdung durch die Naturzerstörung oder einen Atomkrieg zu berücksichtigen haben, und nach der Notwendigkeit der Preisgabe so grundlegender Handlungsziele wie das Ziel des industriellen Wachstums.

Die inhaltliche Einmischung der Philosophie in öffentliche Auseinandersetzungen wurde von vielen als unerläßlich betrachtet, um die Philosophie im intellektuellen Leben wieder verstärkt zur Geltung zu bringen. Beklagt wurde, daß in öffentlichen Debatten um Abtreibung, Euthanasie, um Planziele, Demokratie und Gerechtigkeit etc. philosophische Probleme berührt seien, jedoch Stellungnahmen professioneller Philosophen fehlten. Statt dessen erlaubten es sich Soziologen, die Sozialphilosophie unter dem allseits geschätzten Prädikat Wissenschaft zu ‹verkaufen›, und sie nähmen dadurch erfolgreich politischen Einfluß (Lenk 1971, 1972 a, 1978, S. 45 ff; Lübbe 1973). Hans Lenk forderte daher:

«Philosophen könnten und sollten wieder neuen Mut zu konstruktiven Vorschlägen, ja, zur Spekulation aufbringen, da ohnehin keine absoluten philosophischen Letztbegründungen mehr möglich sind, also das Wagnis des Entwurfs in jedem Falle eingegangen werden muß. Das Ausmalen alternativer Utopien spielt für die intellektuelle Orientierung sicherlich eine wesentliche Rolle. Warum soll man all das allein den Erfahrungswissenschaftlern, den Zukunftswissenschaftlern, überlassen, die mit Szenariotechniken auch eher spekulativ, wenn auch teilweise von Daten hochgerechnet oder extrapoliert, globale Zukunftsentwürfe machen? Warum sollte man das den (eben nur angeblich rein empirischen) Zukunftsforschern zutrauen und nicht auch zum Beispiel gerade zum Entwerfen alternativer Utopien etwa Sozialphilosophen eine Chance geben? Die Diskussion der letzten Jahre hat gezeigt, daß sich hier sogar wirksame Möglichkeiten der politischen Einflußnahme bieten; greifen der Vernunft verpflichtete Philosophen diese Diskussion nicht auf, so wächst die Gefahr, daß der Freiraum von ideologischen Taktikern besetzt und die Diskussionsfunktion usurpiert wird» (1978, S. 44).

Vor allem Hermann Lübbe prophezeite einer orientierend eingreifenden Philosophie Konjunktur. Er trat der These einer Krise der Philosophie entgegen mit dem Argument, es existiere ein allgemeiner gesellschaftlicher Bedarf an Philosophie, auf den sich die akademische Seminarphilosophie nur noch nicht eingestellt habe. In zweierlei Hinsicht bestehe eine Nachfrage nach Philosophie: zum einen als ein Interesse der Wissenschaften an wissenschaftstheoretischen Beiträgen, zum anderen als ein potentieller Bedarf der Öffentlichkeit an Orientierung. Das letztere Argument untermauerte er mit der These des unmittelbaren und notwendigen Zusammenhangs zwischen gesellschaftlichem Wandel und Orientierungsproblemen. Danach werden durch die immer schneller und umfassender sich vollziehenden gesellschaftlichen Veränderungsprozesse Menschen verunsichert, denn Veränderungen erforderten eine ständige Um- und Neuorientierung, d. h. Korrekturen der allgemeinen Orientierungsmuster. Die Philosophie sah Lübbe besonders herausgefordert aufgrund ihrer Fähigkeit zur Klärung von Orientierungswerten. «Die Philosophie ist eine intellektuelle Kunst der Reflexion mit dem Ziel der Lösung von Orientierungskrisen. [...] Philosophen sind professionelle Konfusionsspezialisten, Fachleute für Orientierungskrisenmanagement. [...] Darüber hinaus sind die professionellen Philosophen natürlich auch die historiographischen Verwalter der Urkunden unserer bisherigen Orientierungsgeschichte, auf die man, indem man ihre Kenntnis präsent hält, bei auftretenden Krisen zur Primärorientierung zurückgreifen kann – ähnlich wie ein englischer Richter auf seine Präzedenzensammlung» (1973, S. 3, 4 f). Allein die ungenügende Einstellung der akademischen Philosophie auf diese Interessen habe sie in eine publizistische und wissenschaftspolitische Randlage gebracht. Sie sei in den «Publizitätsschatten» der «Gegen-Aufklärungs»-Philosophie geraten – gemeint war die marxistische Philosophie, die seit der Studentenbewegung 1967 einen Aufschwung erlebte. Der Vorzug marxistischer Philosophen sei, daß sie für ein exoterisches Publikum schrieben und daher katalysatorisch zu wirken vermögen. Die ‹Seminarphilosophie› müsse sich daran ein Beispiel nehmen und in ihrer Sprache «öffentlicher», politischer werden. Lübbe forderte eine «Gegen-gegen-Aufklärung» und die Präsentation der Philosophie als eine ‹Verwalterin› traditioneller Orientierungsmuster, die in politischen Debatten aktualisiert werden sollten.

Wenn auch die Aufforderung Lübbes zum politisch konservativen Engagement und zu einer Philosophie der Anpassung an neue gesellschaftliche Lagen Einspruch hervorrief (Riedel 1973; Lenk 1973; Baumgartner 1978, S. 252 f), fand doch das Programm der Rehabilitierung der Philosophie durch Stellungnahmen zu gegenwärtigen öffentlichen Fragestellungen einen breiten Zuspruch (vgl. auch die Referate eines 1973 in München stattfindenden Kolloqiums zum Thema *Philosophie – Gesellschaft – Planung*, hrsg. v. Baumgartner/Höffe/Wild 1974; sowie

Baumgartner/Höffe 1976). Lübbes These der Herausforderung der Philosophie durch Orientierungskrisen infolge gesellschaftlicher Veränderungsprozesse wurde 1974/75 Arbeitsgrundlage des Projekts der Fritz Thyssen Stiftung zum Thema Rolle und Funktion der Philosophie in der Entwicklung von Wirtschaft und Gesellschaft, an dem sich Philosophen verschiedenster Schulen beteiligten.

Es fehlte allerdings nicht an kritischen Stimmen gegenüber einer Politisierung der Philosophie, die Lübbe pointiert zum Ausdruck brachte mit der These, Aufklärung sei ein «politisches Geschäft» und das der praktischen Philosophie zugrunde liegende Interesse ein politisches (Lübbe 1972, S. 263). Es entwickelte sich eine Debatte um die mit dem Programm der Rehabilitierung der Philosophie gegebene und zum Teil gewünschte Nähe der Philosophie zur Politik. Helmut Kuhn forderte, die Philosophie müsse sich einer ‹praktizistischen› Verkürzung oder Instrumentalisierung der philosophischen Reflexion widersetzen. Sie habe sich von Ideologien und Weltanschauungen abzugrenzen und Philosophie zu bleiben (Kuhn 1972; vgl. auch Fahrenbach 1972, S. 52). Eine generelle Kritik am Programm der Rehabilitierung der Philosophie, einer auf Probleme der Praxis zugeschnittenen normativ orientierenden Philosophie, formulierte Christoph Wild (München). Unter Bezug auf Hegel verwies er auf das Problem der normativen Theorie, konkret werden und dabei ihren Allgemeingültigkeitsanspruch verlieren zu müssen. «Es erscheint mir in der Tat einleuchtend, daß jede allgemeine und in sich einfache inhaltliche Norm als Norm nur fungieren kann, wenn sie ihre Allgemeinheit verliert, und daß die Formalität der bloßen Gesetzmäßigkeit kein Kriterium für bestimmte Inhalte abgeben kann» (1974, S. 240). Wild bezweifelte, daß die Philosophie in den Normenkontroversen ihrer Gegenwart, den moralischen und politischen Auseinandersetzungen und Kämpfen um Wertvorstellungen und Handlungsziele als Richterin werde auftreten können und «entweder bestimmte inhaltliche Normen als allgemeinverbindlich ausweise[n] und auszeichne[n] oder zumindest ein Kriterium an die Hand gebe[n], mit dessen Hilfe die Geltung inhaltlicher Normen geprüft werden könne» (ebd., S. 241). Denn Wert- und Normensysteme von Philosophen unterschieden sich prinzipiell durch nichts von Wert- und Normensystemen anderer Menschen. Er verwies auch auf das Eingeständnis Hans Lenks, daß die Hauptschwierigkeiten der Normendiskussion weniger in der begrifflichen Formulierung von

Leitideen und dem Entwurf humaner Sozialpläne liegen als vielmehr in den Fragen der sozialen Durchsetzung, die es mit den Problemen der Konkretisierung einer Institutionalisierung zu tun habe. Unter Bezug auf Kant verdeutlichte Wild, daß die philosophische Aufgabe nicht darin bestehe, eine Legitimation der Normen zu leisten – denn dies bleibe dem normativen Bewußtsein der Individuen und den öffentlichen Normenkontroversen vorbehalten –, sondern den Prozeß der Normenfindung, der Normendiskussion und der Konsensbildung zu rekonstruieren, indem sie die Regeln eruiere, nach denen er sich vollzieht. Philosophie hätte somit eine Theorie der Normativität zu sein statt normative Theorie. Sie könne das sittliche Bewußtsein über sich selbst aufklären. Die philosophische Rekonstruktion der Normativität verstehe sich nicht als eine höhere Instanz, die den normativen Diskurs entscheiden und damit strenggenommen überflüssig machen und ersetzen könnte, sondern als dessen Selbstreflexion. Die theoretische Frage etwa des Charakters von Normen – ihre Herleitung aus der ‹eingeborenen› Idee des ‹ewig Guten› oder ihre Bestimmung als Ergebnis gesellschaftlicher Kommunikationsprozesse – sei von nicht zu unterschätzender praktischer Relevanz für das Selbstverständnis von Menschen und deren moralisches Engagement. Wild verdeutlichte, daß diese Position, die sich darauf beschränkt, die Form des normativen Diskurses zu reflektieren, selbst unter einer Norm steht: der Idee der freien Übereinstimmung aller Beteiligten als unverzichtbares Moment humaner Praxis (ebd., S. 246).

Karl-Otto Apel (1974) und Hans Lenk (1972a) machten allerdings die Notwendigkeit eines Nachdenkens über universelle Normen geltend, die sich an dem grundlegenden Interesse der Menschheit an Selbsterhaltung und Vernunft orientieren. Diese Kriterien sind theoretische Vorgaben der Philosophie, die es ihr ermöglicht, an Problemen der Praxis anknüpfend, normativ zu argumentieren, ohne sich partiellen Interessen unterzuordnen.

Die Frage, wie die Philosophie sich als ‹praktisch› erweisen kann, ohne ihren Theorieanspruch aufzugeben, war eine der zentralen, Anfang der 70er Jahre debattierten Fragen (vgl. auch Baumgartner/Höffe/Wild 1974; Pieper 1974; Baumgartner/Höffe 1976; kritisch: Schischkoff 1975). Nicht nur Lübbe und zum Teil auch Lenk orientierten auf eine Übernahme von Aufgaben im Rahmen der Politikberatung hin, sondern auch Baumgartner und Höffe, die die gewachsene Bedeutung von Planungstätigkeit in Politik und Verwaltung als eine Herausforderung auch für die Philosophie begriffen. Praktische Philosophie, betonten sie, habe die Aufgabe, die «*neue Wirklichkeit*, den Bedarf und die Realität gesellschaftlicher Planung» im Hinblick auf die Idee der Humanität kritisch zu beleuchten. Dies bedeute dreierlei: zum einen eine «detaillierte Kritik» von Planungs- und Entwicklungsverfahren sowie der zugrundeliegenden rationalen Entscheidungstheorien; zum zweiten die Erarbeitung konstruktiver Entwürfe zu Verfahren öffentlicher Entscheidungsfindung. Dabei habe sich die Wissenschaft auf die Kooperation mit der Politik einzulassen, während Politik sich dem wissenschaftlichen Sachverstand beugen müsse. Zum dritten sollten Chancen und Grenzen der Gesellschaftsplanung philosophisch erörtert und sowohl die Planungseuphorie als auch ihre zivilisationspessimistische Antithese der Kritik unterzogen werden (Baumgartner/Höffe 1976, S. 418 ff). Auch Hermann Krings, selbst als Mitglied der Bildungskommission an Gesellschaftsplanung beteiligt, betonte in einem Vortrag zum Thema *Philosophie als Voraussetzung von Planung*: «Wenn Philosophie u. a. auch durch eine Distanz von der Wirklichkeit charakterisiert ist, sei es um diese einer Analyse zu unterwerfen oder um kategoriale Parameter zu entdecken oder um sie auf die Bedingungen ihrer Möglichkeit zu hinterfragen, dann – so scheint es – sind Planung und Plan selber ein Stück praktischer Philosophie, da sie ja einen Anteil Analysis leisten, kategoriale Parameter des Handelns darstellen und die sachlichen oder sittlich-praktischen Bedingungen des Handelns untersuchen» (1974, S. 184; vgl. auch Hübner 1974). Philosophen wurde ein Ort in der politischen Administration und der Vermittlung zwischen Wissenschaft und Politik zugewiesen. Hermann Lübbe etwa führte als Beispiele für die praktische Relevanz der Philosophie im öffentlichen Leben an, daß professionelle Philosophen in Parteiprogrammkommissionen vertreten sind, als verbandspolitische Grundsatzredner oder Generalisten in staatsnahen Räten und Kommissionen wirken, ideologieanalytische Aufklärungskurse für administrative oder wirtschaftliche Führungskader organisieren oder Politikern bei der Abfassung ihrer Texte Hilfe leisten (1978a, S. 140f).

Auffällig ist, daß die Frage nach der Praxisrelevanz der Philosophie überwiegend verstanden wurde als die Frage, wie Philosophie sich in der Praxis als nützlich erweisen könnte – als Lebenshilfe, Politikberatung oder ‹Propädeutik› der Wissenschaften. Dabei geriet aus dem Blick, daß die praktische Relevanz von Theorie nicht darin aufgeht, unmittelbare Hilfestellung für eine Praxis zu leisten. Praktische Relevanz besitzt die Theorie, wie Jürgen Mittelstraß verdeutlichte, als Reflexion und Aufklärung der Praxis. Der Sinn der Theorie bestehe in der theoretischen Sicherung einer Praxis, ihrer Transformation von einer abhängigen in eine unabhängige, durch vernünftige Selbsttätigkeit geleitete Praxis. Daher gehöre Theorie als Theorie selbst der Praxis an (Mittelstraß 1972a, S. 30ff, 45ff; vgl. auch Schischkoff 1975, S. 101). Philosophie, verstanden als Reflexion der kategorialen Ordnung im Denken (Schischkoff 1975), kann durch die Klärung ihrer theoretischen Fragen zu einer Korrektur von Denk- und Handlungsmustern beitragen. Sie muß sich zur Behauptung als Theorie nicht auf den Begriff des Selbstzwecks beziehen, der die praktische Relevanz auch der sogenannten reinen Theorie ausblendet.

Die Reduzierung des Begriffs der praktischen Relevanz von Theorie auf ‹Nützlichkeit› provozierte die Gegenposition, die die Nutzlosigkeit der Geisteswissenschaften behauptete (Oeing-Hanhoff 1974; Spaemann 1974). Beide Positionen standen im Kontext der Faszination, die zur damaligen Zeit die angewandte Wissenschaft auch im Bereich der Gesellschaftswissenschaften ausübte. Sie unterschätzten daher die praktische Bedeutung der sogenannten reinen Theorie. Die Überlegungen zur Nützlichkeit der Philosophie in der Praxis orientierten sich insbesondere an der Idee der wissenschaftlich fundierten Politik und dem beobachtbaren Trend der Berücksichtigung soziologischer, politologischer und erziehungswissenschaftlicher Studien in der politischen Administration (vgl. Baumgartner / Höffe / Wild 1974). Erwogen wurde die Frage – selbst wenn sie explizit nicht artikuliert und systematisch erörtert wurde –, inwieweit auch die Philosophie Potentiale einer praxisbegleitenden Wissenschaft zu entfalten vermag. Die Berufung von Philosophen in zentrale Planungskommissionen und ihre Einbeziehung in die parteipolitische Konzeptionierung schienen für diese Möglichkeit zu sprechen. Reflektiert wurde aber nicht, welche Rolle Philosophie als Wissenschaft in der Politikberatung spielen könnte. Problematisch waren Positionen wie beispielsweise Hermann Lübbes oder Hans Lenks: Lübbes Begriff der praktischen Philosophie als «Management» für Orientierung besaß keine Abgrenzung gegenüber Ideologie und parteipolitischer Ideenpolitik, zu der er sich ausdrücklich bekannte (vgl. Lübbe 1982; 1988, S. 267). Philosophie «ist auch eine Form politiknaher und politikanaloger Praxis. Sie ist nicht nur ein Prozeß der Produktion wahrer oder auch falscher Sätze. Sie ist auch der soziale Prozeß, über den diese Sätze, ob wahr oder falsch, politische Geltung gewinnen» (Lübbe 1982, S. 92). Hans Lenk plädierte für eine ‹pragmatische Philosophie›, die wissenschaftliche und politisch-kulturelle Diskurse anrege, zum einen durch eine kritische, sokratische Fragehaltung, zum anderen durch «mutige», die Grenzen der Wissenschaft überschreitende spekulative Entwürfe (1978, S. 44).

Daß sich Philosophen mit ihren praktischen Vorschlägen in eine Reihe mit allen anderen Vorschläge Unterbreitenden setzten und dabei das Spezifische der Philosophie keineswegs zum Tragen kommt, warf Hermann Krings Mitte der 70er Jahre ein. Denn es werde nicht die Funktion des Philosophen ausgeübt, sondern eine politische oder kulturelle Stellungnahme mit der besonderen Vergleichsmöglichkeit zur Philosophie abgegeben, die nur eine unter vielen verschiedenen, Lebens- und Berufserfahrungen entspringenden Vergleichsmöglichkeiten der am Diskurs Beteiligten sei. Krings sprach dennoch von Philosophie, die er aber als ‹exoterische› strikt von der ‹esoterisch-professionellen› abgegrenzt wissen wollte: «der Philosoph, der sich auf seine Füße stellt, ist nicht mehr esoterisch-professioneller Philosoph, sondern quasi freischaffender Praktiker. Die exoterische Philosophie ist nicht Philosophie mit Praxisbezug, sondern Praxis mit Philosophiebezug, mit Theoriabezug oder einfacher: Praxis mit besonderen Vergleichsmöglichkeiten» (1978, S. 160).

Dadurch, daß die praktische Bedeutung der Philosophie als Wissenschaft nicht geklärt wurde, konnte die Praxisrelevanz der Philosophie verwechselt werden mit dem praktischen Engagement von Philosophen. Die Frage, ob Philosophie als wissenschaftliche Disziplin ‹praktisch› werden kann, wurde dann gleichgesetzt mit der Frage, ob ihre Vertreter sich in politischer Praxis als nützlich erwiesen.

Die Debatte um die Praxisrelevanz der Philosophie kann als Ausdruck einer Selbstverständniskrise der Philosophie gesehen werden, denn sie offenbart eine Unsicherheit der Begründung der Relevanz philosophischer Forschung neben und in Kooperation mit anderen Wissenschaften im Rahmen des institutionellen Wissenschaftsprozesses. Die Krise bestand im Verlust der Selbstverständlichkeit des eigenen Standorts. Die Philosophie hatte sich vor allem definiert über ihre Wirkung in der intellektuellen Welt. Ihr Einfluß war garantiert gewesen durch die

Institution des Philosophicums. Nahezu jeder zweite Studierende war ein Lehramtsstudent bzw. eine Lehramtsstudentin. Philosophie gehörte durch das Philosophicum zu den Massenfächern; durch ihre ‹Schule› gingen Generationen von Lehrerinnen und Lehrern. Aber auch für Promotionsstudierende der Philosophischen Fakultät waren Kenntnisse in Philosophie verpflichtend; Juristen und Theologen kamen durch philosophische Lehrveranstaltungen ihrer Fakultäten in den Kontakt mit der Philosophie (Lübbe 1982; 1978a, S. 128; Geldsetzer 1974). Diese obligatorischen sowie indirekten Verpflichtungen zum Philosophiestudium gingen seit Mitte der 60er Jahre verloren durch berufliche oder forschungsbedingte Spezialisierungsanforderungen. Zu wichtigen Begleitfächern, beispielsweise der juristischen Ausbildung, rückten Soziologie, Politologie und Psychologie auf (J. P. Müller 1976).

Daß ein Teil der Akademiker sich von der Philosophie abwandte, lag nicht allein an der Faszination der Empirie, sondern hatte einen Grund auch darin, daß es der Philosophie nicht schnell genug gelang, den Veränderungen des wissenschaftlichen Diskurses, insbesondere neu aufkommenden Interessen an empirischer Methodologie und Wissenschaftstheorie, in den 60er Jahren zu folgen. Die Polemik des Positivismusstreits mit ihren Ressentiments gegenüber Wissenschaftstheorie und Empirie brachte dies deutlich zum Ausdruck. Die gegen Ende des Jahrzehnts erfolgte Korrektur mit der Revision der Abwehrhaltung gegenüber sogenannter technischer Wissenschaft kam einige Jahre zu spät. Es fehlte der bundesrepublikanischen Philosophie eine wissenschaftstheoretische und epistemologische Tradition, die sie für empirische Wissenschaftler interessant gemacht hätte. Mit der vor allem durch Gadamer inspirierten hermeneutischen Diskussion konnte die Philosophie dagegen auch weiterhin eine starke Verankerung in der Methodologiedebatte der Geisteswissenschaften wahren. Auf sie hatte sich der Einstieg der bundesrepublikanischen Philosophie in die Wissenschaftstheorie konzentriert. Die vielfach diskutierten Probleme der Philosophie, ‹fachwissenschaftlich› mitzureden, für die die Spezialisierung der Wissenschaften verantwortlich gemacht wurde, basierten nicht zuletzt auf der fehlenden Epistemologie empirischer und apparativer Wissenschaften. In den Bereichen, in denen die bundesrepublikanische Philosophie an der Entwicklung der Methodologiedebatte führend beteiligt war – das gilt für die Hermeneutik sowie die Geschichtsphilosophie bzw. die Wissenschaftstheorie der Geschichtswissenschaft seit Anfang der 70er Jahre –, existierten diese Schwierigkeiten im Grunde nicht.

Das Engagement in praktischer Philosophie war – wo nicht Grundlagenfragen der Ethik und der Diskurstheorie im Zentrum standen – vor allem der Versuch, Einfluß in der intellektuellen Öffentlichkeit zurückzugewinnen durch eine Einmischung in den politischen und kulturellen Diskurs. Dafür wurde in Kauf genommen, daß die Grenzen zwischen Wissenschaft, beispielsweise in Form historischer Begriffsanalysen, und Weltanschauung verwischten. Doch die Preisgabe von Wissenschaftlichkeit kann nur unter dem kurzsichtigen Aspekt der schnellstmöglichen öffentlichen Repräsentanz von Philosophen nützlich erscheinen, wenn zutrifft, daß die Krisen der Philosophie nach Hegel vor allem einem Zweifel an ihrer Wissenschaftlichkeit entspringen.

Bildung oder Forschung?

Ein weiteres Problem, dem sich die Philosophie in ihrer Neueinstellung auf den Wandel sowohl der öffentlichen Erwartungen an die Wissenschaft als auch der Wissenschaftsförderung zu stellen hatte, war der Bedeutungsverlust der traditionellen Bildungsaufgabe der Philosophie. Durch die Abschaffung des Philosophicums wurde ihr die institutionelle Grundlage entzogen, Generationen von Akademikern (Schischkoff 1975, S. 102) philosophisch zu bilden. Infolgedessen mußte ein allgemeines Interesse an Philosophie über wissenschaftsbezogene und kulturelle Themen geweckt werden; der Orientierungsanspruch der praktischen Philosophie und die Aufgabenstellung einer kritischen Fundierung und Reflexion der Wissenschaften in der Wissenschaftstheorie transformierten die Bildungsaufgabe der Philosophie. Aber es kam Anfang der 70er Jahre doch zu einer Kontroverse zwischen denjenigen, die an der traditionellen Bildungsaufgabe festhielten und ein politisches Engagement gegen ‹pragmatisch begrenzte Bildungspolitik› zum Erhalt des Philosophicums und philosophischer Studien- und Prüfungsanteile in den Erziehungswissenschaften forderten (etwa Schischkoff 1975; Günzler 1971; Riedel 1973; Veauthier 1973; Kampits 1976), und denen, die diese Auseinandersetzung angesichts des gewandelten Bildungsverständnisses für aussichtslos erachteten und daher für eine Umorientierung der Prioritäten der Disziplin plädierten (z. B. Wieland 1980, S. 142; Lübbe 1973 a, S. 22). Es war wiederum Hermann Lübbe, der die Diskussion zuspitzte: Er forderte die Verabschiedung der Bildungsaufgabe zugunsten einer eindeutigen Prioritätensetzung auf philosophische Forschung: «die Verbandsmacht der Philosophen [steht] an der verkehrten Front [...], wenn sie überwiegend an der Philosophicums-Verteidigungsfront steht» (1973 a, S. 21). Die moderne Universität fordere eine Entscheidung für den Vorzug der Forschung vor der Lehre.

Die Philosophie wurde durch die Abschaffung des Philosophicums wie jede andere Universitätsdisziplin in der Selbstdarstellung gegenüber der Öffentlichkeit vornehmlich auf Forschung verwiesen; ihre bildende Rolle hatte sie im wissenschaftlichen und kulturellen Diskurs mit Forschungsbeiträgen zu beweisen. In diesem Sinn rückten Forschungsaufgaben an die Stelle von Bildungsaufgaben. Dabei mußte der Anspruch zu bilden nicht, wie Lübbe forderte, preisgegeben werden. Gerade weil Bildung nicht als die Weitergabe einer Lehre verstanden werden kann, sondern als ein Resultat von Aufklärung anzusehen ist, zu der vor allem die forschende, kritische und selbstkritische Wissenschaft beitragen kann, existiert prinzipiell kein Widerspruch zwischen den Bildungs- und Forschungsaufgaben. Unter organisatorischen Gesichtspunkten trat unter den Bedingungen der ‹Massenuniversität› die Forschung in einen Widerspruch zur Lehre. Zudem bestand Anfang der 70er Jahre eine Notwendigkeit zu verstärkten Anstrengungen in der Forschung, etwa auf den Gebieten der Wissenschaftstheorie, der Sprachphilosophie, der Logik bzw. Logistik, um die internationale Anerkennung der Philosophie in der Bundesrepublik Deutschland zu stärken. Aber Vorschläge wie der Lübbes plädierten für eine Unterwerfung unter den Trend eines Differenzierungsprozesses unter Professoren in mehr oder weniger Forschende oder Lehrende. Statt nach alternativen organisatorischen Lösungen zu fragen und, wo möglich, dem Trend entgegenzuwirken, gaben sie das Humboldtsche Prinzip der Bildung durch Forschung preis. Der Sinn dieses Prinzips besteht darin, die Entwicklung der Lehre zu einer bloßen Weitergabe von Lehren zu verhindern und den wissenschaftlichen Nachwuchs sehr früh an die Forschung heranzuführen. Würden Lehre und Forschung strikt getrennt, ginge der lebendige Kontakt zur Forschungsproblematik verloren. Gegen Lübbe wandte daher Riedel ein, das Humboldtsche Prinzip sei zur Frage der Rollenbestimmung der Philosophie unerläßlich; denn zu der Funktion der Philosophie gehöre es, «neben der Aufklärung über Voraussetzungen, Grundlagen und Folgen der Wissenschaften die Wissenschaft selbst als Forschung, als ein noch nicht ganz Gefundenes und nie ganz Auffindbares, begreifen zu lernen» (Riedel 1973, S. 11).

Den bildenden Charakter der Philosophie betonten verschiedene Philosophiedarstellungen in den 70er Jahren weiterhin, wenn auch teilweise nur noch bezogen auf einzelne Aspekte wie die Erziehung zu disziplinierter, rationaler Argumentation oder die Fähigkeit des Umgangs mit Grundlagenproblemen und Sinnfragen (Lenk 1978; Baumgartner / Höffe 1976; Baumgartner 1978; Geldsetzer 1974; Krings 1978). Erst Ende der 70er Jahre erscheint mit Richard Rortys *Philosophy and the Mirror of Nature* in der amerikanischen Philosophie ein Ansatz, der Bildung wieder in den Mittelpunkt der Philosophie rückt, allerdings in Abgrenzung gegenüber einer wissenschaftlichen Philosophie.

Die Wissenschaftspolitik tat ein übriges zur Verstärkung der Orientierung auf Forschung. Die Erwartungen an die Wissenschaften waren im allgemeinen an anwendungsorientierten Wissenschaften ausgerichtet. Die von einer Wissenschaftsforschergruppe um Peter Weingart und Wolfgang Prinz 1991 herausgegebene Studie zur Entwicklung der philologischen und historischen Disziplinen seit 1949 resümiert, daß trotz der Anfang der 70er Jahre geführten Diskussion um besondere Fördermaßnahmen für die Geisteswissenschaften es im Grunde zu keiner wirklichen Wissenschaftspolitik für Geisteswissenschaften im engeren Sinn des Begriffs gekommen sei (Weingart u. a. 1991). Von den Gesellschaftswissenschaften wurden Lösungsvorschläge zu wirtschaftlichen und sozialen Problemen und zu einer Anhebung der Lebensqualität sowie Diskussionen um mögliche Zukunft und Handlungsorientierung erhofft. Eine «schwerpunktartige, über das Übliche hinausgehende» Wissenschaftsförderung der Geisteswissenschaften wurde in Aussicht gestellt, unter der Bedingung, daß sie sich bereit und fähig erweise, gesellschaftlich relevante Aufgaben zu übernehmen. Neben der Wissenschaftsforschung sollte eine Priorität in der Förderung jenen Geisteswissenschaften zukommen, die sich analytisch und kritisch mit Ziel- und Wertvorstellungen der Gesellschaft befaßten (Kreutzkam 1972).

Erstmals 1971 / 72 war die Situation der Geisteswissenschaften in der Forschungsförderung wissenschaftspolitisch thematisiert worden. Die

Wissenschaftspolitik hatte sich überwiegend auf Natur- und Ingenieurwissenschaften konzentriert, allenfalls fanden sozial- und erziehungswissenschaftliche Projekte zur Unterstützung der Bildungsreform sowie der internationalen und europabezogenen Politik ein größeres Interesse. Wie der Forschungsbericht der Bundesregierung 1972 formulierte, sollte geprüft werden, «ob die bisherigen Förderungsmaßnahmen für die Geisteswissenschaften ausreichen und wo sie, im Vergleich zu den Naturwissenschaften, zurückgeblieben sind» (Kreutzkam 1972, S. 10). Die Deutsche Forschungsgemeinschaft hob in ihrer Planung 1972 bis 1974 die Aufwendungen für die Geisteswissenschaften an. Der Stifterverband für die Deutsche Wissenschaft erklärte die Förderung der geistes- und kulturwissenschaftlichen Disziplinen zu einem von drei Schwerpunkten seines neuen Vergabekonzepts. Vor allem die sogenannten kleinen Fächer sollten innerhalb des Schwerpunkts «Modelle geisteswissenschaftlicher Forschung» gefördert werden. Größere Projekte waren darunter seit 1973 die Unterstützung einer Arbeitsgemeinschaft außeruniversitärer Forschungseinrichtungen im Bereich der Geschichtswissenschaft sowie einer Arbeitsgemeinschaft «Editionen im Bereich der Philosophie», die Hermann Krings koordinierte. Insbesondere sollten Kooperationsformen unter den weitgehend individualisiert arbeitenden Geisteswissenschaften sowie der internationale Wissenschaftsaustausch gestärkt werden (vgl. Stifterverband für die Deutsche Wissenschaft, Bericht 1972, 1973; Kreutzkam 1972, S. 10, 13). Einen eindeutigen Schwerpunkt auf die Förderung geisteswissenschaftlicher Forschung legte unter den großen privaten Stiftungen allein die Fritz Thyssen Stiftung. 1962 hatte sie mit dem Projekt «19. Jahrhundert» ein umfangreiches, interdisziplinäres geisteswissenschaftliches Forschungsunternehmen eingeleitet; sie unterstützte auch in den 70er Jahren verschiedene philosophische Forschungsprojekte.

Der Arbeitskreis «Wozu Philosophie?»

Wozu Philosophie? war der Titel eines 1978 von Hermann Lübbe herausgegebenen Bandes, der Referate einer über vier Jahre tagenden Arbeitsgemeinschaft von Philosophen der verschiedensten Schulen einte. Sie war innerhalb eines neuen Förderungsprogramms der Fritz Thyssen Stiftung zum Themenkomplex «Staat, Wirtschaft, Gesellschaft» gebildet worden mit dem Ziel, einen Austausch über die «Rolle und Funktion der Philosophie in der Entwicklung von Wirtschaft und Gesellschaft» herzustellen (Bericht der Fritz Thyssen Stiftung über ihre Tätigkeit 1974/75, S. 37). Die Arbeitsgruppe trat erstmals im Mai 1974 zur Entwicklung einer Konzeption zusammen und traf sich in einem halbjährlichen Turnus bis 1977. Im Mittelpunkt der Diskussionen stand bald die Frage ‹Wozu Philosophie› und eine Selbstverständigung über die Rolle der Philosophie.

Ein Ausgangspunkt der Arbeitsgruppe war zunächst die Frage, wie der akademischen Philosophie eine größere öffentliche Wirksamkeit zu verschaffen sei (vgl. Zeitschrift für philosophische Forschung 1975, S. 153; Bericht der Fritz Thyssen Stiftung über ihre Tätigkeit 1974/75, S. 38f). Doch die Referate der Arbeitsgruppe reflektierten die vieldiskutierte Krise der Philosophie selbst nicht mehr, sondern wandten sich vielmehr einer positiven Bestimmung der Philosophie zu. Hermann Lübbe und Hans Lenk betonten die Herausforderung der Philosophie durch zahlreiche Gegenwartsfragen; andere Beiträge verwiesen darauf, daß die Kompetenz der Wissenschaften, vor der Philosophen häufig erblaßten, im Grunde weniger sicher sei als behauptet; denn auch die Wissenschaft stecke in einer Krise. «Wie aber – wenn es gar keine Herausforderung wäre, was der Philosophie in Form von Wissenschaft gegenübersteht? – Wenn sich das in der Tat so verhielte, dann wären auch die Reaktionen der Philosophie gar keine Beiträge zu ihrer Kompetenzrechtfertigung, mithin gar keine Antwort auf die ‹Wozu›-Frage, sondern allenfalls Aussagen über der Philosophie zusätzlich zugewachsene Aufgaben» und die Herausforderung der Philosophie durch die Wissenschaften eine «*subjektiv projizierte Chimäre*» (Zimmerli 1978, S. 193f). Walther Ch. Zimmerli thematisierte die im Kontext ökologischer Fragestellungen entstandene Vertrauenskrise der Wissenschaften. Es verbreite sich die Einsicht, daß der Mensch nicht ungestraft und unbegrenzt in das Reservoir der Natur eingreifen darf. Die Grenzen der Wissenschaften scheinen ihm eine Chance für Philosophie zu sein:

«Wenn aber sich auf diese Weise Wissenschaft tendenziell selbst in ihrem Totalitätsanspruch ad absurdum führt – wie sollte sie dann noch die generellen Orientierungsfunktionen erfüllen können, die man ihr zu Lasten der Philosophie zugeschanzt hatte? Von daher wächst also der Philosophie, unbeschadet ihrer sonstigen Funktionen, eine zusätzliche zu: nämlich die, die zweifellos zu konstatierende Kluft zwischen Fachwissenschaft und Lebenswelt schließen zu helfen. Es ist eine gewisse ‹Ironie der Wissenschaftsgeschichte›, daß diese Kluft genau dadurch entstanden ist, daß man die Philosophie nicht länger brauchen zu müssen meinte, und daß es nun gerade die Philosophie ist, die die Sekundärfolgen ihrer versuchsweisen Abschaffung zu beseitigen hat» (ebd., S. 196).

Auch Hans Michael Baumgartner hob hervor, daß die Wissenschaften aus sich heraus nicht in der Lage seien, die durch sie bedingten Folgen und Nebenfolgen zu bewältigen. Die Philosophie als eine Kunst der Reflexion sei herausgefordert, da die Religion, die bürgerliche Moral und die Kunst ihre traditionellen Orientierungsfunktionen eingebüßt hätten (1978, S. 251). Die Vertreter der Konstruktiven Wissenschaftstheorie, Friedrich Kambartel und Jürgen Mittelstraß, reihten sich in diesen Tenor mit der These ein, daß durch die Loslösung von der Philosophie die Wissenschaften unfähig geworden seien zu ihrer Begründung. Die Wissenschaft weise daher die Tendenz auf, sich von praktischen Bezügen zu entfernen und eine Eigendynamik nicht gerechtfertigter, ‹verselbständigter› Theorien zu entwickeln.

Baumgartner bilanzierte, daß 15 Jahre nach dem Erscheinen von Adornos *Wozu noch Philosophie?* die geistige Landschaft und Situation wesentlich nüchterner geworden und entdramatisiert sei. «Die Frage ‹Wozu noch Philosophie?› ist eine berechtigte, eine je nach den äußeren Umständen dringliche, aber keineswegs eine bedrängende Frage.» Philosophie könne «unbefangener» ihre eigene Situation in Geschichte und Gegenwart analysieren; auch «sporadisch auftretende Nachhutgefechte, wohlgemerkt philosophischer Selbstdestruktion der Philosophie», änderten daran nichts. Nicht nur im Rahmen des Arbeitskreises der Fritz Thyssen Stiftung zeichne sich ein Konsens «der am Gespräch Beteiligten und von ihm Betroffenen» ab, daß die Philosophie in jedem Fall «‹eine wissenschaftspolitische und ideologiepolitische Angelegenheit von öffentlichem Interesse›» sei (1978, S. 238 f; zitiert ist Hermann Lübbe).

Rüdiger Bubner und Robert Spaemann erklärten die Krise zum Wesen der Philosophie. «*Die Legitimitätskrise ist eine ständige Begleiterscheinung der Philosophie. Seit es Philosophie gibt, folgt ihr die Wozu-Frage wie ein Schatten. Es ist ein Irrtum, darin etwas historisch Neues zu se-*

hen. *Sogar die zeitgenössischen Formen der Legitimitätsbestreitung stammen aus dem 19. Jahrhundert*», betonte Bubner (1978, S. 2). Spaemann kennzeichnete die Philosophie durch eine permanente Grundlagenreflexion. «Philosophie als Versuch des Denkens, sich selbst zu begreifen, kann aber nicht in Normalphasen und revolutionäre Phasen geschieden werden. Philosophie *hat* nicht Grundlagenkrisen, sie *ist* die institutionalisierte Grundlagenkrise» (1978, S. 92).

Die Arbeitsgruppe versuchte, Perspektiven eines disziplinären Selbstbewußtseins zu entwerfen. Die Wissenschaften bildeten, wie die oben angeführten Stellungnahmen bereits verdeutlichen, den Bezugspunkt einer Bestimmung der Rolle der Philosophie. Auch die Charakterisierung der Philosophie als institutionalisierte Grundlagenkrise grenzt die Philosophie von den anderen Wissenschaften ab, die – der verbreiteten Meinung zufolge – nur in außergewöhnlichen Phasen Grundlagenprobleme wälzen. Anhand der verschiedensten Philosophiebestimmungen, nicht nur der Vorträge im Rahmen der Arbeitsgruppe der Fritz Thyssen Stiftung, läßt sich zeigen, daß Probleme einer positiven Bestimmung der Philosophie im Verhältnis zu den Wissenschaften fortbestanden. Verbreitet war insbesondere eine problematische Gegenüberstellung von Philosophie und Wissenschaft. Sie wurde gegen Mitte der 70er Jahre geradezu zu einem Topos der Philosophiedarstellungen.

Das Andere der Wissenschaft

Philosophie wurde beschrieben als das Andere, Komplementäre der Wissenschaften, bedeutend aufgrund der Probleme und der Grenzen der Wissenschaften. Statt über die eigenen Problemstellungen wurde sie über die Fehlentwicklungen und Begründungsschwächen von Wissenschaften definiert. Zweifel an der Wissenschaft und am zivilisatorischen Fortschritt mußten herhalten, um die Notwendigkeit der Philosophie zu begründen. Eine solche Argumentationsform war keine der eigenen Stärke. Es soll hier keineswegs die Bedeutung der Philosophie als eine kultur- und wissenschaftskritische Mahninstanz bestritten oder entwertet werden. Sicherlich kann die Philosophie in der Reflexion der Diskurse auf Fehlentwicklungen aufmerksam werden und ihnen entgegentreten. Zu bedenken aber ist, daß die Bedeutung der Philosophie nicht von dem

Umstand abhängt, daß sich die Wissenschaften oder die Gesellschaft in einer Krise befinden. Einmal angenommen, es beständen keine gravierenden gesellschaftlichen Probleme, die Gesellschaft sei aufgeklärt, friedfertig und zufrieden, an der Arbeit der Wissenschaftler gebe es nichts zu beanstanden usf., so hätte doch die Philosophie auch dann noch ihren Platz inmitten der Wissenschaften. Denn sie hat mit ihren historisch gewachsenen Problemstellungen, als Reflexion der begrifflichen Ordnungen des Denkens, einen spezifischen Anteil an der – institutionalisierten – Aufgabe der systematischen Wahrung und Erweiterung menschlichen Wissens. Die kritische Reflexion und Korrektur problematischer Denkmuster in den Wissenschaften sowie der Kultur generell gehören dazu, aber die Philosophie ist nicht notwendig auf eine Kritik der Gegenwart beschränkt. Sie kann der Dynamik ihrer eigenen Fragestellung folgend Probleme aufwerfen, die keinerlei Anwendungsbezug haben. Gerhard Vollmer bezeichnete jüngst in einem Interview die Philosophie sehr treffend als ein «Denken auf Vorrat» (Brill/Czaniera 1995): Sie entwirft und kritisiert Denkmodelle nach Kriterien der Rationalität. Es ist nicht immer von vornherein abzusehen, ob das systematische Durchdenken der verschiedenen gedanklichen Möglichkeiten eine praktische Relevanz hat, aber es kann sie haben und unter Umständen ganz unerwartet in bestimmten Situationen bekommen. Durch das reflexive Zurückgehen auf Grundlagen und Voraussetzungen des Denkens und die Ausarbeitung ihrer systematischen Konsequenzen kann die Philosophie stets eine Quelle der Orientierung sein. Wenn jedoch, wie in vielen Philosophiedarstellungen der 70er Jahre, die Korrektur von Fehlentwicklungen der Wissenschaft und der Zivilisation der Philosophie überantwortet wird, sind Enttäuschungen vorprogrammiert. Die Philosophie ist mit einer solchen Aufgabe hoffnungslos überfordert. In der Regel können Fehlentwicklungen nur in der gemeinsamen Anstrengung aller Beteiligten analysiert und behoben werden.

Die Entgegensetzung von Philosophie und Wissenschaft macht es schwierig, Philosophie selbst noch als Wissenschaft zu bestimmen. Per Definition wird dies im Grunde ausgeschlossen, zumal auf jegliche Differenzierung im Begriff der Wissenschaft verzichtet wurde; dabei gilt es etwa empirische und nicht-empirische, rationale Wissenschaften zu unterscheiden. Der Vergleich der Philosophie mit ‹den Wissenschaften› sollte die Besonderheit philosophischen Hinterfragens gegenüber allen anderen Wissenschaften und zugleich die zentrale Bedeutung der Philosophie für alle Disziplinen, ihre Sonderstellung, verdeutlichen. Die Frage, inwiefern Philosophie selbst eine Wissenschaft ist oder sein kann, entfiel dabei, denn sie kann nur beantwortet werden, wenn auch Gemeinsamkeiten der Philosophie mit anderen Wissenschaften in den Blick genommen werden.

Zum Teil war die komplementäre Entgegensetzung von Philosophie und Wissenschaften mit einer dezidierten Ablehnung einer Bestimmung der Philosophie als Wissenschaft verknüpft, obwohl – in Widerspruch dazu – eine der Wissenschaft vergleichbare ‹methodische Strenge› für die Philosophie in Anspruch genommen wurde. Der Erlanger Philosoph Manfred Riedel beispielsweise betonte, daß die Philosophie nur insofern, als sie unter den gegenwärtigen gesellschaftlichen Bedingungen in Wissenschaftsinstitutionen professionell betrieben wird, als ein Beruf und ein Fach unter Fächern oder als eine Wissenschaft zu betrachten sei. Als Reflexion sei sie keine Wissenschaft unter Wissenschaften, sondern eine «*andere Art von Wissen*», weder ein Vor-, noch ein Grundwissen, «sondern Mit-wissen in der Richtung auf Wissen in einer strengeren und zugleich umfassenderen Gestalt von ‹Wissenschaft›» (1978, S. 264, 269 f, 278; 1982). Die Philosophie könne sich, wenn sie sich nicht als eine auf bestimmte Gegenstände beschränkende ‹Partialwissenschaft› mißverstehe, «weder auf einen bestimmten Gegenstand bzw. Gegenstandsbereich noch auf eine bestimmte Methode oder Methodenkombination stützen. Sie bedient sich reflektierender Methoden von höchst unterschiedlicher Leistungsfähigkeit und Reichweite [...] Philosophieren heißt im buchstäblichen Sinn die Philosophie ‹setzen› oder als solche erst ‹hinstellen›, nämlich Nicht-Wissen in der Richtung auf mögliches Wissen ‹thematisieren›» (Riedel 1978, S. 277).

Ähnlich argumentierte der Phänomenologe aus Pennsylvania und Leiter der dortigen American Thyssen Group zur Rolle der Philosophie, Joseph J. Kockelmans. Er hob sogar hervor, die Philosophie habe nicht nur «keinen klar definierbaren Gegenstandsbereich», sondern auch

«keine universell annehmbare begriffliche Struktur, und sie gebraucht weder logische noch empirische Methoden. Es gibt auch keine Einsichten, die als endgültig gelten könnten und die als definitive Errungenschaften den Studenten überreicht werden könnten. [...] Es ist selbstverständlich nicht meine Absicht, hier vorzuschlagen, daß Philosophie sich mit nichts beschäftigt, oder daß sie selbst ohne methodische Strenge sein kann. Ich behaupte nur, daß sich die Philosophie mit etwas beschäftigt, mit dem keine Wissenschaft sich beschäftigen kann und daß sie ihr ‹Ziel› mit einer Strenge verfolgt, die wesentlich anders ist als die der formalen und empirischen Wissenschaften» (1978, S. 225).

Auch wenn sie keine Wissenschaft sei, habe sie sich doch an bestimmte Normen und Maßstäbe zu halten, damit sie als kritisch gelten kann (ebd., S. 234).

Diese Darstellungen verzichteten darauf, die Philosophie als eine bestimmte Disziplin zu umreißen. Die Philosophie scheint in ihnen nach Gegenstand und Methode beliebig, ein Etwas zu sein, was Berufsphilosophen in ihrer Auseinandersetzung mit der Philosophiegeschichte aus ihr machen. Unklar blieb, worin ihre methodische Strenge bestehen soll, wie sie Erfahrung, allgemeines Wissen und Meinen in ‹umfassenderer Gestalt› klären will oder, wie Riedel betonte, ‹forschend› Behauptungen untersuchen kann. Philosophie ohne Logik wäre nicht zu begründeter Argumentation und methodischer Strenge imstande. Ohne die Bestimmung eines spezifischen Gegenstandes und einer besonderen begrifflichen Struktur kann streng genommen von der Philosophie nicht geredet werden; denn wie sollte sie inmitten der verschiedenen Weisen des Denkens sonst zu identifizieren sein?

Die Philosophie läßt sich disziplinär umreißen als eine reflexiv denkende, logisch argumentierende Beschäftigung mit den allgemeinsten Kategorien des Denkens und ihren Relationen, mit der Frage nach den Strukturen des Denkens und der Erkenntnisart der Gegenstände. Sie hat seit ihren antiken Anfängen zentrale Fragekomplexe und philosophische Perspektiven entwickelt, an denen Philosophengenerationen weiter arbeiteten und durch die die Philosophie als Disziplin begriffen werden kann. Warum – so stellt sich daher die Frage – nahmen die Anstrengungen zur Behauptung der Philosophie in den 70er Jahren auf deren disziplinären Charakter häufig keinen positiven Bezug?

Die Hamburger Philosophen Ekkehard Martens und Herbert Schnädelbach setzten 1985 mit *Philosophie. Ein Grundkurs* einen Gegenakzent, indem sie eine Darstellung der Philosophie nach ihren historischen und aktuellen Fragestellungen in ausdrücklicher Betonung ihres eigenen Gegenstandsbereichs gaben. Im Vorwort (S. 10) verweisen sie auf ein Resultat des seit den 70er Jahren intensivierten Austauschs von Philosophen der verschiedenen Schulen in Form von Arbeitsgruppen, Symposien etc.: «Gegenwärtiges Philosophieren ist nicht als Verteidigung von Systemen und Weltanschauungen, sondern nur als gemeinsame Arbeit an Problemkomplexen möglich, und zwar über Schul- und Fächergrenzen hinweg».

15 Jahre zuvor war die These von der Gegenstandslosigkeit der Philosophie sehr verbreitet. Sie stand im Zusammenhang mit einer vereinfachenden Sicht des Prozesses der Ausdifferenzierung der Wissenschaften, in der sich die Entstehung der Einzelwissenschaften über eine Absonderung von Forschungsbereichen aus der Philosophie vollzog. So schienen der Philosophie durch die empirischen Wissenschaften die Forschungsgegenstände genommen zu sein (Bien 1972; Kodalle 1971, S. 256; Marquard 1978; Oeser 1976; Schelsky 1971, S. 218; Wieland 1980; Zimmerli 1978). Es entstand die Frage: Was bleibt der Philosophie? Provokativ fiel die Antwort des Gießener Philosophen Odo Marquard aus: die Inkompetenzkompensationskompetenz (Marquard 1974). Nicht selten wurde betont, man ehre die Philosophie nur noch aufgrund ihrer Vergangenheit, erwarte aber keine Leistungen mehr von ihr.

Diese Vorstellung eines Entzugs der Gegenstände der Philosophie durch die Wissenschaften wurde Mitte der 70er Jahre als falsch und irreführend zurückgewiesen. Die Philosophie differenziere sich in ihrer geschichtlichen Entwicklung vielmehr selbst, und zudem gingen philosophische Aspekte in die Begründungs- und Handlungszusammenhänge der ‹Einzelwissenschaften› ein (Fahrenbach 1975, S. 27 ff; Lübbe 1978a, S. 135). An die Stelle der These von der Überflüssigkeit und Gegenstandslosigkeit der Philosophie trat nun die Auffassung, Philosophie sei in allen Diskursen enthalten. Auch in dieser Sicht war die Philosophie als Disziplin in ihrem Gegenstandsbereich nicht mehr begrenzt und faßbar. «Die Philosophie gerät offenbar in Verlegenheit, wenn sie ihr eigenes Thema angeben soll. Sie läßt sich nicht einfach auf ein bestimmtes Arbeitsfeld festlegen, sondern fragt, salopp formuliert, nach allem Möglichen» (Hinske 1978, S. 322). Zu einem verbreiteten Argument zum Gegenstand der Philosophie wurde die These, die Philosophie beziehe sich auf das ‹Wissen und Meinen›, nicht nur der Wissenschaften, sondern aller Diskurse (Baumgartner/Krings/Wild 1973; Baumgartner 1978; Bubner 1978; Frey 1971, S. 20; Kambartel 1978; Kockelmans 1978;

Krings 1978; Lübbe 1978a; Riedel 1978). Auch wurde die «Unwissenheit» als «Erkenntnisobjekt» der Philosophie und Philosophie als «suchendes Unterwegssein» charakterisiert (Gutterer 1979, S. 19, 24).

Diese Aussage, der Gegenstand der Philosophie sei das Wissen und Meinen, ist insofern unpräzise, als sich die Philosophie nicht um die Rechtfertigung jeder Theorie kümmert und dies auch nicht kann. Sie überprüft beispielsweise nicht im einzelnen die Verfahren und Schlußfolgerungen der empirischen Wissenschaften oder der Mathematik. Womit sie sich beschäftigt, sind Grundannahmen und Prinzipien des menschlichen Verhaltens zur Welt und der Erkenntnis, die Relationen der Denkkategorien, die wissenschaftlichen Theoriebildungen und kulturellen Diskursen zugrunde liegen. Insofern stellt sie Rückfragen an das Wissen und distanziert sich von ihm (Baumgartner / Krings / Wild 1973, S. 1074; Baumgartner 1978, S. 243) bzw. bestimmt sich «*negativ gegen das vorhandene Wissen*» (Bubner 1978, S. 12).

Behauptet wurde auch, daß die Philosophie selbst kein Wissen repräsentiere, selbst keine neue Erkenntnis und keinen Erkenntnisfortschritt vollziehe, sondern lediglich eine das Wissen verändernde dauernde Tätigkeit sei, die ‹Verwalterin› der ewigen Aporien und der existenzgefährdenden Fragen (Kockelmans 1978, S. 225; Krings 1978, S. 155; Riedel 1978, S. 278; Bubner 1978, S. 4; Marquard 1978, S. 88 f). Kockelmans reduzierte in Anbetracht der «philosophischen Dimension der menschlichen Erfahrung» die Aufgabe der professionellen Philosophie darauf, die philosophische Fragedimension in der Kultur lebendig zu halten und insbesondere den Bezug zur Geschichte herzustellen.

In solchen und ähnlichen Äußerungen dokumentierte sich eine Unterschätzung der Möglichkeiten der Philosophie, über das Aufwerfen von Fragen und die Anregung zur Selbstreflexion hinaus Wissen bereitzustellen bzw. im Hinblick auf die Konstitution eines menschenmöglichen Wissens zu forschen und disziplinär zu streiten. Daß keine letzte Gewißheit möglich ist – Kockelmans verweist darauf, um zu betonen, daß Philosophie keine «absolute Wissenschaft» sei (1978, S. 225) –, kann kein Argument dagegen sein, daß sich eine philosophische Forschung so weit wie möglich und auf der Basis bestimmter metaphysischer Grundpositionen über die Geltung und Gültigkeit von Argumenten vergewissern kann.

Der nicht-empirische Charakter der Philosophie wurde in den Vorträgen der Arbeitsgruppe der Fritz Thyssen Stiftung positiv hervorgehoben. Allerdings weisen verschiedene Äußerungen darauf hin, daß Vorstellungen eines darin begründeten Mangels der Philosophie nicht überwunden waren: Die Philosophie «vermehrt nicht material das Wissen; das besorgen die Leute mit Sachkunde und die Wissenschaftler. Sie verändert aber dieses Wissen, indem sie es reflektiert, analytisch aufschließt und spekulativ zusammenschließt» (Krings 1978, S. 155 f). «Philosophische Forschung kann weder Wissen über existierende Sachverhalte oder neue Tatsachen bereitstellen [...] Wer philosophisch forscht, entdeckt nicht, wie der Wissenschaftler, etwas Neues, das er zuvor nicht gewußt hat» (Riedel 1978, S. 278). In diesen Aussagen ist der Begriff der Erkenntnis zu Unrecht reduziert auf eine Erkenntnis über die materielle Welt. Philosophische Reflexion wurde abgewertet zu einer Explikation des ‹Immer-schon-Gewußten› bzw. ‹Mit-Gewußten› (vgl. Riedel 1978). Das ‹Mitgewußte› aber ist, solange es nicht bewußt ist und auf seine argumentative Haltbarkeit im Licht des möglichen Wissens hin überprüft wurde, nicht begriffen und kann nicht als ein Wissen im strengen Sinn des Wortes bezeichnet werden. Die Philosophie, die Grundannahmen des Denkens reflektiert, birgt durch deren explizite Offenlegung und Rechtfertigung oder durch das Aufdecken von Problemen und Irrtümern eine neue Erkenntnis und stellt epistemologisches Wissen bereit, das wiederum unser Denken und Wissen zu verändern vermag.

Manfred Riedel argumentierte, die Begriffsbildung der Philosophie verlaufe reflexiv und «damit» außerhalb der Grenzen «strenger Wissenschaft» (1978, S. 271; ebenso Arzt 1979, S. 79). Dieses Argument ist jedoch nur dann schlüssig, wenn ‹Wissenschaft› mit empirischer Wissenschaft identifiziert wird, und auch dann nur unter der Voraussetzung einer problematischen abbildtheoretischen Epistemologie. Die Abbildtheorie der Erkenntnis vergegenwärtigt nicht die von Kants Fragestellung nach apriorischen Formen des Denkens ausgehende philosophische Erkenntnis, daß jede Empirie sich in theoretischen Bezugsrahmen bewegt und deshalb zu einer strengen Wissenschaft über die Herstellung der Fakten hinaus eine kritische Reflexion auf diesen Theorierahmen und die Methodologie sowie deren grundlegende Voraussetzungen gehören. In der wissenschaftlichen Theoriebildung gehöre die Reflexion zum «‹letzten› Element, das sie, so viel als immer möglich, ausschalten muß», betonte Riedel (1978, S. 270). Warum aber sollte die empirische Wissenschaft Reflexion ausschalten müssen? Tut sie dies, fällt sie hinter Einsichten ihrer wissenschaftstheoretischen Selbstkritik zurück.

Auf eine Notwendigkeit der Begrenzung der Reflexion in den Wissenschaften wurde auch mit dem Argument verwiesen, daß das alltägliche Leben und die gesellschaftlichen Institutionen zur Gewährleistung ihrer Handlungssicherheit eine Entlastung von Begründungspflichten benötigten (Lübbe 1980; 1983, S. 59; Gethmann 1978, S. 306 ff). Eine Wissenschaftspraxis aber, die sich durch einen Verzicht auf Reflexion in Gewißheit wiegte, wird dem Begriff der Wissenschaft nicht gerecht. Von einer naiven und nur vermeintlichen Handlungssicherheit ist eine aufgeklärte zu unterscheiden, die sich auf ein bestmögliches, auf seine Grenzen hin befragtes Wissen berufen kann. Heutige Debatten über das nicht bedachte Gefahrenpotential der zahlreichen neuen Werkstoffe und technischer Apparatur belehren über das Risiko, das eine Praxis verursacht, die sich leichtfertig über Grenzen des Wissens hinwegsetzt. ‹Strenge› und moralisch begründete, an dem Recht der Menschen auf Unversehrtheit orientierte Wissenschaft bedarf gerade der Reflexion, des Zweifels am Theorierahmen und der kritischen Überprüfung der Voraussetzungen –, und nicht zuletzt auch philosophischer Erkenntnis.

Das Mißverständnis der empirischen Wissenschaft als einem auf ‹Daten› hin orientiertem Denken und das Bestreben, die Philosophie von den (empirischen) Wissenschaften positiv abzugrenzen, führten zu fragwürdigen Argumenten. Reflexion ist kein spezifisches Charakteristikum der Philosophie als Disziplin und darf es – unter wissenschaftstheoretischen wie praktischen Gesichtspunkten – nicht sein. Wohl läßt sich argumentieren, daß die Reflexion dem philosophischen Denktypus eigen ist, geht man davon aus, daß philosophisches Fragepotential alle Bereiche des Denkens durchzieht. Unter Berücksichtigung der philosophischen Dimensionen der Grundlagenfragen der Wissenschaften und philosophierender Wissenschaftler wird eine Differenzierung der Denkmodi in ‹philosophische› und ‹wissenschaftliche› sogar sehr schwer. Eine Betrachtung der Wissenschaft und Philosophie als «zwei Weisen intellektueller Tätigkeit», die einen ungeteilten Rationalitätsanspruch erheben und sich negativ gegeneinander bestimmen (Bubner 1978, S. 12), verstellt eher die Problemlage, als daß sie sie klärt.

‹Rationalitätsdefizite› der Wissenschaften

Die Gegenüberstellung von Philosophie und Wissenschaften in den 70er Jahren berief sich auf ein Rationalitätsdefizit ‹der Wissenschaft›. Von diesem war in dreierlei Hinsicht die Rede: Betont wurde, daß die Wissenschaften ihre Begründungsproblematik nicht selbst lösen können, ihre Perspektive grundsätzlich partikular und sie unfähig zur Berücksichtigung von Normativität seien.

Hans Michael Baumgartner machte geltend, es ließe sich «sowohl konstruktivistisch wie transzendentalphilosophisch» zeigen, «daß die Wissenschaften auf eine Begründungsproblematik verweisen, die sie nicht selbst lösen können» (1978, S. 248 f). Darin wurde die Chance der Philosophie gesehen, «sich gegenüber den Wissenschaften nicht nur als ein Stück unabhängiger Rationalität zu behaupten, sondern diese Rationalität zugleich als therapeutische Maßnahme den Wissenschaften zu empfehlen» (Mittelstraß 1974, S. 9). Verwiesen wurde auf die Aufgabe der Philosophie, apriorische Begriffsstrukturen des Denkens zu analysieren, wobei die Konstruktive Wissenschaftstheorie von einem pragmatischen Apriori ausgeht und normierende Handlungen einem methodisch geordneten Begründungsaufbau zugrunde legt (Mittelstraß 1987; vgl. Kambartel 1978; Mittelstraß 1978). Damit wurde die disziplinäre Arbeitsteilung unter den Wissenschaften zu einem Argument gegen die Wissenschaften.

Philosophie übernimmt Analyseaufgaben im Hinblick auf allgemeinste Denkstrukturen, die von anderen Wissenschaften nicht oder nur unbefriedigend geleistet werden können, weil sie disziplinäre Aufgaben der Philosophie sind, eine philosophische Ausbildung und einen philosophischen Fachdiskurs voraussetzen. Es konnte von einem Rationalitätsdefizit ‹der Wissenschaften› nur deshalb die Rede sein, weil behauptet worden war, ‹die Wissenschaften› – die Philosophie ausgenommen – repräsentierten die ‹ganze Rationalität› und seien der Philosophie nicht bedürftig. Aber dies war strenggenommen eine von Philosophen selbst im Kontext des Positivismusstreits aufgestellte Behauptung. Die Abwehrhaltungen empirischer Wissenschaftler gegenüber Philosophie richteten sich gegen eine philosophische Erklärung und Bestimmung ihrer Gegenstände anstelle empirischer Untersuchungen. Sie forderten eine Differenzierung von empirischer Theoriebildung und Philosophie, in der Regel nicht den Verzicht auf Philosophie. Es ging um eine disziplinäre Trennung von Philosophie und empirischer Wissenschaft. Mit der Behauptung der Eigenständigkeit empirischer Theoriebildung wurde die Philosophie zugleich in ihren disziplinären Rahmen, auf die Reflexion der kategorialen Denkstrukturen verwiesen.

Der Umstand, daß ‹die Wissenschaften› keinen philosophischen Fachdiskurs führen, kann aber nicht als ein Rationalitätsdefizit ausgelegt werden, soll nicht die wissenschaftliche Arbeitsteilung und damit auch die Disziplin Philosophie in Frage gestellt werden. Von einem Rationalitätsdefizit läßt sich nur sinnvoll sprechen in bezug auf die theoretischen Bereiche, die verantwortet werden können. Den Vorwurf eines Mangels an Rationalität muß sich beispielsweise eine wissenschaftliche Grundlagendebatte gefallen lassen, die philosophische Diskurse und Erkenntnisse nicht oder ungenügend berücksichtigt. Dieser Vorwurf ist an bestimmte fachwissenschaftliche Diskurse zu richten, denen dann auch Philosophie als ‹Therapie› ihrer Problemstellung empfohlen werden kann.

Ein Rationalitätsdefizit der Wissenschaften wurde auch im Hinblick auf die grundsätzliche Partikularität ‹der Wissenschaften› festgestellt, der gegenüber sich dann die totalisierende Perspektive der Philosophie abheben ließ. «Die Wissenschaften beziehen sich auf partikulare Gegenstände und Gegenstandsbereiche, denen unabhängig davon, ob und wie sie erforscht werden, Existenz zukommt. In bezug auf existierende Sachverhalte bilden systematische Beobachtung, experimentelle Kontrolle, metrische Beschreibung und historische Quellenkritik in Verbindung mit Regeln des logischen Folgerns und hermeneutischen Verstehens Methoden, die Probleme begrenzen und dadurch überprüfbares Fachwissen produzieren.» Philosophie kennzeichne eine gegenläufige Denkbewegung; sie bemühe sich, «Problemisolierungen und methodisch verfestigtes Wissen, das immer zugleich Nicht-Wissen und dadurch spezifisch fachwissenschaftliche Begrenzungen produziert, wieder aufzubrechen» (Riedel 1978, S. 277). Die Philosophie bestimme «im Unterschied zu den einzelnen Wissenschaften nicht ein bestimmtes Arbeitsfeld, sondern das Ganze schlechthin. Das aber bedeutet zugleich: Was die Philosophie von den einzelnen Wissenschaften unterscheidet, ist zuerst und zunächst nicht etwa die charakteristische Form ihrer Erkenntnisarbeit, sondern die Universalität ihrer Fragestellung» (Hinske 1978, S. 322 f; vgl. 1975, S. 11 f; sowie Wolandt 1979, S. 49). Geltend gemacht wurde, daß die Philosophie als Reflexion der Denkstrukturen sich immer schon mit dem grundlegendsten Allgemeinen beschäftigt hat und in der Bestimmung der Relationen der Denkkategorien mit Fragen des Systems der Kategorien befaßt ist.

Diese Gegenüberstellung von Philosophie und ‹Wissenschaften› verschweigt jedoch, daß auch die Philosophie zu partikularer Betrachtung und Abstraktion gezwungen ist, um ihre einzelnen theoretischen Ansätze zu präzisieren, auch wenn sie dabei immer wieder über die Bestimmung der Begriffe und ihrer Relationen zu anderen Kategorien über den engeren thematischen Bereich hinausgetrieben wird. Dies allerdings ist ein Prozeß, der sich im Prinzip auch in jeder anderen spezialisierten Wissenschaft vollzieht. Die These von der wesentlichen Partikularität der Wissenschaften ignoriert, daß es den Anspruch und gewissermaßen eine Wissenschaftsnorm gibt, sich von der Spezialisierung nicht ‹gefangennehmen› zu lassen, sondern sie auf ihre Grenzen hin zu reflektieren. Die Idee der Interdisziplinarität, die vor allem seit dem Ende der 50er Jahre Verbreitung fand, war mit der Einsicht verbunden, daß neben der gegenständlichen Differenzierung und Spezialisierung eine Reflexion auf die theoretische Einheit des Wissens gefordert ist. Diese Einheit sollte nicht eine bloße Summe des Einzelwissens sein, sondern eine übergreifende Theorie, ein theoretisches Rahmenwerk und insofern eine Einheit des Wissens in Prinzipien. In den Prozessen der Vereinheitlichung von Theorien kann die Philosophie mit ihrem Nachdenken über regulative Prinzipien eine wichtige Rolle spielen; vor allem die kategorialen Gegensatzpaare wie Geist – Materie, Mensch – Natur, Statik – Dynamik, Individuum – Gesellschaft etc. sind für die theoretische Verarbeitung mehrdimensionaler Betrachtungen von entscheidender Bedeutung, um Wirkungsfaktoren zu gewichten und die Fehler zu vermeiden, einzelne Dimensionen gegenüber anderen zu verabsolutieren oder umgekehrt die Gleichwertigkeit aller Erklärungsansätze zu postulieren (vgl. Acham 1988, S. 13 ff). Acham betonte daher, Objektivität in der Wissenschaft sei vor allem eine Frage der theoretischen Kompetenz (ebd., S. 17). Zur differenzierten Erfassung der Komplexität der meisten wissenschaftlichen Gegenstände, der Vernetzungen und Interdependenzen verschiedener Bereiche und Strukturebenen bedarf es theoretischer Rahmenwerke und damit totalisierender Perspektiven. Ihre Entwicklung ist jedoch vor allem eine Sache der empirischen Wissenschaften selbst, wenngleich sie auf die

Hilfe der rationalen Wissenschaften, der Philosophie und der Mathematik, angewiesen sind. Die Philosophie reflektiert allgemeinste Prinzipien des Seins, die Differenzierungen und Relationierungen von Grundbegriffen, und kann dadurch zu einer Ordnung im Denken verhelfen, während die spezifische Begriffsbildung einer empirischen Rahmentheorie von betreffenden Fachwissenschaften entwickelt werden muß. So sind an der Entwicklung der menschlichen Fähigkeit zur differenziert strukturierten und komplexen Anschauung des Ganzen im Grunde alle Wissenschaften beteiligt.

Die Identifizierung ‹der Wissenschaft› mit Partikularität verabsolutiert eine ihrer Seiten, die Spezialisierung, die zwar ein dynamisches Antriebsmoment der Wissenschaftsentwicklung ist, in der aber eine Wissenschaft nicht aufgehen kann. Auch hier war der Sinn der These, der ‹partikularisierenden› Wissenschaft Philosophie als ‹Therapie› zu empfehlen. Implizit wurde damit aber für eine Arbeitsteilung votiert, die die Wissenschaft auf eine unzureichende wissenschaftliche Praxis festschreibt und gleichzeitig die Philosophie überfordert, indem sie ihr die fehlende Reflexion des Ganzen zumutete. Philosophie ist jedoch nicht in der Lage, empirisch fundierte theoretische Rahmenwerke zu entwickeln, die spezialisierte Theorien vereinheitlichen – auch eine Mithör- oder Mitsprachekompetenz für empirische Wissenschaften dürfte dafür kaum ausreichen. Zum Teil wurde ausdrücklich als Aufgabe der Philosophie die ‹Dekomplexion› der angeblich immer komplizierter und weniger leicht überschaubar werdenden wissenschaftlichen Theorien über die Welt bestimmt (Lübbe 1988, S. 257 ff; Rapp 1988, S. 22; vgl. Oelmüller 1988 a, S. 81 f). Auch das ist im Prinzip ein ‹waghalsiges› Unternehmen der Philosophie, da sie damit allzuleicht Gefahr läuft, unter das Niveau der Differenzierungen im Rahmen der fachlichen Spezialisierungen zu fallen und als ‹schlechte Weltanschauung› diskreditiert zu werden. Die Orientierung, den Sinn der Philosophie an den Mängeln der Wissenschaften zu erweisen, führt unweigerlich zu Aufgabenstellungen, die nicht eigentlich die der Philosophie sind und für die sie nicht kompetent ist.

In einer dritten Hinsicht war von einem Rationalitätsdefizit ‹der Wissenschaften› die Rede, und zwar von einer Unfähigkeit der Wissenschaften zur Berücksichtigung von Normativität: Argumentiert wurde, daß den Wissenschaften die Aufgabe der Erklärung und Deutung der Sachverhalte der unabhängig vom Denken existierenden Welt – die Bestimmung der Tatsachen – obliege, sie aber nicht in der Lage seien, Grundannahmen zu rechtfertigen. «Aufgabe der Wissenschaften ist die *Erklärung* entdeckter Sachverhalte durch Gesetzesannahmen und ihre *Deutung* im Rahmen empirisch überprüfter Theorien, während die Philosophie erklärte und gedeutete Sachverhalte in der Beschränkung auf ihre Hauptaufgabe, zum Vergleich von Grundannahmen mit empirisch relevanten Tatsachen, heranzieht. Rechtfertigungen sind keine Erklärungen, wie andererseits Erklärungen von Tatsachen noch keine Rechtfertigungen für Grundannahmen, auch nicht für die einer Wissenschaft, sind. Die Mittel der Wissenschaft – das wird allzu oft übersehen – sind ihrerseits methodisch stets beschränkt. Sie erlauben weder eine Falsifikation praktischer Grundannahmen noch entsprechende Verifizierung. Wie sich Normen vom Typ der Menschenrechte, z. B. der Satz, daß alle Menschen gleich und frei geboren sind, aus Tatsachenaussagen nicht ableiten lassen – die Ergebnisse empirischer Wissenschaften sprechen mehr für das Bestehen natürlicher Unterschiede und Ungleichheiten unter Menschen –, so lassen sich umgekehrt Normen durch Tatsachen auch nicht widerlegen. Theoretische und praktische Sätze bleiben ihrer logischen Form nach getrennt» (Riedel 1978, S. 284). Hans-Georg Gadamer sprach sogar von einer daraus folgenden Verantwortungslosigkeit der Wissenschaften. «Die Unabhängigkeit der Wissenschaft von der Philosophie bedeutet ja zugleich ihre Verantwortungslosigkeit – natürlich nicht im moralischen Sinne des Wortes, sondern im Sinne ihrer Unfähigkeit und Unbedürftigkeit, über das Rechenschaft zu geben, was sie selber im Ganzen des menschlichen Daseins, d. h. vor allem in ihrer Anwendung auf Natur und Gesellschaft bedeutet» (1974, S. 97). Auch der Aachener Philosoph Rudolf Lüthe erklärte (1979), wer Sinnfragen nicht im Hinblick auf den philosophischen Diskurs stellt, beuge sich zeitbedingten Moden. Dies sei eine irrationale und unverantwortliche Einstellung.

Von der Moral ist der Begriff der Verantwortung nicht zu trennen, bedeutet doch Verantwortung, sich über die gesellschaftlichen, mitmenschlichen Folgen seines Handelns nach sittlichen Kriterien Rechenschaft abzulegen. Von Verantwortungslosigkeit zu sprechen, aber nicht in einem moralischen Sinn, ist im Grunde nicht möglich, zumal das verbreitete (Vor-)Urteil, daß spezialisierte Naturwissenschaftler die Folgen ihres Tuns nicht bedenken, sogleich zur Hand ist. Aber ist mangelnde Moralität von Wissenschaftlern eine Konsequenz der empirischen Wissenschaft und einer Unabhängigkeit von der Philosophie? Und würde eine philosophische Bildung Moral garantieren?

Jürgen Mittelstraß diskutierte die vermeintliche Unfähigkeit und Unbedürftigkeit der Wissenschaften zur Rechenschaftslegung unter dem Begriff der technischen Rationalität bzw. der Zweckrationalität.

«Ziele und Methoden einer wissenschaftlichen Praxis werden in der Regel als gegeben angesehen und die hohe Funktionsfähigkeit dieser Praxis als Ausweis ihrer Wissenschaftlichkeit ausgegeben. Damit wird Wissenschaftlichkeit zugleich im Rahmen eines pragmatischen Interesses definiert, das Ziele über schon vorliegende Ergebnisse als bloße Anschlußaufgaben bestimmt und Methoden als bloße Werkzeuge betrachtet, die man benutzt, solange sie den an ein Werkzeug gestellten Anforderungen genügen, und die man beliebig austauscht, wenn dies irgendwann einmal nicht mehr der Fall sein sollte. Mit anderen Worten: dieser wissenschaftlichen Praxis liegt ein technischer Rationalitätsbegriff zugrunde; der durch die Ersetzung des Begriffs der (durchgängigen) *Begründung* durch den Begriff der (vorläufigen) *Bewährung* sowie durch das Verfahren der Isolierung methodisch aufgetretener Schwierigkeiten von (noch) intakten Theorieteilen und deren Bewältigung über partielle theoretische Maßnahmen charakterisierbar ist» (1974, S. 16; vgl. 1972a, S. 19ff, 1978).

Mittelstraß kritisiert eine wissenschaftliche Praxis, die sich mit wissenschafts-‹internen› Kognitionsprozessen zufriedengibt und ihre Gesellschaftlichkeit nicht genügend reflektiert, sich also nicht als Theorie einer Praxis begreift. Seine Kritik der ungenügenden Reflexion der wissenschaftlichen Praxis ist berechtigt; doch die Stilisierung dieses Mangels an Denken zum Wesen der Wissenschaft, die die Bestimmung der Wissenschaft als praxissichernde Zweckrationalität und komplementär dazu der Philosophie als praxisleitender Aufklärung enthält, ist problematisch, denn Wissenschaft ist nicht prinzipiell mit einem kurzsichtig ‹technisch-linearen› Denktypus identisch. Grundsätzlich spricht nichts dagegen, daß die wissenschaftliche Praxis eine andere, reflektiertere sein kann, ohne daß die Disziplin Philosophie dazu vonnöten wäre. Damit will ich nicht die Bedeutung der philosophischen Reflexion der Wissenschaftler und die Heranziehung von Philosophien im wissenschaftlichen Diskurs bestreiten; mir geht es nur um die Bestimmung der Philosophie als Disziplin, die zu eng gefaßt wird, wenn sie an Schwächen der wissenschaftlichen Praxis ausgerichtet wird.

An dem Argument, daß Wissenschaftler – mit Ausnahme der Philosophen – nicht zur Selbstreflexion auf gerechtfertigte Ziele in der Lage seien, ist richtig, daß sich die Wissenschaft – abgesehen von der Philosophie – nicht mit Begründungsproblemen von Normen beschäftigt; dies ist schließlich ein spezifisches Arbeitsfeld der Philosophie. Doch müssen darum nichtphilosophische Wissenschaftler noch nicht unmoralisch oder unfähig sein, Ziele zu reflektieren. Ihnen stehen, wie jedem Menschen, die in der Geschichte der Kulturen herauskristallisierten moralischen Normen von allgemeinem Geltungsanspruch zur Verfügung. Dies sind insbesondere die Menschenrechte. Es gibt keine Wissenschaftsnorm, die Wissenschaftler daran hinderte, ihr Handeln auf den gesellschaftlichen Kontext hin zu reflektieren. Das Wertfreiheitspostulat wäre als eine Verpflichtung auf politische Abstinenz und moralische Gleichgültigkeit mißverstanden; es bezieht sich, wie gesagt, methodisch auf die Erkenntnis- und Kommunikationsform und galt der Aufwertung sachlicher Analysen und Urteile in einem weltanschaulich-emotional belasteten thematischen Kontext.

Der Vorwurf der politischen Abstinenz hat in seiner Wendung gegen Naturwissenschaftler, Mathematiker und Techniker eine lange Tradition, die sicherlich auch durch schlechte Erfahrung genährt wurde. Doch selbst wenn der Vorwurf für einen Teil der Wissenschaftler zutreffend sein mag, ist doch seine Verallgemeinerung ungerechtfertigt. Nicht nur das gesellschaftliche Engagement von Wissenschaftlern wie Albert Einstein, Bertrand Russell u. a. würde vergessen, sondern auch der das Selbstverständnis vieler Naturwissenschaftler und Techniker prägende Anspruch, daß ihre Wissenschaft dem Leben diene und die Lebensqualität verbessern helfe (vgl. von Engelhardt 1979; Sandkühler 1991 c). Gerade angesichts des Nationalsozialismus liegt die Verneinung der Frage auf der Hand, ob Geistes- und Gesellschaftswissenschaftler sowie Philosophen im allgemeinen moralischer genannt werden können.

In Gestalt des Konservatismusvorwurfs im Kontext des Positivismusstreits wurde die Kritik an ‹den formalen Wissenschaften› auf die empirische Wissenschaft generell ausgedehnt; die Behauptung der Unfähigkeit ‹der Wissenschaften› zur Rechenschaftslegung gehört in dieses Denkmodell, nur ist die Referenz noch einmal erweitert. Wenn der Anspruch der Wissenschaft bzw. der Wissenschaftler, dem Leben zu dienen, in der Praxis häufig nicht als ein bestimmendes Moment durchgehalten wird, verweist dies auf Probleme der Praxis, diesem Anspruch gerecht werden zu können. Die Rechtfertigung der These von der Unfähigkeit der Wissenschaften zur Rechenschaftslegung hätte aber zu begründen, daß diese Probleme ausschließlich strukturelle Probleme der wissenschaftlichen Praxis sind und nicht etwa einen gesellschaftlichen, kulturellen Hintergrund besitzen.

Philosophische Rechtfertigungsaufgaben unterscheiden sich von Rechtfertigungsverpflichtungen der anderen Wissenschaften: Die Begründung von Normen ist eine spezifisch philosophische Aufgabe, so etwa die Begründung einer Verpflichtung der Wissenschaft auf eine humane Praxis unter Bezugnahme auf Menschenrechte oder die Bestimmung der Theorie als Theorie einer gesellschaftlichen Praxis. Dagegen ist die Reflexion auf die gesellschaftliche Relevanz bestimmter Forschungsprojekte, ihre politische und moralische Rechtfertigung, eine Sache des wissenschaftspolitischen Diskurses, an dem auch die Öffentlichkeit beteiligt ist. Es bedarf hierzu keiner disziplinär-philosophischen Hilfestellung, sondern, neben politischer und wissenschaftlicher Sachkenntnis, vor allem der Urteilskraft moralischer Menschen. Hans Jörg Sandkühler wies in diesem Sinn den Ruf nach einer Ethik der Wissenschaft als eine Lösung des Problems der Verantwortung der Wissenschaft zurück: «Ethik ist eine wissenschaftliche oder philosophische Spezialdisziplin, die zusätzlich zu lernen keinem Wissenschaftler einleuchten wird, dem fehlt, was fehlt: *Moralität.* Der Ruf nach einer neuen Wissenschaftsethik ist der Ruf nach Verwissenschaftlichung eines Mangels» (1987, S. 33). Die Philosophie kann durch Explikation des normativen Reglements unseres Denkens und den Verweis auf die Verantwortung des Menschen für die Ordnungen, die er sich gibt, das moralische Bewußtsein stärken; die je spezifischen Zieldebatten und Rechtfertigungsdiskurse kann sie jedoch nicht ersetzen, und schließlich bleibt die Stimme der Philosophen in diesen eine unter vielen.

Die Rede vom Rationalitätsdefizit ‹der Wissenschaften› differenzierte die verschiedenen Aufgabenbereiche von Philosophie und anderen Wissenschaften unzureichend und stilisierte eine mangelhafte Wissenschaftspraxis zum Begriff der Wissenschaft. Für eine Präzisierung der Probleme ist mehr gewonnen, wenn die Rationalitätsdefizite einer bestimmten Praxis konkret analysiert würden. Der Philosophie wurden Aufgaben und Leistungen zugemutet, die sie unmöglich erbringen konnte. Darin lag eine Überforderung der Philosophie. Ihr korrespondierte jedoch eine eigentümliche Unterforderung und Abwertung der genuin philosophischen Forschung dadurch, daß das Gewicht der spezifisch disziplinären Aufgaben der Philosophie aus dem Blick geraten war. Die Krisendiskussion der Philosophie Anfang der 70er Jahre zeichnete sich gewissermaßen durch die Überzeugung aus, daß die originären Forschungsbereiche der Philosophie für eine Behauptung der Disziplin in der Öffentlichkeit nicht genügten. Daraus folgte eine Suche nach zusätzlichen und neuen Aufgabenbereichen. Den Pessimismus korrigierte die Debatte des Arbeitskreises der Fritz Thyssen Stiftung, aber der Mangel an disziplinärem Selbstbewußtsein wurde nicht gänzlich überwunden: Philosophie wurde nicht mehr für überflüssig, sondern für alles zuständig erklärt!

‹Wahrheit› außerhalb der Wissenschaften

Die Entgegensetzung von Philosophie und Wissenschaft war auch Ausdruck und Folge einer kulturkritisch geprägten Suche nach einer ‹Wahrheit› außerhalb der Wissenschaften, welche die Philosophie vermitteln sollte. Der Regensburger Philosoph Ulrich Hommes beispielsweise sprach von der Dialektik der Industriegesellschaft, nach welcher die erweiterte Herrschaft über die Welt die Gesellschaft zunehmend in die Knechtschaft dessen geraten ließ, was sie beherrschen zu können glaube. Angesichts dessen plädierte er für eine Wahrheit «jenseits des vom Methodenideal exakten Wissens eingegrenzten Bereichs» und hob hervor, daß sich die praktische Philosophie zu einem Sammelbegriff derjenigen Unternehmungen entwickelt, die im Gegenzug zu der großen Bahn des Philosophierens, die sich «in Richtung des Postulats der Einheitswissenschaft» bewege, diese andere Wahrheit sucht. Sie gehe davon aus, daß die Praxis Wahrheit erschließt, «die von Theorie als solcher nicht zu vermitteln ist» (1976, S. 130f). Adorno hatte ähnlich argumentiert: «So gewiß ohne wissenschaftliche Disziplin kein Fortschritt des Bewußtseins wäre, so gewiß paralysiert die Disziplin gleichzeitig die Organe der Erkenntnis. Je mehr Wissenschaft zu dem von Max Weber der Welt prophezeiten Gehäuse erstarrt, desto mehr wird das als vorwissenschaftlich Verfemte zum Refugium von Erkenntnis» (1989d, S. 27). Eine Metaphysik, die

nicht zuerst theoretischer Reflexion, sondern der Lebens- und Todeserfahrung entspringt, sollte auch der Philosophie helfen, aus dem ‹Schatten der Einzelwissenschaften› herauszutreten (Hinske 1975, S. 22, 46 f).
Dabei war man sich im klaren, daß eine solche Philosophie nicht mehr das Prädikat Wissenschaft beanspruchen konnte, relativierte dies aber mit dem Hinweis darauf, daß der Begriff der Wissenschaftlichkeit «keinesfalls eine gesicherte Sache» ist (ebd., S. 27).

Man berief sich auf die wissenschaftstheoretische Diskussion um die historische Relativität nicht nur der Ergebnisse der Wissenschaften, sondern auch des Wissenschaftsbegriffs sowie auf die Debatten um die Kriterien für Objektivität, die sich vor allem um die Probleme der Induktion, der Theoriegeladenheit der Beobachtung und die von W. V. O. Quine herausgestellte Unbestimmtheit der Übersetzung und damit einhergehender Unerforschlichkeit der Referenz rankten. Aus der Kritik an ‹der Wissenschaft›, ihren Methodenforderungen und dem Ideal des (Erkenntnis-)Fortschritts entwickelte sich im Laufe der 70er und 80er Jahre eine grundsätzliche Rationalitätskritik, die angesichts der Zivilisationsprobleme für eine ‹Wiedererweckung› mythischer Dimensionen des Menschen, der Gnosis oder einfach des ‹Anderen der Vernunft› plädierte (vgl. Böhme / Böhme 1985).

Hoffnungen auf eine Erstarkung der Philosophie in den Prozessen einer ‹Remythisierung› (Piepmeier 1988, S. 108) sind mit gutem Argument zurückgewiesen worden: Das erklärte Ziel der Bewegung, den Logos aufzuheben, bedeute eine Preisgabe der Philosophie; denn wo die Unmittelbarkeit des Lebens gewollt werde, werde die Philosophie überflüssig (Geyer 1988, S. 100). So kann Philosophie nur ein Vehikel für die Einsetzung des Mythos sein. Auch diese Bestimmung der Aufgaben der Philosophie geht nicht von dem disziplinären Charakter der Philosophie aus, wie er sich durch die Geschichte hindurch in den als philosophisch ausgewiesenen Fragestellungen präsentiert, sondern sucht nach Aufgabenfeldern, die sich aus Problemen der Gegenwart ergeben, ohne selbstkritisch die Kompetenz der Philosophie zur Lösung dieser Probleme zu hinterfragen.

Hans Poser (Berlin) verdeutlichte die Unhaltbarkeit der Redeweise von der ‹Wiederkehr des Mythos› mit dem Verweis auf den großen wissenschaftlichen Aufwand, den die Rekonstruktion und Erzählung der Mythen in der Gegenwart verlangt. Wären die Mythen tatsächlich lebendig, wären diese Bemühungen nicht notwendig. Das Interesse gelte im Grunde gar nicht den Erzählungen, sondern ‹dem Mythos›, einem Abstraktum, das eine Bezeichnung für die Funktionen ist, die den mythischen Erzählungen unter Interpretationsgesichtspunkten der Gegenwart zugeschrieben werden. Das erkläre auch den großen Theorieaufwand um den Mythos. In ‹dem Mythos› seien Desiderata der Gegenwart projiziert, und Poser (1990) plädierte dafür, dies selbstkritisch zu reflektieren.

Die Oberflächlichkeit der Argumentation der modischen Kritik der Rationalität wird insbesondere vor dem Hintergrund der Philosophiegeschichte deutlich. Herbert Schnädelbach macht darauf aufmerksam: «Die Basis dieses einfachen, schrecklichen Gedankens [daß die Vernunft für die Probleme der modernen Zivilisation verantwortlich ist] ist eine schreckliche *Vereinfachung*: ein *allzu*einfacher Gedanke der Vernunft, der zumindest die Geschichte des Nachdenkens über sie gegen sich hat. Von Aristoteles bis zu Kant und Schopenhauer war Vernunft *verschieden* und in der Regel als etwas *Komplexes* beschrieben worden: als Familie dianoetischer Tüchtigkeiten z. B., oder als Trias ‹Verstand-Urteilskraft-Vernunft›, die sich selbst bei Hegel reformuliert findet. Solche Differenzierungen müssen dem modernen Vernunftkritiker freilich ungelegen kommen, denn sie schwächen die Durchschlagskraft seiner Denunziationen. Auch die Tatsache, daß sich die Geschichte der Vernunft in philosophischer Perspektive ebenso als die der Vernunft*kritik* schreiben ließe – und nicht bloß als Geschichte ihrer triumphalen oder katastrophalen Selbstentfaltung –, läßt man besser unerwähnt; wirkungsvoller ist es, mit der ‹Dialektik der Aufklärung› dabei zu bleiben, daß von Parmenides bis Russell alles dasselbe war» (1992, S. 14).

Wie die geschilderten Philosophiedarstellungen der 70er Jahre verdeutlichen, konnte vielfach keine ungebrochen positive Selbstbestimmung über den disziplinären Charakter der Philosophie gefunden werden. Obwohl gegenüber den Krisendiskussionen Anfang der 70er Jahre die Reflexion auf Denkstrukturen als eine spezifisch philosophische Aufgabe rehabilitiert wurde, blieb unzureichend geklärt, ob bzw. inwiefern die Philosophie durch Forschungen auf Problemfeldern ihres eigenen Gebiets einen Beitrag zur Entwicklung des Wissenschaftsprozesses leisten kann. Bestimmungen der Philosophie, die sie ‹den Wissenschaften› gegenüber als eine ‹spätere› Reflexion charakterisierten (Baumgartner/Krings/Wild 1973, S. 1085), d. h. als Kritik und Korrektur des Wissens sowie orientierende Anleitung, fixierten die Philosophie auf andere Wissenschaften anstatt auf ihre eigenen Problemstellungen und Problementwicklungen, die auch für andere Disziplinen fruchtbar werden könnten, unter der Voraussetzung allerdings, daß die Philosophie sich selbst als Disziplin begreift, die in ihrem Bereich Erkenntnisfortschritte erstrebt.

Ob Philosophie mehr sein kann und sollte als eine Anregung zum Diskurs und zur Selbstreflektion, ob sie Wissen begründen kann, ist eine bis noch bis Anfang der 90er Jahre anhaltende Diskussion, in der vor allem Richard Rortys 1979 erschienenes Buch *Philosophy and the Mirror of Nature* eine Herausforderung darstellt.

Die Kontroverse um Grundlegungsaufgaben der Philosophie

Rortys Anliegen ist eine Dekonstruktion und Revision des traditionellen Selbstverständnisses der Philosophie, Rationalität begründen zu wollen. Mit der Ablehnung eines Abbild- oder Korrespondenzverhältnisses von Sprache und Welt und ausgehend von einem epistemologischen Internalismus, der die Sprache resp. das Gespräch als ein Medium begreift, in dem sich der Mensch in der Welt zurechtfindet und seinen Begriff von Realität prägt, weist Rorty die philosophische Frage nach der Sicherheit des Wissens zurück und plädiert für die Bescheidung philosophischer Ansprüche auf Hermeneutik. «Das Inganghalten eines Gesprächs als hinreichendes Ziel der Philosophie zu sehen, Weisheit als das Vermögen zu verstehen, ein Gespräch mitzutragen, heißt, den Menschen nicht als ein Wesen zu sehen, das man irgendwann akkurat beschreiben zu können hofft, sondern als den Erzeuger von Beschreibungen. Sieht man dagegen als das Ziel der Philosophie *die Wahrheit* – die Wahrheit über die Begriffe, die die endgültige Kommensuration jeglicher menschlichen Forschung und Tätigkeit ermöglichen –, so betrachtet man den Menschen nicht als ein Subjekt, sondern als Objekt, nicht als ein Wesen, das als *en-soi und* als *pour-soi* existiert» (Rorty 1987, S. 409). Philosophie, wie Rorty sie versteht, kann nur «reaktiv» sein (ebd., S. 408, 410), ein

«Protest gegen das Unternehmen [...], durch irgendwelche Vorschläge zur universalen Kommensuration und durch das Hypostasieren eines privilegierten Systems von Beschreibungen dem Gespräch ein Ende zu machen. Der bildende Diskurs versucht die Gefahr abzuwenden, daß irgendein Vokabular, irgendeine künftige Beschreibungsmöglichkeit ihrer selbst, die Menschen zu der Täuschung veranlassen könnte, von nun an sollten und könnten alle Diskurse normale Diskurse sein. Das resultierende Einfrieren der Kultur käme in den Augen des bildenden Philosophen der Entmenschlichung des Menschen gleich» (ebd., S. 408 f).

Unter einem normalen Diskurs versteht Rorty in Anlehnung an Kuhns Begriff der normalen Wissenschaft im Unterschied zur revolutionären einen Diskurs im Rahmen eines allgemein anerkannten Systems von Konventionen. Für Rorty ist dies gleichbedeutend mit einer «Kanonisierung des Vokabulars» und Blockierung des Gesprächs (ebd., S. 418, 348 f). Die «bildende Philosophie» wolle dagegen den Menschen als «Erzeuger von Beschreibungen» verdeutlichen, insbesondere durch die Anstrengung, dem Gespräch stets neue Wendungen zu geben. Die Philosophie unterliege einer Selbsttäuschung, wenn sie mehr zu leisten versucht (ebd., S. 409 f).

Rortys Buch ist eine Reaktion auf die Reduktion der erkenntnistheoretischen Fragestellung auf Neurophysiologie innerhalb der analytischen Philosophie (vgl. Bieri 1981; Sandkühler 1991 b, S. 315 ff). Dieser Naturalisierung, der er selbst in den 60er Jahren anhing, hält Rorty entgegen, daß der Nachweis einer kausalen Veranlassung – durch Reizung der Sinnesorgane –, etwas über einen Gegenstand zu sagen, nichts zu einer Rechtfertigung von Aussagen beitragen kann, Rechtfertigungen vielmehr holistischer und sozialer Natur seien.

«Unsere Gewißheit wird eine Funktion des Miteinandersprechens von Personen sein, nicht ihrer Interaktion mit einer nichtmenschlichen Realität. [...] wir werden nicht nach einem unerschütterlichen Fundament Ausschau halten, sondern nach unanfechtbaren Argumenten. Wir werden uns in jenem Raum aufhalten, den Sellars ‹den logischen Raum des Begründens› nennt, nicht im Raum kausaler Relationen zu Gegenständen» (Rorty 1987, S. 176, vgl. S. 190 f).

Rorty favorisiert in Ablehnung jeder philosophischen Begründungsanstrengung einen pragmatischen Erkenntnisbegriff, nach dem Wahrheit und Moral abhängig sind von den Rechtfertigungsstrukturen der sozialen Praxis – von dem, «was wir gegenwärtig glauben», dem «Emsemble der Überzeugungen, die unsere heutige Kultur ausmachen» (ebd., S. 304) – und auf diese hin zu relativieren. Er bestreitet, daß es eine den historischen Bedeutungswandel übergreifende Struktur der Rationalität gibt (ebd., S. 298, 416, 421 ff).

Diese Position ist als eine «Verkleinerung der Philosophie» (Putnam 1983, S. 441) und «Preisgabe der Philosophie» (Habermas 1983, S. 44) kritisiert worden. Geltend gemacht wurde der Unterschied zwischen der bloßen sozialen Geltung von Aussagen und ihrer Gültigkeit unter Bezug auf Gründe, ein ‹Moment der Unbedingtheit unserer Rede›, und ein philosophisches Interesse daran, «‹in unseren sozialen Rechtfertigungspraktiken mehr zu sehen als einfach solche Praktiken›» (Habermas 1983, S. 58); Philosophie müsse an der Rolle eines Hüters der Rationalität festhalten.

Hilary Putnam, der selbst auch seit Anfang der 80er Jahre eine Wende zu einem sogenannten internen Realismus vollzogen hatte, verwies auf die Transzendentalität der Vernunft: «Wir haben keinen archimedischen Standpunkt, wir sprechen immer eine zeit- und ortsgebundene Sprache, aber was wir sagen, gilt nicht *bloß* für eine Zeit und einen Ort» (1983, S. 448). Vernunft sei sowohl immanent als auch transzendent: Einen Begriff der Vernunft gebe es nur innerhalb der Gesellschaft und ihres Sprachspiels, andererseits beschränke sie sich nicht auf die Ausübung ererbter Praxis, sondern sei eine regulative Idee, wirksam in Prozessen des Regelverstehens und in der Kritik von Praxis. Konsensdefinitionen von Vernunft scheiterten daran, daß Übereinstimmung unter Mündigen Vernunft bereits voraussetzt (ebd., S. 439 f, 445). Wahrheit charakterisiert Putnam als «(idealisierte) rationale Akzeptierbarkeit – so etwas wie ideale Kohärenz unserer Überzeugungen untereinander und in bezug auf unsere Erfahrungen *entsprechend der Darstellung dieser Erfahrungen in unserem Überzeugungssystem*» (1982, S. 75). Der Unterschied zu Rorty liegt im Verweis auf das Moment der Idealisierung, das unsere Urteile begleitet. «Wir reden, als gäbe es so etwas wie erkenntnismäßig ideale Bedingungen, und wir nennen eine Aussage ‹wahr›, wenn sie unter solchen Bedingungen gerechtfertigt wäre» (ebd., S. 83). Mit diesen idealen epistemischen Bedingungen verhalte es sich wie mit dem Ideal reibungsfreier Oberflächen – sie sind nicht wirklich erreichbar; aber Ideale zahlten sich aus in der Anstrengung, ihnen nahe zu kommen.

Günter Abel (Berlin) knüpft an diese Bestimmung Putnams an, fügt aber hinzu, eine weitere ‹Als-Ob-Annahme› sei die Idealisierung der Transparenz der Interpretationsfunktionen unseres sprach- und grundbegrifflichen Systems sowie unserer Interpretationspraxis. Wir täten so, als ob unsere Interpretationszeichen klar und deutlich und unsere Interpretationspraxis durchsichtig und überschaubar wäre. «Keine dieser Annahmen ist tatsächlich erfüllt oder erreichbar. Aber als interne, als Als-Ob-Annahmen *von innen her*, sind sie möglich – freilich nur ihrerseits als Interpretations-Annahmen, *de interpretatione*, nicht *de re*. Was, wie und bis zu welchem Grade eine Als-Ob-Idealisierung möglich ist oder nicht, hängt seinerseits von dem im Gebrauch befindlichen Symbolsystem, von der Interpretations-Praxis des Verwendens und Verstehens der symbolisierenden Zeichen und von den mit einer Idealisierung verfolgten Zwecken ab» (1993, S. 518). Mit Nelson Goodman betont er, daß Wahrheit wesentlich eine Angelegenheit des ‹Passens› sei – der Sätze zu anderen Sätzen, vor allem zu den für gültig erachteten Sätzen innerhalb des Interpretationsgeflechts, das unser Selbst- und Weltbild ausmacht, aber auch zu den Bedingungen empirischer Erfahrung sowie zu den Als-ob-Idealisierungen. Doch bei Fragen der Wahrheit gehe es nicht um irgendwelche Möglichkeiten des Passens, sondern um ein gültiges Passen (ebd., S. 519; vgl. Goodman 1990; Goodman/Elgin 1993).

Abels Ansatz einer Interpretationsphilosophie unterscheidet – und darin liegt die wesentliche Differenz zu Rorty – verschiedene Ebenen der Interpretation und so auch der Interpretationsspielräume. Die Bestimmung von etwas als ein Etwas in Wahrnehmung und Sprache wird bereits als Interpretation charakterisiert, allerdings als Interpretation einer basalen, nicht-reflektierten Art. Zu ihr gehören auch grundlegende logische, ethische und ästhetische Gedanken und Regulative (vgl. Abel 1989). Obwohl auch sie nicht vor Wandlungen im Laufe der Geschichte gefeit sind, stehen diese Strukturen und Regulative der allgemeinsten und grundlegendsten Ebene unserer Welt-Interpretation nicht beliebig Veränderungen zur Verfügung; denn sie bildeten die Basis der sozialen Handlungs- und Kommunikationsprozesse, in die Individuen per Sozialisation hineinwachsen. Abel unterscheidet ferner durch Gewohnheit verankerte und habituell gewordene Interpretationsmuster als eine zweite Ebene der Interpretation, sowie eine dritte Ebene, die alle aneignenden Deutungen – Vorgänge des Beschreibens, Theoriebildens, Erklärens, Begründens und Rechtfertigens – umfaßt (Abel 1993, S. 14 f, 158, 160, 516). Durch diese Differenzierung der Interpretationen sieht Abel eine Vereinbarkeit von Interpretationismus und empirischem Realismus: Interpretationen der dritten Ebene, darunter wissenschaftliche Theoriebildung, könnten in einem direkten Sinn an der ‹Welt› auf der basalen Ebene der Kategorialisierungen scheitern (ebd., S. 15, 519; vgl. auch Abel 1994). Unter Bezug auf die Horizonte festlegende basale Ebene der Interpretationen weist Abel Rortys Funktionsbestimmung der Philosophie, ‹Krusten von Konventionen› zu sprengen und dem Gespräch stets neue Wendungen zu geben, in Grenzen. Der Pragmatismus mache einen «zu überschwenglichen Gebrauch von der Kontingenzannahme» (ebd., S. 487). Gegen Rorty gerichtet betont er, der Interpretationismus verstehe sich «explizit *als Philosophie* (im Sinne der Inwendigkeit des Interpretierens und der Klärung der Interpretationsverhältnisse)». Unterschiede zwischen Philosophie, Literatur sowie Rhetorik würden nicht eingeebnet; der Interpretationsphilosophie gehe es darum, die Reichweite und Funktionsweisen unserer Interpretationszeichen sowie der Interpretations-Praxis so weit wie möglich zu erhellen (ebd., S. 491, 487).

Auf Kontinuitäten in unserer Welt der Bedeutungen verweist ebenfalls Hans Jörg Sandkühler in seiner Konzeption der Onto-Epistemologie. Sie interpretiert Objektivationen des Wissens als Onta, als Seiende: Das Ideelle, wie es in Begriffen, Kategorien etc. existiert, bilde eine objektive epistemische Wirklichkeit, die nicht reduzierbar ist auf das Bewußtsein einzelner Subjekte. Die Onto-Epistemologie versteht sich zugleich als eine epistemologische Theorie, da sie ‹Tatsachen der Wirklichkeit› als Ergebnisse epistemischer Konstruktion begreift. «Ihre reale Basis ist jene *epistemische Dialektik*, in welcher sich der Prozeß der subjektiven kognitiven Weltaneignung als widersprüchliche Entwicklung der Beziehung zwischen *Erfahrung* (Referenz auf Realobjekte) und *Konstruktion* (Konstitution einer modalen Welt durch Erkenntnis-Subjekte) entwickelt. Ihre wesentliche Annahme ist, daß sich die Beziehung zwischen Erkenntnis und Praxis nicht unvermittelt, sondern vermittelt durch *interne* Wissensverhältnisse realisiert» (1991 b, S. 365; vgl. 1990 a). Sandkühler betont, daß die Philosophie in dieser Konzeption Grundlegungsfunktionen für die Erkenntnis- und Wahrheitstheorie übernehmen könne, und zwar in Form von Beiträgen zu rationalen Rekonstruktionen der internen epistemischen Geschichte von Theorien und impliziter epistemologischer Voraussetzungen der Wissens- und Theoriebildung (1991 b, S. 365 f). Er plädiert zudem für die Wiederaufnahme der transzendentalen Fragestellung Kants, die nicht aufgrund der Falschheit der materialen Bestimmungen des Apriori bei Kant ad acta gelegt werden sollte. Der Apriorismus frage nach den Konstitutionsleistungen des Subjekts, die nicht außerhalb der Erfahrung, aber unabhänig von der Erfahrung existieren. «Der Apriori-Begriff ist sinnvoll nur verwendbar, wo es um nicht-empirische Bestimmungen zum *Verhältnis* von Apriorität und Aposteriorität von Urteilen geht. Hiervon abgelöst, wird er zu einem bedeutungslosen Konstrukt ohne wissens- und wissenschaftslogische Folgen» (ebd., S. 356; vgl. Pasternack 1987). Vorgeschlagen ist eine Eingrenzung des in der Philosophiegeschichte vor allem dieses Jahrhunderts erweiterten Apriori-Begriffs auf seine kantische Bestimmung, also auf «nur absolut, d. h. ontogenetisch und phylogenetisch erfahrungsunabhängige Bedingungen der Möglichkeit der Erfahrungssynthesis [...] Alle empirisch / historisch *relationalen*, d. h. alle empirisch als von sozialen, ökonomischen, politischen, ideologischen usf. Voraussetzungen abhängig / determiniert erklärbaren Bedingungen des Zustandekommens bestimmter Sätze, Theorien usf. können als ‹aposteriorisch› bezeichnet werden» (Sandkühler 1986, S. 83 f; vgl. 1991 b, S. 356 f). Als Apriori der Reflexivität seien invariante allgemeinste logische Denkformen zu denken; deren Stabilität erkläre eine historische und zugleich nicht chaotische Erkenntnisentwicklung (1991 b, S. 364).

Konzeptionen wie die von Abel und Sandkühler weisen der Philosophie die Funktion einer selbstkritischen Reflexion unseres Realitätsbegriffs zu, die Aufgabe einer differenzierenden Analyse unserer komplementären Beziehung auf Wissen – auf Wissen als handlungsleitende Aussage über Realität und als epistemische Konstruktion, die in historischen Weltbild- und Theorieverhältnissen steht.

Forschung und Diskussion zu den Begriffen des Wissens und der Wahrheit bzw. Objektivität sind noch längst nicht abgeschlossen. Eine Kontroverse entwickelt sich zur Zeit darum, ob wir auf sie verzichten können und sollten. Rorty plädiert dafür und – auf anderer konzeptioneller Basis – jüngst auch Goodman und Elgin (1993). Doch zeigen Ansätze wie Abels und Sandkühlers noch nicht ausgeschöpfte Möglichkeiten ihrer Fundierung.

Will die Philosophie nicht ihre traditionelle Aufgabe der Ergründung unserer Welt der Bedeutungen aufgeben, kann sie sich nicht damit zufriedengeben, lediglich neue Ideen ins Gespräch zu bringen. Weil die kreative Neuschöpfung von Ideen etwas spezifisch Menschliches, eine Sache jedermanns ist, würde sich die Philosophie so als Disziplin überflüssig machen. In der Hinterfragung unserer Akzeptanzkriterien und der Analyse der Struktur des Epistemischen jedoch liegen ihre besonderen Stärken. Insofern kann sie zu Recht als ‹Anwältin der Vernunft› bezeichnet werden.

Literaturverzeichnis

Abel, Günter 1989: Interpretations-Welten. In: Philosophisches Jahrbuch (1989).

Abel, Günter 1993: Interpretationswelten. Gegenwartsphilosophie jenseits von Essentialismus und Relativismus. Frankfurt a. M.

Abel, Günter 1994: Theorie, Beobachtung und Wirklichkeit. Zu einer interpretationistischen Konzeption der Erfahrungserkenntnis. In: Theorien, Modelle und Tatsachen. Konzepte der Philosophie und der Wissenschaften. Hg. von H. J. Sandkühler. Frankfurt a. M. u. a.

Acham, Karl 1972 [1969]: Über Deutung und Auswahl historischer Fakten. In: Landgrebe 1972.

Acham, Karl 1988 [1987]: Die Allgemeinheit der Philosophie und die Besonderheit der Wissenschaften. Über konkurrierende Ansprüche bei wechselseitigem Komplementaritätsbedarf. In: Oelmüller 1988.

Adorno, Theodor W. 1965 [1957]: Soziologie und empirische Forschung. In: Topitsch 1965.

Adorno, Theodor W. 1989 [1963]: Eingriffe. Neun kritische Modelle. Frankfurt a. M.

Adorno, Theodor W. 1989a [1962]: Wozu noch Philosophie? In: Adorno 1989.

Adorno, Theodor W. 1989b [1962]: Notiz über Geisteswissenschaft und Bildung. In: Adorno 1989.

Adorno, Theodor W. 1989c [1961]: Philosophie und Lehrer. In: Adorno 1989.

Adorno, Theodor W. 1989d [1969]: Einleitung. Zu: Der Positivismusstreit in der deutschen Soziologie. In: Maus/Fürstenberg 1989.

Adorno, Theodor W. 1989e [1961]: Zur Logik der Sozialwissenschaften. Koreferat zu K. R. Popper. In: Maus/Fürstenberg 1989.

Albert, Hans 1956: Entmythologisierung der Sozialwissenschaften. Die Bedeutung der analytischen Philosophie für die soziologische Erkenntnis. In: Kölner Zeitschrift für Soziologie und Sozialpsychologie (8. 1956).

Albert, Hans 1962: Der moderne Methodenstreit und die Grenzen des Methodenpluralismus. In: Jahrbuch für Sozialforschung (13. 1962).

Albert, Hans 1963: Die Idee der kritischen Vernunft. Zur Problematik der rationalen Begründung und des Dogmatismus. In: Club Voltaire (I. 1963).

Albert, Hans 1965 [1963]: Wertfreiheit als methodisches Prinzip. Zur Frage der Notwendigkeit einer normativen Sozialwissenschaft. In: Topitsch 1965.

Albert, Hans 1965a [1957]: Theorie und Prognose in den Sozialwissenschaften. In: Topitsch 1965.

Albert, Hans 1965b [1963]: Modell-Platonismus. Der neoklassische Stil des ökonomischen Denkens in kritischer Beleuchtung. In: Topitsch 1965.

Albert, Hans 1967: Theorie und Praxis. Max Weber und das Problem der Wertfreiheit und der Rationalität. In: Oldemeyer 1967.

Albert, Hans 1973 [1961/67]: Probleme der Wissenschaftslehre in der Sozialforschung. In: Geschichte und Grundprobleme der empirischen Sozialforschung (Handbuch der empirischen Sozialforschung. Bd. 1). Hg. von René König. Stuttgart.

Albert, Hans/Keuth, Herbert (Hg.) 1973: Kritik der kritischen Psychologie. Hamburg.

Albert, Hans 1975 [1968]: Traktat über kritische Vernunft. 3. erw. Auflage. Tübingen.

Albert, Hans 1989 [1964]: Der Mythos der totalen Vernunft. Dialektische Ansprüche im Lichte undialektischer Kritik. In: Maus/Fürstenberg 1989.

Albert, Hans 1989a [1965]: Im Rücken des Positivismus? Dialektische Umwege in kritischer Beleuchtung. In: Maus/Fürstenberg 1989.

Anrich, Ernst (Hg.) 1956: Die Idee der deutschen Universität. Die fünf Grundschriften aus der Zeit ihrer Neubegründung durch klassischen Idealismus und romantischen Realismus. Darmstadt.

Apel, Karl-Otto 1962: Kann es ein wissenschaftliches ‹Weltbild› überhaupt geben? Die theoretische Wissenschaft der Gegenwart in erkenntnisanthropologischer Sicht. In: Zeitschrift für philosophische Forschung (16. 1962).

Apel, Karl-Otto 1968: Szientifik, Hermeneutik, Ideologie-Kritik: Entwurf einer Wissenschaftslehre in erkenntnisanthropologischer Sicht. In: Man and World (1. 1968).

Apel, Karl-Otto 1973: Transformation der Philosophie. Bd. I. Sprachanalytik, Semiotik, Hermeneutik. Frankfurt a. M.

Apel, Karl-Otto 1974: Zum Problem einer rationalen Begründung der Ethik im Zeitalter der Wissenschaft. In: Riedel 1972/1974.

Apel, Karl-Otto/Manninen, Juha/Tuomela, Raimo (Hg.) 1978: Neue Versuche über Erklären und Verstehen. Frankfurt a. M.

Apel, Karl-Otto 1979: Die Erklären-Verstehen-Kontroverse in transzendentalpragmatischer Sicht. Frankfurt a. M.

Arzt, Helmut 1979 [1977]: Wozu Philosophie? – Weltbezug und Selbst in den Dimensionen Geschichte, Sprache und Wahrnehmung. In: Thiel/Wolandt 1979.

Barion, Jakob 1948: Naturwissenschaften und Geisteswissenschaften. In: Philosophisches Jahrbuch (58. 1948).

Baumgartner, Hans Michael 1972 [1969]: Historie und Interesse. In: Landgrebe 1972.

Baumgartner, Hans Michael/Krings, Hermann/Wild, Christoph 1973: Philosophie. In: Handbuch philosophischer Grundbegriffe. Hg. von H. Krings. München.

Baumgartner, Hans Michael / Höffe, Otfried / Wild, Christoph (Hg.) 1974: Philosophie – Gesellschaft – Planung. Kolloquium Hermann Krings zum 60. Geburtstag (1973). München.

Baumgartner, Hans Michael / Höffe, Otfried 1976: Zur Funktion der Philosophie in Wissenschaft und Gesellschaft. In: Zeitschrift für philosophische Forschung (1976).

Baumgartner, Hans Michael 1978: Wozu noch Philosophie? In: Lübbe 1978.

Baumgartner, Hans Michael 1978a: Philosophie in der Bundesrepublik Deutschland und Österreich. In: Philosophie in Deutschland 1945–75. Standpunkte. Entwicklungen. Literatur. Hg. von H. M. Baumgartner und H.-M. Sass. Meisenheim am Glan.

Bayerische Hochschulforschung 1974: Philosophie. Zur Situation des Faches Philosophie an den Hochschulen der Bundesrepublik Deutschland (Materialien 5). Hg. vom Bayerischen Staatsinstitut für Hochschulforschung und Hochschulplanung. München.

Bayertz, Kurt 1980 [1977]: Wissenschaft als historischer Prozeß. Die antipositivistische Wende in der Wissenschaftstheorie. München.

Bayertz, Kurt 1982: Naturwissenschaft und Philosophie. Drei Gründe für ihre Differenzierung im frühen 19. Jahrhundert. In: Teilung der Vernunft. Philosophie und empirische Wissenschaften im 18. und 19. Jahrhundert. Hg. von M. Hahn und H. J. Sandkühler. Köln.

Bechstedt, Martin 1980: ‹Gestalthafte Atomlehre›. Zur ‹Deutschen Chemie› im NS-Staat. In: Mehrtens / Richter 1980.

Beck, Heinrich 1972 [1969]: Philosophie und Lehrerbildung. Ein kritischer Aspekt zur Hochschulreform. In: Landgrebe 1972.

Beck, Ulrich 1986: Risikogesellschaft. Auf dem Weg in eine andere Moderne. Frankfurt a. M.

Becker, Hans / Dahms, Hans-Joachim / Wegeler, Cornelia (Hg.) 1987: Die Universität Göttingen unter dem Nationalsozialismus. Das verdrängte Kapitel ihrer 250jährigen Geschichte. München u. a.

Becker, Hellmut 1964: Bildungsforschung und Bildungspolitik. In: Merkur (18. 1964).

Bednarik, Karl 1965: Vom Manager zum Programmierer. In: Merkur (19. 1965).

Bense, Max 1947: Philosophie als Forschung. Köln / Krefeld.

Bense, Max 1948: Logische Bemerkungen zu gewissen Prinzipien der Quantenbiologie. Betrachtungen zu ‹Das Trefferprinzip in der Biologie› von Timoféeff-Ressovsky und Zimmer. In: Zeitschrift für philosophische Forschung (3. 1948).

Bergmann, Gustav 1965 [1954]: Sinn und Unsinn des methodologischen Operationalismus. In: Topitsch 1965.

Bien, Günther 1972 [1969]: Das Geschäft der Philosophie, am Modell des juristischen Prozesses erklärt. In: Landgrebe 1972.

Bieri, Peter (Hg.) 1981: Analytische Philosophie des Geistes. Königstein / Ts.

Blaha, Ottokar 1969: Über die Entfremdung und Mißverständnisse zwischen Philosophie und Einzelwissenschaften. In: Zeitschrift für philosophische Forschung (1969).

Blankertz, Herwig 1966: Pädagogische Theorie und empirische Forschung. In: Neue Folge der Ergänzungshefte zur Vierteljahresschrift für wissenschaftliche Pädagogik (H. 5, 1966).

Blankertz, Herwig 1969: Bildung im Zeitalter der großen Industrie. Pädagogik, Schule und Berufsbildung im 19. Jahrhundert. Berlin/Darmstadt/Dortmund.

Blumenberg, Hans 1952: Philosophischer Ursprung und philosophische Kritik des Begriffs der wissenschaftlichen Methode. In: Studium Generale (5. 1952).

Bodammer, Theodor 1987: Philosophie der Geisteswissenschaften. Freiburg/München.

Böhme, Hartmut/Böhme, Gernot 1985: Das Andere der Vernunft. Zur Entwicklung von Rationalitätsstrukturen am Beispiel Kants. Frankfurt a. M.

Bollnow, Otto Friedrich 1947: Deutsche Existenzphilosophie und französischer Existenzialismus. In: Zeitschrift für philosophische Forschung (2. 1947).

Bollnow, Otto Friedrich 1947 a: Zur Diskussion über die Existenzphilosophie auf dem philosophischen Kongreß in Garmisch-Partenkirchen. In: Zeitschrift für philosophische Forschung (2. 1947).

Bollnow, Otto Friedrich 1955: Neue Geborgenheit. Das Problem einer Überwindung des Existentialismus. Stuttgart/Köln.

Bollnow, Otto Friedrich 1962 [1960]: Die Objektivität der Geisteswissenschaften und die Frage nach dem Wesen der Wahrheit. In: Zeitschrift für philosophische Forschung (16. 1962).

Bollnow, Otto Friedrich 1968: Der Erfahrungsbegriff in der Pädagogik. In: Zeitschrift für Pädagogik (3. 1968).

Bracht, Ulla/Fichtner, Bernd/Rückriehm, Georg 1990: Erziehungswissenschaft. In: Sandkühler 1990.

Brandenstein, Béla von 1958: Moderne Probleme systematischer Philosophie, besonders im Hinblick auf ihre Geschichte. In: Zeitschrift für philosophische Forschung (1958).

Brelage, Manfred 1962: Die Geschichtlichkeit der Philosophie und die Philosophiegeschichte. In: Zeitschrift für philosophische Forschung (16. 1962).

Brezinka, Wolfgang 1965: Eine kritische Prinzipiengeschichte der Erziehungswissenschaft. Anmerkungen zu Rudolf Lochners Deutscher Erziehungswissenschaft. In: Zeitschrift für Pädagogik (1965).

Brezinka, Wolfgang 1966: Die Krise der wissenschaftlichen Pädagogik im Spiegel neuer Lehrbücher. In: Zeitschrift für Pädagogik (12. 1966).

Brezinka, Wolfgang 1967: Über den Wissenschaftsbegriff der Erziehungswissenschaft und die Einwände der weltanschaulichen Pädagogik. Eine Antwort an Heinrich Rombach. In: Zeitschrift für Pädagogik (1967).

Brill, Olaf/Czaniera, Uwe (Hg.) 1995: Einladung zum Denken. Ein kleiner

Streifzug durch die Analytische Philosophie (Videofilm). LOGO Film. Studiengang Philosophie. Universität Bremen.

Brock, Erich 1951: Über die Rolle der Philosophie im heutigen Geistesleben. In: Studia Philosophica. Jahrbuch der Schweizerischen Philosophischen Gesellschaft (1951).

Bubner, Rüdiger/Cramer, Konrad/Wiehl, Reiner (Hg.) 1970: Hermeneutik und Dialektik. Methode und Wissenschaft. Lebenswelt und Geschichte. Tübingen.

Bubner, Rüdiger 1971 [1969]: Was ist Kritische Theorie? In: Theorie-Diskussion. Hermeneutik und Ideologiekritik. Mit Beiträgen von K.-O. Apel u. a. Hg. von J. Habermas/D. Henrich/J. Taubes. Frankfurt a. M.

Bubner, Rüdiger 1978: Was kann, soll und darf Philosophie? In: Lübbe 1978.

Buhr, Manfred/Kröber, Günter (Hg.) 1977 [1973]: Mensch, Wissenschaft, Technik. Versuch einer marxistischen Analyse der wissenschaftlich-technischen Revolution. Berlin/Köln.

Bumann, Waltraud 1972 [1969]: Zur Geschichte der metagrammatischen Theorie. In: Landgrebe 1972.

Butenandt, Adolf 1970: Aufgaben der Forschung und Probleme ihrer Förderung. In: Wirtschaft und Wissenschaft (H. 3, 1970).

Carlsson, Gösta 1965 [1962]: Betrachtungen zum Funktionalismus. In: Topitsch 1965.

Carnap, Rudolf 1936/37: Testability and Meaning. In: Philosophy of Science (3. 1936 und 4. 1937).

Carnap, Rudolf 1961 [1928]: Der logische Aufbau der Welt. Hamburg.

Carnap, Rudolf 1967: Andere Seiten der Philosophie. Aus einem Gespräch mit Willy Hochkeppel. In: Club Voltaire (III. 1967).

Carnap, Rudolf 1972 [1947]: Bedeutung und Notwendigkeit. Eine Studie zur Semantik und modalen Logik. Wien/New York.

Cassirer, Ernst 1923 [1910]: Substanzbegriff und Funktionsbegriff. Untersuchung über die Grundfragen der Erkenntniskritik. Berlin.

Cassirer, Ernst 1982 [1929]: Philosophie der symbolischen Formen. Dritter Teil: Phänomenologie der Erkenntnis. Darmstadt.

Cube, Felix von 1967: Was ist Kybernetik? Grundbegriffe, Methoden, Anwendungen. Bremen.

Dahms, Hans-Joachim 1994: Positivismusstreit. Die Auseinandersetzungen der Frankfurter Schule mit dem logischen Positivismus, dem amerikanischen Pragmatismus und dem kritischen Rationalismus. Frankfurt a. M.

Dahrendorf, Ralf 1959: Betrachtungen zu einigen Aspekten der gegenwärtigen deutschen Soziologie. In: Kölner Zeitschrift für Soziologie und Sozialpsychologie (11. 1959).

Dahrendorf, Ralf 1961: Sozialwissenschaft und Werturteil. In: R. Dahrendorf: Gesellschaft und Freiheit. Zur soziologischen Analyse der Gegenwart. München.

Demirovic, Alex 1990: Symphilosophein oder die organisierte Philosophie. Die Allgemeine Gesellschaft für Philosophie in Deutschland und ihre Veranstaltungen (1947–1951). In: Widerspruch. Münchner Zeitschrift für Philosophie (H. 18, 1990).

Diemer, Alwin 1949: Der Philosophenkongreß in Mainz (vom 1. bis 8. 8. 1948). In: Philosophisches Jahrbuch (59. 1949).

Dilthey, Wilhelm 1921: Die Jugendgeschichte Hegels und andere Abhandlungen zur Geschichte des deutschen Idealismus. Gesammelte Schriften. Bd. 4. Leipzig/Berlin.

Dilthey, Wilhelm 1970 [1910]: Der Aufbau der geschichtlichen Welt in den Geisteswissenschaften. Mit einer Einleitung von Manfred Riedel. Frankfurt a. M.

Dilthey, Wilhelm 1970a: Plan der Fortsetzung zum Aufbau der geschichtlichen Welt in den Geisteswissenschaften. Entwürfe zur Kritik der historischen Vernunft. In: Dilthey 1970.

Dray, William 1970 [1957]: Laws and Explanation in History. Oxford.

Droysen, Johann Gustav 1960 [1881]: Historik. Vorlesungen über Enzyklopädie und Methodologie der Geschichte. Hg. von Rudolf Hübner. München 1960.

Droysen, Johann Gustav 1960a [1858]: Grundriß der Historik. In: Droysen 1960.

Duméry, Henry 1968: Der philosophische Radikalismus. In: Schlette 1968.

Ebbinghaus, Julius 1946: Zu Deutschlands Schicksalswende. Frankfurt a. M.

Ebbinghaus, Julius 1946a [1945]: Ansprache des Rektors der Philipps-Universität Marburg bei der Feier der Wiedereröffnung am 25. 9. 1945. In: Die Wandlung (1. 1946).

Elzer, Hans-Michael 1977 [1975]: Philosophie in der Lehrerausbildung. Ergebnisse einer Erhebung an den Universitäten. In: Patzig/Scheibe/Wieland 1977.

Emge, Carl August 1956: Über die Funktion der Philosophie in den Fakultäten. Beratungen zu Hochschulfragen. Einführungsworte zur Diskussion. In: Zeitschrift für philosophische Forschung (1956).

Engelhardt, Dietrich von 1979: Historisches Bewußtsein in der Naturwissenschaft von der Aufklärung bis zum Positivismus. Freiburg/München.

Ermecke, Gustav 1947: Der Philosophie Ende oder Wende? Zur philosophischen Besinnung heute. In: Philosophisches Jahrbuch (57. 1947).

Essler, Wilhelm K. 1972 [1969]: Naturwissenschaftliche und geisteswissenschaftliche Erklärung. In: Landgrebe 1972.

Fahrenbach, Helmut 1967 [1966]: Sprachanalyse und Ethik. In: Gadamer 1967.

Fahrenbach, Helmut 1972: Ein programmatischer Aufriß der Problemlage und systematischen Ansatzmöglichkeiten praktischer Philosophie. In: Riedel 1972/1974.

Fahrenbach, Helmut 1975: Zur Problemlage der Philosophie. Eine systematische Orientierung. Frankfurt a. M.

286

Ferber, Christian von 1965 [1959]: Der Werturteilsstreit 1909/1959. Versuch einer wissenschaftsgeschichtlichen Interpretation. In: Topitsch 1965.

Fichte, Johann Gottlieb 1956 [1807/1817]: Deduzierter Plan. Einer zu Berlin zu errichtenden höheren Lehranstalt, die in gehöriger Verbindung mit einer Akademie der Wissenschaften stehe. In: Anrich 1956.

Fichte, Johann Gottlieb 1962 [1811]: Fünf Vorlesungen über die Bestimmung des Gelehrten. In: Ausgewählte Werke in sechs Bänden. Hg. von Fritz Medicus. Bd. 5. Darmstadt.

Fiebig, Hans 1972 [1969]: Hobbes' operative Theorie der Wissenschaft. In: Landgrebe 1972.

Fink, Eugen 1956: Exposition des Problems der Einheit der Wissenschaften. In: Studium Generale (9. 1956).

Fisch, Rudolf/Daniel, Hans-Dieter 1987 [1985]: Beiträge der empirischen Wissenschaftsforschung zur hochschul- und forschungspolitischen Diskussion: Freiheit oder Bindung der Forschung? – Universitätsranglisten – Frauen in der Wissenschaft. In: Theorie und Praxis der Wissenschaftsforschung. Beiträge zum 14. Erlanger Werkstattgespräch 1985. Hg. von C. Burrichter. Erlangen.

Fischer, Wolfgang 1966 [1964/65]: Kritik der lebensphilosophischen Ansätze der Pädagogik. In: Neue Folge der Ergänzungshefte zur Vierteljahresschrift für wissenschaftliche Pädagogik (H. 4, 1966).

Flitner, Andreas (Hg.) 1956: Wilhelm von Humboldt. Schriften zur Anthropologie und Bildungsidee. Düsseldorf/München.

Flitner, Wilhelm 1967 [1959]: Hochschulreife und Gymnasium. Vom Sinn wissenschaftlicher Studien und von der Aufgabe der gymnasialen Oberstufe. Heidelberg.

Frege, Gottlob 1964 [1879]: Begriffsschrift. Eine der arithmetischen nachgebildete Formelsprache des reinen Denkens. 2. Auflage, hg. von Ignacio Angelelli. Hildesheim.

Frey, Gerhard 1971 [1969]: Möglichkeiten und Grenzen einer wissenschaftlichen Philosophie. In: Zeitschrift für allgemeine Wissenschaftstheorie (2. 1971).

Freyer, Hans 1962 [1960]: Die Wissenschaften des 20. Jahrhunderts und die Idee des Humanismus. In: Merkur (15. 1962).

Fritz Thyssen Stiftung 1971 ff: Bericht der Fritz Thyssen Stiftung über ihre Tätigkeit. Köln.

Frühwald, Wolfgang/Jauß, Hans Robert/Koselleck, Reinhard/Mittelstraß, Jürgen/Steinwachs, Burkhart 1990: Geisteswissenschaften heute. Eine Denkschrift. Konstanz.

Funke, Gerhard 1966 [1964/65]: Möglichkeit und Grenze des hermeneutischen Ansatzes für die Grundlegung der Pädagogik. In: Neue Folge der Ergänzungshefte zur Vierteljahresschrift für wissenschaftliche Pädagogik (H. 4, 1966).

287

Gadamer, Hans-Georg 1948 [1945]: Die Bedeutung der Philosophie für die neue Erziehung. In: H.-G. Gadamer. Über die Ursprünglichkeit der Philosophie. Berlin.

Gadamer, Hans-Georg 1948a [1947]: Das Verhältnis der Philosophie zu Kunst und Wissenschaft. In: H.-G. Gadamer. Über die Ursprünglichkeit der Philosophie. Berlin.

Gadamer, Hans-Georg 1957: Was ist Wahrheit? In: Zeitwende (28. 1957).

Gadamer, Hans-Georg (Hg.) 1967: Das Problem der Sprache. Achter Deutscher Kongreß für Philosophie 1966. München.

Gadamer, Hans-Georg 1967a [1966]: Die Stellung der Philosophie in der heutigen Gesellschaft. Eröffnungsvortrag. In: Gadamer 1967.

Gadamer, Hans-Georg 1971: Replik. In: Theorie-Diskussion. Hermeneutik und Ideologiekritik. Hg. von J. Habermas, D. Henrich, J. Taubes. Frankfurt a. M.

Gadamer, Hans-Georg 1974: Philosophie und Wissenschaftstheorie. In: Interdisziplinär. Interdisziplinäre Arbeit und Wissenschaftstheorie. Hg. von H. Holzhey. Bd. 1. Basel/Zürich.

Gadamer, Hans-Georg 1975 [1960/1972]: Wahrheit und Methode. Grundzüge einer philosophischen Hermeneutik. Tübingen.

Gadamer, Hans-Georg 1975a [1961]: Hermeneutik und Historismus. In: Gadamer 1975.

Geiger, Theodor 1950: Fachbezogenes Bildungswissen. Kritik am Gutachten des Studienausschusses für Hochschulreform. In: Deutsche Universitätszeitung (H. 4, 1950).

Geldsetzer, Lutz 1972 [1969]: Logik der Interpretation. In: Landgrebe 1972.

Geldsetzer, Lutz 1974 [1973]: Traditionelle Institutionen philosophischer Lehre und Forschung. Übersicht. In: Baumgartner/Höffe/Wild 1974.

Gethmann, Carl Friedrich 1978: Ist Philosophie als Institution nötig? In: Lübbe 1978.

Gethmann, Carl Friedrich 1981: Wissenschaftsforschung? Zur philosophischen Kritik der nach-Kuhnschen Reflexionswissenschaften. In: P. Janich (Hg.). Wissenschaftstheorie und Wissenschaftsforschung. München.

Geyer, Carl-Friedrich 1988 [1987]: Philosophie – Mythologie – Wissenschaft. In: Oelmüller 1988.

Gießens Zentrum für Philosophie. Ein zukunftsträchtiges Modell für Philosophie. In: Justus-Liebig-Universität-Forum. Jan./Febr. 1977.

Gipper, Helmut 1972 [1969]: Die genetische Interpretation der Sprache. In: Landgrebe 1972.

Goodman, Nelson 1990 [1978]: Weisen der Welterzeugung. Frankfurt a. M.

Goodman, Nelson/Elgin, Catherine Z. 1993 [1988]: Revisionen. Philosophie und andere Künste und Wissenschaften. Frankfurt a. M.

Gower, Barry 1992: Realism and Empiricism in Schlick's Philosophy. In: Wissenschaft und Subjektivität: der Wiener Kreis und die Philosophie des 20. Jahrhunderts. Hg. von David Bell und Wilhelm Vossenkuhl. Berlin 1992.

Grund, Johann Jakob 1990: Karl Jaspers. Seine Entwicklung zwischen 1945 und 1950. In: Widerspruch. Münchner Zeitschrift für Philosophie (H. 18, 1990).

Günzler, Claus 1971: Philosophie in der Lehrerbildung. Diskussionsbemerkungen zu Heinrich Beck, Philosophie und Hochschulreform. In: Zeitschrift für philosophische Forschung (1971).

Gutterer, Dietrich 1979 [1977]: Die Idee der Philosophie. In: Thiel/Wolandt 1979.

Habermas, Jürgen 1957: Das chronische Leiden der Hochschulreform. In: Merkur (1957).

Habermas, Jürgen 1965 [1963]: Analytische Wissenschaftstheorie und Dialektik. Ein Nachtrag zur Kontroverse zwischen Popper und Adorno. In: Topitsch 1965.

Habermas, Jürgen 1967: Universität in der Demokratie – Demokratisierung der Universität. In: Merkur (21. 1967).

Habermas, Jürgen 1971: Vorbereitende Bemerkungen zu einer Theorie der kommunikativen Kompetenz. In: Habermas, J. und Luhmann, N., Theorie der Gesellschaft oder Sozialtechnologie – Was leistet die Systemforschung? Frankfurt a. M.

Habermas, Jürgen 1972 [1969]: Einige Bemerkungen zum Problem der Begründung von Werturteilen. In: Landgrebe 1972.

Habermas, Jürgen 1977 [1968]: Erkenntnis und Interesse. Frankfurt a. M.

Habermas, Jürgen 1978 [1965]: Erkenntnis und Interesse (Frankfurter Antrittsvorlesung vom 28. 6. 1965). In: Ders., Technik und Wissenschaft als ‹Ideologie›. Frankfurt a. M.

Habermas, Jürgen 1983 [1981]: Die Philosophie als Platzhalter und Interpret. In: Henrich 1983.

Habermas, Jürgen 1989 [1964]: Gegen einen positivistisch halbierten Rationalismus. Erwiderung eines Pamphlets. In: Maus/Fürstenberg 1989.

Haering, Theodor 1947: Das Problem der naturwissenschaftlichen und der geisteswissenschaftlichen Begriffsbildung und die Erkennbarkeit der Gegenstände. In: Zeitschrift für philosophische Forschung (2. 1947).

Halfmann, Jost 1984: Die Entstehung der Mikroelektronik. Zur Produktion technischen Fortschritts. Frankfurt a. M. / New York.

Haller, Rudolf 1993: Neopositivismus. Eine historische Einführung in die Philosophie des Wiener Kreises. Darmstadt.

Hare, Richard Mervyn 1972 [1969]: Wissenschaft und praktische Philosophie. In: Landgrebe 1972.

Hartmann, Nicolai [1949]: Einführung in die Philosophie. Hannover (5. Auflage ohne Datum).

Hartmann, Nicolai 1955 [1947]: Ziele und Wege der Kategorialanalyse. In: N. Hartmann. Kleinere Schriften. Bd. 1. Abhandlungen zur systematischen Philosophie. Berlin.

Hartmann, Wilfried 1968 [1967]: Zur Problematik der verschiedenen Begründungsansätze und Methoden wissenschaftlicher Pädagogik. In: Neue Folge der Ergänzungshefte zur Vierteljahresschrift für wissenschaftliche Pädagogik (H. 7, 1968).

Haug, Wolfgang Fritz (Hg.) 1989: Deutsche Philosophen 1933. Hamburg.

Haug, Wolfgang Fritz 1989a: Philosophie im Deutschen Faschismus. In: Haug 1989.

Hegel, Georg Wilhelm Friedrich 1971 [1821]: Grundlinien der Philosophie des Rechts oder Naturrecht und Staatswissenschaft im Grundrisse. In: Hegel, Werke Bd. 7. Frankfurt a. M.

Hegel, Georg Wilhelm Friedrich 1971a [1809/11]: Philosophische Propädeutik. Gymnasialreden und Gutachten über den Philosophieunterricht. In: Sämtliche Werke. Hg. von Hermann Glockner. Bd. 3. Stuttgart-Bad Cannstatt.

Hegselmann, Rainer 1979: Normativität und Rationalität. Zum Problem praktischer Vernunft in der Analytischen Philosophie. Frankfurt a. M. / New York.

Hegselmann, Rainer 1979a: Otto Neurath – Empiristischer Aufklärer und Sozialreformer. In: Otto Neurath. Wissenschaftliche Weltauffassung, Sozialismus und Logischer Empirismus. Hg. von R. Hegselmann. Frankfurt a. M.

Hegselmann, Rainer 1988 [1987]: Alles nur Scheinprobleme? Der logische Empirismus und die Möglichkeit einer rationalen Philosophie. In: Pasternack 1988.

Hegselmann, Rainer 1990: Logischer Empirismus. In: Sandkühler 1990.

Hegselmann, Rainer / Siegwart, Geo 1991: Zur Geschichte der ‹Erkenntnis›. In: Erkenntnis (35. 1991).

Heidegger, Martin 1947 [1946]: Über den Humanismus. Frankfurt a. M.

Heidegger, Martin 1953 [1935]: Einführung in die Metaphysik. Tübingen.

Heidegger, Martin 1956: Was ist das – die Philosophie? Pfullingen.

Heimendahl, Eckart 1966: Das Dilemma der Wissenschaftsförderung. In: Merkur (20. 1966).

Heinemann, Fritz 1950 [1949]: Was ist lebendig und was ist tot in der Existenzphilosophie. In: Zeitschrift für philosophische Forschung (5. 1950/51).

Heinemann, Fritz 1955 [1954]: Philosophie und geistige Führerschaft. In: Zeitschrift für philosophische Forschung (9. 1955).

Heinemann, Fritz (Hg.) 1959: Die Philosophie im XX. Jahrhundert. Eine enzyklopädische Darstellung ihrer Geschichte, Disziplinen und Aufgaben. Stuttgart.

Heinemann, Fritz 1971 [1953]: Existenzphilosophie, lebendig oder tot? 4. bearb. Auflage. Stuttgart u. a.

Heiss, Robert 1965: Hochschulnot und Hochschulreform. In: Merkur (1965).

Heitger, Marian 1966: Vorwort. Zu: Neue Folge der Ergänzungshefte zur Vierteljahresschrift für wissenschaftliche Pädagogik (H. 5, 1966).

Heitger, Marian 1966a [1964/65]: Über den Begriff der Normativität in der Pädagogik. In: Neue Folge der Ergänzungshefte zur Vierteljahresschrift für wissenschaftliche Pädagogik (H. 4, 1966).

Hempel, Hans-Peter 1971: Bildungsprobleme der wissenschaftlich-technischen Gesellschaft. In: Wirtschaft und Wissenschaft (H. 2, 1971).

Henckmann, Wolfhart/Schönrich, Gerhard 1980: Philosophiestudium und Berufschancen. Zu einer statistischen Erhebung an der Universität München. In: Zeitschrift für philosophische Forschung (34. 1980).

Henckmann, Wolfhart 1987: Dokumentation der Philosophie an der Universität München (1933–1945). In: Widerspruch. Münchner Zeitschrift für Philosophie (H. 13, 1987).

Henrich, Dieter 1979: Identität und Geschichte. In: (Hg.) O. Marquard/K. Stierle, Identität (Poetik und Hermeneutik VIII). München.

Henrich, Dieter (Hg.) 1983: Kant oder Hegel? Über Formen der Begründung in der Philosophie. Stuttgarter Hegel-Kongreß 1981. Stuttgart.

Hessen, Johannes 1946: Der geistige Wiederaufbau Deutschlands. Reden über die Erneuerung des deutschen Geisteslebens. Stuttgart.

Hessen, Johannes 1947: Von der Aufgabe der Philosophie und dem Wesen des Philosophen. Zwei Vorlesungen. Heidelberg.

Hessen, Johannes 1948: Wesen und Wert der Philosophie. Eine Einführung. Rothenburg ob d. Tauber.

Hessen, Johannes 1953: Universitätsreform. Mit einem Anhang: Neonazismus an deutschen Universitäten? Düsseldorf/München/Hamburg.

Heyde, Johannes Erich 1960 [1954]: Europäische Philosophie!? In: J. E. Heyde, Wege zur Klarheit. Gesammelte Aufsätze. Berlin.

Hinske, Norbert 1975 [1973]: Das Thema der Philosophie. Zur Lage der Philosophie in der Gegenwart. Trier.

Hinske, Norbert 1978: Die Geliebte mit den vielen Gesichtern. In: Lübbe 1978.

Hirschberger, Johannes 1948: Der Philosophenkongreß von Garmisch-Partenkirchen 1947. In: Philosophisches Jahrbuch (58. 1948).

Hoerster, Norbert 1973 [1972]: Philosophie als ethische Theorie. In: Wirtschaft und Wissenschaft (Sonderausgabe 1973).

Holz, Harald 1974 [1973]: Aufgabe und Chance der Philosophie in der heutigen Wissenschaftsgesellschaft. In: Jahrbuch der Ruhr-Universität Bochum (1974).

Holzamer, Karl 1981: Philosoph/Philosophin. Blätter zur Berufskunde. Bd. 3. Hg. von der Bundesanstalt für Arbeit, im Einvernehmen mit der Allgemeinen Gesellschaft für Philosophie e. V. Nürnberg.

Hommes, Ulrich 1976 [1973]: Sein und Sinn. Zur Bedeutung Blondels für das philosophische Fragen heute. In: Kohlenberger/Lütterfelds 1976.

Horkheimer, Max/Adorno, Theodor W. 1947 [1944]: Dialektik der Aufklärung. Philosophische Fragmente. Amsterdam.

Horkheimer, Max 1953 [1952]: Akademisches Studium. In: M. Horkheimer. Gegenwärtige Probleme der Universität. Frankfurt a. M.

Horkheimer, Max 1953a [1952]: Begriff der Bildung. In: M. Horkheimer. Gegenwärtige Probleme der Universität. Frankfurt a. M.

Horkheimer, Max 1974 [1937]: Der neueste Angriff auf die Metaphysik. In: M. Horkheimer, Die gesellschaftliche Funktion der Philosophie. Ausgewählte Essays. Frankfurt a. M.

Hübner, Kurt 1966: Sinn und Aufgaben Philosophischer Fakultäten an Technischen Hochschulen. Hg. vom Stifterverband für die Deutsche Wissenschaft. Essen.

Hübner, Kurt 1972 [1969]: Duhems historische Wissenschaftstheorie und ihre Weiterentwicklung. In: Landgrebe 1972.

Hübner, Kurt/Menne, Albert (Hg.) 1973 [1972]: Natur und Geschichte. Zehnter Deutscher Kongreß für Philosophie. Kiel, 8.–12. Oktober 1972. Hamburg.

Hübner, Kurt 1973a [1972]: Eröffnungsansprache des Präsidenten der Allgemeinen Gesellschaft für Philosophie in Deutschland zum zehnten Deutschen Kongreß für Philosophie. In: Hübner/Menne 1973.

Hübner, Kurt 1974 [1973]: Zur Frage rationaler Entscheidung. In: Baumgartner/Höffe/Wild 1974.

Hülst, Dirk 1990: Sozialforschung, empirische. In: Sandkühler 1990.

Humboldt, Wilhelm von 1903 [1792]: Ideen zu einem Versuch, die Grenzen der Wirksamkeit des Staates zu bestimmen. In: Gesammelte Schriften. Hg. von A. Leitzmann. Bd. 1. Berlin.

Humboldt, Wilhelm von 1956 [1809/10]: Über die innere und äußere Organisation der höheren wissenschaftlichen Anstalten in Berlin. In: Anrich 1956.

Humboldt, Wilhelm von 1956a [1793]: Theorie der Bildung des Menschen. In: Flitner 1956.

Humboldt, Wilhelm von 1956b [1792]: Über öffentliche Staatserziehung. In: Flitner 1956.

Husserl, Edmund 1981 [1910]: Philosophie als strenge Wissenschaft. Frankfurt a. M.

Ihmig, Karl-Norbert 1993: Cassirers Begriff von Objektivität im Lichte der Wissenschaftsauffassungen des ausgehenden 19. Jahrhunderts. In: Philosophia naturalis (30. 1993).

Jacoby, Günther 1955 [1954]: Subjektfreie Objektivität. In: Zeitschrift für philosophische Forschung (9. 1955).

Janich, Peter 1973: Zweck und Methode der Physik aus philosophischer Sicht. Konstanz.

Janich, Peter 1973a: Eindeutigkeit, Konsistenz und methodische Ordnung: normative versus deskriptive Wissenschaftstheorie zur Physik. In: Kambartel/Mittelstraß 1973.

Janich, P./Kambartel, F./Mittelstraß, J. 1974: Wissenschaftstheorie als Wissenschaftskritik. Frankfurt a.M.

Janich, Peter 1980 [1969]: Die Protophysik der Zeit. Konstruktive Begründung und Geschichte der Zeitmessung. Frankfurt a.M.

Jaspers, Karl 1945: Geleitwort. In: Die Wandlung (1. 1945).

Jaspers, Karl 1945a: Erneuerung der Universität. In: Die Wandlung (1. 1945).

Jaspers, Karl 1946: Die Schuldfrage. Heidelberg.

Jaspers, Karl 1949: Über die Bedingungen und Möglichkeiten eines neuen Humanismus. In: Die Wandlung (4. 1949).

Jaspers, Karl/Rossmann, Kurt 1961: Die Idee der Universität. Berlin/Göttingen/Heidelberg.

Jaspers, Karl 1976: Was ist Philosophie? Ein Lesebuch. Textauswahl und Zusammenstellung von Hans Saner. München.

Jaspers, Karl 1976a [1947]: Die Philosophie in der Zukunft. In: Jaspers 1976.

Jaspers, Karl 1976b [1948]: Philosophie und Wissenschaft. In: Jaspers 1976.

Jaspers, Karl 1976c [1964]: Die Philosophie in der Welt. In: Jaspers 1976.

Kambartel, F./Mittelstraß, J. (Hg.) 1973: Zum normativen Fundament der Wissenschaft. Frankfurt a.M.

Kambartel, Friedrich 1978: Bemerkungen zur Frage «Was ist und soll Philosophie?» In: Lübbe 1978.

Kamlah, Andreas 1985: Hans Reichenbachs Beziehung zum Wiener Kreis. In: Philosophie, Wissenschaft, Aufklärung. Beiträge zur Geschichte und Wirkung des Wiener Kreises. Hg. von H.-J. Dahms. Berlin/New York.

Kamlah, Wilhelm/Lorenzen, Paul 1973 [1967]: Logische Propädeutik. Vorschule des vernünftigen Redens. Mannheim/Wien/Zürich.

Kampits, Peter 1976: Nutzlosigkeit der Philosophie oder Verkennung ihrer Chancen? Bemerkungen zum Diskussionsbeitrag Baumgartner/Höffe. In: Zeitschrift für philosophische Forschung (1976).

Kant, Immanuel 1911 [1783]: Prolegomena zu einer jeden künftigen Metaphysik, die als Wissenschaft wird auftreten können. In: Kants Werke. Akademie-Ausgabe. Bd. 4. Berlin.

Kant, Immanuel 1977 [1798]: Der Streit der Facultäten in drey Abschnitten. In: Schriften zur Anthropologie, Geschichtsphilosophie, Politik und Pädagogik. Werkausgabe Bd. XI. Hg. von Wilhelm Weischedel. Frankfurt a. M.

Kempski, Jürgen von 1947: Geleit. In: Archiv für Philosophie (1. 1947).

Kempski, Jürgen von 1958: Die Logik der Geisteswissenschaften und die Geschichte. In: Studium Generale (11. 1958).

Kessel, Eberhard 1955: Wilhelm von Humboldt und die deutsche Universität. In: Studium Generale (8. 1955).

Kessel, Eberhard 1963: Zur Geschichte der Philosophischen Fakultät. In: Studium Generale (1963).

Killy, Walther 1952: Studium generale und studentisches Gemeinschaftsleben. Berlin.

Klaus, Georg/Buhr, Manfred (Hg.) 1975: Philosophisches Wörterbuch. Berlin/Leipzig.

Kockelmans, Josef J. 1978: Gedanken zur Frage: Wozu Philosophie? In: Lübbe 1978.

Kodalle, Klaus-M. 1971: Philosophie in der Defensive. Bemerkungen zu den

Diskussionsbeiträgen von H. Beck und C. Günzler. In: Zeitschrift für philosophische Forschung (1971).

König, René 1971: Wandlungen in der Stellung der sozialwissenschaftlichen Intelligenz. In: R. König, Studien zur Soziologie. Thema mit Variationen. Frankfurt a. M. / Hamburg.

Kößler, Henning 1973 [1972]: Philosophie und Lehrerausbildung. In: Hübner / Menne 1973.

Kohlenberger, Helmut 1972 [1969]: Zum Problemkreis Ethik und Wissenschaft. In: Landgrebe 1972.

Kohlenberger, Helmut / Lütterfelds, Wilhelm (Hg.) 1976: Von der Notwendigkeit der Philosophie in der Gegenwart. Wien / München.

Kraft, Victor 1965 [1955]: Geschichtsforschung als strenge Wissenschaft. In: Topitsch 1965.

Kreutzkam, Joachim 1972: Humanisieren oder Technisieren? Gedanken zu einer wissenschaftspolitischen Alternative. In: Wirtschaft und Wissenschaft (H. 3, 1972).

Kreutzkam, Joachim 1973: Probleme mit der Wissenschaft: ein Problem für die Wissenschaft. Wissenschaftsforschung: eine neue Disziplin oder eine Metawissenschaft? In: Wirtschaft und Wissenschaft (H. 2 / 3, 1973).

Krings, Hermann 1974 [1973]: Philosophie als Voraussetzung von Planung. In: Baumgartner / Höffe / Wild 1974.

Krings, Hermann 1978: Über Esoterik und Exoterik der Philosophie. In: Lübbe 1978.

Krings, Hermann 1987: Die Philosophie zwischen Anpassung und Selbstbehauptung. Gespräch mit Prof. Hermann Krings. In: Widerspruch. Münchner Zeitschrift für Philosophie (13. 1987).

Krohn, Wolfgang 1979 [1976]: ‹Intern – extern›, ‹sozial – kognitiv›. Zur Solidität einiger Grundbegriffe der Wissenschaftsforschung. In: C. Burrichter (Hg.), Grundlegung der historischen Wissenschaftsforschung. Basel / Stuttgart.

Krois, John Michael 1985: Einleitung. In: Ernst Cassirer, Symbol, Technik, Sprache. Aufsätze aus den Jahren 1927–1933. Hg. von E. W. Orth und J. M. Krois. Hamburg.

Krois, John Michael 1992: Aufklärung und Metaphysik. Zur Philosophie Ernst Cassirers und der Davoser Debatte mit Heidegger. In: Internationale Zeitschrift für Philosophie (2. 1992).

Krüger, Lorenz (Hg.) 1970: Erkenntnisprobleme der Naturwissenschaften. Texte zur Einführung in die Philosophie der Wissenschaft. Köln / Berlin.

Kuhn, Helmut (Hg.) 1964: Philosophie und Fortschritt. Verhandlungen des siebten deutschen Kongresses für Philosophie. Münster in Westfalen 1962. München.

Kuhn, Helmut 1966: Was heißt Erfahrung? In: Neue Folge der Ergänzungshefte zur Vierteljahresschrift für wissenschaftliche Pädagogik (H. 5, 1966).

Kuhn, Helmut 1972: Ist ‹praktische Philosophie› eine Tautologie? In: Riedel 1972/1974.

Kutschera, Franz von 1990: Zur Entwicklung der Logik in der Bundesrepublik Deutschland nach 1945. In: Prinz/Weingart 1990.

Landgrebe, Ludwig 1948: Was bedeutet uns Philosophie? Eine Einführung. Hamburg.

Landgrebe, Ludwig (Hg.) 1972: Philosophie und Wissenschaft. Neunter Deutscher Kongreß für Philosophie. 1969 in Düsseldorf. Meisenheim am Glan.

Landgrebe, Ludwig 1972a [1969]: Die Philosophie und die Verantwortung der Wissenschaften. In: Landgrebe 1972.

Landmann, Michael 1970: Philosophisches Seminar oder Zentralinstitut für Philosophie? In: Die deutsche Universitätszeitung (H. 20, 1970).

Langenfaß, Friedrich 1946: Der neue Anfang. In: Zeitwende (18. 1946).

Laugstien, Thomas 1989: Die protestantische Ethik und der ‹Geist von Potsdam›. Sprangers Rekonstruktion des Führerstaats aus dem Prinzip persönlicher Verantwortung. In: Haug 1989.

Laugstien, Thomas 1990: Philosophieverhältnisse im deutschen Faschismus. Hamburg.

Lazarsfeld, Paul F. 1973 [1959]: Methodische Probleme der empirischen Sozialforschung. In: Moderne amerikanische Soziologie. Hg. von Heinz Hartmann. Stuttgart.

Leisewitz, André 1980: Entwicklungsrichtungen des wissenschaftlich-technischen Fortschritts und seiner gesellschaftlichen Anwendung. In: Technik – Umwelt – Zukunft. Hg. vom Institut für Marxistische Studien und Forschungen. Frankfurt a. M.

Lenk, Hans 1971 [1970]: Wozu noch Philosophie? In: Philosophie im technologischen Zeitalter. Hg. von H. Lenk. Stuttgart/Berlin/Köln/Mainz.

Lenk, Hans 1972 [1969]: Zur Logik von Erklärung und Prognose. In: Landgrebe 1972.

Lenk, Hans 1972a: Bemerkungen zu einer ‹praktischen› Rehabilitierung der praktischen Philosophie aufgrund der Planungsdiskussion. In: Riedel 1972/1974.

Lenk, Hans 1973 [1972]: Ist Philosophie-Aufklärung ausschließlich Krisenmanagement? In: Wirtschaft und Wissenschaft (H. 1, 1973).

Lenk, Hans 1978: Philosophie als Fokus und Forum. In: Lübbe 1978.

Lichtenstein, Ernst 1966: Zur Entwicklung des Bildungsbegriffs von Meister Ekkart bis Hegel. Heidelberg.

Lindner, Helmut 1980: ‹Deutsche› und ‹gegentypische› Mathematik. Zur Begründung einer ‹arteigenen Mathematik› im ‹Dritten Reich› durch Ludwig Bieberbach. In: Mehrtens/Richter 1980.

Linke, Paul Ferdinand 1955 [1954]: Die Unentbehrlichkeit der wissenschaftlichen Haltung in der Philosophie. In: Zeitschrift für philosophische Forschung (1955).

Linke, Paul Ferdinand 1961: Niedergangserscheinungen in der Philosophie der Gegenwart. München/Basel.

Lipset, Seymour Martin 1965 [1958]: Bemerkungen zum Verhältnis von Soziologie und Geschichtswissenschaften. In: Topitsch 1965.

Lipton, David R. 1978: Ernst Cassirer: The Dilemma of a Liberal Intellectual in Germany 1914–1933. Toronto/Buffalo/London.

Litt, Theodor 1947: Geschichte und Verantwortung. Ein Vortrag, gehalten bei der Eröffnung der Leipziger Ortsgruppe des Kulturbundes zur demokratischen Erneuerung Deutschlands. Wiesbaden.

Litt, Theodor 1949 [1948]: Die Weltbedeutung des Menschen. In: Schischkoff 1949.

Lobkowicz, Nikolaus 1974 [1973]: Die Situation der Philosophie in den bestehenden Wissenschafts-Institutionen. In: Baumgartner/Höffe/Wild 1974.

Lochner, Rudolf 1963: Deutsche Erziehungswissenschaft. Meisenheim a. G.

Löwith, Karl 1969: Wozu heute noch Philosophie? Spiegel-Gespräch mit dem Philosophen Karl Löwith. In: Der Spiegel (H. 43, 1969).

Loh, Werner 1988: Zur Überwindung neuzeitlicher Wissenschaftsauffassungen. In: Zeitschrift für allgemeine Wissenschaftstheorie (19. 1988).

Lorenz, Kuno 1972 [1969]: Der zweifach mißverstandene Wittgenstein in der analytischen Philosophie. In: Landgrebe 1972.

Lorenzen, Paul 1965: Methodisches Denken. In: Ratio (1965).

Lorenzen, Paul 1972 [1969]: Das Problem des Scientismus. In: Landgrebe 1972.

Losurdo, Domenico 1995: Die Gemeinschaft, der Tod, das Abendland. Heidegger und die Kriegsideologie. Stuttgart/Weimar.

Lotter, Konrad 1990: Exil und Rückkehr. Deutsche Philosophie vor und nach 1945. In: Widerspruch. Münchner Zeitschrift für Philosophie (18, 1990).

Lübbe, Hermann 1972: Philosophie als Aufklärung. In: Riedel 1972/1974.

Lübbe, Hermann 1973 [1972]: Wissenschaftspolitik, Gegenaufklärung und die Rolle der Philosophie. In: Wirtschaft und Wissenschaft (H. 1, 1973).

Lübbe, Hermann 1973a [1972]: Wissenschaftspolitische Aspekte der Philosophie. In: Wirtschaft und Wissenschaft (H. 1, 1973).

Lübbe, Hermann 1978 (Hg.): Wozu Philosophie? Stellungnahmen eines Arbeitskreises. Berlin/New York.

Lübbe, Hermann 1978a: Wozu Philosophie? Aspekte einer ärgerlichen Frage. In: Lübbe 1978.

Lübbe, Hermann 1980 [1977]: Orientierungsprobleme der Gegenwart und die Rolle der Philosophie. In: Philosophie in der Bildungskrise der Gegenwart. Hg. von H. M. Elzer/G. Frey/A. Menne. Sankt Augustin.

Lübbe, Hermann 1982 [1977/78]: Philosophie als Beruf. In: Schickel 1982.

Lübbe, Hermann 1983: Zeit-Verhältnisse. Zur Kulturphilosophie des Fortschritts. Graz, Wien, Köln.

Lübbe, Hermann 1988 [1987]: Wozu Philosophie? Über einen Grund des Interesses der Wissenschaften an ihr. In: Oelmüller 1988.

Lüthe, Rudolf 1979 [1977]: Sinn und Inhalt der philosophischen Frage nach der Geschichte. In: Thiel / Wolandt 1979.

Malewski, Andrzej 1965 [1964]: Zur Problematik der Reduktion. Stufen der Allgemeinheit in Theorien über menschliches Verhalten. In: Topitsch 1965.

Marc-Wogau, Konrad 1972 [1969]: Über Kausalerklärung in der Geschichte. In: Landgrebe 1972.

Marcuse, Herbert 1977 [1964]: Der eindimensionale Mensch. Studien zur Ideologie der fortgeschrittenen Industriegesellschaft. Neuwied / Berlin.

Marquard, Odo 1974 [1973]: Inkompetenzkompetenz? Über Kompetenz und Inkompetenz der Philosophie. In: Baumgartner / Höffe / Wild 1974.

Marquard, Odo 1978: Skeptische Betrachtungen zur Lage der Philosophie. In: Lübbe 1978.

Marquard, Odo 1985: Über die Unvermeidlichkeit der Geisteswissenschaften. In: Westdeutsche Rektorenkonferenz (Hg.): Anspruch und Herausforderung der Geisteswissenschaften. Jahresversammlung 1985. Ansprachen und Referate. Plenardiskussionen. Bamberg 5.–7. 1985. Bonn.

Martens, Ekkehard / Schnädelbach, Herbert (Hg.) 1985: Philosophie. Ein Grundkurs. Reinbek bei Hamburg.

Marx, Wolfgang 1972 [1969]: Zur ‹logischen Bestimmtheit des Bedeutungsverlustes spekulativer Philosophie am ‹Faktum der Wissenschaften›. In: Landgrebe 1972.

Matzat, Heinz-L. 1947: Der Philosophenkongreß 1947 in Garmisch-Partenkirchen. Die Entwicklung eines Gesprächs. In: Zeitschrift für philosophische Forschung (1947).

Maus, Heinz / Fürstenberg, Friedrich (Hg.) 1989 [1969]: Der Positivismusstreit in der deutschen Soziologie. Frankfurt a. M.

Mayntz, Renate 1965 [1961]: Soziologie in der Eremitage? Kritische Bemerkungen zum Vorwurf des Konservatismus in der Soziologie. In: Topitsch 1965.

Mehrtens, Arnd 1990: Analytische Philosophie. In: Sandkühler 1990.

Mehrtens, Herbert / Richter, Steffen (Hg.) 1980: Naturwissenschaft, Technik und NS-Ideologie. Beiträge zur Wissenschaftsgeschichte des Dritten Reichs. Frankfurt a. M.

Menke-Glückert, Peter 1968: Europas technologische Lücke. In: Wirtschaft und Wissenschaft (H. 2, Beilage, 1968).

Menne, Albert 1976: 25 Jahre Allgemeine Gesellschaft für Philosophie in Deutschland. In: Allgemeine Zeitschrift für Philosophie (1. 1976).

Mense, Rudolf 1946: Der Anspruch der Philosophie. In: Zeitschrift für philosophische Forschung (1946).

Mittelstraß, Jürgen 1972 [1969]: Die Galileische Wende. In: Landgrebe 1972.

Mittelstraß, Jürgen 1972 a [1971]: Das praktische Fundament der Wissenschaft und die Aufgabe der Philosophie. Konstanz.

Mittelstraß, Jürgen 1974 [1972]: Philosophie und Wissenschaft. In: J. Mittelstraß, Die Möglichkeit der Wissenschaft. Frankfurt a. M.

Mittelstraß, Jürgen 1978: Philosophie oder Wissenschaftstheorie? In: Lübbe 1978.

Mittelstraß, Jürgen 1982 [1976]: Theorie und Empirie der Wissenschaftsforschung. In: J. Mittelstraß: Wissenschaft als Lebensform. Reden über philosophische Orientierungen in Wissenschaft und Universität. Frankfurt a. M.

Mittelstraß, Jürgen 1985: Zur Philosophie der Wissenschaftstheorie. Über das Verhältnis von Wissenschaftstheorie, Wissenschaftsforschung und Wissenschaftsethik. In: Wissenschaftsforschung, neue Probleme, neue Aufgaben. Hg. von C. Burrichter. Erlangen.

Mittelstraß, Jürgen 1987 [1986]: Philosophische Grundlagen der Wissenschaften. Über wissenschaftstheoretischen Historismus, Konstruktivismus und Mythen des wissenschaftlichen Geistes. In: Pasternack 1987.

Mittelstraß, Jürgen 1989: Glanz und Elend der Geisteswissenschaften. Oldenburg.

Mollenhauer, Klaus 1966: Das Problem einer empirisch-positivistischen Pädagogik. In: Neue Folge der Ergänzungshefte zur Vierteljahresschrift für wissenschaftliche Pädagogik (H. 5, 1966).

Morgenstern, Oskar 1965 [1936]: Logistik und Sozialwissenschaften. In: Topitsch 1965.

Moser, Simon 1957: Die Philosophie und ihre Geschichte. Kurzbericht und Stellungnahme. In: Zeitschrift für philosophische Forschung (11. 1957).

Moser, Simon 1963: Geisteswissenschaften und Technikwissenschaften in der Hochschulreform der Gegenwart. In: Studium Generale (16. 1963).

Müller, Jörg Paul (Hg.) 1976 [1974]: Haben Soziologie und Psychologie die Philosophie als Grundlagenwissenschaft abgelöst? Referate einer Münchenwiler Tagung des Collegium Generale der Universität Bern im Frühjahr 1974. Bern / Stuttgart.

Müller, Max 1986 [1949]: Existenzphilosophie. Von der Metaphysik zur Metahistorik. 4. erw. Auflage, hg. von Alois Halder. Freiburg / München.

Neuhaus, Rolf (Hg.) 1968: Dokumente zur Gründung neuer Hochschulen. Wiesbaden.

Neurath, Otto 1981: Gesammelte philosophische und methodologische Schriften. Hg. von Rudolf Haller und Heiner Rutte. Wien.

Neurath, Otto / Hahn, Hans / Carnap, Rudolf 1981 [1929]: Wissenschaftliche Weltauffassung – Der Wiener Kreis. In: Neurath 1981.

Neurath, Otto 1981a [1944]: Grundlagen der Sozialwissenschaften. In: Neurath 1981.

Neurath, Otto 1981b [1945]: Die Orchestrierung der Wissenschaften durch den Enzyklopädismus des Logischen Empirismus. In: Neurath 1981.

Neurath, Otto 1981c [1938]: Einheitswissenschaft als enzyklopädische Integration. In: Neurath 1981.

Neurath, Otto 1981d [1931]: Empirische Soziologie. Der wissenschaftliche Gehalt der Geschichte und Nationalökonomie. In: Neurath 1981.

Neurath, Otto 1981 e [1935]: Pseudorationalismus der Falsifikation. In: Neurath 1981.

Oehler, Klaus 1957: Die Geschichtlichkeit der Philosophie. In: Zeitschrift für philosophische Forschung (11. 1957).

Oeing-Hanhoff, Ludger 1974 [1973]: Die praktische Relevanz der Philosophiehistorie. In: Baumgartner/Höffe/Wild 1974.

Oelmüller, Willi (Hg.) 1988 [1987]: Philosophie und Wissenschaft. Kolloquien zur Gegenwartsphilosophie, Bd. 11. Paderborn/München/Wien/Zürich.

Oelmüller, Willi 1988a [1987]: Philosophisches Orientierungswissen für unser Erkennen, Handeln und Erleiden. In: Oelmüller 1988.

Oeser, Erhard 1976: Die wissenschaftstheoretische Wende der Philosophie. Zum Problem der Selbstrechtfertigung der theoretischen Philosophie. In: Kohlenberger/Lütterfels 1976.

Oldemeyer, Ernst (Hg.) 1967: Die Philosophie und die Wissenschaften. Simon Moser zum 60. Geburtstag. Meisenheim am Glan.

Pätzold, Detlev/Reuvers, Hans-Bert 1986: Das Prinzip Vergangenheit. Tendenzen der Philosophiegeschichtsschreibung in der Bundesrepublik Deutschland. In: Sandkühler/Holz 1986.

Pape, Ingetrud 1950/51: Philosophen-Kongreß in Bremen. Eine zusammenfassende Darstellung seiner Thematik. In: Zeitschrift für philosophische Forschung (5. 1950/51).

Pasternack, Gerhard (Hg.) 1985: Erklären, Verstehen, Begründen. Schriftenreihe des Zentrums Philosophische Grundlagen der Wissenschaften, Bd. 1. Bremen.

Pasternack, Gerhard 1985a [1984]: Philosophische Hermeneutik und materiale Hermeneutik. In: Pasternack 1985.

Pasternack, Gerhard (Hg.) 1986: Zum Problem des Apriorismus in den Wissenschaften. Schriftenreihe des Zentrums Philosophische Grundlagen der Wissenschaften, Bd. 2. Bremen.

Pasternack, Gerhard (Hg.) 1987: Philosophie und Wissenschaften: Das Problem des Apriorismus. Frankfurt a. M. u. a.

Pasternack, Gerhard (Hg.) 1988: Rationalität und Wissenschaft. Schriftenreihe des Zentrums Philosophische Grundlagen der Wissenschaften, Bd. 6. Bremen.

Pasternack, Gerhard 1988a [1987]: Zum Rationalitätsbegriff der Hermeneutik. In: Pasternack 1988.

Pasternack, Gerhard 1989: Diskurshermeneutik und Wahrheit. Zum Problem philosophiegeschichtlicher Rekonstruktionen. In: Sandkühler/Holz/Lambrecht 1989.

Pasternack, Gerhard 1990 [1988]: Philosophie und Wissenschaften. Zum Verhältnis von ontologischen, epistemologischen und methodologischen Voraussetzungen der Einzelwissenschaften. Frankfurt a. M. u. a.

Patzig, Günther 1966: Nachwort. In: Rudolf Carnap. Scheinprobleme in der

Philosophie. Das Fremdpsychische und der Realismusstreit. Hg. von G. Patzig. Frankfurt a. M.

Patzig, Günther/Scheibe, E./Wieland, W. (Hg.) 1977 [1975]: Logik, Ethik, Theorie der Geisteswissenschaften. 11. Deutscher Kongreß für Philosophie. Göttingen 5.–9. 10. 1975. Hamburg.

Pechmann, Alexander von 1990: Die Philosophie der Nachkriegszeit in München (1945–1960). Eine Dokumentation. In: Widerspruch. Münchner Zeitschrift für Philosophie (H. 18, 1990).

Peters, Hans M. 1960: Soziomorphe Modelle in der Biologie. In: Ratio (1960).

Pieper, Annemarie 1974: Das philosophische Unbehagen an der Philosophie. In: Philosophisches Jahrbuch (1974).

Piepmeier, Rainer 1988 [1987]: Reflexionen zum Verhältnis von Philosophie und Wissenschaft. In: Oelmüller 1988.

Plessner, Helmuth 1966 [1959]: Der Weg der Soziologie in Deutschland. In: H. Plessner: Diesseits der Utopie. Ausgewählte Beiträge zur Kultursoziologie. Düsseldorf/Köln.

Plümacher, Martina 1994: Mehrdimensionalität und Progressivität des menschlichen Weltverhältnisses. Ernst Cassirers Konzeption des Geistes. In: Bremer Philosophica (H. 4, 1994). Studiengang Philosophie. Universität Bremen.

Plümacher, Martina 1996: Die Einheit der Regel der Veränderung. Zur Bedeutung der Wissenschaftsrezeption für Cassirers Theorie des Wissens. In: M. Plümacher/V. Schürmann (Hg.), Einheit des Geistes. Probleme ihrer Grundlegung in der Philosophie Ernst Cassirers. Frankfurt a. M.

Plümacher, Martina 1996a: Polyphonie der Welten des Wissens. Kulturell-politische Aspekte der Philosophie Ernst Cassirers. In: Bremer Philosophica (H. 2, 1996). Studiengang Philosophie. Universität Bremen.

Popper, Karl R. 1965 [1949]: Prognose und Prophetie in den Sozialwissenschaften. In: Topitsch 1965.

Popper, Karl R. 1980 [1944]: Die offene Gesellschaft und ihre Feinde. Bd. 2: Falsche Propheten. Hegel, Marx und die Folgen. München.

Popper, Karl R. 1984 [1972]: Objektive Erkenntnis. Hamburg.

Popper, Karl R. 1989 [1961]: Die Logik der Sozialwissenschaften. In: Maus/Fürstenberg 1989.

Poser, Hans 1990 [1987]: Mythologie als Logomythie. Von der Verwissenschaftlichung des Außerwissenschaftlichen. In: Einheit und Vielheit. 14. Deutscher Kongreß für Philosophie, Gießen 21.-26. 9. 1987. Hg. von Odo Marquard. Hamburg.

Prinz, Wolfgang/Weingart, Peter (Hg.) 1990: Die sogenannten Geisteswissenschaften. Innenansichten. Frankfurt a. M.

Prinz, Wolfgang 1990a: Innenansichten geisteswissenschaftlicher Forschung: Einleitende Bemerkungen. In: Prinz/Weingart 1990.

Putnam, Hilary 1982 [1981]: Vernunft, Wahrheit und Geschichte. Frankfurt a. M.

Putnam, Hilary 1983 [1981]: Was ist Epistemologie? In: Henrich 1983.

Rapp, Friedrich 1972 [1969]: Notwendige und zufällige Gesetzesbeziehungen. In: Landgrebe 1972.

Rapp, Friedrich 1988 [1987]: Über die Berechtigung metaphysischer Systeme. In: Oelmüller 1988.

Reidemeister, Kurt 1954: Positivismus und Existenzphilosophie. In: Studium Generale (7. 1954).

Richta, Radovan/Kollektiv (Hg.) 1971 [1968]: Richta-Report. Politische Ökonomie des 20. Jahrhunderts. Die Auswirkungen der technisch-wissenschaftlichen Revolution auf die Produktionsverhältnisse. Frankfurt a. M.

Richter, Steffen 1980: Die «Deutsche Physik». In: Mehrtens/Richter 1980.

Riedel, Manfred 1967: Die Philosophie der ‹Weigerung›. In: Merkur (1967).

Riedel, Manfred (Hg.) 1972/1974: Rehabilitierung der praktischen Philosophie. Bd. 1 und 2. Freiburg.

Riedel, Manfred 1973 [1972]: Ist Philosophie an Ausbildungs-Dienstleistungs-Großbetrieben möglich? In: Wirtschaft und Wissenschaft (H. 1, 1973).

Riedel, Manfred 1978: Philosophieren nach dem «Ende der Philosophie»? In: Lübbe 1978.

Riedel, Manfred 1978a: Verstehen oder Erklären? Zur Theorie und Geschichte der hermeneutischen Wissenschaften. Stuttgart.

Riedel, Manfred 1982 [1977/78]: Philosophie als Beruf. In: Schickel 1982.

Ringer, Fritz K. 1983 [1969]: Die Gelehrten. Der Niedergang der deutschen Mandarine 1890–1933. Stuttgart.

Rintelen, Fritz-Joachim von 1949 [1948]: Zur gegenwärtigen Stunde der Philosophie. Eröffnungsansprache. In: Schischkoff 1949.

Ritter, Joachim 1962 [1961]: Die Aufgabe der Geisteswissenschaften in der modernen Gesellschaft. In: SV-Schriftenreihe zur Förderung der Wissenschaft. Hg. vom Stifterverband für die Deutsche Wissenschaft. Essen.

Ritzel, Wolfgang 1957 [1956]: Die Philosophie und ihre Geschichte. In: Zeitschrift für philosophische Forschung (11. 1957).

Röhrs, Hans-Joachim 1972 [1969]: Bildung und Gesellschaft in der wissenschaftlichen Zivilisation. Ein Beitrag zur Klärung des Bildungsverständnisses zwischen Sozialwissenschaften und Pädagogik. Köln.

Rombach, Heinrich 1966: Philosophischer Ansatz zum Erziehungsgeschehen. In: Die Frage nach dem Menschen. Aufriß einer philosophischen Anthropologie. Festschrift für Max Müller zum 60. Geburtstag. Hg. von Heinrich Rombach. Freiburg/München.

Rombach, Heinrich 1967: Der Kampf der Richtungen in der Wissenschaft. Eine wissenschaftstheoretische Auseinandersetzung. In: Zeitschrift für Pädagogik (1967).

Rombach, Heinrich 1969: Der Kampf der Geisteswissenschaften. Die wissenschaftstheoretischen Voraussetzungen der hochschulpolitischen Streitfragen. In: Deutsche Universitätszeitung (H. 10, 1969).

Rombach, Heinrich (Hg.) 1974: Wissenschaftstheorie. Bd. 1: Probleme und Positionen der Wissenschaftstheorie; Bd. 2: Struktur und Methode der Wissenschaften. Freiburg/Basel/Wien.
Rorty, Richard 1987 [1979]: Der Spiegel der Natur. Eine Kritik der Philosophie. Frankfurt a. M.
Rosenow, Ulf 1987: Die Göttinger Physik unter dem Nationalsozialismus. In: Becker/Dahms/Wegeler 1987.
Rothacker, Erich 1954: Die dogmatische Denkform in den Geisteswissenschaften und das Problem des Historismus. Mainz.
Ryffel, Hans 1976: Die Philosophie im Spannungsfeld von Psychologie und Soziologie. Bemerkungen zum Verhältnis von Philosophie und Einzelwissenschaften, im besonderen Psychologie und Soziologie. In: Müller 1976.
Sandkühler, Hans Jörg 1977 [1976]: Philosophie im öffentlichen Leben. Bemerkungen zu einer Zwischenbilanz. In: Jahrbuch der Wittheit zu Bremen, Bd. XXI. Bremen.
Sandkühler, Hans Jörg 1985: Vergleichsweise Wahrheiten. Über Analogien als Grenzen der Erklärung. In: Pasternack 1985.
Sandkühler, Hans Jörg/Holz, Hans Heinz (Hg.) 1986: Wahrheiten und Geschichten. Philosophie nach 1945. Dialektik, Bd. 11. Köln.
Sandkühler, Hans Jörg 1986 [1985]: Erfahrung und Konstruktion. Zur onto-epistemologischen Begründung apriorischer Denkformen in der materialistischen Dialektik. In: Pasternack 1986.
Sandkühler, Hans Jörg 1987: Rechte der Menschen und Moralität in der Wissenschaft. Humanismus, Wahrheit, Fortschritt. Zur Einführung. In: Dialektik, Bd. 14. Hg. von H. J. Sandkühler und H. H. Holz. Köln.
Sandkühler, Hans Jörg/Holz, Hans Heinz/Lambrecht, Lars (Hg.) 1989: Philosophie als Geschichte. Probleme der Historiographie. Dialektik, Bd. 18. Köln.
Sandkühler, Hans Jörg (Hg.) 1990: Europäische Enzyklopädie zu Philosophie und Wissenschaften. Hamburg.
Sandkühler, Hans Jörg 1990a: Onto-Epistemologie. In: Sandkühler 1990.
Sandkühler, Hans Jörg (Hg.) 1991 [1990]: Geschichtlichkeit der Philosophie. Theorie, Methodologie und Methode der Historiographie der Philosophie. Frankfurt a. M. u. a.
Sandkühler, Hans Jörg 1991a [1990]: Epistemologisch transformierte Dialektik. Zur Rekonstruktion von Wissensgeschichte in der Philosophie. Ontologische und epistemologische Voraussetzungen der Methodologie. In: Sandkühler 1991.
Sandkühler, Hans Jörg 1991b: Die Wirklichkeit des Wissens. Geschichtliche Einführung in die Epistemologie und Theorie der Erkenntnis. Frankfurt a. M.
Sandkühler, Hans Jörg 1991c [1988]: Plädoyer für Rationalität. Zur geschichtlichen Aufgabe philosophischer Vernunftentwürfe. In: H. J. Sandkühler, Demokratie des Wissens. Aufklärung, Rationalität, Menschenrechte und Notwendigkeit des Möglichen. Hamburg.

Sandkühler, Hans Jörg 1992: Von Weltbildern zu Weltbildern oder: Die Tatsachen im logischen Raum sind die Welt. Bremer Philosophica (H. 4, 1992). Studiengang Philosophie. Universität Bremen.

Sandkühler, Hans Jörg 1994: Die Welt hat für uns die Gestalt, die der Geist ihr gibt. Über Empirie und Konstruktion. In: Ders. (Hg.), Theorien, Modelle und Tatsachen. Konzepte der Philosophie und der Wissenschaften. Frankfurt a. M. u. a.

Sandkühler, Hans Jörg 1995: Der Geist und die Welt zusammen erschaffen den Geist und die Welt. Zur Bildung einer neuen wissenschaftlichen Mentalität. In: Ders. (Hg.), Interaktionen zwischen Philosophie und empirischen Wissenschaften. Frankfurt a. M. u. a.

Sauer, Werner 1989: On the Kantian Background of Neopositivism. In: Topoi. An International Review of Philosophy (8. 1989) No. 2.

Schappacher, Norbert 1987: Das Mathematische Institut der Universität Göttingen 1929–1950. In: Becker/Dahms/Wegeler 1987.

Schefold, Christoph 1972 [1969]: Sollenskritik und Hermeneutik beim späten Hegel. In: Landgrebe 1972.

Schelling, Friedrich Wilhelm Joseph 1956 [1802]: Vorlesungen über die Methode des akademischen Studiums. In: Anrich 1956.

Schelsky, Helmut 1960: Einsamkeit und Freiheit. Zur sozialen Idee der deutschen Universität (Schriften der Gesellschaft zur Förderung der Westfälischen Wilhelms-Universität zu Münster. Heft 45). Münster.

Schelsky, Helmut 1966 [1965]: Grundzüge einer neuen Universität. Eine Denkschrift. In: P. Mikat/H. Schelsky. Grundzüge einer neuen Universität. Zur Planung einer Hochschulgründung in Ostwestfalen. Gütersloh.

Schelsky, Helmut 1966a: Das Zentrum für interdisziplinäre Forschung. Eine Denkschrift. In: P. Mikat/H. Schelsky. Grundzüge einer neuen Universität. Gütersloh.

Schelsky, Helmut 1967 [1959]: Ortsbestimmung der deutschen Soziologie. Düsseldorf/Köln.

Schelsky, Helmut 1971 [1963]: Einsamkeit und Freiheit. Idee und Gestalt der deutschen Universität und ihrer Reformen.

Scheuch, Erwin K./Rüschemeyer, Dietrich 1965 [1956]: Soziologie und Statistik. Über den Einfluß der modernen Wissenschaftslehre auf ihr gegenseitiges Verhältnis. In: Topitsch 1965.

Scheuch, Erwin K. 1973 [1967]: Entwicklungsrichtungen bei der Analyse sozialwissenschaftlicher Daten. In: Geschichte und Grundprobleme der empirischen Sozialforschung (Handbuch der empirischen Sozialforschung. Bd. 1). Hg. von René König. Stuttgart.

Scheuerl, Hans 1985: Geschichte der Erziehung. Ein Grundriß. Stuttgart/Berlin/Köln/Mainz.

Schickel, Joachim (Hg.) 1982: Philosophie als Beruf. Frankfurt a. M.

Schischkoff, Georgi (Hg.) 1949: Philosophische Vorträge und Diskussionen. Bericht über den Mainzer Philosophen-Kongreß 1948. Zeitschrift für philosophische Forschung. Sonderheft 1 (1949).

Schischkoff, Georgi 1956: Zehn Jahre philosophische Forschung und Toleranz. In: Zeitschrift für philosophische Forschung (10. 1956).

Schischkoff, Georgi 1972: Deutsche Philosophie von Garmisch bis Kiel. In: Zeitschrift für philosophische Forschung (26. 1972).

Schischkoff, Georgi 1975: Kritische Bemerkungen zu einem Münchener Kolloquium. In: Zeitschrift für philosophische Forschung (1975).

Schleiermacher, Friedrich 1956 [1808]: Gelegentliche Gedanken über Universitäten in deutschem Sinn nebst einem Anhang über eine neu zu errichtende. In: Anrich 1956.

Schlette, Heinz Robert (Hg.) 1968: Die Zukunft der Philosophie. Freiburg i. Br. / Olten.

Schlette, Heinz Robert 1968a: Aporetik – Kriteriologie – philosophische Ideologiekritik. In: Schlette 1968.

Schmid, Josef 1946: Wollen und Ziele der neuen Hochschule. In: Universitas (1946).

Schmidt, Nicole D. 1995: Philosophie und Psychologie. Trennungsgeschichte, Dogmen und Perspektiven. Reinbek bei Hamburg.

Schmucker-von Koch, Joseph F. 1985: Autonomie und Transzendenz: Untersuchungen zur Religionsphilosophie Romano Guardinis. Mainz.

Schnädelbach, Herbert 1972 [1969]: Zur Logik der Festsetzung. Elemente einer Kritik der konventionalistischen Erkenntnistheorie. In: Landgrebe 1972.

Schnädelbach, Herbert 1983: Philosophie in Deutschland 1831–1933. Frankfurt a. M.

Schnädelbach, Herbert 1988 [1987]: Philosophie als Wissenschaft und als Aufklärung. In: Oelmüller 1988.

Schnädelbach, Herbert 1990 [1987/88]: Deutsche Philosophie seit 1945. In: Prinz / Weingart 1990.

Schnädelbach, Herbert 1992: Zur Rehabilitierung des *animal rationale*. Vorträge und Abhandlungen 2. Frankfurt a. M.

Schneider, Friedrich 1955: Philosophie und Fachwissenschaft. In: Studium Generale (8. 1955).

Schnelle, Helmut 1972 [1969]: Die strukturalistische Interpretation der ‹Sprache›. In: Landgrebe 1972.

Scholz, Heinrich 1958: Die mathematische Logik und die Geisteswissenschaften. In: Studium Generale (11. 1958).

Schreiter, Jörg 1988: Hermeneutik – Wahrheit und Verstehen. Darstellung und Texte. Berlin.

Schulz, Walter 1962: Neue Wege und Ziele in der Philosophie. In: Universitas (1962).

Schulz, Walter 1972: Philosophie in der veränderten Welt. Pfullingen.

Schulz, Walter 1975: Ohne Titel. Autobiographie in: Philosophie in Selbstdarstellungen. Hg. von Ludwig J. Pongratz. Hamburg.

Schulze, Hanno / Schulze, Monika 1968: Zur ökonomischen und ethischen Verantwortung in Wissenschaft und Technik. In: Wirtschaft und Wissenschaft (H. 6, 1968).

Schwemmer, Oswald 1971: Philosophie der Praxis. Versuch zur Grundlegung einer Lehre vom moralischen Argumentieren in Verbindung mit einer Interpretation der praktischen Philosophie Kants. Frankfurt a. M.

Schwemmer, Oswald 1976: Theorie der rationalen Erklärung. Zu den methodischen Grundlagen der Kulturwissenschaften. München.

Seiler, Heinrich 1969: Moderne Forschungstheorie und Erziehungswissenschaft. Bemerkungen zum Programm der empirischen Pädagogik. In: Zeitschrift für Pädagogik (1969).

Siegmund, Georg 1946: Selbstbesinnung der Philosophie. In: Philosophisches Jahrbuch (56. 1946).

Siegmund, Georg 1947: Nietzsche der ‹Sündenbock›? In: Philosophisches Jahrbuch (57. 1947).

Simon, Josef 1972 [1969]: Philosophie und Sprachwissenschaft. In: Landgrebe 1972.

Simon-Schaefer, Roland / Zimmerli, Walther Ch. (Hg.) 1975: Wissenschaftstheorie der Geisteswissenschaften. Konzeptionen, Vorschläge, Entwürfe. Hamburg.

Skinner, Burrhus Frederic 1965 [1954]: Kritik psychoanalytischer Begriffe und Theorien. In: Topitsch 1965.

Spaemann, Robert 1974 [1973]: Philosophie als institutionelle Naivität. In: Baumgartner / Höffe / Wild 1974.

Spaemann, Robert 1978: Der Streit der Philosophen. In: Lübbe 1978.

Specht, Rainer 1970: Zur gegenwärtigen Lage der Philosophie. In: Mitteilungen der Gesellschaft der Freunde der Universität Mannheim (Nr. 2, Okt. 1970).

Spranger, Eduard 1955 [1954]: Schlußwort (zum IV. Deutschen Philosophiekongreß vom 25.–30. 9. 1954 in Stuttgart). In: Zeitschrift für philosophische Forschung (9. 1955).

Spranger, Eduard 1970 [1946]: Die Frage der deutschen Schuld (undat. Ausarb. zweier Vortrags-Ms. vom 15. 3. 1946 und 26. 6. 1946). In: E. Spranger, Gesammelte Schriften, Bd. 8. Hg. von Hermann Josef Meyer. Tübingen.

Stegmüller, Wolfgang 1952: Hauptströmungen der Gegenwartsphilosophie. Wien / Stuttgart.

Stegmüller, Wolfgang 1954: Metaphysik, Wissenschaft, Skepsis. Frankfurt a. M. / Wien.

Stegmüller, Wolfgang 1956: Das Universalienproblem einst und jetzt. In: Archiv für Philosophie (6. 1956).

Stegmüller, Wolfgang 1957: Das Wahrheitsproblem und die Idee der Semantik. Eine Einführung in die Theorien von A. Tarski und R. Carnap. Wien.

Stegmüller, Wolfgang 1983 [1969]: Probleme und Resultate der Wissenschaftstheorie und Analytischen Philosophie. Berlin / Heidelberg / New York.

Stegmüller, Wolfgang 1989: Hauptströmungen der Gegenwartsphilosophie. Eine kritische Einführung. Stuttgart.

Stempel, Wolf-Dieter 1990 [1987 / 88]: Zur Entwicklung der Sprachwissenschaft in der Bundesrepublik nach 1945. In: Prinz / Weingart 1990.

Stifterverband für die Deutsche Wissenschaft 1970 ff: Bericht. Essen.

Stiftung Volkswagenwerk 1970 ff. Bericht.

Stoltenberg, Gerhard 1969: Staat und Wissenschaft. Zukunftsaufgaben der Wissenschafts- und Bildungspolitik. Stuttgart.

Ströker, Elisabeth 1972 [1969]: Die Einheit der Naturwissenschaften. Bemerkungen zu einer fragwürdigen Idee. In: Landgrebe 1972.

Suchla, Peter 1982: Kritischer Rationalismus in theologischer Prüfung. Zur Kontroverse zwischen Hans Albert und Gerhard Ebeling. Frankfurt a. M.

Thiel, Christian / Wolandt, Gerd (Hg.) 1979 [1977]: Zugänge zur Philosophie. Aachener Vorträge. Kastellaun / Hunsrück.

Thiel, Manfred 1952: Ontologie und Erkenntnistheorie im Ganzen der Philosophie. In: Studium Generale (5. 1952).

Thiel, Manfred 1954: Was kann Philosophie heute leisten und was darf man von ihr erwarten? Eine philosophische Antwort auf theologische Fragen von H. Looff. In: Studium Generale (7. 1954).

Topitsch, Ernst 1958: Vom Ursprung und Ende der Metaphysik. Eine Studie zur Weltanschauungskritik. Wien.

Topitsch, Ernst 1961: Begriff und Funktion der Ideologie. In: E. Topitsch, Sozialphilosophie zwischen Ideologie und Wissenschaft. Neuwied.

Topitsch, Ernst (Hg.) 1965: Logik der Sozialwissenschaften. Köln / Berlin.

Topitsch, Ernst 1965 a: Sprachlogische Probleme der sozialwissenschaftlichen Theoriebildung. In: Topitsch 1965.

Topitsch, Ernst 1965 b [1963]: Das Verhältnis zwischen Sozial- und Naturwissenschaften. Eine methodologisch-ideologiekritische Untersuchung. In: Topitsch 1965.

Topitsch, Ernst 1968: Die Freiheit der Wissenschaft und der politische Auftrag der Universität. Berlin / Neuwied.

Topitsch, Ernst 1968 a: Philosophie zwischen Mythos und Wissenschaft. In: Schlette 1968.

Trapp, Rainer W. 1978: Exaktheit in der Philosophie. In: Zeitschrift für allgemeine Wissenschaftstheorie (9. 1978).

Ulmer, Karl 1963: Die Einheit der Universität und ihrer Aufgaben. In: Studium Generale (16. 1963).

Ulmer, Karl 1972: Philosophie in der modernen Lebenswelt. Tübingen.

Veauthier, F. Werner 1973 [1972]: Philosophie und Lehrerbildung. In: Hübner / Menne 1973.

Veauthier, F. Werner 1977 [1975]: Ergebnisse einer Untersuchung zur Philosophie in der Lehrerausbildung. In: Patzig 1977.

Weber, Max 1968 [1904]: Die ‹Objektivität› sozialwissenschaftlicher und sozialpolitischer Erkenntnis. In: M. Weber, Gesammelte Aufsätze zur Wissenschaftslehre. Hg. von Johannes Winckelmann. Tübingen.

Weber, Max 1968a [1913]: Der Sinn der ‹Wertfreiheit› der soziologischen und ökonomischen Wissenschaften. In: M. Weber. Gesammelte Aufsätze zur Wissenschaftslehre. Hg. von J. Winckelmann. Tübingen.

Weber, Max 1968b [1919]: Wissenschaft als Beruf. In: M. Weber. Gesammelte Aufsätze zur Wissenschaftslehre. Hg. von J. Winckelmann. Tübingen.

Weber, Max 1988 [1918]: Parlament und Regierung im neugeordneten Deutschland. Zur politischen Kritik des Beamtentums und Parteiwesens. In: Gesammelte politische Schriften. Hg. von Johannes Winckelmann. Tübingen.

Weber, Wilhelm / Topitsch, Ernst 1951: Das Wertfreiheitsproblem seit Max Weber. In: Zeitschrift für Nationalökonomie (13. 1951).

Weil, Eric 1968: Sorge um die Philosophie – Sorge der Philosophie. In: Schlette 1968.

Weingart, Peter / Prinz, Wolfgang / Kastner, Maria / Maasen, Sabine / Walter, Wolfgang 1991: Die sogenannten Geisteswissenschaften: Außenansichten. Die Entwicklung der Geisteswissenschaften in der Bundesrepublik Deutschland 1954–1987. Frankfurt a. M.

Weisser, Gerhard 1953: Zur Erkenntniskritik der Urteile. Über den Wert sozialer Gebilde und Prozesse. Weiterführung der ‹Werturteilsdebatte›. In: Kölner Zeitschrift für Soziologie und Sozialpsychologie (46. 1953).

Wellmer, Albrecht 1972 [1969]: Zur Logik der Erklärung. In: Landgrebe 1972.

Whitehead, Alfred North 1988 [1925]: Wissenschaft und moderne Welt. Frankfurt a. M.

Wieland, Wolfang 1980 [1971]: Wohin mit den Philosophen? In: Zeitschrift für Didaktik der Philosophie (H. 2, 1980).

Wieser, Wolfgang 1966: Der Mensch und seine Zukunft. Grenzen und Möglichkeiten wissenschaftlicher Prognosen. In: Merkur (20. 1966).

Wiggershaus, Rolf 1986: Die Frankfurter Schule. Geschichte, theoretische Entwicklung, politische Bedeutung. München / Wien.

Wild, Christoph 1974 [1973]: Skeptischer Einspruch gegen die Rehabilitierung der praktischen Philosophie. In: Philosophisches Jahrbuch (1974).

Windelband, Wilhelm 1900 [1894]: Geschichte und Naturwissenschaft. Straßburg.

Wissenschaftsrat 1960: Empfehlungen des Wissenschaftsrats zum Ausbau der wissenschaftlichen Einrichtungen. Teil I: Wissenschaftliche Hochschulen.

Wissenschaftsrat 1962: Anregungen des Wissenschaftsrats zur Gestalt neuer Hochschulen. Tübingen.

Wolandt, Gerd 1979 [1977]: Philosophie, Geschichte, Wissenschaften. In: Thiel / Wolandt 1979.

Wright, Georg Henrik von 1974 [1971]: Erklären und Verstehen. Frankfurt a. M.

Zetterberg, Hans L. 1973 [1967]: Theorie, Forschung und Praxis in der Soziologie. In: Geschichte und Grundprobleme der empirischen Sozialforschung (Handbuch der empirischen Sozialforschung. Bd. 1). Hg. von René König. Stuttgart.

Zimmerli, Walther Ch. 1978: Arbeitsteilige Philosophie? In: Lübbe 1978.

Namenregister